Horst Thomé

Natur und Geschichte im Frühwerk Arno Schmidts

edition text + kritik

CIP-Kurztitelaufnahme der Deutschen Bibliothek

Thomé, Horst:
Natur und Geschichte im Frühwerk Arno
Schmidts / Horst Thomé. – München:
Edition Text u. Kritik, 1981.
ISBN 3-88377-080-9

Satz: Fertigsatz GmbH, München
Druck und Bindung: Hieronymus Mühlberger, Augsburg
Umschlag-Entwurf: Dieter Vollendorf

ISBN 3-88377-080-9

Inhalt

I. Einleitung ... 5

II. Variationen des Pessimismus in »Leviathan *oder* Die beste der Welten« ... 20

III. Aufklärer ohne Aufklärung ... 47

IV. »Erfahrungsseelenkunde« als »reine Kunst«. Zu Arno Schmidts »Berechnungen« ... 93

V. Kleine Welt, literarisches Bewußtsein und anthropologisierende Archetypik ... 134

VI. Wissenschaft und »objet trouvé« beim frühen Arno Schmidt ... 156

VII. Die Auflösung der frühen Aporien. Zu Arno Schmidts Freud-Rezeption ... 185

Verzeichnis der benutzten Literatur ... 219
- I. Quellen ... 219
- II. Literatur zum Thema ... 225

Personenregister ... 239

Titelregister ... 244

Die Selbsttäuschung manches Schriftstellers kommt aus dem Glauben, die Dinge so wiederzugeben, wie er sie wahrnimmt oder fühlt.

Vauvenargues

I. Einleitung

Arno Schmidts Werk hat kaum Eingang in die »akademische« literaturwissenschaftliche Forschung gefunden. Die wenigen Beiträge bewegen sich eher an der Peripherie.[1] Geichwohl gehört Arno Schmidts Selbststilisierung als totgeschwiegener Autor in den Bereich der literarischen Legenden.[2] Von Anfang an haben lebhafte journalistische, literaturkritische und essayistische Auseinandersetzungen seine Produktion begleitet. Allerdings sind diese primär, positiv oder negativ, auf den provokatorischen Impetus Arno Schmidts bezogen. Der literarische Diskurs geriet zum moralisierend-weltanschaulichen, dem selten der Gestus des Bekennerischen fehlt.

Den Übergang von der Literaturkritik zur Literaturwissenschaft dürfte die deutliche Gliederung der Rezeption in zwei Phasen erschwert haben. Bis in die frühen sechziger Jahre bewegte sich der Streit um den Atheismus Arno Schmidts wie die »Schnoddrigkeit« des Stils,[3] um dann allmählich abzuklingen. Helmut Heißenbüttel konnte Arno Schmidt 1963 als nahezu vergessenen Autor behandeln.[4] Ironischerweise entspricht dem Marcel Reich-Ranickis Beobachtung von 1967, daß sich Einspruch wie Zustimmung gelegt hätten und Arno Schmidt allmählich Gegenstand der For-

---

1) Bezeichnenderweise übergehen Arno Schmidt literaturwissenschaftliche Versuche zur Bestandsaufnahme des deutschen Romans nach 1945. So etwa Manfred Durzak, Der deutsche Roman der Gegenwart; Manfred Brauneck [Hrsg.], Der deutsche Roman im 20. Jhd. Analysen und Materialien zur Theorie und Soziologie des Romans; Heinz Ludwig Arnold/Theo Buck [Hrsg.], Positionen im deutschen Roman der sechziger Jahre. Ansonsten wird das Interesse von Fragestellungen geleitet, die Arno Schmidt zum Demonstrationsobjekt für anderweitige Zusammenhänge machen. Gerhard Schmidt-Henkel wählt für die Interpretation eines Einzeltextes wohl deshalb die »Gelehrtenrepublik«, weil sich die Frage nach Tradition und Gattung der literarischen Utopie stellt. Vgl. »Arno Schmidt und seine ›Gelehrtenrepublik‹ «. Die Dissertation von Reimer Bull ist auf die erzähltheoretische Auseinandersetzung mit Eberhard Lämmerts »Bauformen des Erzählens« konzentriert. Vgl. »Bauformen des Erzählens bei Arno Schmidt«. Heiko Postma legt in seiner Untersuchung der literaturkritischen Arbeiten Arno Schmidts sein Interesse mehr auf die inhaltliche wissenschaftliche Auseinandersetzung als auf die Rekonstruktion seiner Erzählpoetik in ihrer Konsequenz für die Romane. Vgl. »Aufarbeitung und Vermittlung literarischer Traditionen«.

2) Vgl. die exakte Dokumentation des literaturkritischen Diskurses bei Hans-Michael Bock, Bibliografie (sic) Arno Schmidt 1949–1978, 2., verbesserte u. ergänzte Ausg. Auch Bock bemerkt, daß von einer Verkennung durch die Presse keine Rede sein könne. Vgl. ebd. S. 7. Interessant ist in diesem Zusammenhang der Rummel, der um das Erscheinen von »Zettels Traum« veranstaltet wurde. Vgl. ders., Potz Geck und kein Ende! Die Presse und »Zettels Traum«.

3) Zum Atheismus vgl. Hans Egon Holthusen, Der unbehauste Mensch (gebundene Ausg.), S. 283 und Karlheinz Deschner, Arno Schmidt, in: Lexikon der Weltliteratur im 20. Jahrhundert, 2. Bd., S. 882–883. Zur Schnoddrigkeit vgl. Werner Welzig, Der deutsche Roman im 20. Jahrhundert, S. 242–243 und S. 317–321. Vgl. dazu das positive Bekenntnis zur Rezeption der Aufklärung bei Arno Schmidt bei Werner Riegel, Arno Schmidt. Portrait eines Dichters, S. 26–27. Als Beispiel für die Hagiographie des »engeren Kreises« vgl. Hans Wollschläger, Eines deutschen Dichters Halbjahrhundert. Zum 50. Geburtstag Arno Schmidts.

4) Vgl. Helmut Heißenbüttel, Annäherung an Arno Schmidt, S. 289.

schung werde.[5] Dies wurde zu einer Zeit formuliert, als die Bedeutung von *Sitara und der Weg dorthin* (1963) für die Poetologie des Spätwerks noch nicht erkannt werden konnte, und der Sammelband *Trommler beim Zaren* (1966) das Frühwerk mit einer bloßen Reprise endgültig abschloß. Die Distanz der »akademischen Betrachtung« hob die Irritation über *Zettels Traum* (1970), besonders aber die Empörung über die Frankfurter Dankadresse (1973) auf. Der moralisierende Diskurs trägt nun politische Züge und wird von den enttäuschten Verehrern eröffnet.[6]

Die Diskussion des hochkontroversen Spätwerks verschüttete das Interesse für die frühen Texte – eine problematische Entwicklung insofern, als sich das Œuvre in der Fortschreibung bereits früh angelegter Motiv- und Problemkonstellationen zu entwickeln scheint. Trifft dies zu, so könnte gerade die genauere Analyse des Frühwerks ein Repertoire von Leitfragen zur Erschließung des »Phänomens« Arno Schmidt liefern. Dies soll hier zumindest in Ansätzen versucht werden. Zuvor allerdings ist die Fragestellung der Untersuchung noch etwas näher zu erläutern.

Über die »Verdrängung« des Frühwerks hinaus dürfte die Zweiphasigkeit der Rezeption die interpretierende Annäherung an Arno Schmidt überhaupt erschwert haben. Jenseits aller Fragen nach seinem endgültigen Stellenwert in der Geschichte der deutschen Literatur, die immer wieder aus der Irritation heraus aufgeworfen wird,[7] wären zunächst einmal die Gründe der Irritation zu erwägen. Selbstverständlich kann dies hier nur im Rahmen oberflächlicher Plausibilitätsbetrachtungen geschehen, da die systematische Erforschung der Rezeptionsgeschichte einen gänzlich anderen wissenschaftlichen Apparat erfordern würde, als er hier aufgebaut werden kann.

Arno Schmidt dürfte mit Gustav Frenssen noch lange das eine gemeinsam haben, ein unerledigter Fall zu sein.[8] Sein Werk und seine Wirkung

---

5) Vgl. Marcel Reich-Ranicki, Arno Schmidts Werk oder Eine Selfmadeworld in Halbtrauer, S. 285–288.

6) Vgl. Hans-Michael Bock, Potz Geck und kein Ende, zum Beginn dieser Diskussion. Ein hübscher Nachklang findet sich bei Dieter Kuhn, Einige Anmerkungen zu Arno Schmidts Funkarbeiten über Schefer und Wieland: »Das ist jetzt zwei Jahrzehnte her. Wir waren jung und bettelarm und gottlos, wir hörten aus Protest gegen Fritz Wunderlich nur noch AFN, wir lachten schadenfroh über Mitschüler, die freiwillig zur Bundeswehr strebten, wir lasen expressionistische Gedichte und Arno Schmidt.

Abgesehen davon, daß er damals noch gut schreiben konnte, gefiel uns die Art, wie er gegen alles war, was uns auch nicht paßte, zum Exempel: die CDU und ihr Adenauer, das Militär, die Religion, Sport, Germanisten, Goethe, Schiller, [. . .]. Dann haben wir Arno Schmidt den Gefallen erwiesen und sind ›getreulich mit ihm gealtert‹!

Wir hätten besser daran getan, rechtzeitig zu sterben! Denn jetzt müssen wir erleben: das starrsinnige Gemoser eines Kleinbürgers gegen Arbeiter, Frauen, Neger und Langhaarige. Punctum.« (S. 3)

7) Bezeichnend ist etwa, daß Heinz Ludwig Arnold nur die Alternative zwischen »singulärer Schriftsteller von außerordentlichem Format« oder »Monstrosität« sieht. Vgl. »Anmerkungen zur literarischen Entwicklung in der Bundesrepublik«, S. 28.

8) Vgl. Arno Schmidt, Ein unerledigter Fall/Zum 100. Geburtstag von Gustav Frenssen (RITTER, S. 90–165.).

sind Phänomene von größtem wissenschafts- und rezeptionsgeschichtlichem Interesse. Geradezu singulär ist die literaturwissenschaftliche Fixierung des Autors, die eben nicht in erster Linie die Poetologie einer Avantgarde betreibt, die von der Wissenschaft noch nicht eingeholt wurde, sondern Literaturgeschichte in »Parallelaktion« zur Universitätsgermanistik zu schreiben sucht.[9] Der Anspruch, die Tradition von Entstellungen, Überschätzungen und Verdrängungen zu reinigen, ist dabei ebenso unverkennbar wie die Abhängigkeit von älteren Positionen der befehdeten Wissenschaft, deren Methoden übernommen oder deren Wertungen einfach umgekehrt werden.[10] Auffallend ist bei dem allen das Ressentiment des Autors,[11] dem, auch im Verschweigen, das Ressentiment der Wissenschaft geantwortet haben dürfte.[12]

Der Verdacht liegt nahe, als sei das singuläre Rezeptionsphänomen überhaupt durch ein System kompliziert verschränkter Ressentiments eingespielt worden. Auf jeden Fall ist die Wendung gegen die etablierte Wissenschaft auf fruchtbaren Boden gefallen. Sie hat zum Versuch einer weitgehend außerakademischen Literaturwissenschaft geführt, die einerseits eine durchaus entwickelte Arno-Schmidt-Forschung betreibt,[13] im Zusammenhang damit aber auch einen antiakademischen Lektürekanon

---

9) Vgl. die aufwendigen literaturwissenschaftlichen Unternehmungen »Fouqué und einige seiner Zeitgenossen«, »Sitara und der Weg dorthin« sowie die Poe-Exegesen von »Zettels Traum.« Die zahlreichen Funk-Essays sind, unbeschadet ihres Charakters als Selbstzeugnisse, von unterschiedlichem Gewicht. Neben den wohl relativ eigenständigen, aus Übersetzungsarbeiten hervorgegangenen Bemerkungen zu Joyce stehen hochgradig kompilatorische Texte, etwa »Der Waldbrand, oder Vom Grinsen des Weisen.« (BEL, S. 180–229/NACHRICHTEN 2, S. 53–83). Vgl. dazu Dieter Kuhn, Einige Anmerkungen zu Arno Schmidts Funkarbeiten über Schefer und Wieland.

10) »Fouqué und einige seiner Zeitgenossen« bedient sich eindeutig der Verfahrensweisen des alten Positivismus. Die schlichte Negation der älteren Forschung, die doch im Argumentationsniveau nicht überschritten wird, ist im Falle der Polemik gegen Stifter besonders eklatant. Vgl. Die Bezugnahme auf Julius Kühn, Die Kunst Adalbert Stifters in ». . . Und dann die Herren Leutnants! Betrachtungen zu ›Witiko‹ & Adalbert Stifter.« (RITTER, S. 282–317).

11) Die Attacken sind nicht zu zählen. Als besonders eklatant vgl. das »Vorspiel« zu »Dya Na Sore. Gespräche in einer Bibliothek.« (DYA, S. 7–12).

12) Gerhard Schmidt-Henkel sieht deshalb in einer literaturwissenschaftlichen Arbeit über Arno Schmidt eine »pikante Aufgabe«. Vgl. »Arno Schmidt«, S. 261.

13) Vgl. vor allem folgende Sammelpublikationen: Arno Schmidt, Text + Kritik 20; Arno Schmidt, Text + Kritik 20/20 a, Jörg Drews/Hans-Michael Bock (Hrsg.), Der Solipsist in der Heide. Materialien zum Werk Arno Schmidts. Interessant sind jeweils die biographischen Notizen über die Mitarbeiter. Es handelt sich vornehmlich um jüngere Journalisten und fortgeschrittene Studenten. Der philologische Aufwand dieser doch wohl nicht subventionierten Forschung ist erstaunlich. Man vgl. etwa Leibl Rosenberg, Das Hausgespenst. Ein begleitendes Handbuch zu Arno Schmidts »Die Schule der Atheisten«, 2 Bde. Eine Unternehmung wie die genannte dürfte wohl bei kaum einem gegenwärtigen Autor auf private Käufer rechnen, wie denn auch mit Hans-Michael Bock, Bibliografie Arno Schmidt 1949–1978, eine Dokumentation vorliegt, wie sie für keinen gegenwärtigen Autor zu verzeichnen ist.

konstituiert.[14] Allerdings sind die Beiträge der »Parallelaktion« zum Spätwerk Arno Schmidts selbst wieder vom Ressentiment gegen die »antirevolutionäre« Wendung des vorbildlichen Autors bestimmt.[15] Dies ist für jede Interpretation nicht ohne Bedeutung, weil von dort aus zentrale Interpretationsansätze und -kontroversen formuliert worden sind.
Wilfried von Bredow vermutet, daß sich das Publikum Arno Schmidts aus »sensiblen Seminarlinken« zusammensetze.[16] In der Tat lassen Indizien an eine vage »links« orientierte, nicht auf den theoretischen Marxismus verpflichtete Leserschaft denken. Trifft dies zu, so erscheint das Verhältnis von Werk und Rezipienten höchst paradox. Es ist ohne die Vorgeschichte nicht zu verstehen, die bis in die fünfziger Jahre zurückreicht. Hans Egon Holthusen bemerkt 1964 irritiert:

> Inzwischen ist eine neue Generation von zum Teil hochbegabten Autoren und Kritikern herangewachsen und hat die literarische Öffentlichkeit mit neuen Motiven, Stimmungen, Fragestellungen für sich gewonnen. Statt »Existenz« sagt man heute »Gesellschaft«, statt Benn oder Eliot sagt man heute Brecht, statt Jaspers – Adorno oder Bloch. Begriffe, die um 1950 unter historischen Spinnweben kaum noch zu erkennen waren (»Aufklärung« zum Beispiel), werden als blitzblanke Neuheiten vertrieben. Alles Soziologische ist Trumpf, Marx wieder ein Problem von großer Dringlichkeit, dialektisches Denken fast eine conditio sine qua non.[17]

Damit ist in personalisierenden Stichworten die offizielle Kulturkulisse aus Antikommunismus, Existenzphilosophie und religiöser Restauration umschrieben, die die künftige Forschung zur Epoche der fünfziger Jahre zu analysieren haben wird. Demgegenüber verfährt die literarische Opposition in der Ära Adenauers nicht politisch, sondern primär moralisierend.[18] Sie konnte so sehr divergierende Positionen als verwandt erscheinen lassen, liberal-antiklerikale, linkskatholische, sozialdemokratische

---

14) Es dürfte schwierig festzustellen sein, wie weit die Hinweise Arno Schmidts das Leseverhalten des privaten Publikums beeinflussen. Immerhin publiziert der Buchversand »Zweitausendeins« in seiner Reihe »Haidnische Alterthümer. Die Lieblingsbücher von Arno Schmidt« so entlegene Titel wie Friedrich Wilhelm v. Meyern, Dya Na Sore; Jules Verne, Die Schule der Robinsons; Christian v. Massenbach, Historische Denkwürdigkeiten zur Geschichte des preußischen Staates seit dem Jahre 1794. Die Bücher, preisgünstig und gut ausgestattet, müssen wohl ihre Abnehmer finden, auch und gerade bei dem Publikum, an das sich der Buchversand sonst wendet.
15) Roland Rall, Historischer Sinn. Nachforschungen zu Arno Schmidts Roman »Das steinerne Herz« (1956), ist in seiner Tendenz typisch für viele andere Beiträge.
16) Vgl. Wilfried von Bredow, Der militante Eremit oder: Vom Schicksal eines westdeutschen Jakobiners, S. 609.
17) Hans Egon Holthusen, Der unbehauste Mensch. Neuausgabe, S. 9–10.
18) Vgl. Heinz Ludwig Arnold, Anmerkungen zur literarischen Entwicklung in der Bundesrepublik. Selbstverständlich bedürften beide Begriffe einer eingehenden Klärung.

oder theorielos kommunistische Kritik als gemeinsame Kritik verstehen. Erst die Rezeption der Frankfurter Schule und der orthodox marxistischen Kritik an ihr lieferte den theoretischen Rahmen, um unterschiedliche Haltungen zu diskutieren und damit bewußt zu machen oder überhaupt erst zu erzeugen. Wandlungen und Auflösung der Gruppe 47 liefern dafür ein schlagendes Beispiel.[19] Mit seinen antiklerikalen, pazifistischen, antinationalsozialistischen und antirestaurativen Statements partizipiert Arno Schmidt an den Topoi der moralisierenden Kritik,[20] ohne daß damit etwas über Vorhandensein und Zielrichtung einer politischen Intention ausgesagt werden könnte. Dergleichen ist von detaillierten Untersuchungen zum literarischen Kontext und zum systematischen Ort der »Statements« im Denken Arno Schmidts abhängig. Die frühen Romane und Essays konnten so zum Kristallisationspunkt einer diffusen Opposition werden. Sie unterschied sich von anderen durch eine spezifische Komponente gegen die Universitätsgermanistik, soweit diese an der offiziellen Kulturkulisse partizipierte.

Die skizzierte Konstellation hat Arno Schmidt noch für *Zettels Traum* den Goethepreis der Stadt Frankfurt eingetragen, nebst einer Laudatio von Lars Clausen, die Arno Schmidt für eine theoretisch nicht weiter explizierte Linke in Anspruch nimmt.[21] Der Eklat der Dankadresse hat nicht zum Bruch mit dem Publikum geführt, sondern eine eher ambivalente Einstellung produziert. Neben der pauschalen Klage über die Wendung des »Jakobiners« zur »reaktionären Altersweisheit«[22] steht das Ausweichen vor der Interpretation in eine Kommentierungsarbeit mit respektablen philologischen Ergebnissen.[23] Die Tendenz zur Verdrängung anstößiger Philosopheme und Ideologeme scheint unverkennbar.[24] Jörg Drews betont gewiß mit Recht, daß im Falle des Spätwerks keine verläßliche Interpretation ohne Kommentierung möglich sei.[25] Zu fragen bleibt allerdings, ob diese Kommentierung ohne Interpretation auskommen kann,

---

19) Vgl. ebd.

20) Zum Inhalt dieser Topoi vgl. ebd. S. 14–15.

21) Vgl. die Liste des Kuratoriums, die Namen wie Rudi Arndt, Jürgen Habermas und Gerhard Zwerenz enthält (»Verleihung des Goethepreises der Stadt Frankfurt«, S. 27). Der Vorgänger Arno Schmidts ist pikanterweise Georg Lukács (vgl. ebd. S. 25). Zu den Topoi des »linken« Arno-Schmidt-Bildes vgl. die Laudatio, ebd. S. 14–23.

22) Vgl. etwa als typisch für zahlreiche ähnliche Kommentare: Gerd Haffmanns, Von A. Sch. zu A. Sch. Prolegomena zur Chronik einer Schopenhauer'schen Linken, S. 126.

23) Angesichts dieses Aufwandes ist es überraschend, daß kaum Interpretationsversuche zu »Zettels Traum« erschienen sind. Vgl. Jörg Drews, Arno Schmidt: »Zettels Traum« Seite 1 (ZT 4), S. 5.

24) Eine andere Form der Verdrängung liegt in der einseitigen Betonung des Sprachkünstlers Arno Schmidt vor. Die Laudatio von Günter Grass anläßlich der Verleihung des Fontane-Preises, die vor allem von der Naturmetaphorik handelt, ist demgemäß interessanter in dem, was sie verschweigt, als in dem, was sie ausspricht. Vgl. Günter Grass, Kleine Rede für Arno Schmidt.

25) Vgl. Jörg Drews, Arno Schmidt: »Zettels Traum«, Seite 1 (ZT 4), S. 20–21; hier auch schon die Warnung vor einer ziellosen Kommentierung. Vgl. S. 21–28.

die, zumindest versuchsweise, den Stellenwert literarischer Anspielungen bestimmen und so Art und Umfang der Erläuterungen festlegen müßte. Der vorschnelle Ausweg in den philologischen »Positivismus« kann so durchaus auch zur Sackgasse werden.
So besehen scheinen singuläre, von einer Vielzahl verschränkter Ressentiments bestimmte Rezeptionsfaktoren jeder künftigen Forschung über Arno Schmidt ein Bild vorzugeben, das aus Verdrängungen und Retuschen aufgebaut ist. Arno Schmidt erscheint in seinen Anfängen als konsequenter Oppositioneller, der sich im Spätwerk zum Artisten der Sprache und der literarischen Anspielung wandelt, wobei die Metaphernforschung von den Erzählintentionen und ihrer »weltanschaulichen« Fundierung nahezu ablösbar erscheint.[26] Allerdings dürfte auch diese Fixierung Ergebnis eines Kompromisses sein. Neben dem philologischen »Positivismus« steht die Tendenz zur sehr pauschalen und grundsätzlichen Deutung, die die angedeutete Irritation auf ihre Weise zu bewältigen sucht. Unbehagen an der Detailarbeit und Unbehagen an der generalisierenden Etikettierung treiben einander hervor. Sucht man aber mit Hilfe der Gesamtwürdigungen die Leerformeln des eingespielten Bildes aufzufüllen, so ist nahezu alles kontrovers. Trotz wichtiger Beobachtungen und diskutabler Deutungshypothesen zeichnet sich keine erste Konvergenz der »Forschung« ab, die als ganze problematisiert oder anhand von Einzelaspekten vertiefend diskutiert werden könnte. Dies zeigt sich schon im Streit darum, was die Opposition des frühen Arno Schmidt ausmacht, ein Streit, der durch die Probleme des Spätwerks eher noch verunklärt wird. Der Etiketten sind viele. Wilfried von Bredow sieht in Arno Schmidt noch 1970 einen »Jakobiner«, ohne daß dieser Begriff allerdings historisch genauer erfaßt oder gar für die westdeutschen Verhältnisse fortgeschrieben würde.[27] Für Jörg Drews ist Arno Schmidt gar ein historischer Materialist im Sinne Benjamins, eine gewiß weitreichende Einlassung, wenn sie mehr sein soll als eine Arabeske.[28] Jürgen Busche sieht in Arno Schmidt hingegen, und zwar von Anfang an, den Prototyp des konservativen Autors.[29] Auch Joachim Kaiser votiert für den konservativen Kulturkritiker und sieht Parallelen zu Karl Kraus.[30] Dazwischen bieten sich vermittelnde Positionen an. Gerd Haffmanns rechnet Arno Schmidt einer mehr behaupteten als belegten »Schopenhauerschen Linken« zu.[31] Alfred Andersch vermutet höchst erwägenswert die

---

26) So schon Klaus Podak, Arno Schmidt: Weltanschauung und Sprache, S. 24–25.

27) Vgl. Wilfried v. Bredow, Der militante Eremit oder: Vom Schicksal eines westdeutschen Jakobiners.

28) Vgl. Jörg Drews, Phänomenologie der Gehirntiere, S. 68.

29) Vgl. Jürgen Busche, Eidyllion – das heißt kleines Bildchen. Über Arno Schmidt und Heimito von Doderer.

30) Vgl. Joachim Kaiser, Des Sengers Phall (unpaginiert).

31) Vgl. Gerd Haffmanns, Von A. Sch. zu A. Sch. Prolegomena zur Chronik einer Schopenhauer'schen Linken.

Divergenz zwischen der Selbststilisierung als »guter linker Mann« und dem primär dualistischen Weltbild des »glaubenslosen Katharers«.[32]
Der Streit tangiert die Deutung des Übergangs vom Früh- zum Spätwerk und damit die Interpretation beider Textcorpora. Die Einschätzung als »Dualist« oder »Konservativer« erlaubt es, mit einer kontinuierlichen Entwicklung zu rechnen, in der allenfalls Verschiebungen der Schwerpunkte oder Verkomplizierungen des poetologischen Systems zu beschreiben sind. Dies wäre für das Verständnis der frühen Texte von einschneidender Bedeutung. Die »jakobinische Richtung« hingegen ist genötigt, den Umschwung interpretatorisch zu verwerten. Gelegentlich scheinen dabei höchst vordergründige Erklärungsmuster durch: das Alter,[33] die Erschöpfung des ursprünglichen literarischen Repertoires,[34] die endliche Resignation des alten Kämpfers an der bundesrepublikanischen Wirklichkeit, dem Wilfried v. Bredow denn auch unter der Hand anraten kann, es noch einmal mit der neuen Linken zu versuchen.[35] Differenzierter sieht Heiko Postma den Vorgang, wenn er nicht so sehr mit einer Wandlung Arno Schmidts als mit einer Wandlung des sozialen und politischen Kontextes rechnet, auf die Arno Schmidt mit einer Verhärtung immer schon angelegter Positionen reagiert. Danach ist in Zeiten des Faschismus und der klerikalen Restauration die Berufung auf die Tugenden der bürgerlichen Aufklärung progressiv und kann auch so rezipiert werden, schlägt aber auf einer entwickelteren Stufe der Gesellschaft in die Regression um.[36] Damit ist eine Kontinuität des Werkes behauptet, dessen wechselrde Funktionszusammenhänge geschichtsspekulativ gedeutet werden. Die Konzeption hat sicher ihr Bestechendes, ihre Durchführung erfordert aber, Arno Schmidts Verständnis der Aufklärung überhaupt erst einmal zu rekonstruieren und ihren Stellenwert für die frühen Romane zu bestimmen. Dies ist, wie vieles andere auch, noch nicht geleistet.
Die Divergenzen der Einordnung sind nicht nur das Ergebnis einer Sprachverwirrung, wie sie am Gebrauch des Begriffes »konservativ« leicht nachgewiesen werden könnte, oder einer von allseitigen Ressentiments gesteuerten Rezeptionssituation, sondern scheinen auch im Werk selbst begründet. Schließlich können sich alle Etikettierungsversuche, die hier nur am Beispiel der politischen Intention umrissen wurden, auf

32) Vgl. Alfred Andersch, Düsterhenns Dunkelstunde oder Ein längeres Gedankenspiel, S. 356.
33) Vgl. Gerd Haffmanns, Von A. Sch. zu A. Sch. Prolegomena zur Chronik einer Schopenhauer'schen Linken, S. 126.
34) Vgl. Roland Rall, Historischer Sinn. Nachforschungen zu Arno Schmidts Roman »Das steinerne Herz« (1956), S. 24.
35) Vgl. Wilfried v. Bredow, Der militante Eremit oder: Vom Schicksal eines westdeutschen Jakobiners, S. 608–610.
36) Vgl. Heiko Postma, Aufarbeitung und Vermittlung literarischer Traditionen, S. 100.

Statements des Autors berufen. Die generalisierenden Deutungen haben demgegenüber die Tendenz, Mehrdeutigkeiten der Texte auf die eindeutige Formel zu reduzieren. Gewiß wäre die Mehrdeutigkeit isolierbarer Ideologeme selbst wieder dergestalt zu interpretieren, daß ihre Funktion innerhalb des ganzen Textes bestimmt würde. Gerade solche Strukturuntersuchungen findet man selten, auch nicht für die vergleichsweise einfachen Texte des Frühwerks. Grund dafür dürfte sein, daß der Literaturwissenschaft, zumindest solange sie hermeneutisch verfährt, kein hinreichend starkes Beschreibungsverfahren zur Verfügung steht, das die immanent verfahrende »Totalanalyse« eines Textes erlauben würde.
Hermeneutische Strukturanalysen gehen in der Regel von kontextgebundenen Leitfragen aus. Die Rezeptionsgeschichte Arno Schmidts legt den Verdacht nahe, daß solche texterschließenden Problemstellungen von außen schwer zu finden sein dürften. Indiz ist die Trennung in eine extrem immanent verfahrende Schmidt-Philologie[37] auf der einen Seite und einer Forschung zum deutschen Roman nach 1945 auf der anderen Seite, die Arno Schmidt nicht zur Kenntnis nimmt, es sei denn in der bloßen Konstatierung der Außenseiterrolle.[38] Offensichtlich ist die Schwierigkeit einer Lokalisierung Arno Schmidts innerhalb der deutschen Literatur der Nachkriegszeit ein weiterer Grund für die Reserve der Universitätsgermanistik.
Ihre Bemühungen, die Geschichte der deutschen Literatur nach 1945 zu schreiben, stoßen angesichts des mangelnden »Zeitenabstandes« auf die Schwierigkeit, keine für die Epoche konstitutiven Ordnungskriterien zur Verfügung zu haben. Als Hilfskonstruktion bietet sich die »Personalisierung« der Literaturgeschichte an. Einzelnen Protagonisten werden die jeweils »zeittypischen« Tendenzen zugeschrieben.[39] Arno Schmidt fällt aus diesen Versuchen heraus, weil seine Texte nicht als Ausdruck der jeweiligen aktuellen Diskussion gelesen werden können.[40] Seine zwei-

---

37) Eine der wenigen Ausnahmen ist der Aufsatz von Jörg Drews, Arno Schmidt und August Stramm. Beobachtungen zu den expressionistischen Stilelementen in den frühen Romanen.
38) Vgl. Heinz Ludwig Arnold, Anmerkungen zur literarischen Entwicklung in der Bundesrepublik, S. 28–29, als Beispiel für die zum Topos erstarrte Klassifikation.
39) Beispiele wären etwa: Heinz Ludwig Arnold, Anmerkungen zur literarischen Entwicklung in der Bundesrepublik; Manfred Brauneck (Hrsg.), Der deutsche Roman im 20. Jhd. Analysen und Materialien zur Theorie und Soziologie des Romans; Eberhard Mannack, Zwei deutsche Literaturen?
40) Damit ist selbstverständlich weder ein literarisches Wertungskriterium formuliert, noch behauptet, daß es keine Zusammenhänge zwischen Arno Schmidt und der deutschen Nachkriegsliteratur gebe. Die Gemeinsamkeiten wären dann aber auf einer Ebene hinter den aktuellen Kontroversen zu suchen, die in der zeitgenössischen Diskussion selbst nicht thematisiert wird. Daran ändert nichts, daß Arno Schmidt an thematischen Bereichen seiner Zeitgenossen partizipiert. Im »Leviathan« findet sich die »Dämonisierung« des Nationalsozialismus, in »Brand's Haide« die Thematik des »Nullpunktes«, in »Das steinerne Herz« die des »Wirtschaftswunders«. Zu den thematischen Bereichen vgl. Frank Trommler, Der zögernde Nachwuchs.

deutige Stellung innerhalb der »Literaturkulisse« der Nachkriegszeit sollte wenigstens mit einigen Umrissen angedeutet werden.
Reinhart Baumgarts Frankfurter Poetikvorlesung von 1967 bewegt sich um die Frage nach der Zukunft des realistischen Erzählens,[41] das, vage genug, als die »Fiktion des Berichts, das Tatsachenerfinden, das weder die Freiheit des Erfindens noch den Schein der Tatsächlichkeit lassen möchte«, bestimmt wird, wobei »das einzelne Erzählbeispiel [. . .] das Ganze repräsentieren« soll.[42] Diese, aus der Romandiskussion der zwanziger Jahre übernommene Frage nach Möglichkeit oder Unmöglichkeit solchen Erzählens prägt, selten klar formuliert und mit wechselnden literarischen Beispielen und ästhetischen Begründungszusammenhängen,[43] die literarische Diskussion der Nachkriegszeit. Sie reicht von der Rezeption Kafkas in den fünfziger Jahren über die Auseinandersetzung mit dem nouveau roman zu Beginn der sechziger Jahre bis zur eben noch aktuellen Konfrontation von »linguistischer Reflexion« und »Literatur der Arbeitswelt«.[44] Die Analyse der »personalisierenden Literaturgeschichtsschreibung« könnte zeigen, daß ihre »Protagonisten« jeweils als Fixpunkte der Diskussion im literarischen Bewußtsein fungieren oder fungiert haben.
Zur Beschreibung des »nichtrealistischen« Erzählens haben sich dabei einige Merkmale eingebürgert, die nachgerade bereits zu Topoi erstarrt sind. Baumgart nennt die Einengung der Erzählperspektive bis zur »Niederschrift ganz und gar partikulärer, dafür aber unmittelbarer Erfahrungen«, die Sprachskepsis, die Problematisierung der Erinnerung, die Durchbrechung vertrauter Darstellungsklischees und schließlich das Erfinden von Erfindungen statt von Tatsachen.[45] Innerhalb dieses literaturkritischen Kontextes, der auch die Auswahl »relevanter« Fragestellungen für fachwissenschaftliche Forschungen zur Gegenwartsliteratur steuert, ist bereits das Frühwerk Arno Schmidts schwerlich festzumachen. Die Destruktion der Fabel, die Subjektivierung des Erzählens, auch die Durchbrechung eingespielter Leseerwartungen sind bei ihm sicher leicht zu erkennen.[46] Meist pflegen diese Strukturmomente mit einer

---

41) Vgl. Reinhard Baumgart, Aussichten des Romans oder Hat Literatur Zukunft?, S. 10.
42) Ebd. S. 31–32.
43) So kommt Theodor Adorno (vgl. »Standort des Erzählers im zeitgenössischen Roman«) von einer geschichtsspekulativen Gesellschaftstheorie zur These vom Ende des realistischen Erzählens. Handke hingegen etwa greift auf einen wie auch immer verstandenen Wittgenstein zurück.
44) Zu den Phasen vgl. die Skizze bei Frank Trommler, Realismus in der Prosa.
45) Vgl. Reinhard Baumgart, Aussichten des Romans, S. 21–27. Die hier entwickelte Aufstellung ist auch sonst geläufig. Eberhard Mannack nennt etwa den Verlust des Helden, die Problematisierung der Beobachtung, den verlorenen Glauben an die Durchschaubarkeit der Welt und die Sprachskepsis (Vgl. »Zwei deutsche Literaturen?«, S. 52–59).
46) Für die Destruktion der Fabel vgl. Reimer Bull, Bauformen des Erzählens bei Arno Schmidt.

erkenntnispessimistischen Position des »nichtrealistischen« Erzählens erklärt zu werden. Wo der Glaube an die Durchschaubarkeit der Welt verloren ist, dominiert das Prinzip der »Mutmaßung« und mit ihm die Problematisierung der Beobachtung.[47] Dem widerspricht die unerschütterliche Selbstgewißheit, mit der das monologisierende Ich der frühen Romane seine Erlebnisse und Bewertungen ausbreitet. Ein Blick auf die Erzählpoetik Arno Schmidts erhöht die Verwirrung. Unbeschadet ihrer Klage über die mangelhaften menschlichen Erkenntnismöglichkeiten reihen sich die *Berechnungen* mit der Wendung von der »Beschreibung und Durchleuchtung der Welt durch das Wort« als »erste Voraussetzung zu jeder Art von Beherrschung«[48] in die Tradition der erkenntnisoptimistischen »realistischen« Literatur ein. Dazu gehört, daß dem Leser gar nicht die Bedenklichkeit scheinbar selbstverständlicher Wahrnehmungsmuster bewußt gemacht werden soll. Durch die Texte soll »die *Illusion eigener Erinnerung* suggestiv erzeugt werden«,[49] womit eben jene »naturalistische Illusionstechnik«[50] gefordert ist, die der Roman der Mutmaßungen ablehnt.
Bezeichnenderweise gerät diese Art des Erzählens zwischen die literaturkritischen Fronten. K. A. Horst, der von seiner existentialisierenden Literaturbetrachtung aus nicht so sehr nach der wahrscheinlichen als nach der tiefsinnigen Fabel sucht, sieht bei Arno Schmidt »die große Gefahr des experimentellen Kunstgewerbes, das eine an sich kahle Fabel mit dem Sprachhobel zu Schnitzeln und Locken aufkräuselt«.[51] Von seinen Betrachtungen zur sprachtheoretisch orientierten Literatur aus moniert hingegen Werner Eggers, daß die Romane Arno Schmidts »zu sehr in schlichte Erzählung übergehen«.[52] Offenbar fallen die Texte aus den gängigen Fragestellungen einfach heraus. Sucht man sie dennoch anzuwenden, so erzeugen sie schwer aufzulösende Interpretationskontroversen. Dies sei wenigstens an einem Beispiel vorgreifend verdeutlicht.
So erinnert sich Düring im Kreise seiner ungeliebten Familie eines Weihnachtsabends:

> (Dazu wie ein Blitzlicht die Weihnachtserinnerung: Kerzen schimmerten gekonnt und versonnen, weiche goldgeschmolzene Gesichtlein

---

47) Vgl. Eberhard Mannack, Zwei deutsche Literaturen?, S. 54, wo die genannten Momente am Beispiel Johnsons entwickelt werden.

48) »Berechnungen I«, R & P, S. 284/JUL S. 235.

49) Ebd. R & P, S. 286/JUL, S. 236.

50) Vgl. die bündige Formulierung dieses Prinzips bei Hermann Bahr: »Die Kunst hat keine Gewalt als nur durch den Schein eines unmittelbaren Verhältnisses zwischen uns und ihren Dingen, welcher durch keine Dazwischenkunft des Künstlers jemals gestört werden darf.« (»Zur Überwindung des Naturalismus«, hrsg. v. G. Wunberg, S. 60). Nach Bahr erfüllt gerade die Ich-Erzählung diese Bedingung, weil in ihr kein Erzähler auftaucht.

51) K. A. Horst, Die deutsche Literatur der Gegenwart, S. 143.

52) Werner Eggers, Sprachtheorie und Sprachwandel, S. 122–123.

über weißen schlanken Hälsen, geneigten, verlogen und schein-heilig. Gar gemütlich stank der mit Zimt und Nelken verfälschte Glühwein, rot aus den Sonntagsgläsern; und auch ich hatte mir falsch die Hände über den Leib gelegt, eine der drei schweren Brasil geblasen. Dann hatte ichs aber doch nicht ausgehalten, und zu dem ollen Atlas von 1850 gegriffen, den ich für ein paar Pfennige in Verden für mich aufgegabelt hatte. Blende zu).[53]

Nach dem Programm der *Berechnungen* wird die Erinnerung aus »Foto-Text-Einheiten«[54] zusammengestellt. Ergebnis ist der »modernen« Darstellungskonventionen entsprechende Verzicht, Lücken der Erinnerung oder Beobachtung interpolierend aufzufüllen.[55] Dies führt aber nicht dazu, daß das Ergebnis der Erinnerung zweifelhaft würde. Vor dem Leser entsteht ein zwar um Überflüssiges verkürztes, aber gleichwohl plastisches Bild. Zugleich wird er nicht im Zweifel gelassen, wie er die erinnerte Weihnachtsharmonie zu verstehen hat. Der Schluß bietet sich an, es würden konventionelle »Geschichten« erzählt, und die Frage liegt nahe, warum dies nicht auch auf konventionelle Weise geschehen könnte. Dies scheint einer der Kritikpunkte zu sein, die Reich-Ranicki gegen Arno Schmidt vorbringt.[56]

Allerdings lebt die Interpretation davon, daß *Aus dem Leben eines Fauns* immer noch als »Fiktion eines Berichts« gelesen werden kann. Gerade dies negiert Heißenbüttel aber, wenn er meint, die Texte lieferten ein soziologisch fixierbares »Modell für eine bestimmte Art der Tatsachenverarbeitung«. Sie reproduzieren kleinbürgerliches Gerede mit einer solchen Intensität, daß es möglich wird, »das Selbstverständnis einer menschlichen Spezies überhöht und stellvertretend darzustellen oder zu erfinden«.[57] Arno Schmidt wird hier für die sprachtheoretisch orientierte Literatur in Anspruch genommen, der wohl nicht zufällig auch Heißenbüttel selbst angehört. Für die bewußtmachende Reproduktion der Sprachklischees stellt sich die Frage nach dem Wahrheitsgehalt oder der Originalität des »Berichts« nicht, weil es nicht um die Erkenntnis außersprachlicher Sachverhalte geht. Arno Schmidt erscheint als »Präwittgensteinianer«, der die Sprache als »Lebensform« auf seine Weise entdeckt hätte. Die Konzeption wäre fortgeschrittener als die einer modernen Literatur, die immer noch das Problem der wahren Beobachtung ventiliert und die »Wirklichkeit« hinter den eingefahrenen Sprachkonventionen eruieren möchte. Heißenbüttel kann Arno Schmidt so eine Modernität jenseits der Klassiker des modernen Romans zuschreiben.

---

53) NDK, S. 11–12/FAUN, S. 17.
54) R & O, S. 285/JUL, S. 236.
55) Vgl. Eberhard Mannack, Zwei deutsche Literaturen?, S. 54.
56) Vgl. Marcel Reich-Ranicki, Arno Schmidts Werk oder Eine Selfmadeworld in Halbtrauer.
57) Helmut Heißenbüttel, Annäherung an Arno Schmidt, S. 245–246.

Die Interpretation ist ambitioniert. Problematisch ist, daß sie am Text jene Signale nicht nachweisen kann, die anzeigen, daß es nicht um das Mitgeteilte, sondern um die Form der Mitteilung geht. Auf die Erzählpoetik Arno Schmidts kann sie sich, wie schon angedeutet, nicht ohne Schwierigkeiten berufen. Der Verdacht liegt nahe, als lese sie ein vorgegebenes Modell moderner Literatur in die Texte hinein. Andererseits scheint die Polemik Reich-Ranickis die »realistische« Komponente der Texte zu gewichtig zu nehmen, so daß die »Modernismen« dysfunktional werden.
Der Streit um die Modernität Arno Schmidts, der ausgelöst wird, sobald die »kontextabhängigen« Fragen von den gängigen Topoi über modernes Erzählen aus formuliert werden, ist durchaus nicht vordergründig. Rechnet man mit der »Fiktion des Berichts«, so stellen sich Fragen nach Art und Qualität der Darstellung zeitgeschichtlicher Verhältnisse. Auch die Diskussion über die wertende Intention dieser Darstellung ist legitim. Geht man von der sprachtheoretischen Deutung aus, so liegt die Qualität der Texte gerade darin, daß Interpretationsfragen dieser Art gar nicht sinnvoll gestellt werden können. Die Interpretation ist an eben jenem toten Punkt angekommen, der die Zurückhaltung der Interpreten erklärt.
Als Ausweg bietet sich an, hinter die eingespielte »Synthese« von Oberflächenbeschreibung und apodiktischer Pauschalinterpretation zurückzugehen mit dem Versuch, einige zentrale Erzählintentionen zu bestimmen. Gedacht ist an Momente wie den »Realismusbegriff« Arno Schmidts, seine Bestimmung des Kunstcharakters von literarischen Texten und ihrer Wirkungsintention. Einerseits soll die Konsequenz dieser poetologischen Annahmen für die literarische Struktur wenigstens in einigen Interpretationsskizzen zu frühen Texten angedeutet werden, andererseits geht der vorliegende Versuch von der heuristischen Annahme aus, daß Arno Schmidts Poetologie selbst wieder in einem allgemeinen »weltanschaulich-erkenntnistheoretischen« Rahmen fundiert ist, der aus verstreuten Äußerungen und impliziten Annahmen zu rekonstruieren ist.
Selbstverständlich bedarf das Programm sogleich wieder der Einschränkung. Über den stets problematischen Anspruch einer hermeneutisch verfahrenden Interpretation hinaus, so etwas wie »Rekonstruktionen« liefern zu wollen, stellt sich bei Arno Schmidt das zusätzliche Problem, daß das stets wichtige Corpus der nicht zur Publikation bestimmten Texte (Briefe, Tagebücher, Entwürfe usw.) nicht zur Verfügung steht. Auch ein aufwendiger angelegtes Unternehmen als das vorliegende müßte angesichts der Quellenlage rudimentär bleiben. Weiter muß der »Rekonstruktionsversuch« auf poetologische und literaturwissenschaftliche Äußerungen Arno Schmidts und auf Erzählerstatements innerhalb der Romane zurückgreifen. Zwar verwischen sich die Grenzen zwischen beiden Textbereichen, doch könnte dies auch die Konsequenz haben, daß das Problem des unterschiedlichen Status von literarischen und nichtli-

terarischen Äußerungen dadurch nur noch weiter verkompliziert wird. Dem »wissenschaftsprognostischen Geschmack« sei es anheimgestellt, ob man einen solchermaßen belasteten Versuch als uneinlösbar und nutzlos oder als heuristisch brauchbar einstufen will.

Angesichts der schon skizzierten Konfusionen um die »Modernität« Arno Schmidts soll bewußt darauf verzichtet werden, die »kontextabhängigen Leitfragen« von der aktuellen literaturkritischen Diskussion aus zu entwickeln. Ausgangspunkt ist vielmehr der literarische Diskurs im Werk selbst, nämlich die Adaption von literarischen Traditionen. Sie konstituiert, weit über die auch in der Gegenwart geläufige Tendenz hinaus, in singulären Figuren und Konstellationen der Vergangenheit Präfigurationen der eigenen Problematik entdecken zu wollen,[58] das literarische Selbstverständnis Arno Schmidts. Äußeres Kennzeichen dafür ist schon, daß, abgesehen von den *Berechnungen,* die poetologische Reflexion des Autors in »literaturgeschichtlichen« Untersuchungen von Schnabel bis Joyce ausgebreitet ist. Hinzu kommt, daß sehr viele Romantitel in Anlehnung an überlieferte Texte formuliert sind und damit bewußt eine Tradition zitieren.[59] Leitende Hypothese ist also, daß der »weltanschauliche Rahmen« ebenso wie ein gutes Stück der grundlegenden poetologischen Annahmen im Kommentar zu überlieferten Texten formuliert sind oder aus der Art erschlossen werden können, wie Elemente der Tradition interpretiert oder als normativ akzeptiert werden.

Damit ist allerdings die Anlehnung an die Einflußforschung im engeren Sinne ausgeschlossen, der es um die Inventarisierung der Quellen und Vorlagen geht. Gegenüber einer solchen »Atomisierung«, die sich am deutlichsten in der Kommentierungsarbeit zu Arno Schmidt niederschlägt, werden Traditionselemente als komplexere mentale Gebilde aufgefaßt, in denen eine Fülle von philosophischen, praktisch-politischen oder ästhetischen Annahmen und Wertsetzungen miteinander »vergesellschaftet« sind. Der Zusammenhang der Elemente ist keineswegs zufällig, sondern prinzipiell als sinnvoll rekonstruierbar. Traditionen können als »kohärenter Text« verstanden werden. Das bedeutet, daß ihre

---

58) Die Singularität Arno Schmidts verdeutlichen ex negativo Beispiele aus der Gegenwartsliteratur, etwa der Versuch von Peter Weiss, in Dichter- und Politikerpersönlichkeiten der Vergangenheit politisch-existenzielle Konfigurationen auszumachen, die der Situation des zeitgenössischen Autors analog sind. Anders als bei Arno Schmidt wird die historische Verzeichnung bewußt in Kauf genommen, auch sind nicht eigentlich traditionelle Texte vorbildlich, sondern ein Dichterethos, das sich in ihnen manifestiert. Vgl. dazu Wolfgang Kehn, Von Dante zu Hölderlin. Traditionswahl und Engagement im Werk von Peter Weiss. Eine andere Möglichkeit wäre das Spiel mit vertrauten Textfolien, etwa in der Blechtrommel. Vgl. dazu Eberhard Mannack, Zwei deutsche Literaturen?, S. 66–83. Von solchen partiellen Traditionsbezügen ist die »totale« Traditionsberufung bei Arno Schmidt zu unterscheiden, die im Spätwerk zur Konzeption einer »Metaliteratur« führt, deren Gegenstand die literarische Tradition überhaupt ist. Vgl. dazu Tony Phelan, Rationalist narrative in some works of Arno Schmidt, S. 34–38.

59) Vgl. die Inventarisierung und interpretatorische Auswertung der Titelentsprechungen bei Josef Huerkamp, Hoho, wer errät's? Bemerkungen zum Titelfundus Arno Schmidts.

Adaption nicht beliebig frei ist. Sie können nicht unbegrenzt »gegen den Strich« gelesen oder mit konträren Traditionen kombiniert werden, es sei denn um den Preis von inneren Widersprüchen und Aporien, die freilich dann ihrerseits wieder auf ihren Sinngehalt interpretiert werden können. Die Adaption der Traditionen bei Arno Schmidt erscheint so in einer etwas umformulierten problemgeschichtlichen Konzeption. Damit ist der Versuch verbunden, einzelne Traditionskomplexe innerhalb einer umfassenden geistesgeschichtlichen Konstellation zu lokalisieren. Es wird noch zu zeigen sein, daß beim frühen Schmidt im wesentlichen drei Traditionsbereiche reaktiviert werden: die Aufklärung,[60] die Philosophie Arthur Schopenhauers[61] und die Romantik[62]. In Arno Schmidts Verständnis der Romantik werden dabei radikale Aufklärung und Pessimismus kontaminiert. Die Romantiker sind einerseits gekennzeichnet durch ihre glaubenslose Destruktion politischer Illusionen, durch die Aufdeckung des »Priestertrugs« also, und andererseits durch ihre Erfahrung der chaotischen Welt als chaotischer Natur.[63] Die Berufung auf die Romantik erweist sich zunächst einmal als sekundär gegenüber Aufklärung und Pessimismus. Nun hat Reinhart Koselleck die bürgerliche Aufklärung als den historischen Ort für die Genese der Geschichtsphilosophie im prägnanten Sinn des Verhältnisses von Kritik und Utopie bestimmt.[64] Die Philosophie Schopenhauers hingegen bezeichnet eine der konsequentesten Negierungen geschichtsphilosophischer Konzeptionen in der neueren Philosophie.[65] Beide Positionen erfüllen die Opposition von Anthropologie und Geschichtsphilosophie, wie sie Odo Marquard aus dem Theodizeeproblem abgeleitet hat. Danach erklärt die eine menschliches Leid durch einen allenfalls therapeutisch zu beeinflussenden Naturdefekt des Menschen, die andere aus einem Defekt des historischen Prozesses, der im historischen Prozeß selbst prinzipiell wieder aufgehoben werden kann. Arno Schmidts Partizipation an beiden Tendenzen läßt innere Widersprüche seiner fundierenden Konzeption erwarten. Es wird zu zeigen sein, daß die verwirrende Widersprüchlichkeit seiner Statements aus der Kontamination kontroverser Traditionen verständlich zu machen ist.

---

60) Dies schon gesehen bei Werner Riegel, Arno Schmidt. Portrait eines Dichters, S. 26–27. Unter den zahlreichen Berufungen Arno Schmidts auf die Aufklärung vgl. besonders »Atheist?: Allerdings!«

61) Vgl. die Parallelen bei Klaus Podak, Weltanschauung und Sprache.

62) So schon bei Heinrich Böll, Das weiche Herz des Arno Schmidt, S. 46. In seinem Radio-Essay über Tieck setzt Arno Schmidt die Romantik mit dem Expressionismus gleich, so daß damit auch der dritte wichtige Traditionskomplex abgedeckt ist. Vgl. »›Funfzehn‹. Vom Wunderkind der Sinnlosigkeit«, RITTER, S. 237–238/NACHRICHTEN 2, S. 25.

63) Vgl. ebd. Die literaturwissenschaftliche Vertretbarkeit dieses Romantikbildes braucht hier nicht diskutiert zu werden.

64) Vgl. Reinhart Koselleck, Kritik und Krise.

65) Vgl. Odo Marquard, Schwierigkeiten mit der Geschichtsphilosophie, besonders die Begriffserläuterung zu »Geschichtsphilosophie« S. 14.

Dabei soll den Wegen und Umwegen der stets gebrechlichen Synthese im einzelnen nachgegangen werden.
Im Versuch der Rekonstruktion überschreitet die Arbeit das Frühwerk Arno Schmidts nicht. Sie bleibt »immanent«. Deshalb ist die Untersuchung seiner Traditionsberufungen auch nicht als rezeptionsgeschichtliches Unterfangen zu lesen, sofern die Rezeptionsgeschichte, im Anschluß an Gadamers Begriff der Wirkungsgeschichte,[66] die Weiterbildung des tradierten Textsinnes innerhalb neuer geschichtlicher Kontexte verstehen zu können beansprucht. Der innerliterarische Diskurs, der im Werk Arno Schmidts mit der Tradition geführt wird, ist davon prinzipiell zu unterscheiden. Mit dieser Einschränkung ist eo ipso auch der Verzicht auf den noch weitergehenden Versuch eingestanden, das Werk Arno Schmidts aus seinem sozialen und politischen Entstehungskontext erklären oder gar der Ideologiekritik unterwerfen zu wollen. Damit sei die Legitimität solcher Fragestellungen in keiner Weise bestritten. Gerade im Falle Arno Schmidts ruft die pessimistische Brechung der aufklärerischen Intention oder die Hochschätzung der Kunst in einer Zeit, für die es gute soziologische Plausibilitätsannahmen für die notwendigerweise schwindende Dignität der Kunst gibt, nach der ideologiekritischen Analyse. Auf jeden Fall sei die Bescheidung forschungspragmatisch begründet. Bei einem weitgehend unerschlossenen Gegenstandsbereich sollte eine »Hierarchisierung« der Fragestellung dergestalt angestrebt werden, daß den sozialgeschichtlichen Erklärungsversuchen der Versuch einer »Sinnparaphrase« vorausgehen sollte. Ohnehin darf bezweifelt werden, ob mehr auch nur mit einer heuristischen Intention geleistet werden kann.

---

66) Vgl. Hans-Georg Gadamer, Wahrheit und Methode, S. 284–290.

II. Variationen des Pessimismus in »Leviathan *oder* Die beste der Welten«

Die Bedeutung Schopenhauers für Arno Schmidt ist offenkundig und wurde demgemäß von der Literaturkritik durchgehend notiert,[1] wobei vor allem das hohe Maß an Übereinstimmung zwischen beiden Autoren betont wurde.[2] Nun gehört die Wirkungsgeschichte Schopenhauers im zwanzigsten Jahrhundert sicher zu den ungeschriebenen Kapiteln der Geistesgeschichte, auch zu den schwierigen, da die Reichweite Schopenhauers von der immensen und lebhaften Nietzsche-Rezeption verdeckt wurde.[3] Im Falle Arno Schmidts stellen sich die Dinge zunächst einfacher dar. Er geht unmittelbar auf die philosophische Tradition des 19. Jahrhunderts zurück,[4] ohne moderne Formen der Metaphysik-Kritik zu berücksichtigen, die sich bei Nietzsche mit der Adaption Schopenhauers verbinden.[5]

---

1) Vgl. Klaus Podak, Arno Schmidt: Weltanschauung und Sprache, und Gerd Haffmanns, Von A. Sch. zu A. Sch. Prolegomena zur Chronik einer Schopenhauer'schen Linken. Podak gerät rasch ins Spekulative, Haffmanns kommt über eine oberflächliche Reihung von Parallelen nicht hinaus. Ein detaillierter Vergleich zwischen Schopenhauer und Arno Schmidt steht demgemäß noch aus. Zu den Schopenhauer-Bezügen im »Leviathan« und zu weiteren naturspekulativen Quellen vgl. Dieter Kuhn, Leviathan (I). Für weitere Parallelen und Zitierungen Schopenhauers vgl. ders., NDK 31: »–mm: haben Sie sich mal mit Filosofie beschäftigt? = Kant. Schopenhauer«. (munter): »und so weiter?«. Wichtig sind in diesem Beitrag Kuhns sicher nicht erschöpfende Hinweise auf das »antiquarische Kleinmaterial«, das Arno Schmidt aus Schopenhauer geschöpft haben dürfte. Die Kommentierungsarbeit zu Arno Schmidt wird um vieles weiter sein, wenn es gelingt, nicht nur Zitate und Anspielungen in den Primärquellen nachzuweisen, sondern auch die (wenigen?) Sekundärquellen anzugeben, aus denen Arno Schmidt kompiliert. Damit könnten einerseits Status und Verarbeitung des antiquarischen Wissens bei Arno Schmidt geklärt werden, andererseits wären die prägenden Leseerfahrungen klar konturiert.

2) So sieht Gerd Haffmanns den »Leviathan« geradezu als »Exegese Schopenhauers« (ebd. S. 124).

3) Auch für das 19. Jahrhundert existieren nur Vorarbeiten. Vgl. Ingrid Krauss, Studien über Schopenhauer und den Pessimismus in der deutschen Literatur des 19. Jahrhunderts, und Bernhard Sorg, Zur literarischen Schopenhauer-Rezeption im 19. Jahrhundert. Die intensive, durch Nietzsche vordergründig verdeckte Wirkung Schopenhauers zumindest auf die Literatur der Jahrhundertwende vermutet Gotthart Wunberg, Der frühe Hofmannsthal. Schizophrenie als dichterische Struktur. Anm. 55, S. 24–25.

4) Klaus Podak, Weltanschauung und Sprache, S. 22, rechnet nicht zu Unrecht » die besondere Form von Schmidts Weltanschauung [. . .] noch unter die letzten Erscheinungen des 19. Jahrhunderts, die in unserem weiterwirken.«

5) Vgl. den Rückblick auf frühe Leseerfahrungen: »Mit 16 ARTHUR SCHOPENHAUER, ein ausgesprochener *Mann*, dessen gewaltige Ehrlichkeit & bullige Wucht mich auf ewig für NIETZSCHE verdorben haben: *Der* changierte mir gleich beim ersten Anblättern etwas *zu* elegant.« Dichter & ihre Gesellen: JULES VERNE, (TbZ, S. 326/JUL, S. 178). Sonstige Erwähnungen Nietzsches sind fast durchwegs negativ und oberflächlich und liefern einfach die simplifizierte Interpretation des Nationalsozialismus mit umgekehrter Wertung. Vgl. etwa LV, S. 57/LV-SPIEGEL, S. 19. Demgemäß ist Arno Schmidts Nietzsche-Bild von der Nachlaßkompilation »Der Wille zur Macht« bestimmt. Mit der Ablehnung dieser Komponente Nietzsches unterscheidet sich Arno Schmidt von jener Rezeptionstradition, die die Willensmetaphysik Schopenhauers in das »Lebenspathos« umwertet. Der Nietzsche der Metaphysik-Kritik, der mentale Gebilde nicht nach ihrem Wahrheitsgehalt befragt, sondern aus der psychischen Disposition und den Ressentiments ihrer Urheber erklärt (vgl. etwa die entschiedenen Formulierungen in »Jenseits von Gut und Böse«, I. 6), ist bei Arno Schmidt übergangen.

Arno Schmidts Verhältnis zu Schopenhauer sei zunächst anhand der Philosopheme betrachtet, die der Ich-Erzähler des *Leviathan* vor seinen Zuhörern ausbreitet. Dabei werden sie bewußt einseitig als diskursive Argumentationen gelesen, ohne daß unmittelbar die Frage nach ihrer literarischen Funktion gestellt würde. Es zeigen sich auch dem oberflächlichen Blick zahlreiche Parallelen mit Schopenhauer. Sie kulminieren in der grundsätzlichen Annahme, »Diese Welt ist etwas, das besser nicht wäre«[6]. Sie wird begründet durch die zeitinvarianten »Weltmechanismen: Fressen und Geilheit. Wuchern und Ersticken«[7]. Aus der Universalität der Voraussetzungen ergeben sich zwanglos weitere Folgerungen. Da sie zeitinvariant formuliert sind, realisiert sie der lediglich scheinhafte historische Prozeß nur in immer neuen Formen.[8] Nationalsozialismus, Diktatur und Krieg als Katastrophe der politischen Welt wiederholen den Terror und Fanatismus, die in Dantes *Inferno*,[9] in den »Wiedertäuferallüren«[10] und in »Nero und Savonarola«[11] bereits erschienen sind. Der Krieg ist nur scheinbar eine extreme Situation. Idyllische Bilder, zu denen die Erinnerung aus dem Chaos flieht, sind ebenfalls vom Leiden gebrochen, von einem Leid, das nicht nur geschichtlich ubiquitär, sondern so universell ist, daß es auch die belebte und unbelebte Natur erfaßt.[12] Als »therapeutischer« Ausweg stehen die Tröstungen Schopenhauers bereit, die Kunst,[13] die reine wissenschaftliche Erkenntnis, die dem Alten den Tod erleichtert, und schließlich die individuelle Moralität, wie denn auch der

---

6) LV, S. 69/LV-SPIEGEL, S. 29. Vgl. dazu Schopenhauer: »[. . .] daß wir über das Daseyn der Welt uns nicht freuen, vielmehr zu betrüben haben; – daß ihr Nichtseyn ihrem Daseyn vorzuziehen wäre; – daß sie etwas ist, das im Grund nicht seyn sollte; u. s. f.«, »Die Welt als Wille und Vorstellung«, Bd. II, Werke 3. Bd., S. 667.

7) LV, S. 69/LV-SPIEGEL, S. 29. Vgl. auch »Belphegor oder Wie ich euch hasse«, BEL, S. 7–8/ NACHRICHTEN 1, S. 86. Vgl. dazu auch Schopenhauer: »Und diese Welt, diesem Tummelplatz gequälter und geängstigter Wesen, welche nur dadurch bestehn, daß eines das andere verzehrt [. . .]« (»Die Welt als Wille und Vorstellung«, Bd. II, Werke 3. Bd., S. 667).

8) Vgl. Schopenhauer: »Die Devise der Geschichte überhaupt müßte lauten: Eadem, sed aliter. Hat einer den Herodot gelesen, so hat er, in philosophischer Absicht, schon genug Geschichte studirt. Denn da steht schon alles, was die folgende Weltgeschichte ausmacht: das Treiben, Thun, Leiden und Schicksal des Menschengeschlechts, wie es aus den besagten Eigenschaften und dem physischen Erdenloose hervorgeht. –« (ebd. S. 508).

9) Vgl. LV, S. 74/LV-SPIEGEL, S. 33–34.

10) LV, S. 67/LV-SPIEGEL, S. 28. Vgl. dazu die eminent Schopenhauersche Wendung »Ein anderes Kostüm, ein größerer Schauplatz«. Vgl. wörtlich dazu Schopenhauer: »Sie [die Geschichte] soll also das Identische in allen Vorgängen, der alten wie der neuen Zeit, des Orients wie des Occidents, erkennen, und, trotz aller Verschiedenheit der speciellen Umstände, des Kostümes und der Sitten, überall die selbe Menschheit erblicken.« (»Die Welt als Wille und Vorstellung«, Bd. II, Werke 3. Bd., S. 508).

11) Vgl. LV, S. 56/LV-SPIEGEL, S. 18.

12) Vgl. ebd. S. 57/S. 19. Vgl. auch »Belphegor oder Wie ich euch hasse«: »Zum Weißen=Nebel=Wunderbar muß sich Wasser wandeln: haben Sie einmal daran gedacht, daß auch ›Aggregatzustände‹ schmerzen könnten?« (BEL, S. 9/NACHRICHTEN 1, S. 87).

13) Vgl. im Zusammenhang mit dem »Schwellenreißer«: »Ich hab mich am Kinostuhl festhalten müssen, mit aufgerissenen Augen; an Cervantes gedacht und Mozart und den Major Fouqué [. . .]« (LV, S. 50/LV-SPIEGEL, S. 14).

Erzähler, Anne Wolf[14] und der Alte die Gemeinschaft der Guten im universellen Chaos entwickeln.
Die vergleichende Sammlung pessimistischer Topoi könnte noch lange fortgesetzt werden, ohne daß man ihre Aussagekraft überschätzen sollte. Neben der grundlegenden Konvergenz Schopenhauers und Arno Schmidts in der Bestimmung des Daseins als Leiden und der Einführung eines »höheren Bewußtseins«, das sich in Kunst und Wissenschaft manifestiert,[15] sind auch Divergenzen zu konstatieren. Sie betreffen vor allem die erkenntnistheoretische und naturspekulative Fundierung des Pessimismus. Auf den ersten Blick scheinen sie zweitrangig zu sein, da dem *Leviathan* keine philosophische Verbindlichkeit zukommen dürfte. Die genauere Betrachtung zeigt allerdings weitreichende Konsequenzen, die auch die Konzeption des Pessimismus tangieren.
Gemeint sind zunächst die Theorien über Raum und Zeit. Bekanntlich geht Kant in *Die transzendentale Ästhetik* der *Kritik der reinen Vernunft* von der Newtonschen Konzeption des unendlichen dreidimensionalen Raumes und der linear verlaufenden Zeit aus und deutet beide als Anschauungsformen des Subjekts a priori. Schopenhauers abweichende Interpretation des Raumes als »Bedingung der Möglichkeit des Nebeneinander« und der Zeit als »Bedingung der Möglichkeit des Nacheinander« ändert prinzipiell nichts an der transzendentalen Idealität von Raum und Zeit.[16]
Der Erzähler des *Leviathan* opponiert dagegen mit Elementen aus Einsteins Allgemeiner Relativitätstheorie und ihrem Umkreis:

> Das Ergebnis ist: unser Gehirn entwirft vereinfachend (biologisch ausreichend!) einen 3-dimensionalen, euklidischen, verschwommen-unendlichen Raum, eben ein Stückchen »Tangentialebene«; in Wahrheit aber ist dieser in sich zurück und in einen 4-dimensionalen hineingekrümmt (denken Sie an die Kugeloberfläche im 2-dimensionalen Beispiel); also mit endlichem, in Zahlen ausdrückbarem Durchmesser. Unbegrenzt aber nicht unendlich. – [. . .]
> Der Alte antwortete zitternd: »Also hat Schopenhauer in dieser Hinsicht doch Unrecht gehabt – – [. . .][17]

---

14) In der Erstausgabe von 1949 heißt die Figur noch Hanne Wulf.
15) Die Kunst überwindet nach Schopenhauer temporär das Leiden, weil sich in ihr das Subjekt zum reinen Subjekt des Erkennens erhebt, das dem Willen nicht unterliegt (Vgl. »Die Welt als Wille und Vorstellung«, Bd. I, 3. Buch, Werke 2. Bd.). Das moralische Verhalten hingegen hebt das Leiden auf, weil es zur Verneinung des Willens führt (vgl. die Ethik Schopenhauers, »Die Welt als Wille und Vorstellung« Bd. I, 4. Buch, Werke 2. Bd.). Zur Genese dieses »doppelten Bewußtseins« bei Schopenhauer vgl. die Ausführungen von Arthur Hübscher, Schopenhauer. Biographie eines Weltbildes, S. 20–27.
16) Vgl. Otto J. Most, Zeitliches und Ewiges in der Philosophie Nietzsches und Schopenhauers, S. 11–13.
17) LV, S. 55–56/LV-SPIEGEL, S. 18.

Arno Schmidt nimmt hiermit naturphilosophische und wissenschaftstheoretische Diskussionen auf, wie sie besonders in den zwanziger Jahren virulent waren. Die Annahme von der transzendentalen Idealität des Raumes und der Zeit führt Kant konsequenterweise zu der Behauptung, daß die Grundlagen der Newtonschen Mechanik a priori eingesehen werden können. Wenn die Allgemeine Relativitätstheorie hingegen mit dem nichteuklidischen Rieman-Raum arbeitet, so scheint dies zu zeigen, daß die wirkliche Struktur des Raumes ein empirisches Problem ist, Kant also, wie Rudolf Carnap zeigt, die mathematische mit der physikalischen Geometrie verwechselt hat.[18] Arno Schmidts Position in dieser Auseinandersetzung vergröbert, wie noch zu zeigen sein wird, die zeitgenössische Diskussion, ist aber einigermaßen klar formuliert. Arno Schmidt teilt Schopenhauers Umdeutung der transzendentalen Ästhetik, wonach Raum und Zeit als Funktionen des erkennenden Gehirns zu verstehen sind. Bei Schopenhauer berührt dies den transzendentalen Charakter nicht, da die Materie des Gehirns selbst wieder ein Produkt der Vorstellung ist, in der allein sie existiert.[19] Diese Gehirnabhängigkeit von Raum und Zeit interpretiert Arno Schmidt als »Sinnestäuschung« des mangelhaften psychischen Apparats.[20] Der Physik als empirischer Wissenschaft gelingt es hingegen, die wahre Beschaffenheit des vierdimensionalen Raumes aufzuklären, wie er unabhängig vom Betrachter gegeben ist. Der Raum existiert damit für Arno Schmidt, ganz im Sinne der vorkritischen Ontologie, an sich.

Allerdings folgt dies nicht zwingend aus der Diskussion der zwanziger Jahre. Arno Schmidts Darstellung der Allgemeinen Relativitätstheorie ist nicht frei von Merkwürdigkeiten, sofern hier nicht der eingeschränkte Blick des Literaturwissenschaftlers trügt. Arno Schmidt legt seinen Spekulationen nicht die streng mathematische Konstruktion des Raum-Zeit-Kontinuums zugrunde, sondern stützt sich auf populärwissenschaftliche

---

18) Vgl. dazu Rudolf Carnaps Ausführungen über »Kants synthetisches a priori« (»Einführung in die Philosophie der Naturwissenschaft«, S. 177–183) als Nachklang einer Diskussion, die vor allem von Schlick und Reichenbach geführt wurde. Ob die Kritik an Kant wirklich destruktiv ist, braucht hier nicht zu interessieren. Vgl. dazu Kurt Hübner, Ist das Universum nur eine Idee?

19) Vgl. dazu Schopenhauers Rezeption der französischen Physiologie (Bichat) in »Ueber den Willen in der Natur«; zur Zurückweisung einer materialistischen Interpretation des mittleren Schopenhauer vgl. Arthur Hübscher, Schopenhauer. Biographie eines Weltbildes, S. 87–89.

20) Vgl. die interessante Parallele LV, S. 62/LV-SPIEGEL, S. 24, wonach mit dem Aufhören jeder Möglichkeit von Bewegung und damit aller kausalen Prozesse gemäß der Schopenhauerschen Version des »Satzes vom zureichenden Grunde« zwar Raum und Zeit verschwinden, aber nur, so Arno Schmidt, »für Wesen mit unserer jetzigen Hirnleistung«. Damit ist eben jene »materialistische« Uminterpretation Schopenhauers vollzogen, die Hübscher für Schopenhauer selbst zurückweist. Übrigens ist die These, wie Arno Schmidt sie formuliert, ein Problem der empirischen Psychologie. Rudolf Carnap bestreitet im Anschluß an Reichenbach mit wohl guten Gründen die Auffassung von der physiologisch bedingten Nichtvorstellbarkeit nichteuklidischer Räume. Vgl. Carnap, Einführung in die Philosophie der Naturwissenschaft, S. 171–172.

Veranschaulichungen.[21] Die Wendung von der Krümmung des Raumes behält dabei ihre umgangssprachliche Bedeutung. Carnap moniert dergleichen als geläufigen Fehler der Populärwissenschaft, über den nichteuklidischen Raum in euklidischer Sprache zu reden und damit unverständlich zu werden.[22] Auffallend ist der dogmatische Duktus der Argumentation, in der wissenschaftlich durchaus Unabgeschlossenes als fertige Wahrheit präsentiert wird. Aus der relativistischen Mechanik folgt nicht notwendigerweise die relativistische Kosmologie.[23] Die Form, die im *Leviathan* eingeführt wird (das pulsierende Universum), ist nicht die einzig mögliche. Es ist auch nicht das Modell, das Einstein selbst vorgeschlagen hat.[24] Gravierender ist die wissenschaftstheoretische Naivität. Die Grundlagenkrise der Physik um 1900 hat zu lebhaften erkenntnistheoretischen Diskussionen geführt, aus denen sich schließlich die neopositivistische Wissenschaftstheorie entwickelt hat. Die Allgemeine Relativitätstheorie als folgenreichster Lösungsvorschlag für die aufgetretenen Probleme der klassischen Mechanik ist dann selbst zu einem wichtigen Thema der neuen Wissenschaftstheorie geworden. Nichts davon ist in den Philosophemen des *Leviathan* zu bemerken. So zeigt Carnap in einer Rekonstruktion der Einwände, die Henri Poincaré gegen Einstein erhoben hat, daß die Wahl des Physikers zwischen euklidischer und nicht euklidischer Geometrie noch keine Aussage über die wirkliche Struktur des Raumes impliziert. Es geht vielmehr um die Entscheidung zwischen zwei Beschreibungsmodellen für die gleichen empirischen Phänomene, wobei das eine mit einer relativ komplizierten Geometrie des Raumes und einfachen Gesetzeshypothesen, das andere mit einer sehr einfachen Geometrie, aber sehr komplizierten Gesetzeshypothesen arbeitet.[25]
In den *Berechnungen* wirft Arno Schmidt der zeitgenössischen Literatur vor, das Zeitalter der Physik noch gar nicht zur Kenntnis genommen zu haben.[26] Dies trifft wohl weitgehend zu, wenn die Rezeption naturwissenschaftlicher Ergebnisse gemeint sein soll, wie sie im *Leviathan* versucht wird. Allerdings geht die moderne Literatur auch aus erkenntnistheoretischen Irritationen aus dem Umkreis der physikalischen Grundlagenkrise hervor. Hofmannsthals *Ein Brief* mit seiner so folgenreichen Formulie-

---

21) Vgl. das Beispiel von den »denkenden Dreiecken«, LV, S. 53–54/LV-SPIEGEL, S. 16–17.
22) Vgl. Rudolf Carnap, Einführung in die Philosophie der Naturwissenschaft, S. 141–143.
23) Nach Carnap folgt aus der Annahme, daß der Raum in Gravitationsfeldern eine nichteuklidische Struktur hat, nicht unbedingt, daß das Universum endlich, aber unbegrenzt ist. Dies ist erst bei einer bestimmten Dichte der Materieverteilung im Universum gegeben, die zu ermitteln ein empirisches Problem ist. Vgl. »Einführung in die Philosophie der Naturwissenschaft«, S. 160–161.
24) Zu den verschiedenen Möglichkeiten vgl. Kurt Hübner, Ist das Universum nur eine Idee?
25) Vgl. Rudolf Carnap, Einführung in die Philosophie der Naturwissenschaft, S. 144–176.
26) Vgl. »Berechnungen I«, R & P, S. 290/JUL, S. 240.

rung der Sprachskepsis reagiert auf die Erkenntnistheorie Ernst Machs, der seinerseits die problematisch gewordene klassische Physik zu rekonstruieren versucht.[27] Angesichts dieser Konstellation erweist sich Arno Schmidts entschiedene Berufung auf die moderne Physik als Fassade, seine fundierenden theoretischen Annahmen deuten vielmehr auf Denktraditionen des 18. und 19. Jahrhunderts[28] – ein in Hinsicht auf den eingangs skizzierten Streit um die Modernität Arno Schmidts nicht unwichtiges Ergebnis. Es stellt sich die Frage, ob die betont modernistischen Elemente bei Arno Schmidt nicht allgemein relativ vordergründig bleiben und in Gesamtkonzeptionen fungieren, die sehr traditionell sind.

Allerdings steht die Lokalisierung ihres historischen Standortes noch aus. Zu ihm führt die Selbstverständlichkeit, mit der im *Leviathan,* wenn auch in literarischer Unverbindlichkeit, metaphysische Kosmologien und Kosmogonien betrieben werden, wie das Ergebnis, das diese Spekulationen haben. Klaus Podak setzt den »Leviathan« mit dem Willen in der Metaphysik Schopenhauers gleich.[29] Dies ist zumindest äußerst zweifelhaft. Der Wille ist als Ding an sich außerhalb von Raum und Zeit dem Satz vom Grunde nicht unterworfen. Unter dem »principium individuationis« erscheint er in der scheinbaren Vielfalt der Einzeldinge, die die sichtbare Welt ausmachen. Da er der Kausalität nicht unterworfen ist, kann er auch nicht als Ursache der Erscheinungswelt im Sinne einer Grund-Folge-Beziehung aufgefaßt werden. Die Philosophie kann nicht mehr aussagen, als daß sich der Wille unter dem »principium individuationis« eben als scheinbare Vielfalt darstellt. Daß das Ding an sich Wille ist, kann demgemäß nicht durch einen Schluß von der Welt auf das verursachende Prinzip erkannt werden, sondern allein aus dem Selbstbewußtsein, das den Kern des menschlichen Wesens, besonders den »von außen« als Körper wahrgenommenen Leib »von innen« als Wille erkennen läßt.[30]

Der Leviathan Arno Schmidts existiert hingegen innerhalb des an sich gedachten Raumes und der an sich gedachten Zeit. Damit kann er, ganz im Sinne der vorkritischen Metaphysik, als causa prima der Erscheinungswelt angesetzt werden, da die Kausalität als veritas aeterna bewahrt bleibt. Dies kann weder durch die Metaphysik Schopenhauers noch durch die moderne Physik gedeckt werden. In die Argumentationslücke dringt eine Fülle oberflächlich zitierter Quellen ein, die einen vagen

---

27) Vgl. Gotthart Wunberg, Der frühe Hofmannsthal. Schizophrenie als dichterische Struktur, und Manfred Diersch, Empiriokritizismus und Impressionismus.

28) Dies wohl auch der Kern von Marcel Reich-Ranickis Vorwurf der Wissenschaftsgläubigkeit, wobei Reich-Ranicki mehr an Haeckels Monismus denkt. Vgl. »Arno Schmidts Werk oder Eine Selfmadeworld in Halbtrauer«, S. 292–293.

29) Vgl. Klaus Podak, Arno Schmidt: Weltanschauung und Sprache, S. 23.

30) Vgl. Otto J. Most, Zeitliches und Ewiges in der Philosophie Nietzsches und Schopenhauers, S. 11–16, und »Die Welt als Wille und Vorstellung« I, Werke 2. Bd., S. 118–123.

pantheistisch, pansophisch, emanationsphilosophischen Horizont evozieren.[31] Gemeinsamer Nenner ist die Bestimmung der Welt als »modificatio essentiae divinae«[32], das heißt, daß die Erscheinungen der Welt, eben weil sie aus dem verursachenden Prinzip hervorgegangen sind, dieses verursachende Prinzip in veränderter, abgeschwächter Form repräsentieren. Der Erzähler kann demgemäß formulieren:

> Um das Wesen des besagten Dämons zu beurteilen, müssen wir uns außer uns und in uns umsehen. Wir selbst sind ja ein Teil von ihm: was muß also Er erst für ein Satan sein?![33]

Dies ist eine im Sinne der Schopenhauerschen Philosophie zumindest problematische Einlassung, da die Vielzahl nur scheinbar, der Wille also in jedem Individuum ganz und ungeteilt präsent ist. Von hier aus wird der Begriff des Leviathans merkwürdig zweideutig. Einerseits sind wir selbst der Leviathan. Nach Schopenhauer ist das Leid, das das Leben ist, Konsequenz der Schuld dessen, der geboren wurde. Der Wille als Ding an sich ist frei, frei, auch nicht zu wollen, so daß der Mensch in eben jener Welt lebt, die er irrtümlich wollte. Dies schließt die Freiheit ein, den Irrtum als Heiliger auch wieder zurückzunehmen. Andererseits ist der Leviathan aber auch ein »Wesen furchtbarer Macht und Intelligenz«,[34] das wir nicht sind, dessen heteronomer Gewalt der Mensch also unterliegt. Nun spielt wohl auch Schopenhauer mit dem Gedanken, daß der Theismus Gott als Satan annehmen müßte, aber doch nur, um die Unsinnigkeit des Theismus zu illustrieren. Die Annahme ist schon deshalb unsinnig, weil bereits die menschliche Intelligenz in ihrer höchsten Form ausreicht, um den Irrtum des Wollens zu durchschauen, eine übermenschliche Intelligenz also gar nicht recht denkbar ist. Konsequent ist Schopenhauer deshalb auch in der Ablehnung des Pantheismus, mit dessen Variationen der Erzähler spielt, da dies

---

31) Vgl. »Emanation; dazu: Gnostiker und Kabbalisten (verfinsterter Gott; Welt = modificatio essentiae divinae = Deus expansus et manifestatus. Lehre vom mundo contracto et expanso; Oken's rotierender Gott); Pseudo-Dionysius, Scotus Erigena, Almericus, David de Dinanto.« (LV, S. 75/LV-SPIEGEL, S. 34). Vgl. dazu die Erläuterungen von Dieter Kuhn, Leviathan (I), S. 18–20, und das längere Zitat aus Jacob Böhme, NDK, S. 34–35/FAUN, S. 58–61. Mit Jacob Böhme ist eines der zentralen Vorbilder der Romantik zitiert. Im Kontext der Berufung auf die Emanationsphilosophie fällt im »Leviathan« (ebd.) auch der Name Schelling. An anderer Stelle werden die »Elementargeister« E. T. A. Hoffmanns berührt (ebd., S. 69/S. 29). Die vorgetragene Kosmogonie erinnert so irgendwie auch an die Romantik. Es scheint, als hätten ihre Versatzstücke die Aufgabe, zwischen dem Augenfälligen (Krieg und Leid) und der konsequenten metaphysischen Deduktion (Schopenhauer) zu vermitteln.

32) LV, S. 75/LV-SPIEGEL, S. 34.

33) Ebd. S. 169/S. 29.

34) Ebd. S. 67–68/S. 28.

> ein übel berathener Gott seyn [müßte], der sich keinen bessern Spaaß zu machen verstände, als sich in eine Welt, wie die vorliegende, zu verwandeln, in eine so hungrige Welt, um daselbst in Gestalt zahlloser Millionen lebender, aber geängstigter und gequälter Wesen [. . .] Jammer, Noth und Tod, ohne Maaß und Ziel zu erdulden [. . .][35]

Eben diesen »Spaaß« macht sich aber der Schmidtsche Leviathan, wenn er »seine Bosheit bald konzentriert, bald in größter Mannigfaltigkeit und Verteilung genießen will, –«.[36]

Nun hat schon Hermann Hesse betont, daß im *Leviathan* »die betonte Liebe zum scheinbar exakten [sic], zu Mathematik und Astronomie [. . .], die glühende und nervöse des Phantasten und Häretikers« sei[37], die Dämonologie des Textes also aus naturwissenschaftlichen Argumentationszusammenhängen herausführt. Allerdings sollte dies nicht verkennen lassen, daß sie sehr alte Beziehungen zur Naturwissenschaft reaktiviert. Dies zeigt eine höchst verblüffende Traditionsberufung:

> Kant hat nur die Beweise für die Existenz eines »lieben« Gottes als faule Witze entlarvt; wir können heute schon direkt welche dagegen geben: der Schwellenreißer ist ein guter [. . .][38]

Kants Widerlegung der Beweise für einen »guten« Gott gilt, da sie erkenntniskritisch fundiert ist, selbstverständlich auch für den Beweis eines bösen. Kants Destruktion der Gottesbeweise zeigt ja, vereinfacht ausgedrückt, nur, daß von der Erscheinungswelt her kein Vernunftschluß auf ein die Erscheinungswelt verursachendes metaphysisches Prinzip möglich ist. Der Erzähler führt eben diesen Beweis, indem er aus dem Leiden in der Welt auf die Bosheit des Schöpfers schließt. Er argumentiert physikotheologisch, oder, wenn man so will, »physikosatanologisch«, während Kant »Von der Unmöglichkeit des physikotheologischen Beweises« handelt.[39] Mit dieser Wendung wird der historische Fluchtpunkt der naturphilosophischen Spekulationen sichtbar. Hinter der Berufung auf Ergebnisse der modernen Physik, ja, noch hinter der Schopenhauer-Begeisterung des bürgerlichen 19. Jahrhunderts erscheint die Popularphilosophie der vorkritischen Aufklärung, in der Allmacht und

---

35) Schopenhauer, Parerga und Paralipomena II, Werke 6. Bd., S. 106.
36) LV, S. 70/LV-SPIEGEL, S. 30.
37) Hermann Hesse, Arno Schmidts »Leviathan«. Ein Brief an Freunde, S. 8.
38) LV, S. 51/LV-SPIEGEL, S. 14.
39) Vgl. »Kritik der reinen Vernunft«, S. 548–555. Überdies scheint Arno Schmidt Kant selbst kaum gelesen, sondern via Schopenhauer aus zweiter Hand rezipiert zu haben. Dafür spricht, daß Kant, wie bei Schopenhauer, auf die transzendentale Ästhetik und auf die Widerlegung der Gottesbeweise reduziert ist. Die Ausführungen über den »regulativen Gebrauch der Ideen der reinen Vernunft« oder gar die »Kritik der praktischen Vernunft« geraten nicht ins Blickfeld.

Güte Gottes aus der naturwissenschaftlich demonstrierbaren Harmonie des Universums »bewiesen« wurden.[40]

Die Physikotheologie wird umgewertet, indem ihr der Pessimismus Schopenhauers aufgezwungen wird, obwohl seine Metaphysik vorkritische Konzeptionen abweist. Die Integration der modernen Naturwissenschaft rechnet lediglich den physikotheologischen Ansatz weiter, ohne ihn wissenschaftstheoretisch auch nur an einem Punkte zu übersteigen. Seine Kontamination mit dem Pessimismus führt, wie anzudeuten war, in eminente philosophische Widersprüche. Der Text überdeckt sie durch den durchgehend dogmatischen Argumentationsduktus und durch den bloß rhetorischen »Autoritätsbeweis«, in dem die schlichte Reihung von Namen und Zitaten die Übereinstimmung des Erzählers mit einer apogryphen philosophischen Tradition behauptet. Als Indiz für die inhaltliche Aneignung der gesamten Tradition reichen die Namenslisten freilich nicht aus.[41] Der letzte Befund scheint nicht für den *Leviathan* allein zu gelten, sondern für Arno Schmidts Art zu theoretisieren typisch zu sein. Für die Interpretation ergibt sich daraus die methodische Konsequenz, nicht fortlaufend den interpretierten Text mit der Unzahl zitierter Werke zu vergleichen, sondern den grundlegenden Argumentationstypus zu rekonstruieren und historisch zu lokalisieren. Eben dies wird hier versucht, wenn die Popularphilosophie der Aufklärung als Fluchtpunkt des Textes bestimmt wird.

Die vorliegende Untersuchung ginge sicher in die Irre, wollte sie die Aufdeckung philosophischer Widersprüche bei Arno Schmidt als Selbstzweck betreiben, zumal sein Verhältnis zur Philosophie, trotz aller Hin-

---

40) Zur Physikotheologie und ihren literarischen Quellen vgl. Karl Richter, Literatur und Naturwissenschaft, und Uwe-K. Ketelsen, Die Naturpoesie der norddeutschen Frühaufklärung. Wie »Nichts ist mir zu klein« zeigt, ist Arno Schmidt mit der physikotheologischen Argumentation sehr wohl vertraut (vgl. BEL, S. 56–89/NACHRICHTEN 1, S. 7–27).

41) Vgl. die Aufzählung der »Vorläufer« LV. S. 75–76/LV-SPIEGEL, S. 34–35. Dem philologischen Spürsinn gelingt es bei solchen Autoritätshäufungen denn auch, das ältliche Kompendium zu ermitteln, nach dem Arno Schmidt gearbeitet hat. In diesem Fall ist es Johann Jakob Brucker, Kurtze Fragen aus der Philosophischen Historie, 7 Bde., 1731 ff (vgl. Dieter Kuhn, Leviathan (!), S. 18–20). Mit dem Studium der Originalquellen ist nicht mehr unbedingt zu rechnen. Die Unterscheidung in grundlegende, historisch fixierbare Argumentationstypen und in bloß aufgesetzte (was den Argumentationswert angeht!) Zitatmontagen könnte wohl, wäre die Kommentierung des Werkes weiter fortgeschritten, nach der Unterscheidung von Originallektüre und Kompendienlektüre getroffen werden. Mit der Literatur des 18. Jahrhunderts ist Arno Schmidt jedenfalls schon sehr früh gut vertraut.

weise und Berufungen, sehr locker ist.[42] Vielmehr sollen die Sinnzusammenhänge interpretatorisch aufgedeckt werden, die gerade durch die Widersprüchlichkeit der Argumentation realisiert werden.
Die Unstimmigkeiten der »Kosmologie« entstehen zu einem guten Teil daraus, daß unvereinbare Traditionselemente konfundiert werden: der physikotheologische Schluß von der Natur auf den Schöpfer und der Pessimismus der Willensmetaphysik. Diese »Synthese« des Unvereinbaren führt zur Doppeldeutigkeit in der Bestimmung des Leviathan, von der der Sinnzusammenhang des ganzen Textes bestimmt ist. Der Leviathan ist Kern des eigenen Wesens und heteronomer Demiurg zugleich. Dies bedingt die widersprüchliche Stellung Arno Schmidts im Streit zwischen Anthropologie und Geschichtsphilosophie. Im Sinne des anthropologischen Pessimismus wird reales Leid aus dem prinzipiellen Defekt der menschlichen Natur, im Sinne der radikalen Aufklärung als Folge ungerechter Gewalt erklärt.[43] Der Titel »Leviathan *oder* Die beste der Welten« zitiert mit dem Verweis auf »Candide ou l'Optimisme« die Aufklärung. Die Annäherung von Pessimismus und Aufklärung ist bei Schopenhauer selbst angelegt. Gerd Haffmanns bemerkt mit Recht, daß dieser sich als »Summe der Aufklärung« verstanden habe.[44] Berufungen auf Locke oder Hume, Voltaire und besonders Helvétius durchziehen das gesamte Werk.[45] Auch Arno Schmidts Konfrontation von Voltaire und Leibniz ist

---

42) So spielt er in »Herder oder Vom Primzahlmenschen« Herders »Metakritik« gegen die »Kritik der reinen Vernunft« aus, obwohl sie auf einer ziemlich planen Verwechslung der transzendentalen Ästhetik mit der empirischen Wahrnehmungspsychologie beruht (vgl. BEL, S. 101–102/NACHRICHTEN 1, S. 194–195), ein Irrtum, der auch im »Leviathan« zu finden ist. Bezeichnend auch die ziemlich lockeren Scherze über die »Kritik der reinen Vernunft« in »Seelandschaft mit Pocahontas«, R & P, S. 37/POC, S. 26–27. Im Spätwerk wird die Philosophie weiter relativiert, wie die schwache Figur des Philosophen Butt angesichts des Literaturkenners und des altphilologischen Polyhistors zeigt. Jörg Drews schränkt schon für den »Leviathan« die Bedeutung der philosophischen Spekulation ein, wenn er meint, daß Arno Schmidt die Existenz des Dämons »weniger strikt philosophisch-astrophysikalisch beweist als vielmehr als adäquate poetische Großchiffre einführt«. (»Arno Schmidt vor ›Zettels Traum‹«, S. 167). Gewiß darf die literarische Funktion der Dämonologie nicht übersehen werden. Die Literarisierung der Philosopheme sollte wohl aber nicht so weit gehen, daß die argumentativen Bemühungen des Erzählers nicht mehr interpretiert werden. Ein ähnliches Dilemma, das dann wohl auch typisch für Arno Schmidt ist, stellt sich für die Etym-Theorie in »Zettels Traum«. Für eine wissenschaftliche Theorie scheint sie zu unverbindlich, für eine literarische Fiktion zu argumentativ und missionarisch vorgetragen (vgl. Jörg Drews, Arno Schmidt: »Zettels Traum«, Seite 1 (ZT 4). Ein Kommentar, S. 25).
43) Besonders deutlich ist die Konfundierung von Schopenhauer und Aufklärung in »Atheist?: Allerdings!«, wo neben der Schopenhauer-Paraphrase (vgl. S. 68) das programmatische Bekenntnis steht: »Ich bekenne mich vorbehaltlos zur alten, heute bestgeschmähten Aufklärung la lumière sans phrase!« (S. 73). Im Kontext dieses Statements werden antiklerikale und politisch-»emanzipative« Momente miteinander verbunden.
44) Gerd Haffmanns, Von A. Sch. zu A. Sch. Prolegomena zur Chronik einer Schopenhauer'schen Linken, S. 120.
45) Vgl. die Zitatnachweise im »Namen- und Sachregister«, Schopenhauer, Werke 7. Bd.

bei Schopenhauer ganz ähnlich vorgebildet.[46] Allerdings ist die Aufklärung bei Schopenhauer partialisiert und auf isolierte Funktionen reduziert: Voltaire steht für die Destruktion von Theismus und Optimismus, Helvétius für die Erkenntnis der Triebgebundenheit des Menschen, Locke und Hume für die erkenntnistheoretische Polemik gegen Hegel.

Arno Schmidts Berufung auf die Aufklärung geht um einen entscheidenden Schritt weiter. Ist der Leviathan in allen Menschen, so ist er in einigen doch in besonderer Weise, in den Hitlerjungen, den »echte[n] Kinder[n] des Leviathan«[47], überhaupt in allen Repräsentanten des nationalsozialistischen Regimes. Im Begriff des »Leviathan« ist denn auch sowohl in Anspielung auf die Bibel das metaphysische Moment des Chaosdrachens,[48] als in Anspielung auf Thomas Hobbes das politische Moment des Staates gemeint. Arno Schmidt teilt durchaus den anthropologischen Pessimismus vom natürlichen Menschen, der mit der Formel vom »bellum omnium contra omnes« umschrieben ist. Dies führt bei Hobbes zur Rechtfertigung der staatlichen Gewalt, weil nur sie den natürlichen Kampf der Menschen untereinander beenden kann.[49] In die staatsrechtlichen Überlegungen geht die Erfahrung der Glaubenskriege ein, doch sind sie, wie Schopenhauer zeigt, von ihrem historischen Kontext ablösbar, wenn man sie auf das Typische reduziert. Der anthropologische Pessimismus tendiert aus immanenter Konsequenz zur Rechtfertigung der staatlichen Autorität, wie denn auch Schopenhauer die absolute Monarchie verteidigt hat.[50]

Überraschenderweise lehnt Arno Schmidt jede Form des Staates, nicht nur den nationalsozialistischen ab.[51] Er verbindet damit, wenn man so in

---

46) »[. . .] kann ich der Theodicee, dieser methodischen und breiten Entfaltung des Optimismus, in solcher Eigenschaft, kein anderes Verdienst zugestehen, als dieses, daß sie später Anlaß gegeben hat zum unsterblichen C a n d i d e des großen V o l t a i r e [. . .]« (»Die Welt als Wille und Vorstellung« Bd. II, Werke 3. Bd. S. 669).

47) LV, S.67/LV-SPIEGEL, S. 27.

48) Vgl. J. Schreiner, Leviathan.

49) Zu Hobbes vgl. Reinhart Koselleck, Kritik und Krise, S. 18–32.

50) Zur politischen Theorie Schopenhauers vgl. »Zur Rechtslehre und Politik« in »Parerga und Paralipomena« II, Werke 6. Bd., S. 256–283, besonders: »Hieraus [aus dem Charakter des Staats als Schutzanstalt] folgt, daß die Nothwendigkeit des Staats, im letzten Grunde, auf der anerkannten U n g e r e c h t i g k e i t des Menschengeschlechts beruht [. . .]« (S. 258) und: »Demnach sagt der Fürst: ich herrsche über euch, durch Gewalt: dafür aber schließt meine Gewalt jede andere aus; denn ich werde keine andere neben der meinigen dulden, weder die von außen kommende, noch im Innern die des Einen gegen den Andern: so seid ihr mit der Gewalt abgefunden. Eben weil dies durchgeführt worden, hat mit der Zeit und ihren Fortschritten sich aus dem Königthum etwas ganz Anderes entwickelt und ist jener Begriff in den Hintergrund getreten, an welchem man ihn nur noch bisweilen als Gespenst vorüberschweben sieht. An seine Stelle ist nämlich der des Landesvaters gekommen [. . .]« (S. 265). Genaueres bei Karl Brinkmann, Die Rechts- und Staatslehre Schopenhauers. Zur Verwandtschaft zwischen Schopenhauer und Thomas Hobbes. Vgl. auch Max Horkheimer, Schopenhauer und die Gesellschaft, S. 68.

51) Vgl. das grundsätzliche Bekenntnis, das in »Das steinerne Herz« dem Flüchtlingsmädchen Linie in den Mund gelegt wird: »Der Staat ist doch mein Feind!« (StH, S. 122/S. 70).

der Terminologie der historischen Opposition beider Systeme formulieren darf, den anthropologischen Pessimismus mit der Absolutismuskritik der Aufklärung. In der diffusen Revolte des *Leviathan* wie anderer früher Texte scheint die Auffassung durch, daß alle Menschen von Natur aus frei und gleich seien, die Herrschaft des Menschen über den Menschen also historisch geworden und naturrechtlich nicht begründbar ist.[52] Anhand von Arno Schmidts Verhältnis zur Französischen Revolution wird dies später noch genauer zu erörtern sein. Konstitutiv wird für den *Leviathan* die Ideologiekritik der Aufklärung. Der »Trug der Priester« täuscht die Menschen über ihre wahren natürlichen Bedürfnisse, läßt sie deshalb auf die Durchsetzung verzichten und stabilisiert damit die ungerechte Herrschaft.[53] Arno Schmidts zweideutige Stellung zwischen Schopenhauer[54] und der Aufklärung wird gerade an diesem Problemkomplex deutlich. Das Volk, das dem »Verbrecher in Berlin« in den Tod folgt, ist getäuscht,[55] müßte also prinzipiell über seine wahren Interessen aufgeklärt werden können. Andererseits artikulieren sich in der politischen Katastrophe die Bosheit und der Irrsinn aller Menschen, so daß die Vernichtung der Menschheit wünschenswert erscheint.[56]
Mit dem anthropologischen Pessimismus teilt Arno Schmidt die Auffassung von der grundsätzlichen Defizienz der menschlichen Natur, die durch Kunst und Erkenntnis allenfalls therapeutisch zu beeinflussen ist, letztlich aber nach der Aufhebung des Daseins ruft. Zugleich partizipiert er an der geschichtsphilosophischen Konzeption, daß der Mensch nur dort seiner Natur als Mensch entsprechen könne, wo er vom heteronomen Zwang befreit ist. Implizit ist darin aber wieder die Annahme enthalten, daß der Mensch glücksfähig ist, wie es die Aufklärung weithin annimmt. Für die physikotheologische Richtung bildet sich die Allmacht und Güte Gottes so in der Natur ab, daß das Leben in Übereinstimmung mit ihr das Glück garantiert. Interessanterweise bleibt diese Theologisierung der Natur bis in die atheistischen und materialistischen Systembildungen hinein, die für Arno Schmidt ja gerade vorbildlich sind, erhal-

---

52) Vgl. Kurt Lenk, Problemgeschichtliche Einleitung, S. 28.
53) Zum Priestertrug vgl. ebd. S. 20–24.
54) Schopenhauer wird von seiner pessimistischen Einschätzung der menschlichen Natur an den Punkt geführt, wo er den Repräsentanten des Staates das Recht auf den »Priestertrug« zumindest nicht abstreitet. Er unterscheidet zwischen der Verächtlichkeit des Philosophieprofessors, der sich dazu prostituiert, systemstabilisierende Philosophie zu lehren, und dem Minister, der unter einem »gränzenlos egoistischen, ungerechten, unbilligen, unredlichen, neidischen, boshaften und dabei sehr beschränkten und queerköpfigen Geschlecht(es), Gesetz, Ordnung, Ruhe und Friede« erhalten muß und dabei solcher Mittel bedarf. (Vgl. »Ueber die Universitäts-Philosophie«, »Parerga und Paralipomena« I, Werke 5. Bd., S. 147–210, Zitat S. 157).
55) Vgl. LV, S. 56/LV-SPIEGEL, S. 18–19.
56) Vgl. ebd. S. 63–64/S. 25.

ten.[57] Die naturrechtliche Konzeption ist ihrem Wesen nach eudämonistisch.

Daß dieser Widerspruch, wie er aus den weltanschaulichen Statements erschlossen werden kann, keineswegs nebensächlich ist, zeigt der Übergang von der Betrachtung der diskursiven Argumentation zur Analyse der literarischen Struktur. Pessimistische Resignation und naturrechtlich fundierte Revolte prägen gleichermaßen den Vorgang der Erzählung. Der Alte erreicht, unterwiesen vom Erzähler, den Zustand der Verneinung des Daseins. Er nimmt seinen eigenen Tod an, weil ihm der künftige Tod des Leviathan seine eigene Nichtexistenz garantiert, und kann so in den Allwillen eingehen, indem er des Verlöschens des Allwillens gewiß ist.[58] Auf dieser Ebene übernimmt der Text die Funktion, die in der Ästhetik Schopenhauers für das Trauerspiel vorgesehen ist. Er leitet zur Verneinung des Willens an.[59]

Gleichzeitig und in scharfem Kontrast dazu versuchen der Erzähler und Anne Wolf ihren »naturrechtlich-eudämonistischen« Glücksanspruch durchzusetzen. Der Kampf um das Überleben richtet sich gegen die feindliche menschliche Umwelt, seien es die Angriffe der russischen Soldaten, seien es die fanatisierten Anhänger des Nationalsozialismus in der Fluchtgemeinschaft selbst. Der Druck von außen wächst dabei kontinuierlich, die Situation der Fliehenden wird immer unerträglicher. Diesem Prozeß korrespondiert die Natur. Schnee und Kälte, die leitmotivisch den ganzen Text durchziehen, werden immer quälender. Der Leviathan manifestiert sich, dem Doppelsinn des Begriffs entsprechend, im natürlichen Bereich ebenso wie im gesellschaftlich-politischen. Der Kampf um das Glück, als Kampf um »Naturgüter« wie Leben und erotische Erfüllung, muß gegen beide geführt werden. Der Anspruch auf das natürliche Glück wird auch im Scheitern noch nicht aufgegeben:

> Wir werden in die grobrote bereifte Tür treten. Goldig geschleiert wird die Teufels-Winter-Sonne lauern, weißrosa und ballkalt. Sie [Anne Wolf] wird das Kinn vorschieben und bengelhaft den Mund spitzen, die Hüften zum Schwung heben. Starr werde ich den Arm um sie legen.[60]

---

57) Vgl. »Die Natur hat uns einzig dazu erschaffen, glücklich zu sein: ja alle, vom Wurm, der im Staube kriecht bis zum Adler, der sich in den Wolken verliert«. (De la Mettrie, Der Mensch eine Maschine, S. 40). Überdies kann sich Arno Schmidts »Enttheologisierung« der Natur nicht auf den »weltanschaulichen Kontext« der »Allgemeinen Relativitätstheorie« berufen. Einstein war persönlich, wie bekannt, ein frommer Mann. Eines der verbreitetsten Lehrbücher der Relativitätstheorie, Hermann Weyl, Raum. Zeit. Materie, greift durchaus Momente der Theologisierung der Natur auf, wenn es heißt: »Der Erfassung der Vernunft, welche dem physischen Weltgeschehen innewohnt, sind wir einen gewaltigen Schritt näher gekommen.« (S. IX).

58) Vgl. LV, S. 80/LV-SPIEGEL, S. 39.

59) Vgl. »Die Welt als Wille und Vorstellung« II, Werke 3. Bd., S. 495.

60) LV, S. 80–81/LV-SPIEGEL, S. 39.

Die Anthropomorphisierung der Sonne erweckt den Eindruck, als sei sie die eigentliche Verfolgerin der Liebenden und nicht die angreifenden Soldaten, die die Brücke zerschossen haben. Sie »lauert« auf die Gescheiterten, als habe sie immer schon von dem Ergebnis der Flucht gewußt oder es somit herbeigeführt. Sie vertritt damit, als Natursymbol, den Leviathan in seiner Macht, Intelligenz und Bosheit.[61] Ihr gegenüber bilden die beiden Protagonisten den Trotz des Prometheus gegen Zeus nach.[62] Die diffuse Revolte gegen die heteronome Gewalt manifestiert sich auch noch im Tode. Die zerstörende Macht wird überwunden, indem man sich ihr freiwillig und ungebrochen ausliefert. Der Tod ist hier eben nicht Zeichen der Resignation, sondern Ausdruck der Lebensbejahung. Er wird gesucht, weil der Anspruch auf Glück nicht durchgesetzt werden kann, nicht aber, weil die eudämonistische Intention des Wollens aufgegeben wäre.[63] Verstärkt wird das eudämonistische Moment durch die erotische Komponente. Der gemeinsame Tod bringt zugleich die erste zärtliche Annäherung des schüchternen Erzählers an Anne Wolf (»Starr werde ich den Arm um sie legen«). Von ferne wird das Motiv des gemeinsamen Liebestodes zitiert. Nach Schopenhauer konzentriert sich aber in der Sexualität der Wille zum Leben, weil sie über das Individuum hinaus das Leben der »ewigen« Gattung zu erhalten sucht.[64]

Nun ist diese lebensbejahende Liebes- und Todesmystik nicht das letzte Wort des Textes, sondern: »Da schlenkere ich das Heft voran: flieg. Fetzen.«[65] Vordergründig ist diese Wendung sicher erzähltechnisch motiviert und aus Arno Schmidts Kenntnis der Literatur des 18. Jahrhunderts zu begründen, die gerne mit der Fiktion hinterlassener Papiere oder aufgefundener Manuskripte arbeitet.[66] Die geringschätzige Wendung vom

---

61) Die Sonne vertritt auch sonst im Werk Arno Schmidts die dämonische, chaotisch-zerstörerische Komponente der Natur. Vgl. etwa: »Da rülpsen Feuerdrachen! – Was meinen Sie, wenn man Sie einmal der lieben Sonne ›näherte‹?: Hei, würden Sie Augen machen, bei Flammerförtzen, dreißigmal so lang wie ›Mutter Erde‹:« (BEL, S. 8–9/NACHRICHTEN 1, S. 87). Die gegenteilige Rolle nimmt der Mond ein. Als poetisches Prinzip ist er Gegenstand und Ort von Gedankenspielen.

62) Vgl. das Zitat aus Goethes »Prometheus« (NDK, S. 151/BRAND, S. 120), das dort ebenfalls die Auflehnung gegen den heteronomen Zwang der Naturgewalt ausdrückt: »Wind; Wind: wir neigten uns und federten hoch: Wir uns neigen?! Vor Wem?! ›Bedecke Deinen Himmel, Zeus, mit Wolkendunst‹: Tjawoll!«

63) So hat jedenfalls Schopenhauer den Selbstmord bestimmt. Vgl. »Die Welt als Wille und Vorstellung« I, Werke 2. Bd., S. 471. Das Lebensende des Erzählers ist im Lichte der Ethik Schopenhauers zwar kein sittlich verwerfliches, aber doch ein verfehltes Ende. Dies zeigt, daß die Philosopheme des »Leviathan«, gerade auch in ihren lebenspraktischen Konsequenzen, nicht lückenlos auf die Philosophie Schopenhauers zu reduzieren sind.

64) Vgl. besonders das Kapitel »Metaphysik der Geschlechtsliebe« in: »Die Welt als Wille und Vorstellung« II, Werke 3. Bd., S. 607–651.

65) LV, S. 81/LV-SPIEGEL, S. 39.

66) Auch die mit dem »Leviathan« von 1949 vereinigten Erzählungen »Gadir oder Erkenne dich selbst« und »Enthymesis oder W.I.E.H.« arbeiten mit der Fiktion der hinterlassenen Papiere. Sie dürfte Arno Schmidt aus seinen Paradeautoren des 18. Jahrhunderts, Schnabel und Wieland, hinreichend vertraut gewesen sein.

»Fetzen« darf aber nicht darüber hinwegtäuschen, daß das weggeworfene Manuskript eben das Kunstwerk ist, das dem Leser vorliegt. Die Tragweite dieses Moments kann an der einen Stelle sicher nicht ausdiskutiert werden. Sie hinterläßt aber doch den Eindruck, daß sich der Daseinswille des todverfallenen, der Gewalt der geschichtlich-politischen wie der natürlichen Welt unterlegenen Subjekts in der Produktion literarischer Texte objektiviert – sicher einer der Gesichtspunkte, mit dem die außerordentliche Dignität der Kunst im Werk Arno Schmidts erklärt werden kann.

Der Gegensatz von pessimistischer Ergebung in den Allwillen und eudämonistischer Behauptung gegen ihn kehrt auch im Verhältnis des Erzählers zu Zeit und Geschichte wieder. Die konsequente Geschichtslosigkeit in der Philosophie Schopenhauers ist Ergebnis seiner Metaphysik. Da der Wille als Ding an sich außerhalb der Zeit ist, können historische Betrachtungen auch keine Wesenserkenntnis liefern. Sie bleiben der täuschenden Erscheinungswelt verhaftet, können letztlich auch immer nur das Gleiche beschreiben, weil sich die Objektivationen des Willens in der Geschichte gleich bleiben. Diese Geschichtslosigkeit war auch für den *Leviathan* bereits anzudeuten.[67] Sie gilt aber nur für den Binnenbereich der historisch-politischen Welt. Da für Arno Schmidt Zeit und Raum an sich existieren, ist, kosmologisch betrachtet, der Leviathan zeitlichen Prozessen wie dem Vergehen und wohl auch dem Entstehen unterworfen. Somit gelangt der Text dann doch zur Dimension des Geschichtlichen. In ihr kehrt die Aporie von Ergebung in den Naturprozeß und Konstituierung des Humanen gegen die Natur, auch gegen die Natur des Menschen, wieder. Einerseits ist der zeitliche Universalprozeß gekennzeichnet von der unbeeinflußbaren Fatalität natürlicher Abläufe. Der Leviathan expandiert und kontrahiert, existiert in der Verteilung und schreitet von ihr aus wieder evolutionär zurück zur ursprünglichen Akkumulation von Wille und Intelligenz. Die Erlösung ist allein von seiner natürlichen Begrenztheit zu erwarten, die ihn sterblich macht.[68] Andererseits kann sich wohl augenblicklich, wie das Scheitern der Protagonisten zeigt, der positive Individualwille nicht gegen den negativen Allwillen behaupten, die sukzessive und akkumulative Vereinigung der Guten zur Aufhebung der Welt scheint hingegen möglich.[69] Sie ergäbe allerdings so

---

67) Die Geschichtslosigkeit ist auch strukturell konstitutiv für den gesamten Erzählzyklus aus »Gadir«, »Leviathan« und »Enthymesis« (in der Anordnung von 1949). Alle drei Texte behandeln die Thematik der »eudämonistischen Flucht« vor den Zwängen der Menschenwelt und der Natur. In allen Fällen endet die Flucht im Tode, der keine Resignation im Sinne Schopenhauers ist. Der »Leviathan« ist dabei am Ende des Zweiten Weltkrieges angesiedelt, die beiden anderen Erzählungen in der griechischen Antike.

68) Vgl. LV, S. 79/LV-SPIEGEL, S. 38.

69) Vgl. ebd. S. 80/S. 38–39.

etwas wie einen geschichtlichen Fortschritt, in dem sich die Menschen mit Willen und Bewußtsein von den heteronomen Zwängen emanzipieren könnten.

Die konsequent geistesgeschichtliche Fragestellung, die als erster Einstieg in das Frühwerk Arno Schmidts gewählt wurde, führt zu einem einigermaßen verwirrenden Ergebnis. Ambitioniert vorgetragene Naturspekulation neuester Provenienz verbindet sich mit altehrwürdigen Denkformen. Das Ergebnis ist eine inkonsistente Metaphysik, die für gegensätzliche praktische Konsequenzen offen ist. Die resignative Ergebung in den Weltlauf scheint ebenso möglich wie die diffuse Revolte. Diese richtet sich gegen den gesellschaftlich-politischen Bereich ebenso wie gegen den Naturzustand des Universums. Als Zielprojektion der Auflehnung erscheint das individuelle Glück durch die Befriedigung natürlicher Bedürfnisse ebenso wie die Gemeinschaft der Guten, die sich gerade durch die Überwindung triebhafter Naturzwänge konstituiert. Von hier aus ist eine entschieden didaktische, auf aufklärende Wirkung hin angelegte Literaturkonzeption ebenso denkbar wie die Wendung in den »therapeutischen« Ästhetizismus. Der Text ist ja über weite Strecken vom Gestus des populärphilosophischen Lehrvortrags geprägt. Vom Titel und seiner Traditionsberufung her könnte er sogar als Reaktivierung des Typus »kleiner philosophischer Roman« aufgefaßt werden, wie ihn Voltaire verwendet. Seine Struktur ist dadurch bestimmt, daß der Erzähler diskursiv oder durch den Mund eines der Protagonisten eine philosophische These verkündet, die zugleich durch die erzählten Casus belegt wird. Im *Leviathan* entwickelt der Erzähler seine pessimistischen Philosopheme, bevor das Ergebnis der Flucht abzusehen ist. Ihr katastrophaler Ausgang bestätigt die These. Andere Traditionsberufungen deuten, ebenso wie die Schlußwendung, auf ein Verständnis der Kunst als leidfreie, das alltägliche Leben transzendierende, den Tod überwindende Zuflucht. In diesem Falle kann es nicht um die praktisch orientierte Aufklärung des Lesers über den Zustand der »wirklichen Welt« gehen, sondern um die Darstellung der ästhetischen Existenz, die die »wirkliche Welt« im Sinne von Schopenhauers »höherem Bewußtsein« transzendiert.

An dieser Stelle kann gewiß nicht mehr allein mit geistesgeschichtlichen Traditionszuordnungen weiterdiskutiert werden. Es stellt sich die Frage nach der Funktion der Philosopheme für die literarische Struktur. Am gravierendsten ist das Problem ihres Beitrags für die Konstituierung der Rolle des Ich-Erzählers, dessen Perspektive ja an keiner Stelle von außen aufgebrochen oder aus der Erinnerung relativiert wird. Zu erwägen ist, wie sehr diese Rolle auf die Provokation angelegt ist, die ja auch im Text, etwa in der Auseinandersetzung mit dem Geistlichen, thematisch wird und die manche Inkonsistenz bewußt gesetzt erscheinen lassen mag.

Das Problem der Struktur sei an diesem Punkt allerdings noch einmal aufgeschoben. Ehe textimmanente Momente behandelt werden, sei nach der intendierten Funktion der Texte gefragt, die für den *Leviathan* ebenfalls offengelassen werden muß. Sie steht irgendwo zwischen den gegensätzlichen Positionen von Provokation, aufklärender Wirkungsintention und Setzung der Kunst als autonomer Wert. Heuristische These ist dabei, daß die Rekonstruktion des literarischen Selbstverständnisses beim frühen Arno Schmidt erst den Zugang zum strukturellen Problem der Erzählerrolle freilegt. An ihr hängt dann wieder die Frage nach dem Stellenwert der »theoretischen« Partien in den Texten. Dies wird dann an *Aus dem Leben eines Fauns* noch weiter verdeutlicht werden. Angesichts der Gegenstände, anhand derer der frühe Arno Schmidt die Frage nach dem Zweck der Literatur verhandelt hat, wird auch dies eine Reise in die Vergangenheit werden. Zuvor sei der synchrone Aspekt noch einmal gestreift.

Der *Leviathan* war, trotz der bitteren Randbemerkung in *Tina oder über die Unsterblichkeit*[70], kein ganz erfolgloses Buch. Immerhin hat er seinem Autor einen Teil des »Großen Literaturpreises der Mainzer Akademie« eingebracht.[71] Er scheint also durchaus zeitgenössische Erwartungen befriedigt zu haben. Helmut Heißenbüttel rechnet ihn in den Umkreis der »Kahlschlagliteratur«, die das Erlebnis des Krieges unvermittelt darstelle.[72] Gewiß ist die These vom »Nullpunkt« literaturgeschichtlich zu Recht bestritten worden,[73] da die Literatur nach 1945 mit tradierten Denkformen und Darstellungsklischees weiterarbeitet. Das Bewußtsein der Autoren, aus dem Nichts neu zu beginnen, ist eher thematisch begründet. Es stützt sich auf die Intention, Faschismus und Krieg literarisch zu verarbeiten. Heißenbüttel stellt von daher zu Recht den *Leviathan* in eine Reihe mit Borcherts *Draußen vor der Tür* und Döblins Nachkriegspublikationen, also etwa *Hamlet oder Die lange Nacht nimmt ein Ende.*[74] Gemeinsam ist all diesen Texten, daß sie nicht zur Diskussion der sozialgeschichtlichen Genese des Nationalsozialismus gelangen, wie sie die Faschismustheorien der verschiedensten Provenienz versuchen – ein Moment, das heute gern als Versagen und Verdrängung ausgelegt wird.[75] An die Stelle des Denkens in Mechanismen des historischen Prozesses

70) Vgl. BEL, S. 414/TINA, S. 18.
71) Vgl. »Vita Arno Schmidt«, S. 89; zur positiven Aufnahme auch Helmut Heißenbüttel, Arno Schmidt, S. 289.
72) Vgl. ebd. S. 290–291.
73) Vgl. Frank Trommler, Der zögernde Nachwuchs, und Heinrich Vormweg, Deutsche Literatur 1945–1960: Keine Stunde Null.
74) Vgl. Helmut Heißenbüttel, Annäherung an Arno Schmidt, S. 289.
75) Vgl. Frank Trommler, Der zögernde Nachwuchs, S. 9–11. Als Überblick und Einführung in die Faschismustheorien verschiedener Provenienz vgl. Wolfgang Wippermann, Faschismustheorien. Zum Stand der gegenwärtigen Diskussion.

tritt die Frage nach der individuellen Schuld.[76] Stehendes Motiv ist der Heimkehrer, der die Schuldigen der Katastrophe sucht. Die Stationen auf Beckmanns Weg in den Selbstmord, aus denen sich *Draußen vor der Tür* zusammensetzt, liefern eine Phänomenologie der Verantwortlichen, die ihre Schuld nicht anzunehmen bereit sind. Edward Allison sucht jene, die am Verlust seines Beines schuld sind, ein Versuch, der zunächst auf das Unverständnis seiner Umgebung stößt. *Hamlet oder Die lange Nacht nimmt ein Ende* zeigt, daß die Personalisierung der Schuld zunächst in ihre Privatisierung übergeht. Was als Frage nach der Kriegsschuld begonnen hatte, wird zur Frage nach den schuldhaften Verwicklungen der Familie Allison. Ihr Zusammenhang mit der Zeitgeschichte ist nur mittelbar insofern, als die Ehe von Alice und Gordon zum Modell für die Frage nach Verantwortung und Freiheit oder geschichtlich-gesellschaftlicher Determination menschlichen Handelns wird.[77] In der anklagenden Aufzählung von Nazigrößen findet sich die Personalisierung der Schuld auch bei Arno Schmidt.[78] Ihre anthropologisierende Zurückführung auf die Defekte der menschlichen Natur und die Frage nach der moralischen Überwindung der Defizienz wurde schon berührt. Beide Momente begründen, wie der Blick auf Borchert und Döblin zeigt, die Singularität Arno Schmidts nicht. Sie sind gebräuchliche Denkformen, mit denen auch andere Autoren der Zeit historische Ereignisse zu bewältigen suchten.[79] Allerdings führt bei Borchert wie bei Döblin die Suche nach den Schuldigen zur Einsicht in die eigene Schuld. Bei Borchert ist dies sehr schlicht mit dem Wissen Beckmanns gegeben, daß auch er Verantwortung im Krieg übernommen hat. Bei Döblin erkennt Edward Allison letztlich die zerstörerische Unfruchtbarkeit seiner Hamlet-Rolle. Die Einsicht ermöglicht einen neuen Anfang. Dies ist freilich erst das Ergebnis eines sehr komplexen Vorganges, der den Roman strukturiert. Er bewegt sich

---

76) An dieser Umformulierung der Schuldfrage hat die Existenzphilosophie gewichtigen Anteil genommen. Man vergleiche etwa den seinerzeit viel beachteten Beitrag von Karl Jaspers, Die Schuldfrage (1946). Zur Bedeutung vgl. Frank Trommler, Der zögernde Nachwuchs, S. 10.

77) Zur Dichotomie von Freiheit und Determinismus vgl. Wolfgang Kort, Alfred Döblin. Das Bild des Menschen in seinen Romanen, S. 126–133. Zur Struktur des Textes gehört es, daß die Fragestellung der Rahmenhandlung von den eingelegten Geschichten gespiegelt wird. So geht es um die richtige Erzählung der Lebensgeschichte des Jaufie Rudel de Blaia. Gordon Allison destruiert die überlieferte Fassung und zeigt dabei die Abhängigkeit menschlichen Handelns von den kulturellen Bedingungen. In seiner Todesstunde nimmt er diese Deutung zurück.

78) »[. . .] auch die Kommandanten von Oeveraas, 21./976, die Schweine, Zeller an der Spitze; außer Dittmann und Georg [. . .]« (LV, S. 51/LV-SPIEGEL, S. 14).

79) Darüber hinaus erinnert die Erklärung des Nationalsozialismus durch ein satanisches Prinzip an auch sonst geläufige »Dämonisierungen« des Faschismus, etwa in Thomas Manns »Doktor Faustus«. Dort ist allerdings literarische Allegorie, was bei Arno Schmidt metaphysisch deduziert wird. Zudem ist die Dämonisierung bei Thomas Mann nicht in gleicher Weise geschichtslos. Sie verbindet Annahmen über historische Fehlentwicklungen der deutschen Kultur mit der geschichtsspekulativen These vom Ende der Kunst.

in den Parametern von Freud und Kierkegaard, deren spezifische Verarbeitung beim späten Döblin hier nicht zu interessieren braucht. Gemeinsam ist diesen beiden »Fixpunkten« des Romans, daß ihnen Sichtweisen des menschlichen Lebens zugrunde liegen, die dem alltäglichen Leben gerade nicht zur Verfügung stehen können. Ausgangspunkt für die Selbsterkenntnis, die der Roman erzählt, ist deshalb das traumatische Ereignis, die Verwundung Edwards und die schwere Kriegsneurose als ihr Resultat, das eingefahrene Selbstverständlichkeiten aufbricht. Die existentialisierende Note der anthropologischen Analyse politischer Katastrophen liegt dem *Leviathan* Arno Schmidts völlig fern. Die metaphysische Voraussetzung, daß der Leviathan in allen und damit auch im Erzähler ist, tangiert in keiner Weise sein moralisches Selbstverständnis. Schuldhafte Verwicklung in die Katastrophe und Gewissenserforschung fehlen. Die Flucht, die im Tod endet, setzt keinen Prozeß der Selbsterfahrung in Gang, der das Subjekt vor die Wahrheit seiner eigenen Existenz brächte. Die Vorgänge der Erzählung unterliegen vielmehr einer Deutung, die als fester Rahmen diesen Vorgängen bereits vorgegeben ist und nicht aus der Erfahrung von »Grenzsituationen« hervorgeht.[80] Sie ist damit fundiert in der Wahrheitsmächtigkeit der Vernunft, die aus eigener Anstrengung die Täuschungen der natürlichen wie der politisch-geschichtlichen Welt zu durchschauen vermag. Ihre Garanten sind die verläßlichen Ergebnisse der Naturwissenschaft und die »logischen« Regeln der deduktiv-rationalen Spekulation.[81] Wahrheitsmächtigkeit der Vernunft bedeutet demnach nicht Ideologiekritik in dem Sinne, daß der

---

80) Die extreme Situation, in der der Erzähler steht, treibt die Erkenntnis nicht hervor. Sie dokumentiert vielmehr den wissenschaftlichen Heroismus, die Interessen der theoretischen Vernunft auch unter Todesgefahr nicht aufzugeben. Dies ist auch die Tendenz der beiden anderen Erzählungen des Zyklus: »Was muß das für ein brüllendes Ungeheuer sein, dort oben am Himmel, das die riesige Erde so zum Glühen bringt; und doch wollte Eudoxos von Knidos in seiner Nähe wohnen, um seine Natur zu ergründen. – Wenn Euch später einmal jemand fragen sollte, was den griechischen Geist vor dem barbarischen auszeichnete, dann erzählt ihm das. Und daß ich, Pytheas von Massilia, seit einem Halbjahrhundert hier in Fort Chebar bei Gadir dörre, weil ich den Norden der Erde sehen mußte!« (»Gadir oder Erkenne dich selbst«, LV, S. 10/ALEX, S. 9).

81) Vgl. »Meinetwegen auch Nietzsches Physikalischer Witz von der ewigen Wiederkunft: was das manchmal für ein flacher Kopf war! Daß sein Macht-Leviathan begrenzt und ›also‹ – ist das nicht eine exakte Begründung, so gut wie eine im Aristoteles?! – selbst sterblich sein müßte, hat er wohl nicht gedacht.« (LV, S. 75/LV-SPIEGEL, S. 35). Das Detail ist recht bezeichnend. Die »Widerlegung« Nietzsches stützt sich nicht auf eine ideologiekritische Betrachtung der gesellschaftlichen Genese seiner Auffassungen oder kehrt Nietzsches psychologische Kritik mentaler Gebilde gegen ihn selbst, sondern beruft sich auf einen Vernunftschluß im Sinne der Deduktion der rationalen Metaphysik. »Alexander oder Was ist Wahrheit« (R&P, S. 123–179/ALEX, S. 37–97) zeigt die Hochschätzung des frühen Arno Schmidt für den hier zitierten Aristoteles, die Schopenhauer nicht geteilt hat (vgl. etwa »Die Welt als Wille und Vorstellung« II, Werke 3. Bd., S. 333–334, als eine von vielen Stellen). Arno Schmidt steht hier auf »eigenen Füßen«. Ihn dürfte die Verbindung von naturwissenschaftlicher Gelehrsamkeit und metaphysischer Spekulation bei Aristoteles angezogen haben.

Anspruch erhoben würde, die Bedingungen des historischen Prozesses zu rekonstruieren und aus ihnen die Selbsttäuschung der Subjekte über diesen Prozeß erklären zu können, sondern stützt sich implizit auf die vorausgesetzte Möglichkeit der systematischen metaphysischen Welterklärung.

Die synchrone Skizze zeigt in der anthropologisierend-personalisierenden Verarbeitung des Krieges die oberflächliche Konvergenz des *Leviathan* mit zeitgenössischen Tendenzen. Die fundierende »weltanschauliche« Konzeption deckt sich mit ihnen nicht, ohne allerdings zu ebenfalls zeitgenössischen Gegenpositionen überzugehen, wie sie im damals freilich noch nicht wiederentdeckten Werk Bertolt Brechts gegeben wären. Sie reicht vielmehr auf Traditionen, in diesem Falle auf die systematische Metaphysik zurück, die in der damaligen Situation nicht aktuell waren. Diese Unzeitgemäßheit Arno Schmidts ist letztlich ein biographisches Problem, das sich freilich mit wichtigen Strukturmerkmalen der Texte verbindet. Die Philosopheme des *Leviathan* machen den Eindruck der eigenwilligen Kompilation von Leseerfahrungen. Es dürfte bereits für das Frühwerk gelten, was erst im Spätwerk explizit thematisiert wird, nämlich, daß die Deutungsmuster der Wirklichkeit aus der Literatur geschöpft werden, die Wahrnehmung der Lebenswelt also von literarischen Klischees oder philosophischen Konzeptionen gesteuert wird.[82] Der Kanon der fundierenden Texte fällt dabei nicht mit jenem zusammen, um den sich gerade die aktuelle Diskussion bewegt.[83] Dies dürfte seine psychologischen Gründe haben, die hier nicht geklärt werden können, die für den Zusammenhang dieser Arbeit allerdings auch nicht von Bedeutung sind. Sie hätten den Lebensgang zu erklären, den gerade Arno Schmidt genommen hat. Die Frage allerdings, wie aus dem Zusammenhang zwischen dem Lebensgang, wie er sich nun einmal vollzogen hat, und dem zeitgeschichtlichen Kontext die »Vorsortierung« der literarischen Tradition plausibel werden könnte, sei wenigstens gestreift. Es versteht sich, daß auch dies über den hochhypothetischen Charakter der bloßen Vermutung nicht hinauskommen kann.[84]

In der Frankfurter Dankrede sieht Arno Schmidt selbst in der Verspätung durch den Nationalsozialismus ein entscheidendes Moment seines litera-

---

82) Vgl. die provokative Bemerkung Kolderups: »Die ›Wirkliche Welt‹?: ist, in Wahrheit, nur die Karrikatur unsrer Großn Romane!« (SdA, schule 166). Die Ersetzung der Realität durch die Literatur wird in »Abend mit Goldrand« autobiographisch mit der Isolation des intellektuell frühreifen Kindes erklärt. Vgl. AmG, goldrand 166–167.

83) Die Eigenwilligkeit des Lektürekanons wird durchgehend bemerkt. Vgl. Jörg Drews, Arno Schmidt vor »Zettels Traum«, S. 166–167.

84) Eine der vielen Schwierigkeiten ist, daß die Überlegungen allein auf publizierte Selbstzeugnisse angewiesen sind. In ihnen können aber nicht nur Beziehungen ausgesprochen, sondern auch bewußt ausgespart sein. Zum Verwischen der Spuren vgl. TbZ, S. 326/JUL, S. 178.

rischen Weges.[85] Immerhin war er bei Kriegsende schon einunddreißig, so daß bereits in der Zeit des Nationalsozialismus wesentliche Bildungserlebnisse anzusetzen sind. Überdies sind auch schon für diese Ära der Besitz einer Bibliothek und unpublizierte literarische und literaturgeschichtliche Arbeiten bezeugt.[86] Es hat den Anschein, als habe der Zusammenbruch des Regimes Schmidt nicht eigentlich zum Schriftsteller werden lassen, sondern ihm nur den Weg in die Öffentlichkeit geebnet. Die These vom Nullpunkt dürfte so für ihn am wenigsten gelten. Nach allen Zeugnissen stehen die frühen Jahre unter dem Zeichen einer aufgezwungenen Isolation. Das Jugendmilieu ist ausgesprochen unintellektuell. Dies gilt für die Familie wie für die Provinzorte Lauban und Görlitz,[87] die von der zeitgenössischen Literatur nur in Gestalt der expressionistischen Anthologien erreicht werden.[88] Man wird demgemäß schwerlich mit Kenntnis und Verständnis der literarischen Diskussion der zwanziger Jahre rechnen können.

Das Abitur fällt in das Jahr 1933.[89] Die Separation verschärft sich.[90] Die pubertäre Lesewut wandelt sich in den autodidaktischen Versuch, die kulturellen Werte eigenständig zu erarbeiten. Dieser Versuch nimmt die faschistische »Kulturkulisse« insofern in sich auf, als er sie konsequent verneint. Die herrschenden Meinungen werden mit prinzipiellem Mißtrauen betrachtet, das sich allerdings nicht nur gegen die Autoren des Blutes und des Bodens richtet,[91] sondern auch gegen große Namen wie Stifter und Nietzsche und gegen die etablierte Literaturwissenschaft. Der Antifaschismus wird mit dem Austritt aus aktuellen Diskussionen erkauft. Entscheidende Bedeutung bekommt diese Konstellation dadurch, daß Arno Schmidt die Restauration der Nachkriegsjahre als Fortsetzung des

---

85) Vgl. »Goethepreis 1973«, S. 11.

86) Vgl. »Vita Arno Schmidt«, S. 89. In »Abend mit Goldrand« wird der frühe Text »Pharos, oder von der Macht der Dichter« mitgeteilt. Vgl. AmG, goldrand 183–190. Ein Epos nach Herodot ist geplant; seit 1932 sammelt Arno Schmidt Materialien für die Fouqué-Monographie. Als, freilich oberflächliche, Charakteristik der frühen Versuche vgl. Wolfram Schütte, Robinsonaden und Bibliomania oder: Kopf-Welten. Notizen zu den Anfängen Arno Schmidts. Auch Schütte verweist auf die Isolation als grundlegende Determinante.

87) Vgl. »Vita«; zum unintellektuellen Milieu vgl. TbZ, S. 325–326/JUL, S. 178; die Erinnerung an Schlesien wird in »Abend mit Goldrand« mit der Vorstellung von der Provinz als Residuum der Kultur aufgeschönt. Ihr fehlt die Ablenkung des bloßen »Kultur-*Betriebs*«, vgl. AmG, goldrand 107.

88) Vgl. Jörg Drews, Arno Schmidt und August Stramm, S. 86.

89) Vgl. »Vita Arno Schmidt«, S. 89. Im Abituraufsatz hat sich Schmidt für den Expressionismus eingesetzt. 1933 ist das nicht mehr die neueste Literatur – auch hier werden Phasenverschiebungen deutlich.

90) Der Abbruch des Studiums aus politischen Gründen (vgl. ebd.) dürfte die Isolation weiter verschärft haben.

91) Vgl. den Ausfall NDK, S. 76/FAUN, S. 140.

Faschismus aufgefaßt hat.[92] Das Mißtrauen gegen die offizielle Kultur bleibt und mit ihm die Tendenz zur autodidaktischen Aneignung der wahren Geschichte.

Unter dem Einfluß der intellektuellen Isolation wird das merkwürdige Konglomerat der literarischen Hausgötter einigermaßen verständlich. Autoren wie Karl May, Jules Verne, James F. Cooper, auch Charles Dikkens, sind ja keineswegs unbekannt. Sie stellen die geläufige Jugendlektüre, die Schmidt nur viel gewichtiger nimmt und viel intensiver studiert. Eine zweite Klasse von Texten gehört zu den »abgesunkenen Kulturgütern«. Arthur Schopenhauer hat für die philosophische Diskussion zwischen den Weltkriegen sicher keine große Bedeutung mehr. Seine immense Popularität im späten 19. Jahrhundert dürfte sich gerade bei nichtakademischen Intellektuellen erhalten haben.[93] Die Neigung des frühen Arno Schmidt für die Antike,[94] sein Hang zu positivistischen Dichterbiographien läßt gleichfalls an nicht mehr ganz zeitgemäße Bildungswerte denken. Hier sind die Phasenverschiebungen in Rechnung zu stellen. Mit Fouqué ist auch schon sehr früh der Typus des antiquarischen Zufallsfundes präsent.[95] Dabei geht es nicht allein um die Freude am Entlegenen. Das Mißtrauen gegen die offizielle Kultur führt zum Mißtrauen gegen die Berechtigung des Vergessens.[96] So ist schon früh mit der systematischen Suche nach unterdrückten Autoren zu rechnen, ohne daß freilich die Konstruktion einer plebejischen Gegentradition zu sehr betont werden sollte.[97] Letztlich haben Karl May und Oppermann, Fouqué und Schnabel auch nur gemeinsam, daß sie nicht zum klassischen Lektürekanon gehören.

---

92) So passim in Bemerkungen zur Wiederbewaffnung und zur hohen Stellung ehemaliger Nationalsozialisten. Oberflächlich personalisierend, übernimmt Schmidt dabei die Faschismustheorie der DDR, die in der Bundesrepublik die unmittelbare Kontinuität des Nationalsozialismus sieht. Andererseits wird im »Massenbach« Pieck in die Nähe eines nationalsozialistischen Demagogen gebracht (Vgl. BEL, S. 313/TINA, S. 91). Arno Schmidt zitiert damit die liberale Totalitarismusthese von der Wesensgleichheit von Nationalsozialismus und Kommunismus – ein Zeichen am Rande für die Inkonsistenz seines politischen Denkens (Vgl. dazu Wolfgang Wippermann, Faschismustheorien).

93) Alfred Rosenberg, der es wissen muß, meint, Schopenhauers »Schriften liegen heute nicht nur auf den Tischen des Professors, sondern ebenso auf denen des Geschäftsmannes und haben dank ihres glänzenden Stils und bestechender Überredungskunst ihren Weg in weiteste Kreise gefunden«. (»Der Mythus des 20. Jahrhunderts«, S. 342).

94) Reinhart Herzog, Glaucus adest. Antike-Identifizierungen im Werk Arno Schmidts, hat allerdings gezeigt, daß das Bild der Antike bei Arno Schmidt auf das 18. Jahrhundert, vornehmlich auf Wieland, zurückgeht und nicht auf die Gymnasialbildung. Auch hier mag die Tendenz bemerkbar sein, das zeitgenössische hochbesetzte Bildungsgut nicht auf dem »offiziellen« Weg, sondern über »private« Sondertraditionen zu rezipieren.

95) Vgl. TbZ, S. 350–351/JUL, S. 192–193.

96) Schmidt kann später demgemäß behaupten, das unbekannteste Werk eines Autors sei in der Regel auch sein bestes, eben weil es der Unterdrückung durch den Kulturbetrieb erlegen ist. Vgl. RITTER, S. 96–97.

97) Vgl. Jörg Drews, Phänomenologie der Gehirntiere.

Es sei nicht behauptet, die freiwillig-unfreiwillige Separation habe Arno Schmidt aus dem zeitgenössischen Kontext überhaupt herausgeführt, so daß dieser allenfalls noch in den Blindstellen der immensen Lektüre auch bereits des frühen Arno Schmidt zu fassen wäre. Engen doch bereits die von der Zeit aufgezwungenen Blindstellen die Entwicklungs- und Argumentationsmöglichkeiten der fundierenden Konzeption ein, so daß sie schon auf diesem Wege den Charakter des Zeitgemäßen erhält. Ein Vergleich der faschistischen Schopenhauer-Rezeption mit der des frühen Arno Schmidt wird dies verdeutlichen.

Bekanntlich hat Georg Lukács in *Die Zerstörung der Vernunft* die Geschichte des Irrationalismus als Vorgeschichte des Faschismus zu schreiben versucht. Allerdings geht die faschistische Ideologie aus ihren Vorläufern nicht einfach dadurch hervor, daß immer schon angelegte Komponenten einfach radikalisiert werden. Die Aneignung setzt immer auch die entstellende Uminterpretation voraus.[98] In seinem Schopenhauer-Kapitel in *Der Mythus des 20. Jahrhunderts* sucht Alfred Rosenberg die Grundthese der Willensmetaphysik zu okkupieren, daß das Erste und Ursprüngliche nicht eine Intelligenz sei, sondern ein irrationales Prinzip.[99] Gleichzeitig ist er gezwungen, den pessimistischen Quietismus zu umgehen. Zu diesem Zweck zerlegt er den Schopenhauerschen Willensbegriff in eine Dichotomie von Trieb und Wille. Der Trieb erscheint als das sinnlich-egoistische, die Gemeinschaft destruierende Prinzip. Der Wille im Sinne Rosenbergs ist übersinnlich-moralischer Wille, mit dem der Mensch überindividuelle, den Egoismus brechende »Höchstwerte« setzt und sich selbst und seine Umgebung formt.[100] Mit dem Moment der Moralität erhält der Wille bei Rosenberg eine Qualität, die nach Schopenhauer dem Intellekt zukommt. Er durchschaut den Schein der Absonderung der individuellen Dinge voneinander. Diese Einsicht ist wieder die Basis der Mitleidsethik. Im Verhältnis zum Natürlichen hat der Intellekt dabei einen zweideutigen Status. Als abgeleitetes und organisches Phänomen ist er in das Wollen eingebunden. In der Gestalt des Heiligen und des Genies, im Zustand der wahren Moralität und der wahren Erkenntnis also, hebt er das Wollen auf. Er ist dann widernatürlich bis zur Aufhebung der Natur selbst.

Rosenbergs Wille, der weder Trieb noch Intellekt ist, verhindert diesen Umschlag der Natur als Willen in das Nichts. Zugleich eliminiert er den von Rosenberg monierten »Intellektualismus« Schopenhauers. Das irra-

---

98) Auf das schwierige Problem der »Vorläufer« kann hier nicht eingegangen werden. Ernst Nolte, Der Faschismus in seiner Epoche, zeigt recht deutlich, daß viele Traditionsberufungen Hitlers und seiner Umgebung bloße Imponiergesten sind.

99) Dies das Selbstverständnis Schopenhauers. Vgl. »Die Welt als Wille und Vorstellung« II, Werke 3. Bd., S. 304–305.

100) Vgl. Alfred Rosenberg, Der Mythus des 20. Jahrhunderts, S. 323–344.

tionale Prinzip als das Erste und Ursprüngliche vermag aus sich heraus die positiven Werte zu stiften. Die Uminterpretation Schopenhauers führt zu einer Daseinsbejahung, die zugleich darauf verzichten kann, die gesetzten Höchstwerte aus der allgemeinen Menschenvernunft zu legitimieren, da Art und Qualität des Willens vom rassischen Erbgut abhängen. Damit verkehrt aber die »Korrektur« Schopenhauers die Intentionen des Systems in ihr Gegenteil. Aufgabe der Philosophie ist es, das natürliche Leben zu überwinden, zu dem der Mensch »aus der Nacht der Bewußtlosigkeit erwacht« ist,[101] eben weil es aus einem Irrtum des vernunftlosen Willens entstanden ist. Bei Rosenberg hebt sich die Vernunft selbst auf. Sie kann lediglich dazu auffordern, die natürliche Anlage ohne Brechungen durch die Vernunft zu realisieren. Da die Anlagen der Rassen antagonistisch sind, ist der natürliche Kampf der Partialnaturen gegeneinander gerechtfertigt.

Rosenbergs Tendenz trifft sich so mit den emotionalen Denkbewegungen Hitlers, wie sie Ernst Nolte dargestellt hat. Danach ist die Geschichte vom Naturprinzip des Kampfes der Geschöpfe gegeneinander bestimmt. Subjekt des Kampfes sind Herrschaftsgefüge von Rassen (Völker), der Charakter des Kampfes ist der Krieg, sein Resultat die Entscheidung, wer Herr und wer Sklave ist. Allerdings ist diese Natur nicht unzerstörbar. Der Mensch kann seinen natürlichen Instinkten entfremdet werden. Urheber solcher Entwicklungen sind immer die Juden. Aufgabe des Führers ist es, die Rasse vom Abgrund des Widernatürlichen, der ihre Ausrottung bedeuten würde, zurückzureißen.[102] Nolte bezeichnet dies als die Wendung gegen die »Transzendenz« des Menschen, sein Bestreben, über den reinen Naturzustand hinauszugelangen.[103]

Trotz aller spekulativen Verzerrungen stellt Arno Schmidt gegenüber der faschistischen Rezeption den originären Schopenhauer wieder her. Der pessimistische Dualismus, den auch er aufgreift, bewahrt die »Transzendenz« im Sinne Noltes, die Tendenz des Menschen über den Naturzustand hinaus. Die Metaphysik Schopenhauers wird dadurch zur oppositionellen politischen Theorie. Der diachron zu beschreibende Rückgriff auf die Tradition kann so in einem ersten Zugriff von seiner Funktionalität her synchron analysiert werden. Zugleich kann gezeigt werden, daß die Aktualisierung in die Substanz der Theorie eingreift.

Die Intention Schopenhauers ist sicher nicht politisch.[104] Dies heißt nicht, daß ihre Rezeption nicht politische Nebenwirkungen hätte. Max Horkhei-

---

101) »Die Welt als Wille und Vorstellung« II. Werke 3. Bd., S. 657.

102) Vgl. Ernst Nolte, Der Faschismus in seiner Epoche, S. 505–507.

103) Vgl. ebd. S. 507.

104) So mokiert sich Schopenhauer über die zentrale Bedeutung des Staates in Hegels Philosophie. Vgl. »Parerga und Paralipomena« I, Werke 5. Bd., S. 157–158. Schopenhauers eigene Staatslehre steht denn auch am Rande des Systems, da sich die Ethik auf die individuelle Erlösung konzentriert.

mer hat so die Schopenhauer-Welle der zweiten Hälfte des 19. Jahrhunderts damit erklärt, daß der Pessimismus das Scheitern entschuldige, daß das Bürgertum sich so über die verlorene Revolution habe hinwegtrösten können.[105] Die Betonung der Mitleidsethik bei Arno Schmidt ist dem nationalsozialistischen »Vernichtungskrieg« diametral entgegengesetzt.[106] Gleichwohl kann die Metaphysik Schopenhauers die Opposition gegen die Unrechtsherrschaft nicht tragen, da das erfahrene Leid letztlich dann doch nur eine »Belehrung« des Individuums darüber sein kann, daß das Dasein nicht sein sollte. Das Ergebnis ist die Resignation und nicht der naturrechtlich fundierte Widerstand. Diese Komponente ist im *Leviathan* auch vorhanden, aber sie ist nicht die einzige. An ihre Seite tritt der prometheische Trotz. Seine aus dem aktuellen politischen Kontext verständliche Integration in die Philosophie Schopenhauers schafft einen Teil der Inkonsistenzen in der theoretischen Argumentation, da durch ihn der naturrechtliche Eudämonismus eingeführt wird. Daraus entsteht dann wieder der zweideutige Status des Leviathan als Leviathan in uns und als heteronomer Demiurg.

Das synchron geradezu prognostizierbare Moment des Naturrechts auf Glück wird beim frühen Arno Schmidt diachron durch die Rezeption der Aufklärung aufgefüllt. Dies beschränkt sich nicht auf die bloße Theorie, sondern reicht bis zum Bekenntnis zur Französischen Revolution, ja bis zur plebejischen »Vollendung« der radikalen Aufklärung bei Jean Paul Marat.[107] Damit fällt zwar die Staatslehre des anthropologischen Pessimismus von Hobbes bis Schopenhauer, die revolutionären Elemente geraten aber auch in den Sog der Geschichtslosigkeit der Willensmetaphysik. Letztlich wird auch hier der ewige Naturzustand zum Fixpunkt der Überlegungen. Die Menschen unterliegen immer der heteronomen Gewalt, weil sie bereits in der Kosmologie verankert ist. Die weitreichenden Traditionsberufungen im *Leviathan* bis hinunter zum Mythos der »zerteilten Götter«[108] zeigen die Fähigkeit der autonomen Menschenvernunft, immer auch die Ideologeme der Gewalt aufzulösen. Die Revolte als praktische Konsequenz ist als anthropologische Invariante installiert. Die antifaschistische Opposition auf ahistorisch-anthropologischer Basis führt zur Konzeption einer natürlichen, damit ewigen, aber auch ewig scheiternden Revolution. Da dies offenbar schlechterdings nicht gedacht werden kann, taucht die These vom Tod des »Leviathan« oder die ferne Möglichkeit einer Vereinigung der Guten gegen den Allwillen auf. Dies ist offenbar das Äußerste an »Geschichtsphilosophie«, das, von der Vorstel-

105) Vgl. Max Horkheimer, Schopenhauer und die Gesellschaft, S. 70–73.
106) Zum Vernichtungskrieg als zentraler Kategorie in Hitlers Denken vgl. Ernst Nolte, Der Faschismus in seiner Epoche, S. 407 und S. 482.
107) Vgl. Jörg Drews, Es lebe Jean Paul (Marat & Richter)! Thesen und Notizen zu »Kaff«.
108) LV, S. 75/LV-SPIEGEL, S. 35.

lung der Revolution gefordert, dem anthropologischen Pessimismus abgerungen werden kann. Selbstverständlich sind hier die Implikationen der originären Aufklärung viel konkreter. Mit ihrem Anspruch, die wahre, durch den historischen Prozeß nur entstellte Natur des Menschen wiederherzustellen[109], eröffnet die Aufklärung die geschichtsphilosophische Reflexion im Sinne Odo Marquards. Ihr Ergebnis, die Französische Revolution, ist dann ihrerseits wieder zum großen Thema der deutschen Geschichtsphilosophie geworden. Wo die Französische Revolution bei Arno Schmidt auftaucht, ist sie als anthropologisches Phänomen verstanden, als ein Phasenmoment in der invarianten Opposition von Unterdrücker und plebejischem »Schreckensmann«.

Die Reduzierung der Aufklärung ist vom damaligen Verständnis dieser Epoche aus alles andere als überraschend.[110] Gleichwohl schleicht sich, und dies ist das zweite Moment, mit dem Arno Schmidt trotz der Separation seiner Zeit opfert, mit der Deformation der Aufklärung ein entscheidendes Zugeständnis an den Faschismus ein. Es reduziert eben jene Tradition, die gegen den Faschismus ausgespielt wird. Nach Ernst Nolte manifestiert sich in Hitler das gegenrevolutionäre Denken, das der Aufklärung den Begriff der Natur zu entwinden suche.[111] Gemeint ist jene ursprüngliche Natur, die im Verlauf der Geschichte erst wieder auf höherer Ebene zu restituieren ist. Damit erscheint aber auch eine andere Form der »Transzendenz« als bei Schopenhauer. Sie richtet sich nicht auf die individuelle Naturüberwindung, sondern auf die Zukunft der Gattung. Damit ist der geschichtliche Aspekt eingebracht. Nolte bemerkt, daß der Nationalsozialismus, trotz aller traditionalistischen Momente, völlig geschichtslos sei. Im Hakenkreuz wird die Hinwendung zum »Vorhistorisch-Archaischen« eklatant.[112] Grund dafür ist die Radikalisierung von Tendenzen des 19. Jahrhunderts, die Geschichte in Analogie zur Naturwissenschaft zu verstehen.[113]

---

109) Vgl. d'Alembert, Einleitung zur Enzyklopädie von 1751.

110) Vgl. etwa Darstellungen wie Friedrich Gundolf, Goethe; Hermann August Korff, Geist der Goethezeit I. Teil. Sturm und Drang; Rudolf Unger, Hamann und die Aufklärung. Studien zur Vorgeschichte des romantischen Geistes im 18. Jahrhundert. Die Aufklärung erscheint hier, mit verschiedenen Akzentsetzungen, als die Epoche des lebensfeindlichen, ausländischen Rationalismus, gegen den der deutsche Irrationalismus abgesetzt wird. Arno Schmidt übernimmt, wie sonst auch zu beobachten ist, der Sache nach diese Kennzeichnungen, tauscht aber in seiner Berufung auf die Vernunft die Wertungen aus. Die Aufklärung als Ort für die Genese der Geschichtsphilosophie ist der Forschung erst später bewußt geworden. Kosellecks Kritik und Krise erschien 1959, Habermas' Strukturwandel der Öffentlichkeit 1962. Arno Schmidt scheint von diesen Beiträgen keine Notiz mehr genommen zu haben.

111) Vgl. Ernst Nolte, Der Faschismus in seiner Epoche, S. 405.

112) Vgl. ebd. S. 451.

113) Vgl. ebd. S. 347. Demgemäß polemisiert auch Alfred Rosenberg gegen universalgeschichtlich-finale Konzeptionen des historischen Prozesses. Vgl. »Der Mythus des 20. Jahrhunderts«, S. 21–23.

Für das Werk Arno Schmidts ist es folgenreich, daß ihn die aufgezwungene Separation offenbar von den durchaus verschiedenen Traditionen geschichtsphilosophischen Denkens abgeschnitten oder ihm die geschichtsphilosophischen Implikationen vorbildlicher Epochen verborgen hat. So kann von hier aus auch keine theoretische Opposition gegen die faschistische Trivialanthropologie aufgebaut werden, wie sie aus der pseudowissenschaftlichen Barbarisierung des Naturbegriffs hervorgeht. Die Opposition bewegt sich innerhalb der vorgegebenen Kategorien und geht weithin aus der bloßen Negation hervor. In beiden Fällen »erklärt« die Naturwissenschaft den historischen Pseudoprozeß. Der archaisch-geschichtslosen Barbarisierung antwortet eine ebenso geschichtslose Kosmologie. Dies scheint Arno Schmidt zunächst einmal in das Lager der konservativen Faschismuskritiker zu verweisen, so als müsse die Zukunft hinter die Epoche des Faschismus zurückgehen, um einen Zustand wiederherzustellen, der der Natur des Menschen adäquat war. Davon kann keine Rede sein. Der *Leviathan* zeigt vielmehr deutlich, daß er das genuin geschichtsphilosophische Ziel von der Befreiung des Menschen aus der heteronomen Gewalt intendiert, für das die Vergangenheit kein Vorbild kennt.
Die biographisch-problemgeschichtliche Mutmaßung deckt die zentrale Aporie des frühen Arno Schmidt auf als den Versuch, mittels der pessimistischen Anthropologie den Ansprüchen der Emanzipationsphilosophie zu genügen. Dies führt im Bereich der textimmanenten Argumentation zur inkonsistenten Metaphysik und zum unvermittelten Nebeneinander von Ergebung in den Allwillen und prometheischer Empörung. Lebensgeschichtlich liegt der Verdacht einer letztlich systemimmanenten Opposition gegen den Faschismus nahe. An diesem Punkt könnte die Arbeit sicher zu dem Versuch übergehen, am Sonderfall Arno Schmidt die Ideologiekritik des »hilflosen Antifaschismus« zu betreiben, müßte sie nicht befürchten, sich schon allzulange auf schwankendem Boden zu bewegen. Statt dessen sei zur problemgeschichtlichen Betrachtungsweise zurückgekehrt. Sie wird die angedeutete Aporie zum Ausgangspunkt der weiteren Betrachtung machen. Es ist zu zeigen, wie sehr von ihr aus das literarische Selbstverständnis Arno Schmidts bestimmt ist. Im Umweg über die Konturierung der Erzählerrolle übernimmt der innere Widerspruch, wie in diesem Zusammenhang anzudeuten sein wird, strukturbildende Funktionen.

III. Aufklärer ohne Aufklärung

Die Spannung von naturrechtlichem Eudämonismus und pessimistischer Resignation geht auf dem Gebiet der Poetologie in die Spannung von wirkungsorientierter und »ästhetizistischer« Literatur über. Dies läßt sich geradezu aufgrund der Konstellation prognostizieren, die für den *Leviathan* zu skizzieren war. Zu fragen bleibt allerdings nach den Annahmen und Auswegen, auf denen Arno Schmidt die Vereinbarkeit des Unvereinbaren betreibt.

Neben zahlreichen, aber kontextgebundenen Statements in den Romanen entwickelt Arno Schmidt seine Poetologie weitgehend implizit in seinen literaturkritischen und literaturgeschichtlichen Untersuchungen, besonders in den Funkessays.[1] Die grundsätzliche Spannung des Frühwerks reproduziert sich dabei in der Wahl der vorbildlichen Texte. Einerseits nimmt, ganz im Sinne der Traditionsberufungen des *Leviathan,* der Entwurf einer antiklassischen, aufklärerisch-plebejischen Tradition einen beträchtlichen Raum ein.[2] Andererseits steht neben ihr aber auch schon der »reine Dichter« Fouqué, der allein nach dichterischen Maßstäben zu messen ist.[3] Die plebejische Komponente ist mit einer Reihe von Namen belegt. Arno Schmidt faßt Karl Philipp Moritz als ihren Protagonisten auf, sein »Biogramm« ist den »Schreckensmännern« insgesamt gewidmet.[4] Obwohl der Essay als kleine Biographie angelegt ist, das Gesamtwerk also im Zusammenhang des ganzen Lebensganges zu würdigen sucht, erscheint Moritz als der Autor des *Anton Reiser,* allenfalls noch des *Andreas Hartknopf,* der auf eine angeblich autobiographische Polemik gegen Basedow reduziert wird.[5] Die Schriften zur Ästhetik, auch das literaturwissenschaftlich geschätzte *Über die bildende Nachahmung des Schönen,*[6] werden als schiere Brotarbeiten aus der Betrachtung ausgeschieden.[7] Die gesellschaftskritische, die Revolution angeblich vorberei-

---

1) Vgl. dazu grundsätzlich: Jörg Drews, Phänomenologie der Gehirntiere, und Heiko Postma, Aufarbeitung und Vermittlung literarischer Traditionen. Arno Schmidt und seine Arbeiten zur Literatur. Beide betonen die Tendenz Arno Schmidts, von eigenen Positionen aus Traditionen zu konstruieren und sich mit Autor und Vergangenheit zu identifizieren. Zur Rechtfertigung der extrem subjektiven Literaturbetrachtung vgl. auch Arno Schmidt, Vorspiel zu Dya Na Sore (DYA, S. 7–12).

2) Vgl. Jörg Drews, ebd. S. 66 und Heiko Postma, ebd. S. 62.

3) Vgl. FOU, S. 369.

4) Vgl. »Die Schreckensmänner. Karl Philipp Moritz zum 200. Geburtstag.« DYA, S. 356–390/ NACHRICHTEN 1, S. 147–167. »Schreckensmann« wird dabei synonym mit Jakobiner verwendet. Allerdings unterscheidet Arno Schmidt zwischen dem Revolutionär der Tat und dem Literaten, vgl. ebd. S. 358–9/S. 148. Im gleichen Kontext findet sich auch ein entschiedenes Bekenntnis zur Französischen Revolution, die »unser Aller Mutter« genannt wird (ebd.).

5) Vgl. Heiko Postma, Aufarbeitung und Vermittlung literarischer Traditionen, S. 69–70.

6) Karl Philipp Moritz, Über die bildende Nachahmung des Schönen, in: Schriften zur Ästhetik und Poetik, S. 63–93.

7) Vgl. DYA, S. 387/NACHRICHTEN 1, S. 165–166.

tende Intention des *Anton Reiser* wird zur organisierenden Mitte des Lebenswerkes stilisiert, während Moritz' klassizistische Ästhetik eher den spezifisch deutschen Weg einschlägt, das Ungenügen an der Wirklichkeit durch »Verinnerlichung, Sublimierung und Ästhetisierung der Wirklichkeit« zu überwinden.[8] Durch die Gruppierung des Werkes rettet Arno Schmidt Moritz so zunächst einmal für die plebejisch-revolutionäre Tradition.

Mit dem »Schreckensmann«, dem Jakobiner also, ist wohl auch für Arno Schmidt nicht die typische, sondern eine extreme Einzelform der Aufklärung zitiert. Sein Kennzeichen ist, daß er den Naturanspruch auf Glück über die Grenzen des Bürgertums hinaus auf alle Menschen ausdehnt. Er artikuliert als »Sprecher(n) des Vierten Standes« die naturrechtlich legitimierten Interessen des »arme[n], seine Energien in körperlicher Arbeit völlig verbrauchende[n] Volk[es]«,[9] mit der Tendenz, sie durch Einwirkungen auf den historischen Prozeß zu realisieren. Dies ist allerdings schon eine interpolierende Interpretation, da die revolutionäre Qualifikation des »Schreckensmannes« bei Arno Schmidt ganz theorielos gefaßt wird. Sie ist nicht das Ergebnis einer Deutung des historischen Prozesses, die von der Person des Revolutionärs ablösbar wäre, sondern erwächst unmittelbar aus lebensgeschichtlichen Momenten. Ausgangspunkt ist die Erfahrung einer Spannung zwischen der eminenten angeborenen Intellektualität und der »armseligen Umgebung«.[10] Mit der Reduzierung des politischen Blickfeldes auf die unmittelbar erfahrbare eigene Lebenswelt wird die revolutionäre Haltung merkwürdig diffus, weil sie ja keine sozialen Gebilde in ihrer Gesamtheit erfassen kann. Dies wäre allein einer zwar praxisorientierten, aber doch theoretisierenden Vernunft möglich. Kennzeichen des Schreckensmannes, wie Arno Schmidt ihn versteht, ist demgemäß das diffuse Ressentiment gegen die »Herrschenden« in toto.[11]

Die Verbindung von Intellektualität und Aufsässigkeit treibt den »Schrekkensmann« in das soziale Niemandsland. Die Intention der Texte unterbindet die Rezeption beim aristokratischen und wohl auch beim bürgerli-

8) Vgl. Klaus-Detlef Müller, Nachwort. Der psychologische Roman als Zeitroman, S. 382. Übrigens stand Moritz der Französischen Revolution ablehnend gegenüber. Vgl. Wolfgang Martens, Nachwort, S. 549.

9) DYA, S. 359/NACHRICHTEN 1, S. 148.

10) Ebd.

11) Das höchst unspezifische Kriterium ermöglicht es Arno Schmidt, recht unterschiedliche Figuren zur Klasse der »Schreckensmänner« zu vereinigen: Wezel, Moritz, Basedow, Voss, Rousseau und Marat (vgl. ebd. S. 357–361/S. 147–149).

chen Publikum,[12] das literarische Niveau unterbindet sie beim »Volk«.[13] Dem Schreckensmann, der damit ganz auf sich allein gestellt ist, bleibt nur noch seine eigene Person als literarischer Gegenstand, zumal er ohnehin zu den »geborenen Autobiographen«[14] gehört. Mit dieser Wendung zu sich selbst wird einigermaßen überraschend die politisch extreme Aufklärung in die literarisch unmittelbare Selbstdarstellung überführt. In ihr präsentiert sich die abnorme Intellektualität im Zustand der gesellschaftlichen Unterdrückung,[15] ohne daß der Text, in dem sie sich artikuliert, sein intendiertes Publikum oder überhaupt ein Publikum erreichen könnte. Es zeichnet sich hier schon eine tiefgreifende Uminterpretation der radikalen Aufklärung als literarischer Wegbereitung der Revolution ab. Die politische Wirkungsintention ist allein noch faßbar in der privatisierten Form der Selbstdarstellung. Das Publikum als Adressat der Aufklärung verflüchtigt sich. Aus dem »Schreckensmann« wird der einsame Künstler in Gestalt des verkannten Genies.

Es versteht sich von selbst, daß Arno Schmidt damit historisch recht problematische Behauptungen formuliert. Dies gilt einmal für die Annahmen zur Rezeption des Moritzschen Werkes, die angesichts seiner doch recht angesehenen Stellung im zeitgenössischen literarischen Betrieb nicht recht einleuchten wollen. Wichtiger ist jedoch das literaturtheoretische Modell, mit dem Arno Schmidt seine biographischen Konstruktionen stillschweigend unterbaut. Leitende These seiner Interpretation des *Anton Reiser* ist, daß die politische Intention des Textes so sehr literarisiert sei, daß sie für den empirischen Leser nicht mehr erkennbar ist. Offenbar vermischt sich für Arno Schmidt die Konzeption von der »didaktisch« angelegten Literatur mit der von der autonomen. Schreibt man nämlich der Literatur normativ eine Wirkungsintention vor, wie es ja im 18. Jahrhundert mit der Horazischen Formel vom »prodesse et delectare«

---

12) Arno Schmidt spricht hier sehr vage von »›besser gestellten‹ Gesellschaftsschichten«, den »Gebildeten«, denen es gegeben sei, »flüssig zu reden – vom Handeln und Regieren noch ganz zu schweigen« (ebd.), wobei die flüssige Rede wohl auf das bürgerliche Gelehrtenpublikum, das Handeln und Regieren auf die Träger der höfisch-absolutistischen Gewalt gehen müßte. Arno Schmidt konfundiert hier beide Stände. Möglich wird dies durch seine höchst vage Bestimmung der politischen Intention der Texte im Sinne einer diffusen Aufsässigkeit wie durch die von Heiko Postma bemerkte »vulgärsoziologische« Betrachtungsweise (vgl. »Aufarbeitung und Vermittlung literarischer Traditionen«, S. 72). Der »Anton Reiser« fand bei Erscheinen durchaus Beachtung und entschwand erst später dem literarischen Bewußtsein, wenn er auch immer Gegenstand der literaturwissenschaftlichen Forschung geblieben ist. Vgl. Wolfgang Martens, Nachwort, S. 543.

13) Vgl. DYA, S. 360/NACHRICHTEN 1, S. 148. Unklar bleibt dabei, wenn auch unter wechselnden Akzentuierungen in Arno Schmidts Gesamtwerk, ob das »Volk« das literarische Werk von Niveau nicht rezipieren kann, weil es ausgebeutet oder weil es dumm ist (vgl. Heiko Postma, ebd. S. 66).

14) DYA, S. 359/NACHRICHTEN 1, S. 148.

15) Zutreffend bemerkt Heiko Postma, daß es Arno Schmidt nicht primär um konkrete historische Konstellationen gehe, sondern um die schwache Stellung des Intellektuellen in jeder Gesellschaft (vgl. »Aufarbeitung und Vermittlung literarischer Traditionen«, S. 63).

gegeben ist, so hat sie ihr spezifisches literarisches Niveau verfehlt, wenn sie kraft ihrer literarischen Form ihr Publikum nicht erreichen kann. Bezeichnenderweise gehört das verständliche Schreiben zu den grundlegenden Forderungen der Aufklärungspoetik.

Offensichtlich interpoliert Arno Schmidt für den Fall des *Anton Reiser* das Prinzip der literarischen Autonomie historisch und strukturell wenig überzeugend. Klaus-Detlef Müller hat demgemäß auf die Formen aufklärerischen Erzählens im *Anton Reiser* verwiesen.[16] Es geht dabei nicht um die Biographie als Bekenntnis, sondern um ihre Funktion in der Vermittlung empirisch-psychologischer Einsichten an den Leser. Diesem Zweck dienen die Vorreden zu den einzelnen Büchern des Romans wie die Erzählerkommentare. Beide führen den minuziös geschilderten individuellen Fall mittels allgemeiner psychologischer Gesetze oder doch fragmentarischer Gesetzeshypothesen auf den allgemeinen Zustand des Menschen zurück. Der Text erklärt Reisers pathologischen Zustand, seine psychische Deformation,[17] aus zeitgenössischen religiösen, sozialen und ökonomischen Verhältnissen. Der Erkenntniswert des Textes ist damit ein doppelter. Er liefert Belege zur empirischen Psychologie und Anthropologie, zeigt zugleich aber auch, wie psychische Regularitäten innerhalb konkreter gesellschaftlicher Verhältnisse funktionieren. Der Text läßt sich auslegen als eine Vorstudie zur sozialpsychologischen Therapie, zielt also auf einen pädagogischen, im weiteren wohl auch sozialpolitischen Verwendungszweck. Dies läßt sich auch an der Publikationsform belegen. Teile des Romans erschienen in Moritz' *Magazin für Erfahrungsseelenkunde.*[18] In diesem Zusammenhang nimmt der Text vollends den Charakter der wissenschaftlichen Sachprosa an.

---

16) Vgl. Klaus-Detlef Müller, Nachwort. Der psychologische Roman als Zeitroman, S. 366–369.

17) Klaus-Detlef Müller, ebd., wählt dafür den modernen Begriff der Neurose.

18) Vgl. ebd. S. 367. Die Interpretationsprobleme des »Anton Reiser« können hier nicht erschöpfend behandelt werden. Der Zusammenhang von gesellschaftlicher Unterdrückung und psychischer Deformation bildet aber sicher eine Komponente des Werkes, wie Hans-Jürgen Schings (Melancholie und Aufklärung. Melancholiker und ihre Kritiker in Erfahrungsseelenkunde und Literatur des 18. Jahrhunderts, S. 234–246) an der Moritzschen Umbildung der Humoralpathologie medizingeschichtlich einleuchtend zeigen konnte. Allerdings führt die extreme genetische Betrachtungsweise der Krankheit bei Moritz auch dazu, daß nach den ersten Keimen für die Krankheit Anton Reisers gesucht wird. Sie liegen in den gesellschaftlich »zufälligen« Mißverhältnissen des Elternhauses. Durch sie wird das Fehlverhalten Anton Reisers determiniert, das sein Lebensweg nur noch variiert, gleichgültig, wie ihm die Repräsentanten der gesellschaftlichen Institutionen begegnen. Hier ginge der Roman tatsächlich in die Darstellung eines inkommensurablen Individuums über. Dies entspricht aber weder der in den Vorreden formulierten Moritzschen Intention, noch wird es von der Romanpoetik der Aufklärung gedeckt, die nach den verallgemeinerungsfähigen Fällen sucht, damit der Leser verhaltensleitende Einstellungen bilden kann. Vgl. dazu Werner Hahl, Reflexion und Erzählung. Ein Problem der Romantheorie von der Spätaufklärung bis zum programmatischen Realismus. Eine ausgearbeitete Interpretation des »Anton Reiser« hätte nicht Arno Schmidt zu folgen, sondern den angedeuteten Widerspruch zu klären.

Damit dürfte auch das intendierte Publikum des Romans anders anzusetzen sein, als Arno Schmidt das tut. Er richtet sich nicht primär an die Angehörigen des Vierten Standes, wo die Rezeption durch das »literarische Niveau« unterbunden wäre – eine angesichts der Lesegesellschaft des 18. Jahrhunderts ohnehin problematische Annahme – sondern an das Bürgertum. Im Deutschland des 18. Jahrhunderts ist es ohnehin eher in Gestalt des Geistlichen und des Lehrers als des Fabrikanten präsent, in Berufen also, für die die pädagogische Tätigkeit und pädagogisches Interesse vorauszusetzen sind.[19] Der Text gehört seiner praktischen Intention nach in den »literarischen Diskurs« des sich entfaltenden Bürgertums, wie ihn die neuere Forschung zur Aufklärung bestimmt hat,[20] ist plebejisch allenfalls insofern, als er das sich über sich selbst verständigende Bürgertum auf sozial und ökonomisch deformierte Außenseiter innerhalb seiner aufmerksam macht.[21]
Arno Schmidts Interpretationsskizze zum *Anton Reiser* erweist sich als höchst paradox. Seine Vorbemerkungen zum Roman behaupten unter historisch problematischen Annahmen über das intendierte Publikum die mangelhafte Rezipierbarkeit des Textes aufgrund seiner literarischen Struktur. Die Interpretation selbst, die sich als Collage aus Zitat und Referat des Inhalts präsentiert, unterdrückt dann aber gerade die auf Rezeption und praktische Funktion hin angelegten Strukturmomente. Vorreden und generalisierende Erzählerbetrachtungen tauchen in der Collage nicht auf. Sie häuft allein die »empörenden Fakten«, die aus Reisers Leben zu berichten sind. Die Ausblendung der im Text selbst hergestellten Verweise erweckt im Referat Arno Schmidts den Eindruck, als habe dieses »Sprachrohr des vierten Standes« ein ganz unvergleichliches Schicksal erlebt. Aus dem sozialpädagogischen Modellfall, zu dem Moritz seine eigene Lebensgeschichte objektiviert, wird die Selbstdarstellung einer inkommensurablen Existenz.
Die Unterdrückung des praktischen Wirkungszusammenhangs nötigt Arno Schmidt, die Funktion des Textes neu zu bestimmen. Der Text erscheint als Klage über den unterdrückten Anspruch auf Glück und als autonome Kunst zugleich. Im Zusammenhang der Interpretation führt

---

19) Als dritte typische Stellung des gebildeten Bürgers wäre die des Verwaltungsbeamten zu nennen. Zur bürgerlichen Gesellschaft des deutschen 18. Jahrhunderts vgl. Rudolf Vierhaus, Deutschland im 18. Jahrhundert: soziales Gefüge, politische Verfassung, geistige Bewegung. Zum Publikumsbezug des »Anton Reiser« vgl. Wendungen wie: »Dieser Teil enthält auch einige nicht unnütze und nicht unbedeutende Winke, für Lehrer und Erzieher [. . .]« (»Anton Reiser«, S. 273).
20) So vor allem Reinhart Koselleck, Kritik und Krise, und Jürgen Habermas, Strukturwandel der Öffentlichkeit.
21) Die Heterogenität in der Klasse der »Schreckensmänner« bei Arno Schmidt erklärt sich auch daraus, daß nicht zwischen Versuchen, plebejische Lebensverhältnisse innerhalb der bürgerlichen Bildungsthematik zu behandeln, und der Opposition gegen das Bürgertum (Marat) unterschieden wird.

dies dazu, daß entscheidende Partien gegen den Strich gelesen werden müssen. Gemeint ist Reisers exzessive Beschäftigung mit der Literatur. Im Roman selbst erscheint sie als verfehlt, weil sie bloß subjektive, die Wirklichkeit verfehlende Realitäten produziert. Reiser verfällt hier der Kritik, wenn auch die »Schuld« für den Zusammenhang von Literarisierung und Realitätsverlust nicht ihm, sondern seinen deformierenden lebensgeschichtlichen Verhältnissen anzulasten ist.[22] Arno Schmidt hingegen sieht jene von der Literatur besetzten Freiräume der Phantasie uneingeschränkt positiv.[23] Sie werden zu »künstlichen Paradiesen«, wenn sie auch durch die realen Lebenserfahrungen dunkel eingefärbt sind, dienen der psychischen Entlastung der bedrängten Existenz und sind es recht eigentlich, die das »literarische Niveau« der Figur als eines begabten »Gedankenspielers« garantieren. Der *Anton Reiser* wird interpretiert als die autobiographisch fundierte Darstellung der Genese des Künstlers, wobei die Kunst die Anklage gegen die Unterdrückung des naturrechtlichen Anspruchs auf Glück mit der quasi-ästhetizistischen Emanzipation von dieser Unterdrückung verbindet.
Ironischerweise widerspricht die von Arno Schmidt sekretierte Moritzsche Ästhetik der ästhetisierenden Funktionsbestimmung des *Anton Reiser* entschieden. Der vierte Teil des Romans, besonders die Vorrede[24] und *Die Leiden der Poesie,*[25] begründet, warum Reiser kein Dichter oder Schauspieler sein kann. Seine lebensgeschichtlich erklärbare Fixierung auf die bloßen Produkte seiner Phantasie hindert ihn, das Sosein der Dinge zu erfassen. Überträgt man das Lebensproblem der Figur auf den Autor selbst, wie es die Autobiographie nahelegt, so gesteht damit Moritz selbst seine Unfähigkeit zum Künstler ein.[26] Basis dieses Eingeständnisses ist die klassische Ästhetik, wie sie auch Goethe vertreten hat, nämlich, daß es die Aufgabe der Kunst sei,

> daß sie die Eigenschaften der Dinge und die Art, wie sie bestehen, genau und immer genauer kennenlernt, daß sie die Reihe der Gestalten übersieht und die verschiedenen charakteristischen Formen nebeneinander zu stellen und nachzuahmen weiß, [. . .][27]

Im Ganzen ergibt sich eine recht widersprüchliche Konstellation. Arno Schmidt beseitigt die praktischen Intentionen des *Anton Reiser,* wie sie in

---

22) Vgl. Klaus-Detlef Müller, Nachwort. Der psychologische Roman als Zeitroman, S. 380–381.
23) Vgl. DYA, S. 363–364 und S. 377–383/NACHRICHTEN 1, S. 151 und 159–163.
24) »Anton Reiser«, S. 273–274.
25) Ebd. S. 339–357.
26) Vgl. Klaus-Detlef Müller, Autobiographie und Roman, S. 164–165.
27) Goethe, Einfache Nachahmung der Natur, Manier, Stil, Hamburger Ausgabe Bd. 12, S. 30–34, Zitat S. 32.

den Strukturzusammenhängen immanent, in der Publikationsform und dem ästhetischen Selbstverständnis des Autors auch textemanent zu greifen sind. Der Sinngehalt des Textes wird damit umgebogen in die rückhaltlose Selbstdarstellung des gesellschaftlich heimatlosen Dichters. Basis dieser Umdeutung ist eine ästhetische Theorie, die der Ästhetik der Aufklärung und der Klassik widerspricht. An diesem Punkt müßte die Interpretationsskizze Arno Schmidts noch nicht befremdlich erscheinen. Sie würde einfach dem geläufigen Denkschema folgen, nach dem ein überlieferter Text in gerade aktuelle oder scheinbar aktuelle Rezeptionsmuster gepreßt wird. Dies gilt nicht so einfach für Arno Schmidt. Seine Interpretation hält, trotz der Wendung in die tröstenden Freiräume der Phantasie, an der praktischen Intention der Literatur der Aufklärung fest und zwar in einem Ausmaß, daß der *Anton Reiser* seiner Intention nach zu den literarischen Wegbereitern der Revolution gerechnet wird. Es hat den Anschein, als werde der *Anton Reiser* nicht einfach aus seinem Entstehungskontext gelöst und willkürlich modernistisch interpretiert, sondern als sei die Deutung des Entstehungskontextes selbst von Widersprüchen bestimmt.

Dafür spricht, daß die Momente, nach denen der *Anton Reiser* verzeichnet wird, in Arno Schmidts Essays keineswegs singulär sind. Im Essay über Wieland wird die *Geschichte des Agathon* als »steifgliedrig« und »didaktisch«[28] zugunsten des Spätwerkes abgewertet. Damit ist wieder der strukturelle, erkenntnisvermittelnde Leserbezug gemeint, vornehmlich die Stellung des Erzählers im Roman. Er legt im kontinuierlichen Gespräch mit dem Leser das »utile exemplum« des individuellen Lebensganges mittels universaler Gesetze menschlichen Handelns so aus, daß die Auflösung der philosophischen Lebensillusion des Helden zugleich auch Illusionen des Lesers auflöst, metaphysisch fundierte Postulate der normativen Ethik durch Einsichten in die menschliche Natur von lebenspraktischer Konsequenz ersetzt.[29] Im Spätwerk verschwindet der Erzähler und mit ihm die »didaktische« Konfrontation von Lebensillusion und Realität. Statt dessen werden verschiedene philosophische Interpretationen der Welt miteinander in ein Gespräch gebracht, in dem die Figuren den Konsensus der Wahrheit suchen.[30] Der aufklärende Bezug zum Publikum ist wesentlich vermittelter als in der *Geschichte des Agathon.* Dies gibt Arno Schmidt die Möglichkeit, ihn überhaupt zu unterdrücken, das Spätwerk als reine Formkunst auszugeben, die, im Sinne der Bestimmung der traditionellen Prosaformen in den *Berechnungen,*[31] lediglich

---

28) Vgl. DYA, S. 271/NACHRICHTEN 1, S. 143.

29) Vgl. Jan-Dirk Müller, Wielands späte Romane; Wolfram Buddecke, C. M. Wielands Entwicklungsbegriff und die Geschichte des Agathon.

30) Vgl. Jan-Dirk Müller, ebd.

31) Vgl. R&P, S. 283–284/JUL, S. 234.

die Überführung sozialer Kommunikationsformen (Gespräch, Briefwechsel) in Prosastrukturen erprobt. Wie im Fall der Moritz-Interpretation wird wirkungsorientierte Literatur als »reine« Kunst ausgegeben, nur daß an die Stelle der künstlerischen Selbstdarstellung das Moment der experimentellen Versuchsreihe tritt. Gleichwohl hält Arno Schmidt, wie bei Moritz, Wielands Interesse für politische und soziale Probleme fest, obwohl er dies eigentlich aus den Texten hinausgedrängt hat.[32]

Im Essay über Schnabel kehren die Muster der Moritz-Interpretation unverstellt wieder. Unter konsequenter Reduzierung der theologischen Implikationen wird die *Insel Felsenburg* als plebejisch-revolutionäres, antiabsolutistisches Werk angekündigt, ohne daß dies für die Deutung des Textes konstitutiv würde. Schnabels großangelegte Sozialutopie wird nämlich nur als ästhetisch eigenwertiges Phantasiegebilde zum Zweck der psychischen Entlastung verstanden.[33] Bezeichnenderweise geht die Leugnung des intendierten Verwendungszusammenhanges auch auf die Literatur des 19. Jahrhunderts über, soweit sie in der Tradition der Aufklärungsprosa steht. Oppermanns *Hundert Jahre* werden als Zeugnis rücksichtslos-allseitiger Kritik vorgestellt, wie sie dem »Schreckensmann« ansteht. Gerade sie garantiert den Wahrheitsgehalt der politisch-historischen Darstellung.[34] Oppermann kann aber nur deshalb als keines Mannes Freund erscheinen, weil Arno Schmidt historisch schief mit dem Klassenantagonismus von Adel und »Volk« rechnet, denen Oppermann beiden distanziert gegenübersteht. Dies ist bedingt dadurch, daß er als Parteigänger des bürgerlichen Liberalismus die überständigen deutschen Zustände, bei allen Bedenken gegen die Entwicklung Amerikas, an fortgeschrittene sozioökonomische Verhältnisse des westlichen Auslandes anzugleichen sucht.[35] Wieder werden einem Text politische Intentionen zugesprochen, aber der spezifische Publikumsbezug verkannt.

Nun kann es hier gewiß nicht darum gehen, Arno Schmidts literaturgeschichtliche Essays literaturgeschichtlich zu destruieren. Das Ergebnis wäre ebenso bequem zu haben wie irrelevant in seinem Erkenntniswert.[36]

---

32) Vgl. DYA, S. 250–253/NACHRICHTEN 1, S. 130–131.

33) Vgl. »Herrn Schnabels Spur / Vom Gesetz der Tristaniten.« DYA, S. 54–98/NACHRICHTEN 1, S. 28–57.

34) Vgl. »Hundert Jahre / Einem Manne zum Gedenken«. BEL, S. 230–309/NACHRICHTEN 2, S. 137–185.

35) Vgl. Heiko Postma, Aufarbeitung und Vermittlung literarischer Traditionen, S. 158–164. Zu Oppermanns Verhältnis zur Aufklärung, besonders zur Lehre vom Naturrecht, vgl. ebd. S. 160. Oppermann schreibt nicht ohne Freunde; er hat sie nur beim Erscheinen seines Romans (1870) verloren, da die Reichsgründung den Friedensschluß zwischen dem liberalen Bürgertum und den aristokratisch-absolutistischen Relikten in Preußen bewirkt hat. Dies macht auch die ausbleibende Rezeption verständlich.

36) Jörg Drews, Phänomenologie der Gehirntiere, S. 70, bemerkt mit Recht, daß es keinen Sinn habe, Arno Schmidt widerlegen zu wollen. Heiko Postma, Aufarbeitung und Vermittlung literarischer Traditionen, ist im Ganzen dieser Klippe nicht immer entgangen, wenn sich dabei auch zahlreiche wichtige Einsichten ergeben.

Wichtiger ist das literarische Selbstverständnis Arno Schmidts, das in den Untersuchungen versteckt ist, wobei die Selbstdeutung einerseits an historische Muster angelehnt ist, die historischen Vorbilder aber wieder nach der eigenen Selbsteinschätzung stilisiert werden. Die systematische Reduzierung des geschichtlichen Wirkungszusammenhanges bei allen historischen und biographischen Details führt dazu, daß die Aufklärung, auf die sich Arno Schmidt so gern beruft, als sozialgeschichtlich bedingte, historisch lokalisierbare Bewegung verschwindet. An ihre Stelle tritt die »Galerie« der großen Aufklärer, die jeweils mit Biogramm und Referat des Hauptwerks präsentiert werden.[37] Da sie nicht mehr historisch fundiert ist, kann sie beliebig fortgesetzt werden. Arno Schmidt selbst reiht sich in sie ein. Der Essay über die »Schreckensmänner« liest sich über weite Strecken wie eine Selbstdarstellung. Der Bezug des Sendetermins zur Bundestagswahl stellt den aktuellen Bezug her[38] und erinnert zugleich an die Polemiken des frühen Arno Schmidt gegen das parlamentarische System der Bundesrepublik. Weitaus gewichtiger ist, daß der stehende Erzähler der frühen Romane in vielen Stücken an die »Schreckensmänner« erinnert. Der plebejisch-kleinbürgerliche Sozialstatus, die autodidaktische Intellektualität, die rücksichtslose, allseitige Kritik und schließlich der Hang zur Selbstbeobachtung charakterisieren beide. Da der Ich-Erzähler in hohem Maße Rollen-Ich des Autors ist, ist die lebensgeschichtliche Identifikation mit dem »Schreckensmann« unverkennbar. Autobiographische Bemerkungen des Spätwerks erhärten diesen Eindruck. Die Familiengeschichte des A&O, die in *Abend mit Goldrand* erzählt wird, erinnert, vor allem in der Konstellation des Elternpaares, den wirtschaftlichen Verhältnissen und der Isolation des frühreif intellektuellen Kindes, an den *Anton Reiser.* Lebensgeschichtliche und literarisch-poetologische Identifikation gehen ineinander über.

Die Reduzierung der Aufklärung auf die Galerie der Aufklärer ist, wie auch schon deutlich wurde, von Bedeutung für die Einschätzung der Texte. Da die Rekonstruktion des sozialgeschichtlichen Spannungsfeldes entfällt, sind die realhistorischen Opponenten von Aufklärung nicht mehr recht zu ermitteln. Als Konsequenz wird den Texten die diffus-allseitige Revolte als Intention zugeschrieben. In der universalen Konfrontation verschwinden mit den Opponenten auch die Adressaten der Aufklärung. Da der Aufklärer kein Publikum hat, bleibt ihm nur seine

---

37) Dies entspricht dem von Heiko Postma (ebd. S. 69) bemerkten latenten Historismus Arno Schmidts, wonach, in Variation von Treitschkes bekanntem Diktum, die großen Männer die Literatur machen. Allerdings ist dieser Historismus nicht der Historismus der Sieger, der verstehend rechtfertigt, was sich in der Geschichte nun einmal durchgesetzt hat, sondern der Historismus der großen Verlierer. Das Moment ist für die Bildungsgeschichte Arno Schmidts interessant. Auch hier verbinden sich antiakademische Reflexe mit dem »abgesunkenen« akademischen Kulturgut.

38) Vgl. DYA, S. 361/NACHRICHTEN 1, S. 149.

eigene Person als Thema. Aufklärung erscheint als Autobiographie. Diese ist gewiß eine wichtige Gattung des 18. Jahrhunderts, doch wird sie von Arno Schmidt falsch verstanden. Autobiographie deckt bei ihm nicht am eigenen Lebensweg soziale oder doch aktuelle Konstellationen auf, sondern wird zur Selbstdarstellung einer inkommensurablen Existenz.[39] Recht besehen, hat sie so auch keinen praktischen Zweck mehr. Die historische Reduzierung der Aufklärung erzwingt mit wohl schwer zu vermeidender gedanklicher Konsequenz die Vereinigung der widersprüchlichen Annahmen dergestalt, daß konsequent praktisch, das heißt auf revolutionäre Veränderung zielend, interpretierte Texte zugleich als zwecklose Kunst ausgegeben werden.

Mit der Reduzierung der Aufklärung konkretisiert Arno Schmidt anhand einzelner Texte und Autoren den weiträumig spekulativ entwickelten »weltanschaulichen« Rahmen des *Leviathan.* Es war schon zu zeigen gewesen, daß dort der naturrechtliche Eudämonismus, der eigentlich zur Emanzipationsphilosophie führen müßte, durch den ahistorischen anthropologischen Pessimismus gebrochen wird. Deshalb wird die berechtigte, aber gescheiterte Revolte als anthropologische Invariante installiert. Der Aufklärer ohne Aufklärung, der für den frühen Arno Schmidt eine so große Rolle spielt, ist der literarische Prototyp dieser Konstellation.

Für den *Leviathan* konnte nur ganz allgemein angedeutet werden, daß die Konfundierung von Naturrecht und Pessimismus aus einer Konfundierung der Physikotheologie mit der Willensmetaphysik hervorgeht, wobei die zweideutige Stellung des »Leviathan« zwischen der staatlichen und der »natürlichen« Heteronomie das Bindeglied zwischen Metaphysik und Politik liefert. Arno Schmidts literaturgeschichtliche und biographische Arbeiten erlauben es, die Genese dieses merkwürdigen Pessimismus deutlicher auszuleuchten.

Die Galerie der Aufklärer ist bei Schopenhauer selbst vorgebildet. Sie erscheinen dort nicht als Glieder einer Bewegung, sondern als singuläre Manifestationen einer überzeitlichen Vernunft, die als Eideshelfer zur Destruktion verfehlter Philosopheme zitiert werden. Geschichtslosigkeit des Denkens und Pessimismus führen dabei zu der Annahme, daß die wenigen Weisen immer der gleichen Meinung sind, aber immer nur von den wenigen Weisen verstanden werden.[40] Der scheinbar nebensächli-

39) Zur Autobiographie im 18. Jahrhundert vgl. Klaus-Detlef Müller, Autobiographie und Roman. Bezeichnend ist Arno Schmidts Tendenz, nicht allein den »Anton Reiser«, sondern auch die anderen Romane der Schreckensmänner als Autobiographien zu lesen. Auch die »Insel Felsenburg« ist als individualpsychologisch erklärbares Gedankenspiel autobiographisch fundiert.

40) Vgl. »Im Allgemeinen freilich haben die Weisen aller Zeiten immer das Selbe gesagt, und die Thoren, d. h. die unermeßliche Majorität aller Zeiten, haben immer das Selbe, nämlich das Gegentheil, gethan; und so wird es denn auch ferner bleiben«. Schopenhauer, Parerga und Paralipomena I, Werke Bd. 5, S. 334.

che Zusammenhang wird bedeutend, wenn er innerhalb allgemeiner rezeptionsgeschichtlicher Zusammenhänge betrachtet wird. Man hat die plötzlich und massiv einsetzende Rezeption Schopenhauers nach 1848 mit dem Scheitern der bürgerlichen Revolution plausibel zu machen versucht,[41] die ihrerseits auch als ein Scheitern der bürgerlichen Aufklärung zu deuten ist. Schopenhauer nimmt eine Resignation vorweg, die erst am Ende seines Lebens zur Zeitstimmung werden konnte. Seine Auffassung der Aufklärung ist es somit, in der das politisch resignierte Bürgertum, wenn diese etwas apodiktische Spekulation so formuliert werden darf, die Erinnerung an die Aufklärung bewahren konnte. Nun sollte in den bildungsgeschichtlich-biographischen Spekulationen zum *Leviathan* gezeigt werden, daß Arno Schmidt im Kontext des Faschismus zu den »Nachfolgetheorien« der Aufklärung nicht vordringen konnte. Sein eigenständiger Rückgang auf die originäre Aufklärung des 18. Jahrhunderts kann deshalb auch nur der Rückgang auf eine gescheiterte Aufklärung sein. Allerdings lokalisiert er den Zusammenbruch nicht in der Revolution von 1848, sondern im Kontext der Französischen Revolution. Sein wenig beachteter *Massenbach* gibt Auskunft über seine Konzeption der europäischen Geschichte.

Massenbach, Historische Revue stellt im *Vorspiel (1948)*[42] einen historischen Bezug zwischen den Befreiungskriegen und dem Zweiten Weltkrieg her. Letzterer wird kulturmorphologisch gedeutet als Ende der europäischen Ära,[43] da Europa nun endgültig zwischen Amerika und Rußland geteilt ist. Grund dafür ist die Unvernunft eines Krieges, für den, wie im *Leviathan,* offen bleibt, ob ideologische Täuschung oder natürliches Unvermögen seine Ursache ist. Allerdings ist die Kulturkatastrophe selbst nur Nachspiel und Konsequenz der Unvernunft der Befreiungskriege. In ihnen hat sich Preußen und mit ihm Deutschland für die nationale Einigung und gegen die Hegemonie Frankreichs entschieden. Nutznießer der Entwicklung ist Rußland, das zur dominierenden Macht auf dem europäischen Kontinent wird – so wenigstens Arno Schmidt. Dadurch wird verhindert, daß die Errungenschaften der Französischen Revolution in Gestalt des Napoleonischen Reiches machtpolitisch geschütztes Allgemeingut Europas hätten werden können.

Offensichtlich taucht hier neben der anthropologischen Betrachtung der Geschichte als Wiederkehr des Gleichen kraft gleicher menschlicher Natur ein geschichtsphilosophisches Moment auf, nur daß die »Krise«

41) Vgl. Max Horkheimer, Schopenhauer und die Gesellschaft, S. 70–73.

42) Vgl. BEL, S. 311–318/TINA, S. 90–94.

43) Arno Schmidt mag hier von Oswald Spengler beeinflußt sein, dessen »morphologische« Geschichtsauffassung sich durchaus in die Formen des ahistorischen Denkens bei Arno Schmidt einfügen würde. Auf jeden Fall müßte die Lektüre Spenglers früh anzusetzen sein. Die Stellung der Nationalsozialisten zu ihm ist zweideutig (vgl. Rosenberg, Der Mythus des 20. Jahrhunderts, S. 403–404).

und ihr »endgültiger Ausgang«[44] nicht in die Zukunft des historischen Prozesses projiziert, sondern als singuläre, aber verfehlte Chance der Vergangenheit aufgefaßt wird. Dies ist eines der Momente, das die außerordentliche Bedeutung der Endzeit- und Weltuntergangsthematik bei Arno Schmidt plausibel macht.[45] Sie zeigt an, daß die menschliche Geschichte bereits unter dem Vorzeichen des »Zu spät« steht. Dabei verschränken sich geschichtsphilosophisches und anthropologisches Denken, da der negative Ausgang der Krise nach einer Erklärung verlangt. Sie bietet sich mit der Vorstellung von der Defizienz der menschlichen Natur an. Diese Konzeption führt hinter Schopenhauer zurück, dessen statische Eliminierung des historischen Prozesses weder den Begriff der Aufklärung noch den der Krise zuläßt. Arno Schmidts Konzeption gehört eher in den Bereich einer Aufklärung, die prinzipiell wirkungsorientiert ist, aber die Grenzen ihrer Wirksamkeit in ihre Reflexion einbezogen hat. Bei Arno Schmidt ergibt sich dies zunächst einmal daraus, daß er auf die historische Aufklärung des 18. Jahrhunderts fixiert ist, die für ihn mit dem Scheitern Napoleons abgeschlossen wurde, ohne daß spätere »Transformationen« der Aufklärung in der europäischen Philosophie in sein Blickfeld gerieten. Freilich hindert ihn dies nicht daran, die Galerie der Aufklärer über das 18. Jahrhundert hinaus fortzusetzen, wobei der tragische Lebensweg der Protagonisten post festum in hagiographischer Vergoldung erscheint.

Interessanterweise gehört das Thema von der gescheiterten Aufklärung mit dem dazugehörigen Umschlag in den anthropologischen Pessimismus durchaus auch zur Literatur der Aufklärung selbst. Ein extremes Beispiel ist Wezels *Belphegor*. Es dürfte nicht mehr verwunderlich sein, daß für Arno Schmidt die Literatur der Aufklärung in diesem Text geradezu konvergiert.[46] Mag dies auch übertrieben sein, so ist der *Belphegor*

---

44) Vgl. Odo Marquard, Schwierigkeiten mit der Geschichtsphilosophie, S. 14.

45) Vgl. »Schwarze Spiegel«, »Die Gelehrtenrepublik«, »Kaff auch Mare Crisium«, »Die Schule der Atheisten«.

46) Vgl. BEL, S. 7–13/NACHRICHTEN 1, S. 87–90. Problematisch ist, ob Voltaires »Candide« so in einem Atemzug mit dem »Belphegor« genannt werden kann, wie Arno Schmidt will. Wezel nimmt zwar deutlich den »Candide« zum Vorbild (vgl. Hans Peter Thurn, Der Roman der unaufgeklärten Gesellschaft), verschiebt aber die Intentionen. Hugo Friedrich verweist auf die Souveränität des Erzählers bei Voltaire und seinen ironischen Abstand zum Geschehen (vgl. sein Nachwort »Zum Verständnis des Werkes«, S. 141). Entsprechend zeigt Volker Ulrich Müller sehr einleuchtend, daß im »Candide« nicht so sehr der Pessimismus behauptet, als der Optimismus als intellektuell-spekulative Anmaßung empirisch destruiert wird (vgl. »Aufklärung als ›traurige Wissenschaft‹. Johann Carl Wezels ›Belphegor oder die wahrscheinlichste Geschichte unter der Sonne‹«, S. 170–180). Voltaire gehört zu den »offenen Empiristen« unter den Autoren der Aufklärung, die gegen jede dogmatische Systembildung votieren. Arno Schmidts Berufung auf den »Candide« im Titel des »Leviathan« dürfte deshalb nicht ganz legitim sein, sondern bereits auf ein Phänomen wie den Pessimismus des »Belphegor« zielen.

doch keineswegs eine bloße Randerscheinung der Aufklärung.[47] Das Moment von der Ineffizienz der Aufklärungsprozesse erscheint mit aller Entschiedenheit schon in Wielands *Geschichte des Agathon,* zumal in der ersten Fassung.[48] Im Sinne des naturrechtlichen Eudämonismus fragt der Roman nach dem größtmöglichen Glück Agathons, damit zugleich nach dem Glück aller Menschen, da die Geschichte Agathons eben die Geschichte aller Menschen ist. Damit stellt sich einerseits das Problem der rechten individuellen Lebensführung, andererseits das Problem der rechten sozialen Organisation, die Voraussetzung für das individuelle Glück ist. Grundlegende Annahme ist, daß das Leben in Übereinstimmung mit der Natur des Menschen sein Glück garantiert. Um diese »naturgemäße« Lebensführung zu erreichen, betreibt der Roman einen doppelten Erziehungsprozeß: die Aufklärung Agathons über sich selbst und Agathons Versuch, das Volk von Athen und den Tyrannen von Syrakus über seine wahren Interessen zu belehren. Gelingt der erste durch Agathons außergewöhnlich positiven Charakter, so scheitert der zweite an der Natur der Vielen und der Durchschnittlichen. Da ihre sinnliche Komponente stärker entwickelt ist als ihre rationale, ist jede Aufklärung a priori der sinnlichen Verführung durch Demagogen und Höflinge unterlegen. Agathons »geläuterte Denkungsart« findet so keinen Weg zur sozialen Praxis. Der Umschlag in die Verzweiflung im Kerker von Syrakus ist die Konsequenz, der Wieland durch die höchst problematische Konstruktion der »utopischen Republik« Tarent ausweicht.

Nähe und Distanz Wezels zu dieser Konzeption sind unverkennbar. Die Transformation der Problemstellung ist vornehmlich durch ihre Verschärfung charakterisiert. Auch Belphegor ist Repräsentant einer philosophischen Position, die zur Lebensillusion wird,[49] des Gedankens nämlich, daß das natürliche Recht und damit der Naturanspruch der Menschen auf Glück realisierbar seien. Dies wird explizit begründet durch den Topos von der ursprünglichen Gleichheit aller Menschen als Kinder der einen Mutter Natur.[50] Die Erwartung wird so entschieden desillusio-

---

47) Zum Vergleich mit anderen Texten der Spätaufklärung vgl. Jörg Schönert, Fragen ohne Antwort. Zur Krise der literarischen Aufklärung im Roman des späten 18. Jahrhunderts. Die Frage sei ausgeklammert, wie der »Belphegor« in den Kontext des Wezelschen Gesamtwerkes gehört.

48) Zur genaueren Begründung der hier skizzierten Interpretation des »Agathon« vgl. Horst Thomé, Menschliche Natur und Allegorie sozialer Verhältnisse. Zur politischen Funktion philosophischer Konzeptionen in Wielands »Geschichte des Agathon« (1766/67).

49) So haben Einsamkeit und Phantasie ein Ideal geschaffen, das der Realität nicht standzuhalten vermag. Vgl. »Belphegor«, S. 48–49.

50) Zu ähnlichen Überlegungen vgl. D'Alembert, Einleitung in die Enzyklopädie. Vgl. »Belphegor«, S. 33: »›Welches Recht‹ sprach er, ›habt ihr Barbaren, diese Unglücklichen ohne alles Gefühl wie Rebellen niederzumetzeln? Sie wollten das Joch abwerfen, das schändlichste Joch der Unterdrückung, daß sie eine Freiheit zu erkämpfen suchten, die ihnen die Natur so gut als euch gab und die ihr ihnen entrisset‹«; oder ebd. S. 107: »daß sie [die Menschen] von Einer Mutter Natur ausgebrütet wären und zu einem Geschlechte gehörten, [. . .]«.

niert, daß, anders als bei Wieland, die Korrektur der Phantasie zu einer humanen und trotzdem realitätsgerechten Form gar nicht mehr möglich ist. Dem Text fehlen die Merkmale des Bildungsromans.[51] Dies ist begründet im Scheitern des Aufklärungsprozesses selbst. Die Menschen nehmen Belphegors Belehrungen über das naturgerechte Verhalten nicht an.[52] Historische Exkurse zeigen das Unausweichliche des Zustandes, da die Geschichte der Menschheit als eine Geschichte von Herrschaft, Krieg und Unterdrückung aufgefaßt wird.[53] Ganz wie in Wielands *Geschichte des Agathon* wird das Versagen durch Defekte der menschlichen Natur begründet. Wezel fußt dabei auf Helvétius und akzentuiert ihn zugleich um.[54] Helvétius kritisiert die theologische Moral als inhuman, da sie den wahren Bedürfnissen der menschlichen Natur nicht gerecht werde, und setzt dagegen die Rechtfertigung des Eigennutzes, dessen individuelle Befriedigung auch das allgemeine Wohl garantiere.[55] Eben diese Triebgebundenheit erscheint bei Wezel als destruktiv, da sie in Gestalt von Neid und Herrschsucht die ungerechte Gewalt perpetuiert.[56] Die Aporie des Textes ist unausweichlich geworden. Von Natur aus sind die Menschen gleich und zum Glück bestimmt. Der Versuch aber, eben diese Prinzipien der Natur im historischen Prozeß durchzusetzen, scheitert an der Natur der Menschen. Dadurch wird der Roman trotz seiner Handlungs- und Katastrophenfülle eigentümlich statisch, da alle Episoden nur das Gleiche erzählen können. Die grundlegende Problemstellung erlaubt keine Entwicklung. Die Konfundierung guter und schlechter Komponenten im Naturbegriff gestattet es einerseits nicht, die eudämonistische Konzeption aufzugeben, kann andererseits aber keine Möglichkeit der Realisierung nennen. Wezels Pessimismus zielt somit nicht resignativ auf die Überwindung der Welt, sondern bleibt rebellisch gegen Natur und Schicksal.[57] Demgemäß gibt Belphegor seinen »Enthusiasmus« nicht auf, sondern schließt sich am Ende des Romans dem amerikanischen Unabhängigkeitskrieg an, wie denn auch die Unabhängigkeitserklärung naturrechtlich argumentiert.[58] Das offen formulierte Ende zeigt, daß der Text gleichsam ad infinitum fortgesetzt werden kann.

Zu den schwierigen Problemen der *Belphegor*– Interpretation gehört die Frage, wie die Aporie aufgelöst werden kann, die der Text enthält. Jörg

---

51) Vgl. Jörg Schönert, Fragen ohne Antwort, S. 187–189.

52) Vgl. etwa »Belphegor«, S. 19; der Erzähler wird nicht müde, den Vorgang in immer neuen Variationen zu wiederholen.

53) Vgl. »Belphegor«, S. 106–108; dazu auch Hans Peter Thurn, Der Roman der unaufgeklärten Gesellschaft, S. 38.

54) Zu Wezel und Helvétius vgl. Thurn, ebd. S. 110–117, besonders aber Volker Ulrich Müller, Aufklärung als »traurige Wissenschaft«, S. 188–197.

55) Vgl. Kurt Lenk, Problemgeschichtliche Einleitung, S. 21–22.

56) Vgl. schon die »Vorbemerkung des Autors«, »Belphegor«, S. 7–10.

57) Vgl. Volker Ulrich Müller, Aufklärung als »traurige Wissenschaft«, S. 202–204.

58) Vgl. »Belphegor«, S. 312.

Schönert rechnet mit einer Relativierung aller Figuren, die den textkonstituierenden Anspruch des aufklärerischen Romans als Beweisverfahren aufhebt und die Mehrdeutigkeit der Welt konstatiert. Gleichwohl appelliert der Text durch Steuerung der Lesersympathie an die Vernunft der Leser, selbst neue Normen der sozialen Organisation zu finden, die der Text kraft seiner Aporien nicht formulieren kann.[59] Er behielte dann auf eine recht komplizierte und moderne Form seine praktische Intention, die allerdings nicht mehr durch die aufklärerische Mitteilung des Wahren erfüllt werden kann. Volker Ulrich Müller hingegen setzt das endlose und halbherzige Lavieren zwischen verschiedenen Alternativen an, die alle gleichermaßen problematisch erscheinen: der Relativismus im Sinne Schönerts, der Versuch zur Idylle, der Erkenntnisse aus dem Lebensgang der Figuren bewußt unterdrückt, und schließlich die dezisionistische politische Aktion.[60]

Dies sei hier abgebrochen zugunsten der Frage nach den Tendenzen, unter denen der *Belphegor* bei Arno Schmidt rezipiert wird. Der Ausgangspunkt Wezels, das Scheitern der Aufklärung an der Natur des Menschen, zeitigt eben jenen Pessimismus, den Arno Schmidt mit außerordentlicher Zustimmung referiert. Die Erfolglosigkeit der Vernunft ist auch sein Thema.[61] Allerdings ist bei Arno Schmidt ins Eindeutige gewendet, was bei Wezel eher vieldeutig formuliert ist. Sein Referat des Romans hat verschärfenden Charakter. Die einleitende Bemerkung vom Buch des »ehrwürdigsten Gott-, Welt-, und Menschenhasses«[62] übergeht den von Schönert erwogenen Appell an die Vernunft des Lesers und reduziert den Text, ähnlich wie schon beim *Anton Reiser,* auf die monologische, nicht mehr auf ein Publikum bezogene Selbstdarstellung eines desillusionierten Bewußtseins. Schönerts auch von Volker Ulrich Müller partiell akzeptierte Deutungshypothese von der Auflösung des aufklärerischen Thesenromans erscheint bei Arno Schmidt nicht. Vielmehr werden, gerade nach dem Strukturprinzip des Thesenromans, die Episoden des Textes als fortlaufende Belege für das eingangs blasphemisch gewendete »Und siehe: es war Alles gut« referiert.[63] Erkenntnistheoretisch wird dem *Belphegor* die unerschütterliche Selbstgewißheit unterstellt. Dazu paßt, daß Arno Schmidt Belphegors aktionistischen Aufbruch in den Krieg verschweigt. Der Essay erweckt philologisch nicht ganz redlich den Ein-

---

59) Vgl. Jörg Schönert, Fragen ohne Antwort.

60) Vgl. Volker Ulrich Müller, Aufklärung als »traurige Wissenschaft«, S. 204–215.

61) Zu erwähnen war schon die Unvernunft der Befreiungskriege als historisches Schlüsselerlebnis Arno Schmidts. Vgl. auch die pauschale Formulierung in »Caliban über Sebetos«: »der Deutsche von 1964 will Sentimentalität & Präsentiermärsche; genau wie der von 18- und 1764. Und wer noch an Sachen wie ›Entwicklung Zukunft Fortschritt‹ glaubt, dem gebührt ein Monatseinkommen von 250 Mark; und zwar brutto« (KiH, S. 229/ORP, S. 9).

62) BEL, S. 13/NACHRICHTEN 1, S. 90.

63) Ebd. S. 8/S. 86.

druck, als ende der Roman mit Belphegors zweifelnder Problematisierung der Theodizee, die zum Gedanken von der Welt als ein »zufälliger, nicht intendierter Umstand« führt.[64] Durchgehend tritt so an die Stelle der doch noch erwogenen praktischen Lösung die radikalisierte metaphysische Klage, die keine Wirkungsintention zuläßt, weil das Universum nicht veränderbar ist. Gleichzeitig wird durch die Versteifung der metaphysischen Gewißheit der rebellische Impetus eher noch verschärft. Der *Belphegor* protestiert nach Arno Schmidt gegen einen »Demiurgen, dessen Eigenlob durch alle Himmel stank«.[65]

Gleichwohl wird man die Retuschen Arno Schmidts nicht als Verzeichnung des Textsinns auffassen wollen. Aus der historischen Distanz artikulieren sie eine Kalamität der Aufklärung, die bei Wieland in Ansätzen, entschiedener bei Wezel auftaucht, ohne daß im Kontext der aufklärerischen Literatur die letzte Konsequenz gezogen werden könnte.[66] Innerhalb der Denkformen der Aufklärung ist es nicht möglich, das Scheitern der Aufklärung durch die Weigerung ihrer Adressaten, Einsichten zu akzeptieren, mit der Betrachtung des historischen Prozesses zu erklären. Dies liegt daran, daß die Aufklärung Ideologie nicht als notwendig falsches Bewußtsein verstehen kann, dessen Auflösung an eine bestimmte Stufe der geschichtlichen Entwicklung gebunden ist. Ideologie ist vielmehr immer der bewußt produzierte Priestertrug, der irrige Anschauungen über die »wirkliche Welt« verbreitet.[67] Letztere ist prinzipiell erkennbar, wenn sie der wissenschaftlichen Untersuchung unterzogen wird. Werden gültig begründete Einsichten dennoch nicht akzeptiert, so kann dies nur an einer natürlichen Beschränkung der Vernunft bei den Vielen liegen, unter denen der eine zur Einsicht Befähigte der Einsame ohne Wirkungsmöglichkeit ist. Gerade dies kennzeichnet etwa Agathons Lebensweg. Arno Schmidts Position ist damit typologisch verwandt. Auch sein Verständnis von Ideologie ist nie über die Konzeption vom Priestertrug hinausgekommen.[68] Konsequenterweise bedarf daher auch

---

64) Vgl. Wezel, Belphegor, S. 270, und Arno Schmidt, ebd. S. 57/S. 117.

65) Vgl. Arno Schmidt, ebd. S. 12/S. 89. (Hier mit Bezug auf Jonathan Swift.)

66) Wie die Rede von der »Mutter Natur« auch noch in Wezels »Belphegor« zeigt, ist die Dämonisierung der Natur in der physiko-theologischen Kulturatmosphäre des 18. Jahrhunderts nicht so weit gangbar wie bei Arno Schmidt. Der konsequente Pessimismus setzt aber einen negativen Naturbegriff voraus. Im 18. Jahrhundert erscheint er allenfalls in extremen Randbereichen, etwa bei Marquis de Sade, von dem Arno Schmidt keine Notiz genommen zu haben scheint.

67) Hippias in der »Geschichte des Agathon« ist der Prototyp eines solchen Ideologen. Zur spezifischen Form der »Ideologiekritik« bei Wieland vgl. genauer Horst Thomé, Menschliche Natur und Allegorie sozialer Verhältnisse.

68) Für den »Leviathan« war dies schon anzudeuten, aber auch die Befreiungskriege werden so erklärt. Vgl.: »das Volk war still, und trug die französischen Lasten geduldig wie ehedem die preußischen; bis es endlich, gedanken- und also wehrlos wie immer, der pausenlosen nationalen Propaganda erlag.« (FOU, S. 212). Bezeichnend ist die Wendung von der Gedankenlosigkeit des Volkes, als könne das falsche Bewußtsein der nationalen Erhebung, das sie für Arno Schmidt ist, durch die bloße Anwendung der Vernunft aufgelöst werden, wie denn die Erhebung selbst nur durch die Propaganda interessierter Kreise ausgelöst wurde.

er der »natürlichen« Erklärung für die Grenzen der prinzipiellen Wahrheitsmächtigkeit. Dies trennt ihn aber auch grundsätzlich von allen marxistischen Positionen, so sehr er in seiner Frühzeit den Kontakt zu »linken« Zeitschriften gesucht oder politische Tagesforderungen der damaligen Linken mit vertreten haben mag.[69] Der Pessimismus ist die Konsequenz, aber doch ein Pessimismus, der die Einsichten der Aufklärung nicht in Frage stellt, sondern lediglich an ihrer Realisierbarkeit verzweifelt. Dies trennt Arno Schmidt letztlich auch wieder von Schopenhauer. Als historischer Ort für seinen Pessimismus erweist sich tatsächlich der Pessimismus des *Belphegor.*

Mit der skizzierten Lokalisierung ist auch der Rahmen für die politischen Intentionen des frühen Arno Schmidt abgesteckt. Mit der Gleichheit aller Menschen als Kinder einer Mutter Natur ist bereits bei Wezel ein politisches Programm angedeutet, das auch bei Arno Schmidt konstitutive Bedeutung bekommt. Allerdings steht es, wie zu zeigen sein wird, unter eben jener Aporie, die auch für die Funktionsbestimmung der Literatur zu beobachten war, nämlich dem Gegensatz zwischen der prinzipiellen Wirkungsintention und der Vermutung, daß die Aufklärung anthropologisch immer schon zum Scheitern verurteilt ist. Inhaltlich setzt sich Arno Schmidts politische Theorie, sofern angesichts der buntscheckigen Vielfalt apodiktischer Behauptungen ein Begriff von solcher Dignität gewählt werden darf, aus Versatzstücken der Aufklärung zusammen – ein Ergebnis, das gewiß nicht verwundern wird, wenn man bedenkt, daß hier auch die fundierenden Rahmenannahmen zu lokalisieren sind.

Zentraler Ort aller politischen Reflexionen Arno Schmidts ist die Französische Revolution – auch dies zeigt die Fixierung seines Denkens auf Problemstellungen des 18. Jahrhunderts. Seine leidenschaftliche Parteinahme für sie ist naturrechtlich begründet, sie beseitigt die ungerechte Herrschaft des ancien régime.[70] Die aus ihr resultierende Charta der bürgerlichen Rechte[71] bildet denn auch das Kernstück seiner politischen Auffassungen. Konstitutiv ist der Begriff der Volkssouveränität, des Naturrechts des Volkes auf Selbstbestimmung, da es ja eben nur über

---

69) bert blumenthal, brotarbeiten eines buchfeinschmeckers, ist diesen frühen, zum Teil nicht wieder publizierten Aufsätzen nachgegangen. Zu »linken« Positionen des frühen Arno Schmidt in der Tagespolitik vgl. »Das steinerne Herz«. Auch die Radio-Essays sind von Anspielungen durchsetzt.

70) »[. . .] mit elenden 101 000 Mann wollen wir ganz Frankreich erobern, den neuen Geist niederkartätschen! Ohne das Land erkundet zu haben; nur auf die verlogenen Berichte der hochadeligen Herren Emigranten hin, die versichern, die Revolution drüben sei nur das Werk einiger Verbrecher in Paris! Dabei sah ich nie ein Volk einiger und entschlossener gegen solche Blutsauger aufstehen – Glauben Sie mir, Wolfrath, durch die Aufhebung des Feudalismus bekommt die Welt eine andere Gestalt.« (BEL, S. 320/TINA, S. 95).

71) Zur naturrechtlichen Begründung der Bürgerrechte vgl. Ernst Cassirer, Die Philosophie der Aufklärung, S. 313–339.

sein eigenes Schicksal befindet.[72] Die Forderung nach Meinungs- und Pressefreiheit, vor allem mit Zügen der Religionskritik, tritt hinzu.[73] Weitere Momente sind der gegen jede Form des Nationalismus gerichtete Kosmopolitismus[74] und damit verbunden der Pazifismus, der nicht nur vom Naturrecht auf Leben und körperliche Unversehrtheit ausgeht, sondern auch die Staaten als Völkerfamilie konzipiert.[75]

Prägnantere Bedeutung erhalten diese gewiß sehr allgemeinen Forderungen erst im Kontext der Berufungen auf Jean Paul Marat.[76] Bekanntlich wurde dieser in der Geschichtsschreibung des 19. Jahrhunderts zur Negativfigur der Französischen Revolution stilisiert.[77] Arno Schmidts Verweise haben das übliche bewußt provokatorische Moment, wobei Topoi beibehalten, aber Bewertungen umgetauscht werden. Darüber hinaus mag für ihn auch die Person ihr Faszinierendes gehabt haben, etwa

---

72) »Das Mißverständnis Fouqués für Voltaire beruht letzten Endes darauf, wie Fouqué einfach nicht begreifen kann, daß dieses von ihm für naturgegeben gehaltene Staatsgefüge, in dem Adel und Thron die einzig Regierenden sind, grundfalsch sein könnte! Er kann einfach nicht fassen, daß ›das Volk‹ es ist, was den Staat ausmacht, und also auch das Recht haben muß, selbst über das zu entscheiden, was mit ihm im Großen und Kleinen angestellt werden soll!« (FOU, S. 366).

73) Vgl. die scharfe Polemik gegen die Zensur der Restaurationsära in »Fouqué und einige seiner Zeitgenossen« und passim in den Arbeiten zur Literatur des 19. Jahrhunderts. Ebenso häufig sind die Ausfälle gegen die Bestrafung der »Gotteslästerung«.

74) »Die Natur – meiner und aller Dinge Mutter – weiß nichts von Deutschland oder Frankreich. Sie machte mich zum Menschen, nicht zum Bürger: Aber um ein Mensch zu sein, mußte ich von Jemand gezeugt und irgendwo geboren werden. Das Schicksal wollte es, daß dies zu Deutschland und von einem deutschen Bürger geschehen sollte. Aber man wird nicht Mensch, um Bürger eines Staates zu sein; sondern man ist Staatsbürger, damit man Mensch sein könne.« (BEL, S. 361/TINA, S. 121).

75) Vgl. etwa den Grundtenor von »Alexander oder Was ist Wahrheit«, wonach, ganz im Sinne der Französischen Revolution, gezeigt wird, daß die Völker kein Interesse am Krieg haben, sondern allein die Herren; ähnlich die Bemerkungen über den »Kartoffelkrieg«, FOU, S. 29–30. Allerdings ist Arno Schmidts Pazifismus nicht immer ganz unzweideutig. Im »Massenbach« wird Napoleons Eroberungskrieg gerechtfertigt. Es scheint, als sei, wieder in Anlehnung an die Französische Revolution, der »Befreiungskrieg« von der grundsätzlichen Ächtung des Krieges ausgenommen.

76) »Deshalb bin ich nicht der leutselige ›Freund des Volkes‹; schon eher ›L'ami du peuple‹ ... [...]. Andre haben wohl ›Danton‹ gefeiert, die ›Gironde‹ und ›Lafayette aux chevaux blancs‹: wenn ich mir die Große Französische Revolution so ansehe – und ich habe es sehr sorgfältig getan! – dann wüßte ich, immer cum grano salis, Keinen, der mir interessanter & nachdenklicher schiene als JEAN PAUL MARAT.« (RITTER, S. 303). Der frühe Arno Schmidt ist demgemäß auch als Jakobiner eingestuft worden, ohne daß diese Metapher je genauer expliziert worden wäre. Zu den Topoi vgl. Wilfried von Bredow, Der militante Eremit; Jörg Drews, Es lebe Jean Paul (Marat & Richter), ist in diesem Zusammenhang nicht weiter hilfreich.

77) So vor allem in den einflußreichen Monographien: Thomas Carlyle, Die französische Revolution, und Hippolyte Taine, Die Entstehung des modernen Frankreich. Die Topoi findet man schon bei Alphonse de Lamartine, Girondisten und Jakobiner, S. 61–62, wo Marat als anarchischer Demagoge aus Ressentiment, Verkörperung des Wahnwitzes der Revolution und bewußt schmutziger Prolet gezeichnet wird. Zur Wirkungsgeschichte Marats vgl. Hugo Rozbroj, Jean Paul Marat, S. 7–12 und passim. Daneben läuft eine oppositionelle Tradition, die Marat als wahren Freund des Volkes gegen Robespierre ausspielt. Vgl. etwa Peter Kropotkin, Die Französische Revolution, Bd. 2, S. 152–153. Arno Schmidt kennt offenbar diese Untersuchung. Vgl. BEL, S. 232/NACHRICHTEN 2, S. 138.

als autodidaktischer, unermüdlich arbeitender, von den Etablierten (Akademie, Voltaire) verkannter Naturwissenschaftler und Philosoph auf der Basis der Physiologie. Nebenmomente wie Marats anstößig-direkter Stil oder seine unbedingte Hochschätzung der Arbeit mögen hinzukommen.[78]

Die Übereinstimmung geht allerdings noch tiefer. Marat verbleibt, wie Hugo Rozbroj gezeigt hat, geistesgeschichtlich noch im Rahmen der radikalen Aufklärung. Den Übergang zu den frühkommunistischen Bewegungen um Babeuf und Jacques Roux hat er nicht vollzogen.[79] Es findet sich bei ihm der Eudämonismus auf naturrechtlicher Basis. Daraus ist die Konzeption der Volkssouveränität abgeleitet, aus der sich dann wieder die Bürgerrechte ergeben (Wahlrecht, Versammlungsfreiheit, Pressefreiheit). Marat geht allerdings in dem einen Punkt über die radikale Aufklärung hinaus, daß er die Errungenschaften der bürgerlichen Revolution konsequent auf den Vierten Stand auszudehnen sucht.[80] Konsequenz ist die Forderung nach dem allgemeinen, gleichen und direkten Wahlrecht, schließlich sogar die Forderung nach der Wahl von Richtern und Offizieren durch das Volk.[81]

Gerade diese plebejische Radikalisierung der aufklärerischen Konzeption von den Bürgerrechten charakterisiert auch den frühen Arno Schmidt. So ist der Vergleich von Bundesrepublik und DDR in *Das steinerne Herz* von ihr bestimmt. Die Stellungnahmen des Erzählers sind, bei allen privaten Idiosynkrasien, nicht völlig auf den individualistischen Anarchismus zu reduzieren, wie Roland Rall will.[82] Leitender Gesichtspunkt des Vergleichs ist vielmehr die Frage nach den Bürgerrechten des Vierten Standes. So werden die Wahlen in der DDR vom Standpunkt des bürgerlichen Rechtsstaates aus als Betrug entlarvt.[83] Dem parlamentarischen System der Bundesrepublik wird dagegen vorgeworfen, daß sich die oppositionelle Vernunft des Vierten Standes nicht gegen das Bündnis

---

78) Vgl. Hugo Rozbroj, ebd.

79) Vgl. ebd. S. 45–121, was denn auch Peter Kropotkin von seinem Standpunkt aus bedauert. Vgl. »Die Französische Revolution«, Bd. 2, S. 152.

80) Vgl. Hugo Rozbroj, Jean Paul Marat, S. 55.

81) Vgl. ebd. S. 78.

82) Vgl. Roland Rall, Historischer Sinn. Nachforschungen zu Arno Schmidts Roman »Das steinerne Herz« (1956), S. 20.

83) Vgl. StH, S. 166–167/S. 94. Überhaupt ist das Verhältnis des frühen Arno Schmidt zur kommunistischen Praxis (mit der marxistischen Theorie hat er sich wohl nie befaßt) recht widersprüchlich. Einerseits ist sie von der plebejischen Position her eingeschränkt akzeptabel, wie das im Ganzen positive Bild der DDR in »Das steinerne Herz« zeigt. Von der bürgerlich-liberalen Haltung, der originären Aufklärung also, aus wird ihr die unzumutbare Einschränkung der Bürgerrechte vorgeworfen. Kommunismus und Nationalsozialismus können dann sogar unter dem liberalen Vorzeichen des Totalitarismusvorwurfs zusammengesehen werden. Vgl. FOU, S. 379.

von Kapital, Medienindustrie und Kirche behaupten könne,[84] also gerade das Volk im Sinne Marats von der Ausübung seiner Souveränität ausgeschlossen werde.

Es stellt sich die Frage, was denn im Jahre 1956 genau mit dem »Vierten Stand« gemeint sein soll. Die plebejische Aufklärung müßte sich, soll sie für das 20. Jahrhundert »hochgerechnet« werden, genau diesem Problem stellen. Ihm ist Arno Schmidt sicher nicht gewachsen, hat es wohl nicht einmal als solches erkannt.[85] Damit entfallen der politischen »Theorie« Schmidts alle Möglichkeiten der soziologischen Differenzierung. Eine genauere Analyse der »Volksfeinde« im Sinne Marats wird ersetzt durch den diffusen Haß gegen alle »Vorgesetzten«.[86] Ebenso unterbleibt eine Explikation des Begriffes »Volk«. Er löst sich in den Romanen auf in die Darstellung von Figuren, die wie die Flüchtlingsfrauen in *Brand's Haide* in den Weltläufen unterlegen sind. Immer aber gehört der Ich-Erzähler als Protagonist literarischer Intelligenz zu ihnen. Zugleich aber wird in *Das steinerne Herz* im Kontext des Gespräches über die »freien Wahlen« das radikaldemokratische Konzept wieder eingeschränkt, bezeichnenderweise mit einem Hinweis auf Wieland, dessen Vertrauen in die Vernunft nicht eben groß war.[87] Eben dieser Zweifel an der natürlichen Vernunft des einfachen Volkes, der Arno Schmidt von den Jakobinern trennt,[88] läßt den Gedanken aufkommen, das Wahlrecht von einer »kleine[n] historisch-geographische[n] Prüfung«[89] abhängig zu machen. Die Teilhabe der Subjekte an der Souveränität des Volkes setzt so, nicht

---

84) Vgl. StH, S. 167–168/S. 94–95. Leider sind die politischen Invektiven Arno Schmidts nur in einer purgierten Fassung an die Öffentlichkeit gelangt, so daß alle Aussagen über den politischen Gehalt von »Das steinerne Herz« unter Vorbehalt getroffen werden müssen. Josef Huerkamp hatte Gelegenheit, das Originalmanuskript einzusehen. Danach sind vor allem die namentlichen Nennungen von Personen und Parteien durch diffuse Wendungen ersetzt (vgl. »Nr. 8. Materialien und Kommentar zu Arno Schmidts Roman: ›Das steinerne Herz‹«, S. 24–26). Am grundsätzlichen Duktus der politischen Argumentation, um den es hier geht, dürfte sich dadurch wenig geändert haben.

85) Augenfällig wird Arno Schmidts »soziologisches Defizit« etwa an seinen recht schlichten Auslassungen über die Medienindustrie (vgl. ebd.) – man vergleiche damit etwa Habermas' bekannte Untersuchung »Strukturwandel der Öffentlichkeit«.

86) Vgl. Jörg Drews, Arno Schmidt vor »Zettels Traum«, S. 175–176. Am Beispiel des Direktor Dettmering in »Das steinerne Herz« ist Josef Huerkamp dem Direktor/Doktor/Komplex bei Arno Schmidt nachgegangen und konnte ihn auf persönliche Erfahrungen in Greiffenberg zurückverfolgen (vgl. »Nr. 8. Materialien und Kommentar zu Arno Schmidts Roman: ›Das steinerne Herz‹«, S. 44–46). Das Detail zeigt, wie sehr bei Arno Schmidt das biographische Ressentiment die politische Reflexion ersetzt.

87) Bezeichnenderweise ist Wieland, wenn die Unterschiede zwischen Deutschland und Frankreich einen solchen Vergleich überhaupt erlauben, ein Antipode Marats. Seine Schriften zur Französischen Revolution gehen konsequent davon aus, daß die Beteiligung des Vierten Standes (des »Pöbels« in der Terminologie des 18. Jahrhunderts) an der Regierung unterbunden werden müsse, um die Anarchie zu verhindern. Vgl. Bernd Weyergraf, Der skeptische Bürger. Wielands Schriften zur Französischen Revolution.

88) Marat meint hingegen, daß die Menschen des Vierten Standes von der Zivilisation am wenigsten verdorben und deshalb der ursprünglich guten, wiederherzustellenden Natur des Menschen am nächsten seien (vgl. Hugo Rozbroj, Jean Paul Marat, S. 55).

89) StH, S. 168/S. 95.

wie in der klassisch bürgerlich-liberalen Tradition den Besitz, wohl aber die Bildung voraus, wobei beide gerade nicht zusammenfallen. Bildung und Armut vereint aber nur die literarische Intelligenz des »Schreckensmannes«, so daß es fast scheint, als ob allein er den Vierten Stand verträte. Die Frankfurter Dankadresse, die den Schriftsteller zum einzig ernstzunehmenden Arbeiter erklärt, spricht nur offen aus, was latent schon lange angelegt war.

An diesem Punkt konvergieren literarische Funktionsbestimmung und politische Theorie. Sie zeigen eben die nämliche immanente Aporie. Der Literatur wird die Wirkungsintention zugesprochen, mit der sich der Schreckensmann als Sprachrohr des Vierten Standes an eben diesen Stand richtet, um ihn über seine natürlichen Rechte aufzuklären. Die Literarisierung seiner politischen Botschaft verhindert jedoch, daß sie verstanden wird. Die politische Theorie mündet in das implizite Eingeständnis, daß sich der sozialgeschichtliche Begriff des Vierten Standes im Ungreifbaren verliert. Auf jeden Fall ist er letztlich so definiert, daß überhaupt nur noch der plebejische Intellektuelle die Kriterien erfüllt.[90] Damit hat Arno Schmidt sein Bild der Gesellschaft so konzipiert, daß er in der Tat nur für sich selbst sprechen kann, die Texte also auf den Gestus der Selbstdarstellung beschränkt sind. Gleichwohl hat er, wenn man seinen Selbstzeugnissen trauen darf, mit realen politischen Einflußmöglichkeiten gerechnet,[91] obwohl seine Texte doch so formuliert waren, daß sie nur Interessen der inkommensurablen plebejisch-intellektuellen Existenz vertreten konnten. Letztlich läuft dies auf den Glauben hinaus, als Vertreter der »reinen« Kunst zugleich praktische Funktionen übernehmen zu können.[92] Diese Selbsttäuschung ist es letztlich, die für Arno Schmidt

---

90) Insofern ist es zutreffend, wenn Heißenbüttel Arno Schmidt einen »Volksschriftsteller, aber ein[en] verhinderte[n]« nennt (Annäherung an Arno Schmidt, S. 298). Problematisch ist allerdings, wenn Heißenbüttel die geringe Resonanz beim »kleinen Mann« auf die konsequente Literarisierung des Inhalts schiebt. Selbstverständlich könnten darüber nur empirische Untersuchungen entscheiden. Heißenbüttels Hypothese – so viel läßt sich immerhin sagen – reproduziert nur die latente Selbstauslegung Arno Schmidts in »Die Schreckensmänner«. So besehen, deckt die Wendung vom »verhinderten Volksschriftsteller« Probleme der Grundkonzeption bei Arno Schmidt eher zu.

91) Vgl. Arno Schmidt, Schwierigkeiten heute die Wahrheit zu schreiben, S. 143–144.

92) Die theoretischen Schwierigkeiten der politisch engagierten Literatur können hier nicht behandelt werden. Erwähnt sei nur, daß Arno Schmidts schlichte Gleichsetzung von »reiner« und wirkungsorientierter Literatur eine Diskussion übergeht, die für die westdeutsche Nachkriegsliteratur recht bedeutsam ist. So hat Wolfgang Kehn gezeigt, daß etwa das Problem, wie denn Literatur trotz ihres fiktionalen Charakters Rückwirkungen auf die empirische gesellschaftliche Wirklichkeit haben könne, zu den konstitutiven Fragestellungen im Werk von Peter Weiss gehört (Vgl. »Von Dante zu Hölderlin. Traditionswahl und Engagement im Werk von Peter Weiss«). Andererseits hat die Vermutung, daß die literarische Opposition wirkungslos sei, zu den Kursbuch-Diskussionen über das Ende der Literatur geführt. Arno Schmidt unterscheidet sich von solchen Überlegungen grundsätzlich dadurch, daß er das reale oder auch vermutete Scheitern der literarischen Wirkungsintention nicht als literaturtheoretisches Problem auffaßt, sondern zu einer Frage der Leserpsychologie und damit der menschlichen Vernunftfähigkeit macht.

wohl subjektiv überzeugend die Vermittlung der geschichtsphilosophisch orientierten Aufklärung mit dem anthropologischen Pessimismus geleistet hat. Objektiv war diese Konzeption aber zum Scheitern verurteilt, wobei der anthropologische Pessimismus auch noch das Scheitern erklärt, das er selbst mit heraufgeführt hat. Arno Schmidt hat der Unfähigkeit der Rezipienten zugeschrieben, was auch in der Struktur seines Werkes, jedenfalls soweit sie bisher vom literarischen Selbstverständnis aufgehellt wurde, bedingt sein mag. Gemeint ist seine Klage, daß er nicht verstanden wurde, obwohl er so erfolglos nicht war. Verständlich wird dies erst, wenn man nicht nur, wie es bei ihm oft genug geschieht, auf seine Resonanz im literarischen Diskurs oder auf den finanziellen Erfolg sieht, sondern auch den realpolitischen Effekt berücksichtigt, von dem sein Selbstverständnis ausgeht.

Wenn sich also, wie man pointiert formulieren kann, der Vierte Stand überhaupt nur noch aus den singulären Trägern der literarischen Intelligenz zusammensetzt, die untereinander ohne Kontakt bleiben sollten, also gerade keine Gruppen bilden,[93] so ist ein Modell der Gesellschaft nach dem Schema von Herr und Knecht gar nicht darstellbar. Dies ist aber gerade die Voraussetzung jeder Art von »Jakobinismus», dem es um die Aufhebung des ungerechten Standesantagonismus gehen müßte. Dies ist bei Arno Schmidt nicht möglich, weil sich der Begriff der Stände selbst auflöst. So geht es in den Essays, trotz aller politischen Randbemerkungen, gar nicht um einen Standesgegensatz, sondern um den Antagonismus von literarischer Intelligenz und hemmender sozialer Umwelt, wobei alle Stände gleichermaßen Schuld tragen. Die Einseitigkeit der Perspektive produziert ein so diffuses Bild gesellschaftlicher Verhältnisse, daß die Frage nach der optimalen Organisation der Gesellschaft gar nicht mehr gestellt werden kann. Hat sich der unterdrückte Vierte Stand einmal der begrifflichen Fassung entzogen, so kann auch nicht angegeben werden, welches Ziel denn seine Emanzipation erreichen soll. Damit verschieben sich aber, trotz der oberflächlich festgehaltenen naturrechtlichen Emanzipationsphilosophie, die Wertkriterien. Es geht gar nicht um die ökonomischen, sozialen oder politischen Interessen eines wie auch immer bestimmbaren Standes, sondern um die Möglichkeit der Produktion von Kunst, eben weil die Existenz des »Schrekkensmannes« in der literarischen Intellektualität aufgeht. Bezeichnenderweise sind Arno Schmidts einzig konkrete, unermüdlich wiederholte »Reformvorschläge«, die lebenden Schriftsteller nicht verhungern zu lassen und die toten in zugänglichen Ausgaben zu edieren.

Letztlich ist für Arno Schmidt so jedes System akzeptabel, wenn es der

---

93) So die »Frankfurter Dankadresse«, S. 11; dergleichen Äußerungen finden sich auch schon früher. Vgl. BEL, S. 90–91/NACHRICHTEN 1, S. 187–188.

isolierten literarischen Intelligenz ihre Entfaltungsmöglichkeiten läßt. So kann der »Jakobiner« Arno Schmidt sein Sprachrohr Massenbach die Apotheose des »liberalen Nachtwächterstaates« formulieren lassen.[94] Entsprechend werden kulturpolitische Normvorstellungen zum Beurteilungsmaßstab für gesellschaftliche Systeme. Dies gilt für die Kulturmorphologie des *Massenbach,* in dem die Französische Revolution hauptsächlich deshalb akzeptiert wird, weil mit Napoleon das westeuropäische Prinzip der klassischen Bildung und der Renaissance gegen die russische Barbarei verteidigt werden kann.[95] Der wesentliche Vorbehalt gegen die DDR ist, daß sie der experimentellen Hochkunst nicht günstig ist.[96] Der Vorwurf ist auch von der ästhetischen Theorie her nicht ohne Bedeutung. Die Kunst ist ein absoluter Wert, weil die übrigen kulturellen Werte an ihr gemessen werden können. Sie wird letztlich nicht aus ihrem Entstehungskontext gedeutet, da sonst immerhin die Frage aufgeworfen werden müßte, ob nicht soziokulturelle Situationen denkbar sind, die der »Hochkunst« im Sinne Arno Schmidts nicht bedürfen.

Die sozialgeschichtliche Enthistorisierung der Aufklärung löst die Aufklärer aus ihren geschichtlichen Kontexten. Sie fallen damit aber nicht aus allen Zusammenhängen heraus. Aufgrund der Konstanz der Konstellationen konvergieren die Einzelgänger. Bei allen individuellen Eigenheiten sind ihre Lebensgänge und Werke in der Darstellung Arno Schmidts erstaunlich gleichförmig. Der Aufklärer wird faßbar als charakterologisch bestimmbarer Typus. Für das Frühwerk Arno Schmidts ist dies von einschneidender Bedeutung, wenn sich Arno Schmidt in diese Galerie der Aufklärer einzufügen versucht. Ganz offenkundig werden die überlieferte Literatur und ihre Autoren nach den eigenen Erfahrungen retuschiert.[97] Zugleich liegt aber auch ein Effekt der Rückkoppelung vor. Das eigene Selbstverständnis bildet sich durch die Adaption des Tradierten. Es konstituiert die Dichterrolle Arno Schmidts, wobei die Konstitution von den Brechungen abhängig bleibt, unter denen die Tradition bei Arno Schmidt rezipiert wurde. Als Aufklärer ist er der »gefesselte Dichter«, weil sich ihm unter diesem Charakteristikum die Galerie der großen Aufklärer präsen-

---

94) Vgl. BEL, S. 361–362/TINA, S. 121–122.

95) Vgl. BEL, S. 325/TINA, S. 99.

96) Vgl. Roland Rall, Historischer Sinn. Die gleichen Argumente werden auch gegen Amerika gewendet, vgl. NDK, S. 201–203/LV-SPIEGEL, S. 96–103. Vgl. auch die witzige Formulierung des kulturpolitischen Dilemmas: »Dafür hing an der Post im Zeitungskasten ein Bild: in der Baseball Ruhmeshalle Amerikas zeigte man einem kid den Dreß Babe Ruth's: sollte man nicht doch Kommunist werden?! (Aber die ließen ja auch Wielands Osmannstädt zerfallen: also auch nicht!).« NDK, S. 167–168/BRAND, S. 151.

97) Ein bezeichnendes Detail belegt Josef Huerkamp im Zusammenhang mit der Pocahontas-Affaire. Arno Schmidt hat niemals öffentlich zu den Ermittlungen wegen Gotteslästerung und Pornographie Stellung genommen, betont aber nachhaltig ähnliche Schwierigkeiten »älterer Kollegen«. Vgl. J. Huerkamp, Nr. 8. Materialien und Kommentar zu Arno Schmidts Roman: »Das Steinerne Herz«, S. 11–20.

tiert. Mit der monologisierenden Autobiographie des gefesselten Dichters[98] ist aber auch ein poetologisches Programm gegeben. Daß die Romane weitgehend autobiographisch fundiert sind, ist der Literaturkritik ja längst bekannt.[99] Die Stilisierung des eigenen Lebens nach dem vermeintlich tradierten Typus ist nicht einfach eine private Schrulle, die in einer literaturwissenschaftlichen Arbeit nicht zu interessieren bräuchte. Imitatio der großen Aufklärer ist für Arno Schmidt Imitatio der Grundtendenzen ihrer Werke, muß es schon deshalb sein, weil Arno Schmidt niemals versucht hat, außerhalb seiner literarischen Tätigkeit die mehr oder weniger bescheidenen Wirkungsmöglichkeiten zu nutzen, die sich dem Schriftsteller in der bundesrepublikanischen Gesellschaft geboten haben.[100] Grobe Konturen des Frühwerks lassen sich somit ausmachen. Zentrum ist die Interpretation der eigenen Biographie als Dichterbiographie. Auf der Ebene der literaturgeschichtlichen Arbeiten vergewissert sie sich ihrer Zugehörigkeit zum Typus des Aufklärers und bestimmt die Literaturform, die diesem charakterologischen Phänomen adäquat ist. Auf der Ebene der literarischen Produktion werden diese Literaturformen nach Maßgabe der eigenen Individualität wiederholt.

Die Personalisierung der Geschichte, von der die literaturwissenschaftlichen Arbeiten bestimmt sind, kehrt als Strukturprinzip in den frühen Romanen wieder. Gewiß ist im Detail manches noch zu klären, Einigkeit herrscht aber über ihren monologischen Charakter.[101] Sie werden gänz-

---

98) In »Berechnungen II« versucht Arno Schmidt eine Typologie des Längeren Gedankenspiels. Er gliedert dabei nach Charakter und Lebensumständen des Spielers und nach der literarischen Verwertbarkeit. An der Spitze steht das Gedankenspiel des »Gefesselten«. Vgl. R & P, S. 301/JUL, S. 249–250. Moritz oder Schnabel sind unverkennbar auf diesen Typus des »Gefesselten« stilisiert.

99) So schon Werner Eggers, Arno Schmidt, S. 165–166. Der autobiographische Gehalt zeigt sich schon bei oberflächlicher Kenntnis von Biographie und Werk. Wie extensiv er ist, deckt erst die nähere Analyse auf. Als Beispiel vgl. die Erläuterungen zu Walter Eggers bei Josef Huerkamp, Nr. 8. Materialien und Kommentar zu Arno Schmidts Roman: »Das Steinerne Herz«, S. 35–36. Huerkamp kann weiter nachweisen, daß Autobiographisches auch auf die anderen Figuren verteilt ist.

100) Als Ausnahme könnten allenfalls die Beiträge des frühen Arno Schmidt zu oppositionellen Zeitschriften gelten. Sie können der Publikationsform nach als ein Akt der praktischen Solidarität ausgelegt werden, sind dem Inhalt nach aber rein literarisch-antiquarisch. Bert Blumenthal konstatiert dies mit berechtigter Verwunderung (vgl. »brotarbeiten eines buchfeinschmeckers«). Die Diskrepanz löst sich jedoch auf, wenn man bedenkt, daß für den frühen Arno Schmidt bereits die rein literarische Betätigung einen oppositionell-revolutionären Akt darstellt. Wie sehr er sich damit außerhalb zeitgenössischer Denkgewohnheiten bewegt, zeigt der Beitrag von Jürgen Busche, wonach die Fixierung auf das literarische Bewußtsein bereits als konservativ interpretiert wird (vgl. »Eidyllion – das heißt kleines Bildchen«).

101) Vgl. die bündige Zusammenfassung bei Helmut Heißenbüttel, Der Solipsist in der Heide, S. 49. Zur genaueren Analyse des Strukturmerkmals vgl. Josef Huerkamp, »Trommler beim Zaren«. Eine Interpretation. Huerkamp zeigt in seiner Untersuchung, daß der monologische Charakter auch da noch festzustellen ist, wo der Erzähler nicht in den Vorgang (Schmuggel eines Omnibusses) verwickelt ist, sondern die Anekdote scheinbar bloß passiv zur Kenntnis nimmt. Die Präsentation der Anekdote für den Leser ist aber keine Imitation des faktischen Erzählvorganges, sondern ist im subjektiven Medium des Erzählers gebrochen. Der Leser bekommt so nicht die Illusion, Hörer einer Kneipengeschichte zu sein, vielmehr stellt sich ihm das Bewußtsein des Erzählers in der Situation des Hörers dar.

lich aus dem Bewußtsein der Hauptfigur heraus erzählt, die als eine Art Ich-Erzähler agiert. Alle sonstigen Figuren, Gegenstände und Ereignisse dienen lediglich als Medium für die Artikulation dieses Bewußtseins. Dies heißt zunächst einmal, daß Zeitgeschichte nicht aus der souveränen Überschau eines allwissenden Erzählers, sondern allein aus der Perspektive einer in die Zustände, Zwänge und Ereignisse verstrickten Figur vergegenwärtigt wird. Unter den konventionellen und berechtigten Kategorien der Literaturwissenschaft ist damit der Bruch mit der traditionellen Erzählkunst, etwa des sozialen Romans, gegeben.[102] Dies muß jedoch nicht schon für den Blickwinkel Arno Schmidts gelten, da er, wie zu zeigen war, dazu tendiert, auch traditionelle Romane nach dem Modell der monologischen Autobiographie zu interpretieren. Dies läßt es einmal geboten erscheinen, von Arno Schmidts Intentionen her nicht vorschnell mit dem Begriff des »Subjektivismus« zu arbeiten, was immer man darunter auch genau verstehen will, da er jene Autobiographien durchaus als authentische Bilder der Zeit verstanden sehen möchte.[103] Andererseits sind, wieder von den Intentionen des frühen Arno Schmidt her, die Romane von den Modellen der Funkessays her interpretierbar. Die Konturierung des Erzählers ist auf seine Integration in die Galerie der Aufklärer zu überprüfen. Dabei stellen sich zwei Leitfragen der Interpretation. Einmal ist die Stellung des Erzählers im Spannungsfeld von literarischer Intellektualität und gesellschaftlichem Zwang zu ermitteln, da dieser Antagonismus auch der Kern in der Lebensproblematik der großen Aufklärer ist. Zum anderen werden die Formen der aufklärerischen Vermittlung von Einsicht zu bestimmen sein, wie sie unter dem spezifischen Antagonismus von Intellekt und Gesellschaft bei Arno Schmidt erscheinen. Beides sei an der Figur des Düring in *Aus dem Leben eines Fauns* skizziert.

In die Konturierung der Erzählerfigur sind lebensgeschichtliche Elemente Arno Schmidts eingegangen. Düring hat höhere Schulbildung,[104] arbeitet aber als kleiner Beamter im Büro eines Landratsamtes der Provinz. Arno Schmidt hat bekanntlich sein Studium abgebrochen und eine kaufmännische Lehre durchlaufen, um einem Zusammenstoß mit dem Nationalsozialismus auszuweichen.[105] Über Dürings Vorgeschichte

---

102) Vgl. die klassische Bestimmung des Erzählers im großen sozialen Roman bei Gutzkow: »Kein Abschnitt des Lebens mehr, der ganze runde, volle Kreis liegt vor uns; der Dichter baut eine Welt oder stellt wenigstens seine Beleuchtung der der Wirklichkeit gegenüber. Er sieht aus der Perspektive des in den Lüften schwebenden Adlers herab und hat eine Weltanschauung, neu, eigentümlich.« (Die Ritter vom Geiste. Vorwort zur ersten Auflage, S. 42).

103) Dies geht aus Arno Schmidts Überlegungen zu Oppermann hervor. Einerseits ist allein der Dichter der zuverlässige Historiker seiner Zeit (vgl. BEL, S. 231–234/NACHRICHTEN 2, S. 137–139). Andererseits werden die »Hundert Jahre« als große Autobiographie gelesen.

104) Vgl. NDK, S. 27/FAUN, S. 45.

105) Vgl. Jörg Drews, Vita Arno Schmidt, Text und Kritik 20/20 a, S. 89.

erfährt der Leser freilich nichts, aber auch er ist in einer Opposition, die die Konfrontation vermeidet. Damit ist nicht einfach ein wichtiges lebensgeschichtliches Faktum berührt, sondern ein zentrales Moment von Arno Schmidts Biographie als Dichter, nämlich die erzwungene Separation von der literarischen Öffentlichkeit.[106] Zugleich ist mit dem Mißverhältnis von außerordentlicher Intellektualität und sozialem Umfeld die Tradition des »Schreckensmannes« zitiert. Dürings Büroarbeit entwickelt also nicht, wie Reimer Bull meint, das moderne Thema vom Menschen in der verwalteten Welt,[107] sondern vermittelt die Biographie Arno Schmidts als Dichterbiographie mit der »tragischen Literaturgeschichte« der großen Aufklärer. An die Ausgangskonstellation lagern sich fiktive Momente an. Düring ist etwa zehn Jahre älter als Arno Schmidt zur Entstehungszeit des Textes, Lokal der Handlung ist nicht Schlesien, sondern die Lüneburger Heide. Allerdings gehört auch dies in den Umkreis der Dichterbiographie. Arno Schmidts Verhältnis zur Heide ist bekannt. Im Düring ist nicht allein die Erinnerung an die Zeit des Nationalsozialismus festgehalten, sondern auch das nahende Alter vorweggenommen. Themen wie »der Dichter und seine Landschaft« und »der Dichter und sein Lebensalter« gehören ohnehin zu den Lieblingsgegenständen Arno Schmidts. Anderes, wie die Kinder Dürings, ist frei erfunden. Dafür vertritt Düring eben jene Ansichten, die Arno Schmidt auch sonst zu vertreten pflegt. Die Kontamination des Fiktiven mit dem Realen, die in den frühen Romanen mit verschiedenem Mischungsverhältnis ihrer Komponenten erscheint,[108] deutet den spezifischen Charakter der Autobiographie beim frühen Arno Schmidt an. Es geht nicht darum, den Lebensgang oder wichtige Passagen des Lebensganges zu erzählen, vielmehr wird das authentische Bewußtsein des Autors mit einer erfundenen, aber biographisch doch auch wieder möglichen Situation konfrontiert. In sie gehen aber stets, nach dem Selbstverständnis des Autors, wesentliche Konstellationen seiner literarischen Existenz ein.

Dürings soziale Rolle ist nach dem Modell des »Schreckensmannes« stilisiert. Dabei treten allerdings, anders als bei den historischen Vorbildern, objektive Stellung und subjektive Selbsteinschätzung auseinander. Von seiner Position als Abteilungsleiter her wäre man wohl geneigt, ihn unter den vagen Begriff des Kleinbürgers zu subsumieren. Er selbst faßt sich allerdings als Plebejer auf, wobei dies nicht ohne bewußte Selbststilisie-

---

106) Arno Schmidt hat dem selbst, wie die Frankfurter Dankadresse zeigt, große Bedeutung für seinen Weg als Schriftsteller beigemessen.

107) Vgl. Reimer Bull, Bauformen des Erzählens bei Arno Schmidt, S. 106–107.

108) So scheint »Brand's Haide« sehr stark mit autobiographischem Material zu arbeiten. Bei den Texten des »Längeren Gedankenspiels«, wie »Schwarze Spiegel« und »Die Gelehrtenrepublik«, ist der Anteil naturgemäß geringer. In »Kaff auch Mare Crisium« erscheint noch einmal der Büroangestellte als Intellektueller, allerdings wird hier die Arbeitswelt selbst nicht mehr thematisch.

rung abgeht.[109] Wenn er sich normgerecht verhält, so ist dies das Ergebnis einer taktisch kalkulierten Anpassung.[110] Schon von der subjektiven Seite her erscheint Düring sozial merkwürdig unsituiert. Seine »ständische« Einordnung ist nicht so sehr das Produkt seiner sozioökonomischen Verhältnisse als das Ergebnis eines bewußten Entschlusses, wobei das Plebejische als heimliche weltanschaulich-politische, oppositionelle Entscheidung, das Kleinbürgerliche als aufgezwungene Tarnung dieser Entscheidung aufzufassen ist. *Aus dem Leben eines Fauns* hat so nicht jene Struktur des sozialen Romans, die das Individuelle in Abhängigkeit vom Milieu zeigt. Vielmehr bedient sich ein immer schon vorgegebenes Bewußtsein zu seiner Artikulation der realgeschichtlich möglichen Rollen. Pointiert läßt sich so formulieren, daß Düring eine literarische Rolle nach Maßgabe der zeitgeschichtlichen Bedingungen spielt.

Dürings Möglichkeiten, »Sprecher(n) des Vierten Standes«[111] zu sein, ist damit bereits eingeschränkt, weil dieser Vierte Stand mehr als literarisches Sujet denn als soziologisch lokalisierbare Gruppe erscheint. Die weiteren Merkmale des »Schreckensmannes« vertiefen die soziale Desintegration. Die ihn auszeichnende außerordentliche Intellektualität erscheint bei Düring als eminente antiquarisch-faktenorientierte Bildung, die die Literatur, die Lokalgeschichte und die Naturwissenschaften gleichermaßen umfaßt.[112] Dies trennt ihn von seiner Familie[113] wie seinen Arbeitskollegen.[114] Die Bauern erscheinen aufgrund ihrer Unbildung ohnehin wie Tiere oder Naturgegenstände.[115] Arbeiter tauchen in dem Heidelandkreis nicht auf. Vom Landrat, mit dem Düring partiell historische und philosophische Interessen teilt, trennt ihn wieder das gegensei-

---

109) »*Ich trank den Kognak aus* (unaufgefordert; der Plebs hat keine Manieren); [. . .]«. (NDK, S. 31/FAUN, S. 54). Die bewußte Selbststilisierung zeigt sich daran, daß der Verstoß gegen die Regeln des guten Benehmens Absicht ist, die plebejische Rolle wissentlich gespielt wird. Josef Huerkamps Analyse der prekären sozialen Stellung des Erzählers in der Titelgeschichte von »Trommler beim Zaren« deckt sich in ihren Ergebnissen mit den Beobachtungen über Düring. Danach steht der Erzähler in einem Antagonismus zwischen den Plebejern, denen er mit Sympathie begegnet, einer distanzierten freilich, weil mit ihnen kein intellektueller Konsensus möglich ist, und den »Gehobenen«. Zu ihnen gehört der Erzähler zwar seiner Bildung nach, ist aber durch das soziale Ressentiment von ihnen getrennt. Der Erzähler reflektiert diesen Antagonismus nicht, er balanciert ihn aber durch seine literarische Produktion aus, die für ihn eine psychisch stabilisierende Wirkung hat (vgl. J. Huerkamp, »Trommler beim Zaren«. Eine Interpretation). Was Huerkamp in der eingehenden Analyse eines Einzeltextes zeigt, soll hier aus der »Grundkonzeption« des frühen Arno Schmidt begründet werden.

110) Vgl. »›Selbstverständlich, Herr Landrat.‹ (noch ein bißchen kleinbürgerliche Gekränktheit hineinmischen): ›selbstverständlich!‹« (NDK, S. 31/FAUN, S. 53).

111) DYA, S. 359/NACHRICHTEN 1, S. 148.

112) Zur Literatur vgl. passim, zur Lokalgeschichte NDK, S. 29/FAUN, S. 50, zu den Naturwissenschaften ebd. S. 31–32/S. 54–55.

113) Vgl. ebd. S. 11–13/S. 17–19.

114) Auch die Übereinstimmungen mit Schönert sind nur sehr partiell und ändern nichts an der Isolation Dürings.

115) Vgl. auch die Charakteristik des bäuerlichen Publikums im Landratsamt: »*Und der Kundschaft breitgestirnte glatte Scharen*« (NDK, S. 9/FAUN, S. 14).

tige soziale Ressentiment.[116] Plebejer ist Düring also nur dort, wo er mit den »Herrschenden« zu tun hat. Ansonsten erscheint im Roman die Plebs nicht, mit der er sich identifizieren könnte. Damit wird genau die soziale Situation des Schreckensmannes in den literaturgeschichtlichen Arbeiten reproduziert. Was oberflächlich gesehen als Ständeantagonismus angelegt scheint, entpuppt sich als Darstellung der inkommensurablen Existenz.

Für die Darstellung der Gesellschaft in *Aus dem Leben eines Fauns* heißt dies, daß sie aus der allein beherrschenden Perspektive Dürings den Charakter der diffusen Negativität annimmt. Er ist der Gefesselte im Kerker.[117] Dies ist von Bedeutung für seine »ideologiekritische« Auseinandersetzung mit dem Nationalsozialismus. Sein Bewußtsein ist von Versatzstücken der Aufklärung bestimmt. Zu nennen sind etwa seine rationalistische Religionskritik[118] und sein konsequent antinationalistischer Kosmopolitismus.[119] In der Zeit der Aufklärung verbergen sich dahinter allerdings bürgerliche Interessen, die als Menschheitsinteressen ausgegeben werden, weil sich die Bürger als Menschen schlechthin verstehen.[120] Aufgrund der diffusen Negativität der gesamten Gesellschaft kann Düring seine Philosopheme nicht mehr als Ausdruck einer Gruppe betrachten, die sich als Subjekt der Geschichte versteht, sei dies explizit oder implizit. Die Religionskritik ist einfach Sache einer autonomen und unvoreingenommenen Vernunft, der Kosmopolitismus Wahrung des berechtigten, aber bloß individuellen Interesses. Von hier aus wird die von Werner Eggers erschreckt konstatierte Gewissenlosigkeit der Prota-

---

116) Vgl. ebd. S. 30–33/S. 51–57. Bezeichnend ist der Verfall des Gesprächs zum wechselseitigen, von sozialen Ressentiments gesteuerten Imponiergehabe.

117) Vgl. auf die Situation gegen Kriegsende bezogen: »Einer im endlich zerplatzenden Kerker« (ebd. S. 70/S. 129).

118) Vgl. ebd. S. 20/S. 33 oder: »*Einfall: wenn wir* Evangelien von Weibern hätten, Mathilde Marga Luzie Johanna, könnten Sie sich darauf verlassen, daß der Erlöser weiblichen Geschlechtes gewesen wäre.« (ebd. S. 24/S. 41). Die Bemerkung übertreibt witzig die historische Bibelkritik, wie sie seit Spinoza die radikale Aufklärung kennzeichnet. Vgl. zu dieser Tendenz auch: »Ist das erschauernd ›von Gott diktiert‹ oder 'ne simple briefliche Mitteilung, wenn Paulus schreibt: ›Den Mantel, den ich in Troas bei Karpus gelassen habe, bringe mir bitte mit, ebenso die Bücher‹?« (Atheist?: Allerdings!, S. 66), oder: »Solange man als die reinste Quelle ›Göttlicher Wahrheit‹ [. . .] ein Buch mit, milde gerechnet, 50 000 Textvarianten (also pro Druckseite 30 strittige Stellen!) proklamiert [. . .]« (ebd. S. 64).

119) Das Moment erscheint bei Arno Schmidt verschärft zur Idee von der Auswanderung, so daß sich eine übernationale Gemeinschaft der wenigen Aufgeklärten bilden kann. Vgl. NDK, S. 16/FAUN, S. 25. Spielerisch ist dies ausgebildet in der Idee von der Gelehrtenrepublik, vgl. ebd. S. 64–66/S. 117–120.

120) Vgl. Jürgen Habermas, Strukturwandel der Öffentlichkeit, S. 65–66.

gonisten beim frühen Arno Schmidt verständlich.[121] Das revolutionäre Subjekt der Geschichte ist gewissermaßen auf eine Person zusammengeschrumpft. Wo die Gesellschaft überhaupt der »Menschheitsfeind« ist, ist auch jede Form der Illegalität gestattet.

Die sozialgeschichtliche Desintegration der Ideologeme gilt auch für die Gegenposition und aus den nämlichen Gründen. Wo unterschiedslos alle negativ sind, können selbstverständlich keine gruppenspezifischen Interessen angegeben werden, die den Faschismus tragen, wie immer das dann auch im Konkreten bestimmt sein mag.[122] Dies hat zunächst einmal die Konsequenz, daß der Faschismus als ideologisches System zerfällt. Die Elemente seiner emotionalen Denkbewegungen werden nur insoweit aktiviert, wie sie Antipathien Dürings berühren, Antipathien, die weitgehend auch die Arno Schmidts sein dürften. Der nationalsozialistischen Bevölkerungspolitik antwortet die Propagierung der Geburtenbeschränkung,[123] der Betonung des bäuerlichen Eigentums die Kolchose,[124] dem Kollektivismus und Militarismus der Charakter des Einzelgängers,[125] der Blut- und Bodenliteratur und dem faden Klassizismus in der bildenden Kunst die moderne, vor allem die expressionistische Kunst.[126] Dies alles sind zunächst einmal membra disiecta, die abwechselnd in das Licht einer theorielosen Idiosynkrasie geraten. Andererseits soll nicht übersehen werden, daß sich Düring in seinen Reflexionen um die Herstellung von Zusammenhängen bemüht.

Dürings »Fesselung« ist, genauer besehen, das Ergebnis mehrerer Fak-

---

121) »In der Art der jeweiligen Helden, sich mit diesen Verhältnissen abzufinden bzw. sich in ihnen einzurichten, wird ein Mangel an – möglicherweise politischer – Effektivität durch Verachtung und Überheblichkeit kompensiert; ihr Verhalten ist von provozierender Fragwürdigkeit; Betrug ist nicht ausgeschlossen.« (Werner Eggers, Arno Schmidt, S. 158–159). Dies kann allerdings nur so formuliert werden, wenn die pessimistische Preisgabe einer verallgemeinerungsfähigen naturrechtlichen Konzeption bei Arno Schmidt nicht gesehen wird.

122) »Gott, sind die Deutschen dumm! 95%!« (NDK, S. 16/FAUN, S. 25). Oder: *»Unberührt vom Schicksal meines Volkes?!:* Was sich dort braun gebärdet, Märsche töfft, und begeistert Groschenworte tauscht, ist nicht mein Volk! Ist das Volk Adolf Hitlers!« (ebd.). Übrigens ist eine derart pauschale Gleichsetzung des deutschen Volkes mit dem Nationalsozialismus singulär und wird auch in der oppositionellen Literatur des Exils so nicht vertreten. Sie stellt sich als unvermeidliche Konsequenz des ahistorischen Denkens. Wenn keine spezifischen Entstehungsbedingungen angegeben werden können, dann muß die Genesis des Faschismus eben aus der intellektuellen und moralischen Qualität aller Individuen abgeleitet werden, die gemeinsam den Staat bilden. Bei Arno Schmidt ist dabei jene Atomisierung der Gesellschaft zu beobachten, die Schopenhauer aus der Aufklärung übernommen hat. Danach gibt es nicht das Ganze der Nation als Organismus, sondern nur die einzelnen Bürger und ihre Beziehungen untereinander, deren Triebe und Leidenschaften die Geschichte bestimmen (vgl. Max Horkheimer, Schopenhauer und die Gesellschaft). Eine so konturierte Auffassung vom Nationalsozialismus kann nicht mehr auf spezifisch deutsche Bedingungen eingehen. Düring meint demgemäß im gleichen Kontext: »D. h. die Andern auch nicht besser: laßt nur erst einmal die Amerikaner ihren Hindenburg wählen!« (NDK, S. 16/FAUN, S. 25).

123) Vgl. NDK, S. 15/FAUN, S. 23.

124) Vgl. ebd. S. 44–45/S. 80–81.

125) Vgl. ebd. S. 15/S. 24; S. 20/S. 32; S. 25–26/S. 43.

126) Vgl. ebd. S. 25/S. 40–41; S. 56–57/S. 101–103; S. 76/S. 140–141.

toren. Eingeengt wird er durch den Stumpfsinn seiner Berufsarbeit[127] wie durch die familiären Verhältnisse, die von der intellektuellen Disproportion und dem Verlöschen der sexuellen Beziehung geprägt sind.[128] Beide Bereiche sind miteinander verflochten. Dürings »Anhang«[129] zwingt ihn, den Lebensunterhalt für seine Familie zu verdienen, und hindert ihn an der Emigration. Nun sind dies Zwänge der bürgerlich-kleinbürgerlichen Lebensform, die als solche noch nicht spezifisch für das faschistische System sind.

Zusammenhänge werden dadurch angedeutet, daß diese kleinbürgerliche Lebenswelt mit faschistischen Elementen durchsetzt ist. Dies gilt vor allem für die nationalsozialistische Orientierung der eigenen Familie. Arno Schmidt steuert damit freilich nicht auf eine am Begriff des Kleinbürgertums orientierte Faschismustheorie zu, sei es, daß von seiner durch die »Proletarisierung« ausgelösten Krise oder von der Psychologie der autoritären Persönlichkeit gehandelt würde.[130] Die Anfälligkeit des Kleinbürgertums für den Faschismus ist wiederum ganz unspezifisch mit der allgemeinen menschlichen Dummheit begründet. Eine beiläufige Überlegung Dürings macht dies sehr deutlich:

> »Alles Leghorn«, erläuterte Vadder Weber stolz (überzeugt, das käme von »Legen« her, ungefähr wie Saanenziege. Wie schrecklich unwissend und deshalb so leicht zu betrügen ist »das Volk«!: wenn ich ne Führerrede höre, vergleiche ich automatisch mit Agamemnon, Perikles, Alexander, Kikero, Käsar, bis Cromwell, Napoleon, Freiheitskriege, »Ich kenne keine Parteien mehr« – und was war das für ne Type! – und lache nur der schallenden Scharlatanerien. Während »das Volk« denkt, so was wäre noch nie und nirgends dagewesen, und kennen die Folgen nicht: anstatt sich an den Genasführten der Jahrtausende zu spiegeln, und den betreffenden Marktschreiern die Hintern auszuhauen! – Aber schließlich ist ja Unwissenheit eigene Schuld und gar nicht zu bemitleiden, und geglaubt hätte mir Weber auch nicht, [. . .][131]

Die Überlegung steuert unverkennbar auf den schon ausführlich gewürdigten anthropologischen Pessimismus zu. Entscheidend ist, daß damit

127) »*Landratsamt* (= der Prometheusfelsen)« ebd. S. 8/S. 12. Düring identifiziert sich in Prometheus mit dem schöpferischen Genius – seine Fesselung ist durch den Stumpfsinn der Arbeitswelt (vgl. ebd. S. 11/S. 16) bedingt.

128) Vgl. zum Verhältnis zwischen Düring und seiner Familie ebd. S. 11–13/S. 17–19.

129) Vgl. ebd. S. 15/S. 24.

130) Vgl. das Kapitel »Die sozialpsychologische Faschismustheorie« bei Wolfgang Wippermann, Faschismustheorien, S. 56–63. Allenfalls im Aufstiegswillen der Mutter für den Sohn, der Offizier werden soll und will, läßt sich so etwas wie eine spezifische Anfälligkeit des Kleinbürgertums ausmachen.

131) NDK, S. 19/FAUN, S. 31.

der Faschismus alle spezifischen Momente verliert. Er ist Kette in der ewigen Täuschung des Volkes, wobei der Priestertrug durch die ewige Unvernunft des Volkes perpetuiert wird. Damit ist auch die Möglichkeit aufgegeben, die konkreten Interessen anzugeben, die hinter der Täuschung stehen. Letztlich kann nur die immerwährende Lust, Herr zu sein, aufgeboten werden.[132] Verblüffend ist in diesem Zusammenhang aber, daß die Reflexionen Dürings von einer falschen Etymologie für den Namen einer Hühnerrasse ausgelöst werden. Die Unvernunft des Volkes, so wird man deuten dürfen, manifestiert sich in einem Mangel antiquarisch-»positivistischer« Bildung.

In einer Sequenz, die mit »Dürings Feierabend« umschrieben werden könnte, spielt das Antiquarische in der Rolle eines alten Atlanten ebenfalls eine gewichtige Rolle.[133] Dürings familiäre Umgebung hat an dergleichen kein Interesse. Die Atmosphäre ist gekennzeichnet durch faschistische Signale (HJ-Dolche), Triviallyrik in Werbung und politischer Propaganda und religiösen Versatzstücken (Tod Papst Pius XI). Offenbar hängt dies alles zusammen.[134] Nun umschreiben antiquarisches Wissen,[135] Atheismus und literarisches Experiment, die als Gegenpole zur falschen Familienidylle fungieren, ein poetologisch-ästhetisches Programm, so daß sich für Arno Schmidt geradezu eine quasi »ästhetische« Faschismustheorie annehmen läßt. Die faschistische Kulturatmosphäre ist dadurch gekennzeichnet, daß aufgrund der Banalität des Denkens, das die Mehrzahl der Menschen auszeichnet und das im Nationalsozialismus kulminiert, die literarische Produktion unterbunden wird. Die Situation des »historischen Schreckensmannes« wird dadurch verschärft, da bei ihm die Literatur von hohem Niveau nur dem Unverständnis ausgesetzt war. Das Ergebnis klingt paradox, entwickelt sich aber konsequent aus den grundlegenden Annahmen des Romans. Die faschistische Herrschaft wird, ganz im Sinne einer Adaption des Jakobinismus, als Unterdrückungstechnik aufgefaßt. Das unterdrückte Volk ist aber nur noch im plebejischen Intellektuellen präsent, dessen primäres Interesse die Kunst als Selbstzweck ist und sein muß, weil es eben keine aufklärungsfähige Gruppe in der Gesellschaft mehr gibt. Faschistische Unterdrückung ist

---

132) »*SA, SS, Militär, HJ undsoweiter*: die Menschen sind nie lästiger, als wenn sie Soldaten spielen. (Kommt bei ihnen wohl periodisch in jedem Jahrzwanzicht, ungefähr wie Malaria, neuerdings noch schneller). Am Ende sind doch immer die Schlimmsten Meister, das heißt: Vorgesetzte, Chefs, Direktoren, Präsidenten, Generale, Minister, Kanzler.« ebd. S. 10/S. 15.

133) Vgl. ebd. S. 11–12/S. 17–18.

134) Die Religion gehört für Arno Schmidt in den Umkreis des Faschismus, weil sie Paradigma der Unvernunft und des Fanatismus ist. Dabei wird das Ressentiment keineswegs dadurch gestört, daß der Nationalsozialismus selbst antikirchlich ist. Dies wird im Text selbst sogar angemerkt. Vgl. ebd. S. 27/S. 36.

135) Antiquarisches und Literarisches hängen schon dadurch zusammen, daß die Gegenstände der archivarischen Studien auch die poetische Imagination auslösen. Vgl. ebd. S. 37–38/S. 68–69.

deshalb primär Unterdrückung literarischer Produktion, wie sich denn die »tragische Literaturgeschichte« des »Schreckensmannes« hauptsächlich dadurch auszeichnet, daß er an der seiner Veranlagung entsprechenden literarischen Produktion und Wirkung durch die Macht der Umstände gehindert wurde.

Dies alles ist nur scheinbar »ästhetizistisch«. Die Kunst ist zwar der höchste Zweck des Daseins, sie ist selbst aber nicht zweckfrei. Sie könnte aufklärende Funktionen übernehmen, würde sie nur zur Kenntnis genommen. Dies gilt gerade auch für das antiquarische Wissen. Die Reflexion über den »Vadder Weber« macht unmißverständlich klar, daß sich der Priestertrug sogleich auflösen würde, machte man sich nur die Mühe, eine Reihe historischer Fakten kennenzulernen. Aufklärung ist im Prinzip sehr leicht, da Arno Schmidt nicht mit einem durch soziale Verhältnisse bedingten falschen Bewußtsein rechnet. Zugleich nimmt Düring an, daß die bloße Kenntnis der Fakten zur Erkenntnis der sozialen Mechanismen ausreicht. Basis dieser Hoffnung ist, wie später noch ausführlich zu zeigen sein wird, ein »Empirismus« von geradezu brutaler erkenntnistheoretischer Schlichtheit, so als gebe es facta bruta, deren Wahrnehmung theorielos und deren Interpretation jedem halbwegs funktionierenden Intellekt unmittelbar sinnfällig ist. Marcel Reich-Ranicki spricht demgemäß zutreffend vom trivialen Erkenntnisoptimismus Arno Schmidts.[136] Aber gerade weil alle Probleme der geschichtlich-politischen Welt so einfach zu lösen wären, ist der anthropologische Pessimismus so rigoros. Die Simplizität der Aufgabe zeigt das Ausmaß des Naturdefekts. Heftige Ausbrüche des Menschenhasses werden so verständlich.[137]

Unter dem Vorzeichen dieses Pessimismus ist die soziale Situation der plebejischen Intellektualität von einer Isolation bestimmt, deren Widersinn theoretisch unmittelbar evident, aber praktisch unaufhebbar ist. Dies charakterisiert den Pessimismus Dürings als den Pessimismus des *Belphegor,* allerdings mit einer charakteristischen Verschiebung der Akzente. Bei Wezel wird das Scheitern der Aufklärung thematisiert, indem zahlreiche Episoden vorführen, daß Belphegors Lehre nicht angenommen wird, ja er selbst nicht zu ihr stehen kann. *Aus dem Leben eines Fauns* setzt das Scheitern der Aufklärung bereits stillschweigend voraus.

---

136) Vgl. Marcel Reich-Ranicki, Arno Schmidts Werk oder Eine Selfmadeworld in Halbtrauer, S. 292–293.

137) Vgl. etwa: »das Experiment Mensch, das stinkige, hat aufgehört!« (NDK, S. 193/LV-SPIEGEL, S. 82).

Die Annahme gehört zu den Prämissen des Textes.[138] Gelegentliche Ausnahmen machen dies nur noch deutlicher. So setzt das vorsichtige und zögernde Gespräch mit dem Sohn über Kommunismus und Nationalsozialismus die Verständnislosigkeit bereits voraus und mündet demgemäß rasch in die Resignation.[139] Die Aporien des *Belphegor* wie seine statische Struktur der permanenten Wiederholung ergeben sich aus dem Dilemma, daß alle aktuellen und historischen Erfahrungen naturrechtliche Konzeptionen als illusionär entlarven, ohne daß doch die Vorstellung von der natürlichen Güte des Menschen als Voraussetzung des eudämonistischen Glücksanspruchs völlig aufgegeben werden könnte. Es werden gewissermaßen zwei konträre Begriffe von der menschlichen Natur kontaminiert. Düring geht einen entscheidenden Schritt weiter, wenn er die prinzipielle Fähigkeit des Menschen zur Vernunft gar nicht mehr erst erprobt. Gleichwohl wird auch bei ihm die eudämonistische Komponente nicht aufgehoben. Seine Einsichten darüber, wie das Leben sein sollte, sind vernünftige Erkenntnis der Wirklichkeit. Ihre theoretische Geltung kann deshalb nicht dadurch eingeschränkt werden, daß sie von der Umgebung nicht akzeptiert werden.[140] Die Konsequenz der bereits vorgängig gescheiterten Aufklärung ist vielmehr praktisch. Düring versucht nicht mehr, auf gesellschaftliche Zustände einzuwirken, sondern seinen Glücksanspruch gegen und außerhalb der geschichtlich-politischen Welt durchzusetzen. Dies ist die unmittelbare Konsequenz des Befundes, daß das revolutionäre Subjekt der Geschichte auf das eine inkommensurable Individuum geschrumpft ist. Damit treten für die Interpretation von *Aus dem Leben eines Fauns* zwei weitere Fragen auf. Die eine ist die nach der Natur, zu der sich Düring aus dem Chaos der gesellschaftlichen Welt flüchtet,[141] die andere die nach der Organisation seines Denkens, das

---

138) Beim frühen Arno Schmidt dürfte die Einschätzung der Wirkungsmöglichkeiten von Aufklärung zunehmend pessimistischer geworden sein. Nach einem Selbstzeugnis hat er zwischen 1945 und 1950 an eine Erneuerung der Weimarer Republik geglaubt (vgl. »Schwierigkeiten heute die Wahrheit zu schreiben«, S. 143). Im »Leviathan« gelingen denn auch noch, wenigstens in der Gruppe der Guten, Gespräch und Verständigung. »Brand's Haide« (1951) zeigt eine zumindest noch partiell funktionierende Kommunikation und Solidarität mit den Flüchtlingsfrauen. In beiden Texten ist der Erzähler noch so etwas wie Protagonist und Sprecher einer Gruppe. Erst »Aus dem Leben eines Fauns« (1953) zeigt die völlige Isolation. Das gute Ende in »Das steinerne Herz« (1956) ist bewußt sarkastisch und setzt die praktische Resignation explizit voraus.

139) Vgl. NDK, S. 20–21/FAUN, S. 34.

140) Jörg Drews versteht die »Helden, die höchstens einmal einen schopenhauerisch-pessimistischen Seufzer ausstoßen, während sie doch clever und wendig durch die zu einer Kette von snapshots aufgereihten Rasterabschnitte flitzen«, als widersprüchlich (vgl. »Es lebe Jean Paul [Marat & Richter]«, S. 27). Dies würde allerdings den originären Pessimismus Schopenhauers als Folie voraussetzen, nach dem die Glückserwartung die grundlegende Selbsttäuschung des Willens ist. Diese Annahme wird jedoch den komplizierten Zusammenhängen bei Arno Schmidt nicht gerecht.

141) Vgl. dazu genauer Reimer Bull, Bauformen des Erzählens bei Arno Schmidt, S. 106–117. Freilich bleibt Bull eine detailliertere Analyse der Elemente schuldig, aus denen sich die Gegenwelt konstituiert. Zur Natur als Refugium vgl. Karl Schumann, Dichtung oder Bluff, S. 39.

wohl, da der Roman doch einen Leserbezug haben soll, wenigstens dem intendierten Leser Einsichten vermitteln möchte, unter den vorgegebenen Prämissen des Aufklärers ohne Aufklärung aber zu einem privaten Denken geworden ist. Letztlich führt dies zu dem Problem, wie und ob die Begriffe der Natur und der Vernunft ohne einen komplementären Begriff von Gesellschaft konzipiert werden können.

Der vorgängige Verzicht auf Aufklärung führt zur Flucht aus der politisch-gesellschaftlichen Welt. Sie ist gegeben in der Separation des Waldlebens,[142] das auch der Titel andeutet. Mit ihm wird die Natur zum positiven Gegenpol der heillosen gesellschaftlichen Welt erhoben.[143] Um sie herum entwickelt der Roman systematisch einen Gegenbereich. Konstitutiv für den Rückgang in die Natur ist die sexuelle Erfüllung. Käthe Evers steht in einem nicht weniger problematischen Verhältnis zur Gesellschaft als Düring selbst, wobei ihre Außenseiterrolle nicht durch die pessimistische Intellektualität, sondern durch die pubertär-ziellose Auflehnung charakterisiert ist.[144] Sie ist deshalb auch nicht gleichwertige Partnerin, die wie Düring die fatalen Mechanismen der Geschichte durchschaut hätte, sondern Vertreterin einer natürlichen Triebhaftigkeit, die noch nicht von sozialen Konventionen domestiziert wurde. In der Perspektive des Erzählers kann sie so zum reinen Naturwesen werden, wenn sie »Wölfin« genannt oder alltägliche Vorgänge metaphorisch so eingefärbt werden, daß der Eindruck der kreatürlichen Wildheit entsteht.[145] Bezeichnenderweise ist auch der erste Geschlechtsakt zwischen Käthe und Düring in eine Naturszenerie eingebaut.[146] Erfüllte Sexualität ist beim frühen Arno Schmidt der reine Naturzustand, der ein außerzivilisatorisches Glück garantiert und deshalb angesichts der Negativität der

---

142) Die Separation spielt auch biographisch ihre Rolle. Zu den diesbezüglichen Wunschträumen vgl.: »Aber müßte man nicht mir, der ich diese fremdeste aller Inseln als eine hochinteressant-besungene nachwies, eine Siedlerstelle dortselbst vergönnen-zuweisen? So 20 acres; dicht neben der kleinen Funkstation; und ein Wellblechhüttchen von 80 Quadratmetern? – Die Überfahrt bezahlte-pumpte ich selbst.

2. *Sprecher*: Und dann da unten atomsicher sitzen, was?!« (DYA, S. 98/NACHRICHTEN 1, S. 55).

143) Zur scheinbar ungebrochenen Dignität der Natur vgl.: »*Ich* bin ein Heidediener, Blattanbeter, Windverehrer!« (NDK, S. 20/FAUN, S. 33); oder die Betonung der Einheit mit der Natur: »*mischte mich in die Nacht*: haderte mit Zweigen, ahmte Menschenstimmen nach, wurde Moosen gut;« (NDK, S. 173/LV-SPIEGEL, S. 47).

144) »Sah hübsch aus, wie die jungen Wilden da wütend an dem gespenstischen Zeug brauten: rebelliert nur immer tüchtig!« (NDK, S. 25/FAUN, S. 42).

145) Vgl. »*Die große weiße Wölfin*: sie lachte um listige Zähne, und kaufte rotes volles Fleisch, und schlappe blasse Bratwürste. Dann schwang sie sich langbeinig ins Fahrradgestänge, daß ihr kleines Gesäuge bebte, und glitt wach und wolkenlos davon. Zwischen Regen und verstockten Bäumen.« (NDK, S. 16/FAUN, S. 26).

146) Vgl. ebd. S. 61–62/S. 112–113.

Kultur zum Medium des naturrechtlichen Eudämonismus wird.[147] Dementsprechend liefert der Text als negative Folie zur »natürlichen« Beziehung zwischen Käthe und Düring eine recht umfassende Phänomenologie des kulturell depravierten Sexualverhaltens.[148]

Käthe und Düring können nur deshalb zur Verbindung gelangen, weil nicht nur Käthes noch nicht domestizierte Triebhaftigkeit, sondern auch Dürings Intellektualität auf die Natur verweist. Der Zusammenhang wird später noch genauer zu besprechen sein, angedeutet sei nur, daß die archivarischen Studien Dürings, in denen sich vornehmlich seine literarische Existenz manifestiert, die Einheit mit der Natur vom Handlungszusammenhang her stiften. Sie befreien ihn von der Stupidität des Arbeitsplatzes und der Familie und vermitteln den Kontakt mit der ländlich-idyllischen Natur.[149] Durch sie gerät Düring auf die Spur des Deserteurs und schließlich zu seiner Hütte. Durch seine Lektüre selbst wird wieder die Flucht in die Natur literarisch präludiert.[150]

Es hat fast den Anschein, als würden die Probleme des Aufklärers ohne Aufklärung durch den Umschlag in eine antizivilisatorische, Rousseau naiv trivialisierende Bejahung der natürlichen Zustände gewaltsam aufgehoben. Die Natur hält dann eben das tröstende Refugium für alle bereit, die ihren Anspruch auf Glück in den Zwängen der Kultur nicht durchsetzen können. Trotz gegenteiliger Verlautbarungen gerät Arno Schmidt damit in die Nähe der »Literatur des einfachen Lebens« und der antitechnischen Kulturkritik.[151] Nun kann der Mensch im bloßen Naturzustand nicht vorgestellt werden. Spekulationen über natürliche Lebensformen sind stets auf bestehende Kulturzustände dadurch bezogen, daß sie als Negation der Kultur gedacht werden. Natürliche Zustände entpuppen sich dann gegen die Intentionen der Kulturkritik als nicht oder nicht mehr

---

147) Dies erklärt die außerordentliche Dignität der Sexualität beim frühen Arno Schmidt. Die Forschung neigt hingegen dazu, einen wie auch immer normierten Begriff der Seelenliebe als Folie anzunehmen. Dies hat zu einiger Verwirrung geführt. Reimer Bull sieht so im Verhältnis mit der »jungen Geliebten« eine »trivial-idyllische Tendenz«. Von hier aus ist es dann nicht mehr weit bis zum Vorwurf der Sentimentalität (vgl. Werner Eggers, Arno Schmidt, S. 160, oder Marcel Reich-Ranicki, Arno Schmidts Werk oder Eine Selfmadeworld in Halbtrauer), da die Intensität der eher beiläufigen Beziehungen vor dem Hintergrund der sozial akzeptierten »Seelenliebe« unverständlich bleiben muß.

148) Vgl. die Zoten im Büro (NDK, S. 9/FAUN, S. 12), die staatlich geförderte Fortpflanzung (ebd. S. 15/S. 23), die kleinbürgerliche Ehe (ebd. S. 22–23/S. 37–38), die erotischen Trivialmythen des Kinos (ebd. S. 78/S. 143–144), die sexuelle Ausbeutung der Abhängigen (ebd. S. 87/ S. 161).

149) Vgl. ebd. S. 36/S. 65 und S. 50–51/S. 91–92 – hier mit einem Hinweis auf »Virgils Georgika«.

150) Vgl. das Nietzsche-Zitat ebd. S. 12/S. 19.

151) Vgl. dagegen abgrenzende Wendungen wie: »Unser Schicksal heißt Turbulenz; heißt ›kompliziert leben‹; (und das, im Bewußtsein jedes gebildeten Lesers prompt erscheinende ›Einfach-leben‹ ist nur eine wehmütig-unrealistische Formel, über die man schon im späten Rom resigniert gelächelt haben dürfte).« (TbZ, S. 161/JUL, S. 205). Gleichwohl sind Topoi der antitechnischen Kulturkritik in Texten wie »Die Gelehrtenrepublik« unverkennbar.

vorhandene kulturelle. So hat die Literatur des einfachen Lebens kein natürliches Leben geschildert, sondern bäuerliche oder quasi bäuerliche Gesellschaften, die nur deshalb den Schein des natürlichen haben konnten, weil sie sozialgeschichtlich überholt waren.[152] Ganz ähnlich kommt auch die Naturbejahung in *Aus dem Leben eines Fauns* zustande. Die positive Natur entsteht aus der Umkehrung der kulturellen Bedingungen, nur daß Arno Schmidt nicht auf ein historisch überholtes Modell der Gesellschaft fixiert ist. Die angeblichen Naturzustände werden vielmehr durch eine private Werthierarchie festgelegt, in denen Eros und Intellekt zentrale Funktionen übernehmen.

Dies ist nur die eine Seite. Die Natur erscheint nur dort als problemlose Wunschwelt, wo sie gegen die Zivilisation ausgespielt werden kann. Verschwindet dieses Moment, so wird der Naturzustand selbst ambivalent, wie denn ja auch die Natur selbst das Werk des »Leviathan« ist. In *Schwarze Spiegel* fingiert Arno Schmidt einen Ich-Erzähler, der als zunächst einziger Mensch einen Atomkrieg überlebt hat, der jedoch die Natur und die Artefakte der Zivilisation unbeschädigt ließ. Die Fiktion erlaubt es, den Menschen in einem Gedankenexperiment in seinen Naturzustand zu versetzen.[153] Dieser wird zunächst als Befreiung empfunden. Der Erzähler beobachtet durchaus zufrieden die Rückverwandlung des vertrauten Heidemilieus in die reine Natur und stilisiert sich mit einer Anspielung auf Cooper zur Gestalt des einsam schweifenden, zivilisationsfeindlichen Trappers.[154] Allerdings ist bereits an diesem Punkt die Einheit mit der Natur nicht mehr ungebrochen. Der Mensch, der auf sie reduziert ist, muß sich, wie der Bau der Hütte zeigt, in der Kulturarbeit gegen sie behaupten. Andererseits führt der reine Naturzustand zur Unnatur. Es fehlt im ersten Teil von *Schwarze Spiegel* die sexuelle Befriedigung als unabdingbare Komponente des natürlichen Glücks.[155] Der natürliche Vorgang des Geschlechtsaktes erfordert aber bereits die Beziehung zweier Subjekte, setzt also so etwas wie eine rudimentäre soziale Organisation voraus. Zugleich ist die sexuelle Zweierbeziehung, die noch Ergebnis unmittelbaren Naturbedürfnisses ist, die einfachste Form der sozialen Organisation überhaupt, so daß sie als Modell für Probleme der Vergesellschaftung der Menschen gelten kann. Dies ent-

---

152) Man denke etwa an die Konfrontation der Großstadt (Industrie, Sozialismus, Frauenemanzipation) mit dem natürlichen, althergebrachten Leben im Forsthaus bei Paul Ernst, Der schmale Weg zum Glück.

153) Gedankenexperimente dieser Art dürften Arno Schmidt aus der Literatur der Aufklärung bekannt sein. Sie finden sich auch schon bei Thomas Hobbes.

154) »Natty hatte schon recht: Wälder sind das Schönste! Und ich war erst Anfang Vierzig; wenn Alles gut ging (?) konnte ich noch lange über die menschenleere Erde schweifen: ich brauchte Niemanden! –« (NDK, S. 180/LV-SPIEGEL, S. 60).

155) »Die ›Gondel‹: fast nackte Mädchen besahen still und unschuldig ihr Geschenkel, und da mußte ich doch schlucken, und einige Häuser zurückreiten.« (ebd. S. 176/S. 51–52).

wickelt der zweite Teil von *Schwarze Spiegel*. Ebenso wie bei Hobbes steht die Annäherung der beiden letzten und damit wieder natürlich gewordenen Menschen unter dem Vorzeichen des »bellum omnium contra omnes«,[156] bis die sexuelle Annäherung eine Verbindung herstellt. Vergegenwärtigt man sich die Konstellation von *Aus dem Leben eines Fauns*, so scheint nun der natürliche Glückszustand ganz unumschränkt realisierbar zu sein, da die kulturellen Deformationen der Sexualität entfallen. Nun steht im Kontext des Auftauchens der Frau ein Hinweis auf Defoe, der die Tradition der Robinsonade zitiert.[157] Bei Defoe, besonders aber bei Schnabel, der dem frühen Arno Schmidt besonders nahe liegt, stiften neu hinzukommende Figuren eine neue gesellschaftliche Ordnung, die Fehlentwicklungen der europäischen Kultur vermeidet. Arno Schmidt ergreift aber gerade nicht diese Möglichkeit, den Menschen zunächst auf seinen Naturzustand zu reduzieren und von da aus die menschliche Geschichte noch einmal, nun aber in Übereinstimmung mit der menschlichen Natur beginnen zu lassen. Lisa verläßt den Erzähler wieder. Oberflächlich ist dies durch die Verschiedenheit der Charaktere motiviert. Die genauere Betrachtung zeigt allerdings Brüche in der Beziehung von Anfang an. So scheitert das Gespräch über die Kindheit des Erzählers.[158] Das Zusammenleben führt zu einem Kampf gegeneinander, weil jeder dem anderen seine Lebensform aufzunötigen sucht. Lisa bricht den Kampf durch die Flucht ab.[159] In den Gegensätzen der Charaktere taucht ein geschlechtsspezifisches Moment auf, das beim späten Arno Schmidt eine bedeutsame Rolle spielen wird.[160] Dem seßhaft-intellektuellen, zur Kontemplation neigenden Mann steht die triebhaft-schweifende Frau gegenüber. Das Ergebnis ist ein »Geschlechterkampf«, der die einfachste, noch unmittelbar natürlich fundierte Form des »bellum omnium contra omnes« darstellt. Er produziert aber bereits die Beziehungslosigkeit der Subjekte und den sozialen Zwang, der in *Aus dem Leben eines Fauns* sein äußerstes Ausmaß erreicht hat. Die Defekte der Gesellschaft sind durch die Flucht in die Natur nicht zu heilen, weil sie durch die menschliche Natur selbst bedingt sind. Das natürliche Refugium in *Aus dem Leben eines Fauns* erscheint von diesem Aspekt aus als illusionär.[161]

---

156) Vgl. ebd. S. 206–207/S. 105–107.

157) »*Ich ging am Waldrand so für mich hin*, buchstäblich: ganz ohne Vorsatz. Wie Robinson mit 2 Flinten, [. . .]« (ebd. S. 206/S. 105). Neben dem Bezug auf Defoe präludiert die Anspielung auf Goethes »Gefunden« die »Liebeshandlung«.

158) Vgl. ebd. S. 223/S. 136.

159) Vgl. ebd. S. 225/S. 139.

160) So vor allem in »Die Schule der Atheisten«. Vgl. auch den Essay über Bulwer, »Was wird er damit machen/Nachrichten aus dem Leben eines Lords«. (TRITON, S. 50–99/LORD, S. 50–99).

161) Es dürfte nicht illegitim sein, den »Faun« von »Schwarze Spiegel« aus zu interpretieren. Arno Schmidt hat beide Texte zusammen 1963 zu einer Trilogie vereinigt, in der »Schwarze Spiegel« das letzte Wort zufällt.

Es entsteht nur der Schein, als sei der Rückzug in die Natur möglich, weil dies ständig die Opposition gegen die Unnatur zur Bedingung hat und so immer noch in die Gesellschaft eingebettet ist. Die immanente Instabilität der natürlichen menschlichen Beziehungen kann sich so nicht erweisen.[162]

Der gescheiterte Rückgang in die Natur zeigt, daß die Isolation des erzählenden Ich ubiquitär ist. Sie ist nicht einfach durch eine verfehlte Organisation der Gesellschaft bedingt, sondern tritt qua Natur in jeder sozialen Organisation auf. Die frühen Romane zeichnen sich dadurch aus, daß sie ein aufgeklärtes, auf Veränderung zielendes Bewußtsein innerhalb einer prinzipiell nicht aufklärbaren Lebensgemeinschaft zeigen. Problemgeschichtlich gesehen ist das Ergebnis dieses Dilemmas der anthropologische Pessimismus, der die ausgebreiteten Inhalte von Aufklärung zugleich auch wieder negiert. Von der Textstruktur aus gesehen deformiert das Dilemma die argumentative Darbietung der Inhalte dergestalt, daß die intendierte Wirkung auf den Leser in einer Formulierung erscheint, die die Wirkungsmöglichkeit aufhebt. Dies gilt noch nicht für den *Leviathan.* In ihm wird, wie schon anzudeuten war, im universellen Chaos so etwas wie eine Gesprächsgemeinschaft der Guten bewahrt. Dem korrespondiert das Moment des zusammenhängenden, argumentative Einwände der Gesprächspartner berücksichtigenden Lehrvortrags. Der Text ist strukturiert von zwei progredierenden Vorgängen: der Flucht aus dem Chaos, die nur immer tiefer in das Chaos hineinführt, und der Interpretation des Chaos, die von der empirischen Gegebenheit des »gestirnten Himmels« ausgeht, über die geometrische Struktur des Universums zur »Physikodämonologie« gelangt, um schließlich bei der Erlösungslehre zu enden. Am Schluß korrespondiert die Höhe der inneren Erkenntnis mit dem Tiefpunkt der äußeren Zustände. Die Struktur realisiert den geläufigen Romantypus der Aufklärung.[163] Der Text fingiert den Bericht eines Ereignisses, so daß die bedeutungsvolle Fabel im Mittelpunkt steht. Die fiktive Wirklichkeit, von der erzählt wird, wird durch den fortlaufenden »philosophischen« Kommentar für den Leser ausgelegt, der somit »Wirklichkeit« nicht nur gezeigt, sondern auch erläutert bekommt, wie er sie zu verstehen hat. Der Kommentar geht von der sinnfälligen Wirklichkeit aus, andererseits bestätigen die fiktiven Ereignisse die philosophische These über die wirkliche Welt.

Texte wie *Aus dem Leben eines Fauns* erreichen ihre Geschlossenheit

---

162) Die skizzierte Desillusionierung des Versuches, die menschliche Geschichte noch einmal unter besseren Bedingungen zu erzählen, sieht Arno Schmidt auch bei Schnabel. So rühmt er die »konsequente Bosheit«, mit der im vierten Buch der »Insel Felsenburg« die »Degeneration« erzählt wird, als sachangemessene Darstellung der menschlichen Wirklichkeit (vgl. DYA, S. 81–83/NACHRICHTEN 1, S. 44–45).

163) Vgl. Jörg Schönert, Fragen ohne Antwort.

sicher nicht aus der Verklammerung von sinnfälligem Vorgang und Erzählerkommentar. Dies hat seinen Grund einmal in der Reduzierung der sinnfälligen Fabel,[164] über die im Zusammenhang mit Arno Schmidts Erzählpoetik noch zu sprechen sein wird. Die fingierten Vorgänge sind nicht mehr gleichermaßen als Demonstrationsobjekt geeignet. Zum anderen beraubt die Isolation Düring der Gesprächspartner. Die »Wölfin« ist so ausdrücklich dem Naturkontext zugewiesen, daß sie diese nicht ersetzen kann. Romanimmanent entfällt der Adressat des Lehrvortrags und damit die Bedingung seiner Möglichkeit. Das »Gespräch« mit dem Landrat über erkenntnistheoretische Konsequenzen der Relativitätstheorie greift wohl Elemente aus dem *Leviathan* auf, hat aber seine aufklärende Funktion verloren. Es entwickelt sich nicht aus der Intention, die Welt zu interpretieren, sondern ist intellektuelle Einschüchterung auf der Basis beiderseitiger sozialer Ressentiments.[165]
Dialogische Passagen dieser Art sind in *Aus dem Leben eines Fauns* selten. Hingegen sind Bruchstücke einer Interpretation der Welt in die Darstellung psychischer Abläufe integriert. Als Beispiel sei noch einmal auf die Reflexionen Dürings anläßlich seines Feierabends verwiesen.[166] Denkpsychologisch lassen sich die Einfälle Dürings als Assoziationen auf äußere Reize verstehen. Die falsche Familienharmonie provoziert die Weihnachtserinnerung, das Radioprogramm löst alltägliche Einfälle zu Religion, Politik und Kunst aus. Die Zentrierung der Darstellung auf das wahrnehmende Ich ist unverkennbar, wenn es etwa heißt:

> *»Papst Pius der Soundsovielte:* schwer erkrankt«, und ich hob nur die Augenbrauen im abweisenden Weiterdrehen: wer fährt heut noch im Zeppelin?![167]

Einerseits fehlt nämlich die zusammenfassende und überschauende Beschreibung. Die Partikel der fiktiven Realität werden überhaupt nur aktiviert, wenn sie zur psychischen Konstellation Dürings, hier zu seinen antireligiösen Ressentiments, Bezug haben. Andererseits fließen in die Wiedergabe der aktivierten Partikel bereits die Wertungen Dürings ein. Die Nachricht wird nicht wörtlich zitiert (»Papst Pius XI«), sondern in geringschätziger Entstellung (»Papst Pius der Soundsovielte«), die den

---

164) Vgl. zur Reduzierung der Fabel bei Arno Schmidt Helmut Heißenbüttel, Annäherung an Arno Schmidt, und Reimer Bull, Bauformen des Erzählens bei Arno Schmidt.
165) Vgl. die gönnerhafte Einleitung des Gesprächs: »›Sagen Sie – Düring –‹ (die Pause war wunderbar!) ›– mm: haben Sie sich mal mit Filosofie beschäftigt? = Kant. Schopenhauer.‹ (munter): ›und so weiter?‹« (NDK, S. 31/FAUN, S. 53). Dürings intellektuelle Eskapaden, die als Vergeltung gedacht sind, lassen den Landrat »leicht verwirrt und beeindruckt« (ebd. S. 32/ S. 55) zurück.
166) Vgl. ebd. S. 11–12/S. 17–18.
167) Vgl. ebd. S. 12/S. 18.

Eindruck erwecken soll, als sei die »Nummer« des regierenden Papstes Düring unbekannt und auch gar nicht seiner Aufmerksamkeit wert. Dies ist nicht wahrnehmungspsychologisch wahrscheinlich, sondern tendenziös übertrieben. Die fiktive Realität ist Anlaß für die Artikulation von Dürings Bewußtsein und nur insofern von Interesse. Zugleich gibt dieses Bewußtsein seine Umgebung nicht »objektiv« wieder, sondern in einer tendenziösen Beleuchtung.

Insofern scheint der Text nur eine charakterologische Studie zu geben. Allerdings war bereits zu zeigen, daß die Bemerkungen Dürings einen systematischen Zusammenhang haben, der etwas metaphorisch als »ästhetische Faschismustheorie« bezeichnet wurde. Anders als im *Leviathan* ist dies nicht mehr argumentativ entwickelt, sondern im entspanntflüchtigen, mit apodiktischen Kommentaren durchsetzten Alltagsdenken. Die Systematik geht gar nicht in die Oberfläche des Textes ein, sondern muß interpretativ rekonstruiert werden.

Vordergründig ist dies mit Dürings Isolation zu erklären, die sein Denken eben in dergleichen »privaten« Formen organisiert. Freilich tangiert der Abbruch aller Gespräche prinzipiell die Darbietung aufklärerischer Inhalte. Jürgen Habermas hat im *Strukturwandel der Öffentlichkeit* das öffentliche Raisonnement als konstitutives Prinzip der sich entwickelnden bürgerlichen Gesellschaft angenommen, wobei er sich durchaus auf das Selbstverständnis der Aufklärung stützen konnte.[168] Demgemäß imitiert der Roman der Aufklärung, wie etwa Wieland als Beispiel zeigt, die Formen des Raisonnements in seiner Struktur, sei es, wie in der *Geschichte des Agathon* im Gespräch des Erzählers mit seinen Lesern, sei es, wie etwa im *Peregrinus Proteus,* im aufrichtigen, der Wahrheitssuche verpflichteten Gespräch der Figuren untereinander. Arno Schmidt übernimmt, trotz seiner Berufung auch auf die formalen Qualitäten Wielands,[169] diese Struktur nicht. Die aufklärerischen Elemente wie die Religionskritik oder die Aufdeckung des politischen »Priestertrugs« sind in die private Innenwelt Dürings eingebunden. Auch hier zeigt sich, daß die Essays Arno Schmidts über die Literatur der Aufklärung zutreffend seine eigene literarische Praxis explizieren. Seine Texte sind, dem Aufklärer ohne Aufklärung entsprechend, nicht wie bei Wieland durch den Prozeß der aufklärenden Erkenntnisgewinnung strukturiert, sondern präsentieren ein aufgeklärtes Bewußtsein im Zustand seiner sozialen und, in den

---

168) So meint bereits Wieland, daß Wahrheit in der praktischen Philosophie durch den zwanglos erreichten Konsensus omnium gegeben sei. Vgl. seinen Essay »Was ist Wahrheit?«, Hempel-Ausgabe, Bd. 32, S. 15–23. Zur Bedeutung dieser Annahme in Wielands späten Romanen vgl. Jan-Dirk Müller, Wielands späte Romane.

169) Vgl. »Wieland ist mein größtes formales Erlebnis neben August Stramm!« (NDK, S. 53/ FAUN, S. 96).

»intimen« und trivialen körperlichen Verrichtungen, auch physischen Alltäglichkeit, ausgesetzt den Zwängen eben dieser alltäglichen Welt.[170] Damit entfällt die didaktische Struktur. Im Roman der Aufklärung sind die Figuren »Demonstrationsobjekt des Autors in einem literarisch konkretisierten Gedankenexperiment«.[171] Die Lebensgeschichte Agathons etwa ist ein solches Experiment, das die am Eingang des Romans entwickelte philosophische Kontroverse entscheiden soll. Die Erkenntnis, die gesucht wird, entwickelt sich aus der Überprüfung vorgegebener Hypothesen an der fiktiven Empirie des Romans.[172] In *Aus dem Leben eines Fauns* stellt sich diese Struktur der Frage nicht ein. Der Text »beweist« nichts,[173] schon gar nicht die Berechtigung des Bewußtseins, das er präsentiert. Dies ist vielmehr immer schon vorausgesetzt, als ob es sich von selbst verstünde. Typisch ist demgemäß der Gestus der apodiktischen Behauptung. Auch *Brand's Haide* geht nicht von einer Alternative aus, die die Ereignisse des Textes zu entscheiden hätte. Das aufgeklärte Bewußtsein stellt sich vielmehr bereits am Beginn in der Form der oberflächlichen Alltagsrede vollständig dar: in der Klage über die Unvernunft der geschichtlich-politischen Welt und der Funktion der Religion als Perpetuierung dieser Unvernunft (Übervölkerung und kirchliche Sexualmoral), in der Thematik des äußeren Zwangs (Kriegsgefangenschaft), im

170) Es hat den Anschein, als entfalte sich beim frühen Arno Schmidt die Imitation des öffentlichen Raisonnements als Voraussetzung der didaktischen Intention in literarischen Nebenbereichen, vor allem in den Radio-Essays. Heiko Postma spricht von einer »Re-Institutionalisierung der Gesprächsform als solcher« (vgl. »Aufarbeitung und Vermittlung literarischer Traditionen«, S. 44–49, Zitat S. 44). »Zettels Traum« nennt für die Literatur-Essays explizit Wielands »Gespräche im Elysium« als Vorbild: »(Und da'n warn noch die ›Gespräche im ELYSIUM‹; (den'n Ich=Meine npr [= Nachtprogramme] nachgebildet hatte; [. . .]« (Zettel 11). Diese Selbstbestimmung innerhalb der Tradition geht aber insofern fehl, als die Radio-Essays diesen Charakter der Verständigung gegensätzlicher Positionen durch den Diskurs nicht haben. Die Anlehnung an Wieland geht, wie Übergewicht und dogmatische Sicherheit des älteren Sprechers zeigen, nicht auf die Imitation des Raisonnements, sondern auf Techniken der Dialogisierung populärwissenschaftlicher Inhalte. Jörg Drews bezweifelt denn auch mit Recht den Gesprächscharakter der Essays (vgl. »Phänomenologie der Gehirntiere«, S. 66–67). Zugleich moniert Heiko Postma den problematischen Charakter solcher Imitationen des Diskurses, da sie die sozialen Bedingungen übergehen, die zum Verschwinden des öffentlichen Raisonnements geführt haben. Prinzipiell geht es hier, um einem möglichen Mißverständnis vorzubeugen, weder bei den Funk-Essays noch bei den Romanen darum, Arno Schmidt vorzuwerfen, daß er nicht schreibe wie Wieland. Die Differenzen zur Tradition werden erst an dem Punkt interpretationsrelevant, wo sich Arno Schmidt auf diese Tradition beruft. Im übrigen zeigt das Werk Brechts, daß es durchaus möglich ist, lehrhafte Formen des 18. Jahrhunderts unter modernen Bedingungen zu erneuern, wenn man schon einmal beschlossen hat, die Literatur unter den Primat der praktischen Intention zu stellen.

171) Jörg Schönert, Fragen ohne Antwort, S. 190.

172) In meiner Dissertation »Roman und Naturwissenschaft. Eine Studie zur Vorgeschichte der deutschen Klassik« habe ich versucht, diese Struktur der »Geschichte des Agathon« ausführlicher darzustellen.

173) Wo dies nicht erkannt wird, liegt es nahe, die Oberflächlichkeit der Problembehandlung zu beklagen, wie dies Marcel Reich-Ranicki tut (vgl. »Arno Schmidts Werk oder Eine Selfmadeworld in Halbtrauer«, S. 305).

sozialen Ressentiment gegen die dörflichen Honoratioren (Lehrer und Pfarrer), die die etablierte und depravierte Intellektualität vertreten, im ästhetischen Programm der Hochschätzung »reiner Kunst« (Fouqué) gegenüber der journalistischen Arbeit, schließlich in der Beziehung zum Naturschönen (das herbstliche Ahornblatt).[174] Die genauere Textanalyse von *Brand's Haide* könnte zeigen, daß damit auch schon das Repertoire der Bewußtseinsinhalte vollständig versammelt ist. Der Text wird strukturiert durch die stets neue Konfiguration der Elemente. Sein Fortschreiten bringt keinen qualitativen Zuwachs. In immer neuen Situationen des monologischen Ich, mit immer neuen Einfällen, Zitaten und Reflexionen wird die thetische Setzung des Anfangs variiert. Damit entfernt sich Arno Schmidt gleichermaßen von der Struktur des Romans der Aufklärung, der nach der »richtigen« Interpretation der Wirklichkeit suchen muß, wie vom »traditionellen« modernen Roman, für den Wirklichkeit etwas ist, das sich der Darstellung entzieht und nur im Widerstand gegen das Subjekt erfahrbar wird.[175] *Brand's Haide* hingegen erfüllt lückenlos alle im voraus zitierten Erwartungen: Lehrer und Pfarrer sind tatsächlich so, wie zu erwarten war; angesichts der dörflichen Misere und ihrer Zwänge erweisen sich Natur und Kunst tatsächlich als ein Refugium, zu dem die erfüllte Sexualität komplimentierend hinzutritt; der Zwang der Verhältnisse zerstört tatsächlich das gewonnene Asyl. Die Texte Arno Schmidts sind notwendigerweise statisch. Sie reihen Situationen, die immer nur zeigen können, daß der Erzähler von Anfang an im Recht war.[176]
Damit wird die Quantität, die schlichte Frage nach der Länge der Texte, bei Arno Schmidt zu einem höchst komplizierten Problem. Einerseits können bereits Erzählungen von wenigen Seiten »den ganzen Arno Schmidt« enthalten. Sie bauen auf ein kleines anekdotisches Ereignis auf, dessen Kommentierung durch den Erzähler sein Bewußtsein hinreichend präsentiert.[177] Andererseits können, wie in *Zettels Traum*, die Expositionen des Eingangs[178] zu einer ganz exorbitanten Länge aufge-

---

174) NDK, S. 93–94/BRAND, S. 7–9.
175) Vgl. Hans Blumenberg, Wirklichkeitsbegriff und Möglichkeit des Romans, S. 24–25.
176) Die Erfüllung aller Erwartungen hat aber nichts mit der Vorausdeutung in der traditionellen Erzählkunst zu tun (vgl. dazu Eberhard Lämmert, Bauformen des Erzählens, S. 143–175, über die zukunftsgewissen Vorausdeutungen), da hier nicht der allwissend-auktoriale Erzähler oder das erinnernde Ich, sondern das erlebende Ich «prognostiziert«.
177) Vgl. etwa eine Erzählung wie »Schlüsseltausch« (TbZ, S. 17–21/SOMMER, S. 14–18). In »Aus dem Leben eines Fauns« ist mit Dürings erstem Arbeitstag und der sich anschließenden Nacht Lebenswelt und Bewußtsein der Figur in nuce bereits vollständig gegeben. Aktenstudium und Liebesverhältnis machen daraus einen kurzen Roman. Denkbar ist aber auch, daß bereits hier eine anekdotische Zuspitzung, etwa der sofortige sexuelle Kontakt mit Käthe, den Text abrunden könnte. Er ergäbe dann eine Erzählung im Umfang der Geschichten von »Trommler beim Zaren«. »Schulausflug« (TbZ, S. 66–78/SOMMER, S. 39–51) ist so strukturiert. Zu erwägen wäre, ob Arno Schmidts durchgängige Betonung des Kompositorischen nicht auch die andere Seite der tendenziellen Formlosigkeit seiner Texte ist.
178) Nach Jörg Drews, »Zettels Traum« Seite 1, sind auf der ersten Seite von »Zettels Traum« bereits alle thematischen Komplexe angespielt.

füllt werden. Genau genommen ist dieses Anschwellen ins Unermeßliche beim frühen Arno Schmidt durch die »Aufteilung« in kurze, voneinander scheinbar unabhängige Texte nur verdeckt.[179] Die Literaturkritik moniert gerne die Ähnlichkeit der Ich-Erzähler,[180] allgemeiner die Wiederholung »nicht nur der Gestalten, Motive und Situationen, sondern auch der Gags und Tricks, der Witze, Wortspiele und Marotten«.[181] Sinnvoll ist diese Kritik nur, legt man die traditionelle Vorstellung eines Oeuvres zugrunde, wo jedes Einzelwerk einen Problemkomplex abschließt und auf einer neuen Stufe wieder einsetzt.[182] Beim frühen Arno Schmidt hingegen werden die Inhalte des einmal gesetzten Bewußtseins innerhalb verschiedener Strukturtypen (Erinnerung, Gegenwart, Gedankenspiel), Personenkonstellationen (etwa die Wölfin, Lore, Frieda Thumann) und zeitgeschichtlicher Kontexte (Nationalsozialismus, frühe Nachkriegszeit, Bundesrepublik – DDR) fortlaufend variiert, ohne sich qualitativ zu verändern. Die Romane sind mithin nicht darauf angelegt, anhand einer fixierten Problemkonstellation Erkenntnisse über die wirkliche Welt zu vermitteln. Sie sind fortlaufende Autobiographie im Sinne einer Dichterbiographie, Dichterbiographie im Sinne einer Darstellung literarischen Bewußtseins, wobei die Variation der Bewußtseinskontexte darauf abzielt, dieses Bewußtsein in einer sukzessiven Totalität zu entfalten – ein Programm, das *Zettels Traum* dann in einem Text zu leisten unternimmt.[183]

---

179) Ein wichtiges Indiz für die »Familienähnlichkeit« der Texte ist ihre Publikationsform. Sie lassen sich in immer neuen thematischen Zusammenhängen anordnen, wobei sie untereinander jeweils als Fortsetzung oder Variation eines Themas erscheinen. 1949 erscheinen »Gadir«, »Leviathan« und »Enthymesis« gemeinsam unter dem Stichwort »Tod des Einzelgängers«. 1974 (Fischer-Taschenbuch) sind »Leviathan« und »Schwarze Spiegel« unter dem Stichwort »Weltuntergang« gesammelt. »Gadir und Enthymesis« bilden jetzt gemeinsam mit »Alexander oder Was ist Wahrheit« den Komplex der »griechischen Romane« (Fischer-Taschenbuch 1974). 1963 hatte »Schwarze Spiegel«, 1951 noch mit »Brand's Haide« vereinigt – zweierlei Nachkriegszeiten! –, die Trilogie »Nobodaddy's Kinder« abgeschlossen (Rowohlt Paperback). Thematische Grundlage ist die Konzeption der Zeitgeschichte als Geschichte von Katastrophen. Sicherlich steckt dahinter auch das verlagspolitische Prinzip der Mehrfachverwertung. Überraschend ist dabei doch, daß die verschiedenen Anordnungen jeweils durchaus sinnfällige Zyklen ergeben. Möglich ist dies nur, weil das gesamte Frühwerk nur ein Thema hat, eben die Präsentation des autobiographischen Dichterbewußtseins. Es ist im Grunde ein amorpher Text, der durch die variierenden Anordnungen nachträglich strukturiert wird. Die Technik der fortlaufenden Variation der Versatzstücke über die Grenzen der Einzeltexte hinaus bemerkt auch Josef Huerkamp, »Trommler beim Zaren«. Eine Interpretation, S. 11–12. Es entstehe der Eindruck, daß Arno Schmidt nur ein Buch schreibt.

180) Vgl. Werner Eggers, Arno Schmidt, S. 165.

181) Marcel Reich-Ranicki, Arno Schmidts Werk oder Eine Selfmadeworld in Halbtrauer, S. 309.

182) Thomas Mann formuliert dies in Erinnerung an die Publikumsreaktion auf »Königliche Hoheit«: »Ich zweifle nicht, daß ich dem Wunsch des deutschen Bürgertums am besten genügt hätte, wenn ich mein Leben lang lauter ›Buddenbrooks‹ geschrieben hätte. Eben das war aber nicht meine Sache und genügte den Ansprüchen nicht, die ich an mich selber stellte. Novarum rerum cupidus zu sein, darin schien mir immer die Ehre des Künstlers zu bestehen; ich suchte nach neuen Wegen; [. . .]« [Vorwort zu einer amerikanischen Ausgabe von »Königliche Hoheit«], in: Thomas Mann, Gesammelte Werke, XI, S. 572–577, Zitat S. 573–574.

183) So meint Jörg Drews, eine der Intentionen von »Zettels Traum« sei »die totale Wiedergabe eines total und zwanghaft literarisierten Bewußtseins« (»Zettels Traum« Seite 1, S. 23).

Die im Moritz-Essay formulierte und im Frühwerk zum Strukturprinzip gewordene Umakzentuierung vom Prozeß der Aufklärung über die wirkliche Welt zur totalen Darstellung eines aufgeklärten Bewußtseins innerhalb der wirklichen Welt verhindert, daß der intendierte Leser als Element des Textes zum Partner der Erkenntnis werden könnte, wie es für den Roman der Aufklärung typisch ist. Der Leserbezug des Erzählers etwa in der *Geschichte des Agathon* ist von der Annahme bestimmt, daß die Ergebnisse des Romans der Erwartung des Lesers nicht entsprechen, schon aus dem einfachen Grund, weil es sich um neue Erkenntnisse handelt. Wo die Literatur zum Erkenntnisorgan sui generis wird, da sind die Strukturen der Vermittlung von Erkenntnis ihr integraler Bestandteil. Im Roman erscheint dies als argumentierendes Gespräch mit dem Leser, das das öffentliche Raisonnement imitiert. Nun hat die Isolation Dürings als thematisches Moment strukturell dazu geführt, daß sein aufgeklärtes Denken nicht in den öffentlichen Formen der Argumentation, sondern in den privaten der Assoziation organisiert ist. Damit verschwinden aber nicht nur die Gesprächsmöglichkeiten im Roman selbst, auch das aufklärende Gespräch mit dem Leser wird unterbunden. Im Verhältnis zu ihm kehrt eben jene Beziehungslosigkeit wieder, die Dürings Stellung in der Figurenkonstellation des Romans kennzeichnet. Der intendierte Leser wird nicht »überzeugt«. Sein Part ist es, in einem Akt der Identifikation die Perspektive des monologischen Ich von Anfang an zu übernehmen.[184] Wieder beschreibt der Essay über die »Schreckensmänner« die eigene aporetische Praxis, wenn der *Anton Reiser* zwar zur plebejischen Tendenzliteratur stilisiert, zugleich aber die auf Wirkung bezogenen Strukturelemente so sehr unterdrückt werden, daß nur die Selbstdarstellung der singulären Existenz verbleibt.

Überraschenderweise gelangt Arno Schmidt damit trotz seiner Selbststilisierung als Aufklärer zu einer Form des Leserbezugs, wie sie für die Literatur des 17. und 18. Jahrhunderts vor der Rezeption der empiristischen Methodologie typisch ist.[185] Der Roman, das naturphilosophische,

---

184) An dieses Moment hätte eine Untersuchung des empirischen Leserverhaltens anzuknüpfen, sofern es von Text bedingt sein dürfte. Es scheint, als könne die Aufteilung des Publikums in eine Lesergemeinde und in heftig polemisierende Gegner so plausibel gemacht werden, daß die einen die Identifikation vollziehen, die anderen ablehnen. Die These stimmt zu einer strukturellen Beobachtung, die Josef Huerkamp für »Das steinerne Herz« getroffen hat (vgl. »Nr. 8. Materialien und Kommentar zu Arno Schmidts Roman: ›Das steinerne Herz‹«, S. 97). Danach gehen die Bemerkungen zur Prinzessin von Ahlden auf Arno Schmidts eigene Forschungen zurück. Sie werden im Text aber nicht in zusammenhängender Darstellung geboten, sondern sind so über den Text verteilt, daß sie der Leser zusammensuchen und dadurch den Forschungsprozeß selbst nachvollziehen muß. Die Rekonstruktion dürfte aber nicht als freies Weiterdenken einer Vorlage zu verstehen sein, sondern zwingt den Leser zur Identifikation mit den Denkbewegungen des Erzählers.

185) In meiner Dissertation »Roman und Naturwissenschaft. Eine Studie zur Vorgeschichte der deutschen Klassik« habe ich dies etwas näher auszuführen gesucht.

theologische oder moralische Lehrgedicht oder Brockes Naturlyrik zeigen, wenn auch in ganz anderen literarischen Formen, eben jene Apodiktik des Behauptens, die auch den frühen Arno Schmidt auszeichnet. Dort ist dies möglich, weil die Texte in einem vorgängigen Konsensus mit dem Leser fundiert sind. Sie brauchen nichts zu »beweisen«, weil sie nichts Neues sagen, sondern lediglich ein vorgegebenes Repertoire verbindlicher Annahmen literarisch reaktivieren. Die intendierte Funktion ist gleichsam die »Erinnerung« an den Konsensus. Dies schlägt sich auch in der realen Funktion der Texte nieder, die Predigtsammlungen oder Erbauungstraktate ersetzen.[186] Auch hier gehört, wie ein Blick auf den von Arno Schmidt so geschätzten Brockes zeigt, die Aufschwellung des Werkes durch Wiederholung des schon einmal Gesagten dazu. Sie ergibt sich aus der Gebrauchssituation.

Selbstverständlich ist die Rezeptionslage für die Texte Arno Schmidts völlig anders. Sie können für ihre praktischen Intentionen eben keinen vorgängigen Konsensus voraussetzen. Gleichwohl rechnet der Gestus apodiktischer Behauptung beim Erzähler mit einer solchen vorgängigen Übereinstimmung. Der Zusammenhang der aufklärerischen Elemente in Dürings Reflexionen ist ohne eine solche Vorverständigung mit dem Leser kaum einsichtig, geschweige denn akzeptabel. Dies dürfte zu einem guten Teil der Grund dafür sein, daß die Texte als schwer verständlich gelten, obwohl sie nicht hermetisch gemeint sind.[187] Sie setzen offenbar voraus, daß ihre Behauptungen jedem Vernunftbegabten ohnehin einleuchten, der Naturdefekt der Unvernunft durch »literarische Therapie« hingegen nicht zu beheben ist. Letztlich scheint damit der Leserbezug in einer überraschend naiven Erkenntnistheorie fundiert zu sein, so als ginge im Sinne eines Trivialempirismus aus Dürings Beschreibung seiner Lebenswelt deren richtige Interpretation wie Beobachtungsdaten unmittelbar hervor. Scheint so der Knoten durchhauen, so ergibt sich für den Autor nur noch der Befund, daß die vernunftbegabten Subjekte äußerst selten sind.[188] Die immanenten Probleme des Werkes werden auf das Verhalten der Rezipienten abgewälzt. Rechtfertigt der Pessimismus im thematischen Bereich des *Aus dem Leben eines Fauns* die Inaktivität des mentalen Aktivisten Düring, so rechtfertigt er auf der Ebene des Leserbezugs die tatsächliche hermetische Abgeschlossenheit der literarisierten aufklärerischen »Gebrauchsprosa«.

Zweifellos sind die bisherigen Überlegungen zur Textstruktur noch sehr

---

186) Vgl. Uwe-K. Ketelsen, Die Naturpoesie der norddeutschen Frühaufklärung, S. 35.

187) Der frühe Arno Schmidt wendet sich durchgehend gegen die dunklen Dichter. Vgl. etwa eine Sentenz wie: »– sein Buch *absichtlich unverständlich* macht nur der Narr oder der Scharlatan! –« (»Schwierigkeiten heute die Wahrheit zu schreiben«, S. 152).

188) Auch der seine Wirkung »optimistisch« einschätzende frühe Arno Schmidt rechnet nur mit 5% der Bevölkerung. Vgl. ebd. S. 144.

skizzenhaft und voreilig. Deutlich dürfte aber geworden sein, wie sehr sie von der Aporie bestimmt ist, wonach einerseits aufgrund von emanzipationsphilosophischen Versatzstücken praktische Intentionen reklamiert, andererseits aber diese Versatzstücke so organisiert werden, daß es nicht zum Diskurs mit dem intendierten Leser, sondern zur totalen Repräsentation eines aufgeklärten Bewußtseins kommt. Letztlich ist diese Aporie auf die Kontamination von Geschichtsphilosophie und Anthropologie zurückzuführen, indem die Texte auf die behauptete Misere der geschichtlich-sozialen Welt zugleich mit dem Streben nach Aufhebung der Deformationen und mit einer praktische Intentionen aufhebenden, zum Kunstwerk stilisierten Klage über die Misere reagieren. Allerdings bleiben an diesem Punkt zwei Fragen offen. Einmal ist zu untersuchen, wodurch denn nach der Grundkonzeption Arno Schmidts die Präsentation des Bewußtseins ihren spezifischen Kunstcharakter erhält, den er ja bereits der Selbstdarstellung der singulären Existenz im *Anton Reiser* zugesprochen hatte. Zum anderen ist dem merkwürdigen Phänomen nachzugehen, daß dem frühen Arno Schmidt die Aporie seiner Konzeption der Literatur offensichtlich nicht zum Problem geworden ist. Dem bisherigen ersten Eindruck nach scheint sie von einer trivial-empiristischen Erkenntnistheorie verdeckt zu werden, die die Inhalte der dargestellten Subjektivität als unmittelbare Resultate einer zwanglosen Beobachtung der Welt auszugeben geneigt ist. Dies ist näher zu untersuchen, zugleich ist nach der Verklammerung von Ästhetik und Erkenntnistheorie beim frühen Arno Schmidt zu fragen.

IV. »Erfahrungsseelenkunde« als »reine Kunst«. Zu Arno Schmidts »Berechnungen«

Das Phänomen einer »Subjektivierung« der Erzählung als Repräsentation eines Bewußtseins, das zugleich den außerliterarischen Anspruch auf die sachliche Richtigkeit des Gesagten bewahrt, führt zur Frage nach dem Realismusbegriff Arno Schmidts. Seine Diskussion bedürfte als Folie eines literaturwissenschaftlichen Realismusbegriffes, den ausführlich zu begründen hier nicht der Ort ist.[1] »Realismus« sei für den Zweck dieser Untersuchung weder als Bezeichnung eines wie auch immer zu bestimmenden ahistorischen Phänomens »wirklichkeitsgetreuer« Darstellung verstanden, noch als Name für die literarische Epoche von 1848 bis 1898. Gemeint ist eine epochenübergreifende literarische Entwicklung, die für sich in Anspruch nimmt, die »wirkliche Welt«[2] darzustellen oder ein »unverzerrtes Widerspiel *des* Lebens [. . . zu geben], das wir führen«.[3] Sie setzt in der Aufklärung dort ein, wo die »Nachahmung der Natur« als rhetorische Kategorie des aptum durch die Forderung einer Nachbildung empirischer Gegenstände ersetzt wird,[4] und endet mit dem Ästhetizismus der Jahrhundertwende, dem es nicht mehr um die mimetische Abbildung des Wirklichen, sondern um die Erzeugung des schönen Scheins geht.[5] Innerhalb der Rahmenforderung nach Darstellung der »wirklichen Welt« sind vor allem zwei Unterprobleme zu unterscheiden, deren Lösung in der Geschichte der Poetologie und Ästhetik nach Maßgabe der historischen Entwicklung differiert. Einmal stellt sich die Frage, welche Gegenstandsbereiche, Charaktere usw. unter dem Postulat des wirklichen Lebens darzustellen sind, zum anderen bewegt sich die Diskussion um Gattungen, Darstellungskonventionen und Stilmittel, die dem Leser den Eindruck des Wirklichen im Erzählten vermitteln. In der Regel tritt das Problem der Totalität hinzu. Der Text soll nicht einfach beliebige, wenn auch authentische Partikel der Wirklichkeit liefern, sondern im Einzelnen das Typische geben, so daß am individuellen Fall allgemeinere Zusammenhänge gesellschaftlicher oder auch charakterologischer Art erkannt werden können. Die Forderung reicht von Blanckenburgs *Ver-*

---

1) Als Überblick über die Problemlage vgl. Stephan Kohl, Realismus. Theorie und Geschichte.
2) Vgl. die Bestimmung des Romaninhalts bei Friedrich von Blanckenburg: »Der Romanendichter zeigt uns in seinem Werk wenigstens die *möglichen Menschen der wirklichen Welt.*« (»Versuch über den Roman«, S. 257).
3) Theodor Fontane, Der Zug nach dem Westen [Fassung aus dem Nachlaß], in: Th. F., Literarische Essays und Studien, 2. Teil, S. 653.
4) Zur Analyse dieser Entwicklung vgl. Hans Peter Herrmann, Naturnachahmung und Einbildungskraft. Zur Entwicklung der deutschen Poetik von 1670 bis 1740.
5) Vgl. Friedrich Nietzsche, Die Geburt der Tragödie aus dem Geiste der Musik.

such über den Roman[6] bis zu den grundsätzlichen Rezensionen Fontanes.[7]
Das Spezialproblem des deutschen poetischen Realismus ist mit dem Begriff der »Verklärung« umschrieben. Sie ist dort geleistet, wo zwar ein Bild des »wirklichen Lebens« gegeben, aber das bloß Häßliche und Prosaische ausgeklammert ist.[8] Die Darstellung muß obendrein nach den Postulaten der goethezeitlichen Ästhetik als »gerundet« erscheinen.[9]
Die *Berechnungen*[10] begründen neue Prosaformen, die »die Beschreibung und Durchleuchtung der Welt durch das Wort«[11] im Sinne »einer konformen Abbildung unserer Welt durch Worte«[12] ermöglichen sollen. Arno Schmidt unterstellt sich dem genuinen Anspruch realistischen Erzählens, die Welt so darzustellen, »wie sie wirklich ist«. Äußerungen außerhalb der *Berechnungen* zeigen, daß die Realismusforderung nicht allein darstellungstechnisch, sondern durchaus auch inhaltlich gemeint ist. Viel zitiert ist ein Diktum aus *Aus dem Leben eines Fauns.*

> *Jeder Schriftsteller* sollte die Nessel Wirklichkeit fest anfassen; und uns Alles zeigen: die schwarze schmierige Wurzel; den giftgrünen Natternstengel; die prahlende Blume(nbüchse).[13]

Es geht nicht einfach um die korrekte Darstellung von Wirklichkeitspartikeln, sondern um die Darstellung der Realität als Totalität, wobei die Metaphorik den prinzipiell negativen Charakter dieser »ganzen« Wirklichkeit andeutet. Der Erkenntniswert der Literatur ist denn auch nur

---

6) So etwa in Blanckenburgs Ausführungen über den geeigneten Charakter im Roman (vgl. »Versuch über den Roman«, S. 427–479).

7) Vgl. Theodor Fontane, Der Zug nach dem Westen [Fassung aus dem Nachlaß], in: Th. F., Literarische Essays und Studien, 2. Teil, S. 653–654.

8) Vgl. Theodor Fontane, E. Zola, La conquête de Plassans, S. 350, in: Th. F., Literarische Essays und Studien, 2. Teil, S. 347–355.

9) Vgl. Theodor Fontane, Der Zug nach dem Westen [Fassung aus dem Nachlaß]. Zu den Grundlinien des poetischen Realismus vgl. Wolfgang Preisendanz, Voraussetzungen des poetischen Realismus in der deutschen Erzählkunst des 19. Jahrhunderts.

10) Zu den »Berechnungen« vgl. Hartwig Suhrbier, Zur Prosatheorie von Arno Schmidt, bes. S. 5–26, dort auch mit brauchbaren Einsichten zum Realismusbegriff Arno Schmidts, und Reimer Bull, Bauformen des Erzählens bei Arno Schmidt. Ausführliche Paraphrasen der »Berechnungen« findet man in nahezu allen zusammenfassenden Beiträgen über Arno Schmidt. Allerdings hat sich die Forschung von der scheinbar recht vordergründigen Argumentation täuschen lassen, kurz und oberflächlich die Subjektivierung des Realitätsbegriffs konstatiert und ihr Interesse vornehmlich dem Zusammenhang von Prosatheorie und »Rastertechnik« (so besonders Bull) zugewandt. Tragweite und aporetische Verwickeltheit der Argumentationen Schmidts werden aber erst sichtbar, wenn man sie innerhalb der poetologischen und erkenntnistheoretischen Traditionen »realistischen« Erzählens betrachtet. Dies soll hier in Umrissen versucht werden.

11) R & P, S. 284/JUL, S. 235.

12) Ebd. S. 293/S. 243.

13) NDK, S. 22/FAUN, S. 36. Vgl. dazu auch Werner Riegel, Arno Schmidt, Dichtung oder Bluff?

dann gewährleistet, wenn sie keine Selektionen trifft. Arno Schmidt polemisiert entschieden gegen die Ausklammerung von Wirklichkeitsbereichen,[14] seien es zeitgeschichtliche Katastrophen und Mißstände,[15] sei es die »Fäkal- und Urogenitalsfäre«.[16] Im Sinne der aufklärerischen Traditionswahl dient die Mitteilung der Realitätsbereiche der Wirklichkeit der praxisorientierten Leserlenkung. Die Ausklammerung ist somit Schönfärberei, die innerhalb des religiösen und politischen Priestertrugs fungiert.[17] Implizit verwirft Arno Schmidt damit die Verklärungstendenzen des poetischen Realismus als antirealistisch.

Die Bedeutung der Formel von der »wirklichen Welt« kann immer nur historisch gefaßt werden.[18] Bezeichnend für Arno Schmidt ist, daß ihre Genese in den Kontext der Aufklärung gehört. Die Wendung bildet einen der entscheidenden Gesichtspunkte im *Vorbericht* zur *Geschichte des Agathon.* Anders als im poetischen Realismus und ähnlich wie bei Arno Schmidt, wenn selbstverständlich auch mit anderen inhaltlichen Konsequenzen, ist es gerade die Darstellung moralisch tabuisierter, aber empirisch »normaler« menschlicher Verhaltensweisen, die den Text wirklichkeitsgerecht macht. Die Argumentation ist dabei so angelegt, daß zunächst anhand philosophischer und naturwissenschaftlicher Theorien und Ergebnisse Aussagen über die »wirkliche Welt« getroffen werden. Der Roman gibt sie zutreffend wieder, wenn er in Analogie zu ihren Vorkommnissen und Gesetzen verfährt.[19] Sind die Prinzipien der wirklichen Welt bekannt, so kann das Problem der Romanpoetik als bloßes Problem der Darstellung aufgefaßt werden. Die Probleme der Beobachtung und der Formulierung von Gesetzen können aus ihren Überlegungen ausgeklammert werden, da eine paradigmatische Wissenschaft – im Falle Blanckenburgs empiristisch-mechanistische Umformungen der Leibnizschen Metaphysik – die fraglos zuverlässige Erkenntnis liefert.

---

14) Vgl. Hartwig Suhrbier, Zur Prosatheorie von Arno Schmidt, S. 15.

15) Dies einer der leitenden Gesichtspunkte der Polemik gegen Stifter, vgl. DYA, S. 196–203/NACHRICHTEN 2, S. 115–119, oder gegen die Weimarer Klassik, vgl. BEL, S. 317–318/TINA, S. 93–94. Arno Schmidt erwägt die Möglichkeit nicht, daß die genannten Texte indirekt, über die Utopie oder die Ästhetisierung der Wirklichkeit, auf die zeitgeschichtliche Lage reagiert haben könnten. Dies zeigt, wie sehr sein Realismusbegriff auf die direkte, unmittelbar abbildende Wiedergabe von Realien ausgerichtet ist.

16) DYA, S. 407/TINA, S. 14. Das Verschweigen des Sexuellen ist ein weiteres Moment der Stifter-Polemik, vgl. RITTER, S. 310–311.

17) So etwa, wenn Marat gegen Stifter ausgespielt wird, vgl. ebd. S. 303.

18) Zur Historizität des Realitätsbegriffs vgl. Erich von Kahler, Die Verinnerung des Erzählens.

19) Vgl. »Dichter heißen so gerne Schöpfer. Ich glaube, daß sie nur dann diesen Namen verdienen, wann sie ihren Werken so viel Aehnlichkeit, als es möglich ist, mit den Werken des *Uneingeschränkten* zu geben wissen. [. . .]

Wenn der so gepriesene Grundsatz der Nachahmung irgend einen Sinn hat: so ists wohl kein andrer, als der: verfahret in der Verbindung, der Anordnung eurer Werke so, wie die Natur in der Hervorbringung der ihrigen verfährt.« (Friedrich v. Blanckenburg, Versuch über den Roman, S. 312–313).

Diese Konstellation bei Blanckenburg ist keineswegs singulär. So oder ähnlich bestimmt sie durchaus die Geschichte der Romanpoetik, soweit sie sich als »realistisch« versteht. Der von Arno Schmidt hochgeschätzte Gutzkow[20] argumentiert im Vorwort zur ersten Auflage von *Die Ritter vom Geiste*[21] ganz ähnlich, nur daß mit der Betonung der Vielfalt ständisch bedingten Lebens und der realen Unerheblichkeit und Ereignislosigkeit individueller Lebensgänge andere Aussagen über die Realität vorausgesetzt werden als bei Blanckenburg. Auf der romanpoetologischen Ebene der Darstellungsprobleme verwirft er demgemäß den Bildungsroman und deduziert an seiner Stelle den »Roman des *Nebeneinander*«.[22] Aber auch hier kann das Wissen über die »wirkliche Welt« apodiktisch eingeführt werden. Für den Erzähler ergibt sich keine Schwierigkeit, es in der Beobachtung der Realität wiederzufinden. Konsequenz daraus ist der Vergleich seiner Perspektive mit der des »in den Lüften schwebenden Adlers«.[23]

Mit der Wendung von der »konformen Abbildung unserer Welt durch Worte« reiht sich Arno Schmidt nur scheinbar in die skizzierte Tradition ein, wie er denn auch, trotz aller Hochschätzung, keine sozialen Romane im Sinne Gutzkows geschrieben hat. Dabei ist es von den Philosophemen des *Leviathan* aus zunächst einmal überraschend, daß die Leerformel von der »wirklichen Welt« nicht mit ihrer Hilfe konkretisiert und dann auf die literarische Realisierung hin diskutiert wird. Arno Schmidt thematisiert vielmehr das im 18. und 19. Jahrhundert weithin übergangene Problem der Beobachtung selbst.

Grund dafür mag der sogenannte Agnostizismus Arno Schmidts sein.[24] In *Aus dem Leben eines Fauns* wird er, wiederum im Rückgriff auf die Allgemeine Relativitätstheorie, naturspekulativ begründet.[25] Gehirn und Wahrnehmungsapparat des Menschen entwerfen ein so unzuverlässiges Bild vom Universum, daß generelle Spekulationen unsinnig sind.[26] Die prinzipielle Skepsis gilt nicht nur für den natürlichen, sondern auch für den gesellschaftlichen und geschichtlichen Bereich. Heiko Postma führt Arno Schmidts Abneigung gegen das literaturwissenschaftliche Theoretisieren auf eben jene agnostizistische Grundhaltung zurück.[27] Wie damit das Moment von der Wahrheitsmächtigkeit der Vernunft, die sich für Arno Schmidt in den Naturwissenschaften manifestiert, zu verbinden sei, wird

---

20) Vgl. RITTER, S. 6–54/NACHRICHTEN 2, S. 84–113.

21) Vgl. Karl Gutzkow, Die Ritter vom Geiste, Bd. I, S. 39–43.

22) Ebd. S. 42.

23) Ebd.

24) Vgl. auch das recht eindeutige Bekenntnis TbZ, S. 207–208/JUL, S. 72.

25) Vgl. NDK, S. 31–32/FAUN, S. 54–55.

26) Vgl. Klaus Podak, Weltanschauung und Sprache, S. 21, zur naturwissenschaftlichen Fundierung des Agnostizismus.

27) Vgl. Heiko Postma, Aufarbeitung und Vermittlung literarischer Traditionen, S. 75.

noch zu besprechen sein.[28] Für die Romanpoetik führt die Verunsicherung zum Bestreben, zur Fundierung auf das unmittelbar und zweifelsfrei Gegebene zurückzugehen.[29] Wendungen wie »man erinnere sich«,[30] »man rufe sich am Abend den vergangenen Tag zurück«[31] oder »Jeder vergleiche sein eigenes beschädigtes Tagesmosaik«[32] zeigen, daß diese Fundierung in vortheoretischen, allgemein zugänglichen und plausiblen Alltagserfahrungen gesucht wird.

Unmittelbar und zweifelsfrei gegeben in der Evidenz der Selbstbeobachtung ist für Arno Schmidt der sinnliche Eindruck.[33] In seiner Analyse gelangt er zu einem »Empfindungspositivismus« ganz eigener Art. Anders als in der klassischen Experimentalpsychologie[34] geht es ihm nicht um die Zerlegung der komplexen Empfindungen zu letzten einfachen Einheiten, sondern um eine Beschreibung der psychischen Mechanismen, durch die die chaotische Fülle der Eindrücke geordnet wird. Im aufnehmenden Subjekt sind sie selbsttätig und unbewußt. Das Gedächtnis hält kleine, sekrete »Erlebniseinheiten« fest.[35] Der Rückblick auf den verflossenen Tag zeigt ihre Abfolge als »Perlenkette«.[36] Die Erinnerung an lange zurückliegende Ereignisse arbeitet ähnlich, nur daß hier das Gedächtnis statt kleiner Erlebniseinheiten zusammenhängende Bilder reproduziert, an die sich weitere Erinnerungskomplexe anschließen.[37] Der Selektionsprozeß verläuft nach Arno Schmidt unbewußt und ist der weiteren psychologischen Forschung nicht zugänglich.[38] Im kühnen bio-

---

28) Auffallend ist in diesem Zusammenhang immerhin, daß die Konzeption vom Leviathan trotz aller Bekenntnisse zum Agnostizismus keineswegs zurückgenommen ist. Innerhalb des »empfindungspositivistischen« Argumentationsgangs von Berechnungen I wird die »Urexplosion des Leviathan« (R & P, S. 287/JUL, S. 237) wie eine ganz bekannte Tatsache behandelt.

29) Dies ist zweifellos erkenntnistheoretisch naiv, da alle »Beobachtungen« bereits theoriegeleitet sind. Bezeichnend ist, daß verschiedene philosophische Schulen unter dem »unmittelbar Gegebenen« ganz verschiedenartige Dinge verstehen können. Dies belegt wiederum, wie sehr bei Arno Schmidt Methodologie und Erkenntnistheorie hinter seiner Vertrautheit mit naturwissenschaftlichen Ergebnissen zurückbleiben.

30) R & P, S. 285/JUL, S. 237.

31) Ebd. S. 290/S. 240.

32) Ebd.

33) Vgl. Jörg Drews, Arno Schmidt vor »Zettels Traum«, S. 171, über die »unmittelbaren sinnlichen Gewißheiten«.

34) Vgl. dazu Hubert Rohracher, Einführung in die Psychologie, der in Darlegung und Wissenschaftsauffassung weitgehend von dieser Richtung bestimmt ist.

35) Vgl. R & P, S. 291/JUL, S. 241.

36) Ebd.

37) Vgl. ebd. S. 285–286/S. 235–236.

38) Hier zeigt sich der Abstand des frühen Arno Schmidt zu Freud eklatant. Die oberflächliche erste Rezeption der Psychoanalyse, die Jörg Drews (Arno Schmidt vor »Zettels Traum«, S. 178) andeutet, kann für die »Berechnungen« nicht wichtig geworden sein. Zeigt doch etwa »Zur Psychopathologie des Alltagslebens« deutlich, wie sehr Vergessen und Erinnern, auch in scheinbar banalen Fällen, unbewußt gesteuert sind und einen erkennbaren Sinn haben. Übrigens hat sich auch schon die Experimentalpsychologie ausführlich mit Assoziationsexperimenten beschäftigt. Der Charakter der Wunscherfüllung, wie er in »Berechnungen II« für das Längere Gedankenspiel angenommen wird, mag hingegen mit Freud in Verbindung zu bringen sein. Vgl. »Der Dichter und das Phantasieren«, Studienausgabe Bd. 10, S. 171–179.

logistischen Rekurs wird alles der nicht weiter aufhellbaren »anhaftenden Eigentümlichkeit unserer Gehirnstruktur«[39] zugeschlagen.
Das Gegebene, auf dessen Wiedergabe sich die Realismusforderung Arno Schmidts bezieht, erweist sich somit als das Bild, das das Bewußtsein von komplexen Erlebniszusammenhängen nach Ausfällungen durch unbewußte Selektionen bewahrt hat. Arno Schmidt nennt als Beispiele für solche Komplexe die »Volksschule« oder »alte Sommerreise«.[40] Je nach ihrem Verlaufsmuster können die Erlebniskomplexe weiter differenziert werden. So hängen für den Bewußtseinsakt »Erinnerung« Umfang, Anzahl und zeitliche Dichte der Bilder von »Bewegungskurve und Tempo des Handelnden im Raum« ab,[41] wobei Arno Schmidt je nach Gewichtung der Komponenten eine systematische Typologie zu erarbeiten sucht. Für den Bewußtseinsakt »Erlebnis der Gegenwart« gilt ähnliches.
Gemäß des »wahrnehmungspsychologischen« Ansatzes ist Literatur dann »realistisch«, wenn sie die Struktur der psychischen Akte in den Strukturen der Prosaformen adäquat wiedergibt. Entscheidend ist, daß ihr Gegenstand nicht die psychischen Akte selbst, also etwa der empirisch-psychische Vorgang des Erinnerns, sind, wie ja die Situation des Erinnerns im Frühwerk Arno Schmidts selten ist.[42] Der Text hat vielmehr das Bild von einer Welt zu zeigen, das von einem unvollkommenen und deshalb selegierenden Wahrnehmungsapparat entworfen wird. Offen darf vorläufig bleiben, ob dieses als ein defizientes Bild der objektiven Realität aufgefaßt werden soll oder ob Arno Schmidt in Richtung eines subjektiven Idealismus tendiert.
Auf jeden Fall treffen von den Annahmen der *Berechnungen* aus jene erzählenden Gattungen das Verdikt, deren Erlebniskomplex so umfangreich ist, daß er psychologisch wahrscheinlich gar nicht erinnert werden kann. Dies gilt vornehmlich für den Lebensgang in seiner Gesamtheit. Arno Schmidt teilt offenbar Diltheys am Alterswerk Goethes orientierten Erkenntnisoptimismus nicht, daß der individuelle Lebensgang anhand des Verstehens seiner schriftlich fixierten Lebensäußerungen als kontinuierlich sich entfaltender Sinnzusammenhang zu erfassen sei.[43] Die

---

39) R & P, S. 285/JUL, S. 236.
40) Ebd. S. 285/S. 235.
41) Ebd. S. 286/S. 237.
42) Als Ausnahme vgl. etwa die Erinnerung an den Weihnachtsabend, NDK, S. 11–12/FAUN, S. 17–18, wo die Erinnerung sich allerdings auch ungewollt als Erlebniseinheit der Gegenwart einstellt, nicht der Versuch einer Rückerinnerung der Vergangenheit gemäß seiner psychischen Mechanismen vorgeführt wird. Überraschenderweise sind die (Autoren?)erinnerungen, die in »Abend mit Goldrand« auf die drei Protagonisten verteilt sind, in der Form der autobiographischen Erzählung traditioneller Form gehalten, wobei auch hier der Akt des Erinnerns selbst ausgespart bleibt. Angesichts der intensiven Freud-Rezeption beim späten Arno Schmidt ist dies um so erstaunlicher, als die Aufdeckung der verdrängten Vergangenheit in der freien Assoziation in der psychoanalytischen Therapie von fundamentaler Bedeutung ist.
43) Vgl. Wilhelm Dilthey, Der Aufbau der geschichtlichen Welt in den Geisteswissenschaften, S. 98–99.

Polemik gegen Goethes Gespräche mit Eckermann[44] und gegen *Dichtung und Wahrheit*[45] deutet an, daß die dort entfaltete Ganzheit durch fiktionale Interpolationen entstanden sei, das Ganze eben nicht die ganze Wahrheit, sondern die Illusion ist. Diese fungiert wiederum im Bereich des »Priestertruges«, da sie den negativen Charakter der »ganzen Wirklichkeit« verbirgt und den Menschen als »singuläres überlegenes ›Abbild‹ Gottes« entwirft, ohne seinen »mangelhaften Sinnesapparat« innerhalb einer unvollkommenen Welt zu berücksichtigen.[46] Demgemäß gehört der Bildungsroman bei Arno Schmidt zu den schlechtesten Gattungen, da die mit der Natur des Menschen gegebene Diskontinuität des Lebens allenfalls die Erfassung zeitlich abgegrenzter Erlebniskomplexe gestattet.
Die Wendung von der Diskontinuität des Lebens dürfte modernistischer klingen als sie ist, auch wenn sie in *Aus dem Leben eines Fauns* mit großer Entschiedenheit vorgetragen wird:

> *Mein Leben*?!: ist kein Kontinuum! (nicht bloß durch Tag und Nacht in weiß und schwarze Stücke zerbrochen! Denn auch am Tage ist bei mir der ein Anderer, der zur Bahn geht; im Amt sitzt; büchert; durch Haine stelzt; begattet; schwatzt; schreibt; Tausendsdenker; auseinanderfallender Fächer; der rennt; raucht; kotet; radiohört; »Herr Landrat« sagt: that's me): ein Tablett voll glitzernder snapshots.[47]

Es hat den Anschein, als knüpfe Arno Schmidt an die Thematisierung der »Krise des Erzählens« an, die, in die Literatur der Jahrhundertwende zurückreichend, die Romandiskussion der zwanziger Jahre beherrscht hat. Problematisch scheint es, auch angesichts dessen, was über die Bildungsgeschichte Arno Schmidts zu mutmaßen war, den Zusammenhang allein auf derart singuläre Statements zu stützen. Auf jeden Fall sind die »weltanschaulichen« Begründungszusammenhänge, in denen sie stehen, ebenso zu berücksichtigen wie die Erzählformen, mit denen die fundierenden Annahmen dann tatsächlich realisiert werden.
Nun hat die Diskussion um die Krise des Erzählens als Diskussion um die Krise der Literatur überhaupt selbst vielfache Wurzeln. Zumindest verbinden sich erkenntniskritische Überlegungen mit der sozialgeschichtlichen Selbstdeutung der Autoren. So führt eine Reflexion Ulrichs in Musils *Der Mann ohne Eigenschaften* die Destruktion der »erzählerischen Ordnung« auf die Komplexität der modernen Industriegesellschaft zurück, die von der ländlichen Gesellschaft abgegrenzt wird. Eben diese Komplexität

---

44) Vgl. R & P, S. 291/JUL, S. 241.
45) Ebd. S. 285/S. 236.
46) Ebd. S. 291/S. 241.
47) NDK, S. 7/FAUN, S. 9–10.

macht es unmöglich, den menschlichen Lebensgang im Sinne Blanckenburgs als kausale Abfolge von Ereignissen innerhalb dieses Lebensganges selbst zu rekonstruieren.[48] Dies führt zum Verlust des individuellen Charakters, da eine Person vielfältige, miteinander nicht koordinierte soziale Rollen auszufüllen hat,[49] wie denn auch Düring von der Vielfalt seiner Rollen spricht. Bei Musil ist damit das an das Fortschreiten des historischen Prozesses gebundene Phänomen der »Entfremdung« angesprochen.[50] Arno Schmidts strikt anthropologisierender Rekurs auf Sinnesapparat und Gehirnfunktion schließt jedoch dergleichen Überlegungen aus. Wo die Apperzeption von Realität allein von biologischen Faktoren abhängig ist, kann sie im historischen Prozeß keinen Wandlungen unterliegen.[51] Dies erklärt Arno Schmidts technizistisch-ahistorische Konzeption der literaturgeschichtlichen Entwicklung.[52] Ihre Grundlage ist die entschieden normative Poetik, die der Literatur ein für alle Mal die Aufgabe einer Darstellung der wirklichen Welt nach Maßgabe ihrer sinnlichen Erfaßbarkeit zuweist.[53] Innerhalb der Konstanz der Problemstellung erscheint die Geschichte des literarischen Formenwandels als Abfolge aufeinander aufbauender Lösungsversuche. Partialprobleme können durch optimale Leistungen endgültig abgeschlossen werden.[54] Innovationen, wie Arno Schmidts eigene Entwicklung neuer Prosaformen, werden als quasi wissenschaftliche Entdeckungen aufgefaßt, die schon immer vorhandenen Sachverhalten der Natur gelten. Die Literaturgeschichte entwickelt sich in Analogie zur Wissenschaftsgeschichte – jedenfalls so, wie diese traditionell verstanden wird.

Allerdings wird die Diskontinuität des Lebens auch in der zeitgenössischen Diskussion nicht durchweg mit den Wandlungen der sozialen Lebenswelt begründet. Am Anfang stehen erkenntnis- und wahrnehmungspsychologische Überlegungen, die hinter die geschichtliche Ver-

---

48) Vgl. Robert Musil, Der Mann ohne Eigenschaften, S. 647–654.

49) Vgl. ebd. S. 34.

50) Die Probleme dieses Begriffs seien hier nicht erörtert. Er hat auch in der Erneuerung der Diskussion um den Roman in den fünfziger Jahren eine Rolle gespielt. Vgl. Theodor W. Adorno, Standort des Erzählers im zeitgenössischen Roman. Es scheint keine Indizien für eine Notiznahme Arno Schmidts zu geben.

51) Historisch bedingt sind allenfalls die Inhalte der Assoziationen innerhalb der invarianten Struktur der Apperzeption. Vgl. »Berechnungen II«, R & P, S. 307–308/JUL, S. 255, wo aus diesem Grunde vor historischen Stoffen gewarnt wird.

52) Vgl. Hartwig Suhrbier, Zur Prosatheorie von Arno Schmidt, S. 5, und Heiko Postma, Aufarbeitung und Vermittlung literarischer Traditionen, S. 24 und S. 107.

53) Die Polemik gegen Goethe, Stifter oder Klopstock zeigt, daß die Realismusforderung als Wertungskriterium historisch invariant gehandhabt wird. Auch die Zurückführung der »gebräuchlichsten Prosaformen« auf »soziologische Gepflogenheiten« (R & P, S. 283/JUL, S. 234) ist nur scheinbar historisierend, da diese »Gepflogenheiten« (»Gespräch zwischen mehreren«) so allgemein beschrieben werden, daß sie keinem historischen Wandel unterliegen.

54) So sind etwa Wielands Prosaformen optimale Muster, sein »Aristipp« eine endgültige Lösung des Problemkomplexes Briefroman. Vgl. ebd. S. 283–284/S. 234.

fassung des Menschen zurückgehen. Historisch gesehen dürfte die sozialgeschichtliche Analyse der Diskontinuität, wie sie in den zwanziger Jahren beginnt, eher eine nachträgliche Reformulierung der dort formulierten Thesen sein. Gemeint ist die Erkenntnistheorie Ernst Machs wie ihre tiefgreifende literarische Wirkung.[55] Arno Schmidt teilt mit Mach die Vorstellung vom sinnlichen Empfindungskomplex als Ausgangspunkt jeder Erkenntnistheorie. Freilich erhält er bei Mach nicht den Status der letzten Gegebenheit, sondern wird experimentalpsychologisch in weitere einfache Empfindungselemente (Farben, Töne, Gerüche, Druckstellen usw.) zerlegt. Körper sind, ebenso wie der menschliche Leib und das Ich, relativ konstante Vergesellschaftungen solcher Elemente, die aus bloß denkökonomisch zu rechtfertigender Konvention als dauerhafte Gegenstände aufgefaßt werden. Aufgabe der Wissenschaft ist die einfachste Beschreibung der Regularitäten, nach denen Empfindungselemente miteinander vergesellschaftet sind. Nach einer bloßen Konvention werden Untersuchungen über den Zusammenhang von »physischen« Empfindungseinheiten untereinander der Physik, Untersuchungen über das gemeinsame Auftreten von »psychischen« und »physischen« Empfindungseinheiten der Psychologie zugerechnet, ohne daß damit eine ontologische Unterscheidung von Seinsbereichen getroffen wäre.

Die Konzeption Machs destruiert klassische, längst in das alltägliche Denken übergegangene philosophische Vorstellungen, so die Opposition von Subjekt und Objekt und die Dichotomie von Substanz und Akzidens. Gerade diese Vorstellungen tragen aber auch noch die realistische Erzählkunst des 19. Jahrhunderts, etwa in der Konzeption des Erzählers, der als abgegrenztes Individuum der Welt der Erscheinungen gegenübersteht,[56] oder in dem Anspruch, aus der Fülle der Erscheinungen wesentliche, substanzielle Momente im Sinne einer Modellbildung herausgreifen zu können.[57] Die dadurch ausgelöste Irritation dürfte einer der Gründe für Machs eminente literarische Wirkung gewesen sein. Im Falle Hofmannsthals sieht sie Gotthart Wunberg im Moment der Depersonalisation belegt, also im Gefühl der Fremdheit gegenüber der vertrauten Lebenswelt, den früheren Lebensstufen des eigenen Ich und gegenüber dem eigenen Körper.[58] Ebenso tiefgreifend ist die Wirkung in Hofmanns-

---

55) Vgl. Ernst Mach, Die Analyse der Empfindungen und das Verhältnis des Psychischen zum Physischen. Zu den literarischen Konsequenzen vgl. vor allem Gotthart Wunberg, Schizophrenie als dichterische Struktur, und Manfred Diersch, Empiriokritizismus und Impressionismus.
56) Vgl. Gutzkows Charakterisierung des Erzählers: »Er sieht aus der Perspektive des in den Lüften schwebenden Adlers herab und hat eine Weltanschauung, neu, eigentümlich«. (»Die Ritter vom Geiste«, S. 42).
57) So durch die Auswahl ständisch und charakterologisch repräsentativer Figuren: »Kurz konnte sie [die Geschichte] ihrer Natur nach nicht werden, denn um Millionen zu schildern, müssen sich wenigstens hundert Menschen vor deinen Augen vorüberdrängen.« (ebd.)
58) Vgl. dazu vor allem Wunberg, Schizophrenie als dichterische Struktur.

thals *Ein Brief.* Werden Wörter sprachphilosophisch trivial als Bezeichnungen für Gegenstände aufgefaßt, so führt die Destruktion des Begriffs des Gegenstandes zur Sprachskepsis. Nun gehen Hofmannsthals Überlegungen gewiß nicht auf die Probleme der Erzählkunst, die Zersetzung der individuellen Person mit all ihren strukturellen und erzähltechnischen Konsequenzen ist gleichwohl ein Signum des modernen Romans.[59]

Arno Schmidts *Berechnungen* erreichen dieses Stadium der Destruktion gerade nicht. Entscheidend ist, daß die Empfindungskomplexe nicht weiter zerlegt werden, um von hier aus die konventionellen Vorstellungen von Gegenstand und Bewußtsein zu problematisieren. Arno Schmidt wendet sich vielmehr gerade der synthetisierenden Arbeit des Bewußtseins zu. Über den diskontinuierlichen Sinneseindrücken und den sie begleitenden psychischen Akten steht die ordnende und konstruierende Instanz des Autors. Er hat, »um überhaupt verständlich zu werden, dem Leser die Identifikation, das Nacherlebnis, zu erleichtern, aus diesem persönlich-gemütlichen Halbchaos eine klare gegliederte Kette zu bilden.«[60] Für den Leser bedeutet dies, daß ihm scheinbar kontinuierliche psychische Prozesse nicht so weit in ihre »Teile« zerlegt werden, bis die Empfindung der Kontinuität und damit der Konsistenz des Ego schwindet, sondern daß ihm die Reproduktion jener Alltagserfahrungen geboten wird, die der konsequente Empfindungspositivismus gerade als Illusion destruiert. Aufgabe des Autors ist es, beim Leser die *»Illusion eigener Erinnerung* suggestiv zu erzeugen«,[61] also gerade nicht die spezifischen Reflexionen »modernen Erzählens« auszulösen.

Für die Instanz des Autors ist die illusionierende Tätigkeit nicht als Produktion von Schein gefaßt, sondern an die Realismusforderung gebunden. Das heißt jedoch, daß in die konstruktive Anordnung Wissen über die »wirkliche Welt« eingeht, das vom strikten Empfindungspositivismus aus nicht zu gewinnen ist, sondern in alltäglichen Denkgewohnheiten fundiert ist. So entwickeln die *Berechnungen* als Konstruktionspläne von Prosatexten Strukturtypen von Lebensverhältnissen und Geschehensabläufen (z. B. »Transporte«, »Kleine Welt«, »Verbotener Bereich«[62]), die so nur aufgestellt werden können, wenn ein konsistentes Ego in raumzeitlicher, kausaler Beziehung zu einer verständlichen Lebenswelt

59) Vgl. Erich von Kahler, Untergang und Übergang der epischen Kunstform, S. 14.
60) R & P, S. 285/JUL, S. 236.
61) Ebd. S. 286/S. 236. Wendungen wie diese lassen Oswald Wiener mit Recht behaupten, daß die Erzählkunst Arno Schmidts »rückwärtsgewandt« sei. Sie zeigen, daß er in der realistischen Illusionsästhetik verhaftet geblieben ist. Wiener erklärt dezidiert: »die moderne literatur entsteht aus dem scheitern des versuchs, das detail zu erfassen.« (»Wir möchten auch vom Arno-Schmidt-Jahr profitieren«, S. 29). Pointiert läßt sich dagegen formulieren, für Arno Schmidt gehe die Problematisierung von Beobachtung und Mitteilung eben so weit, daß für ihn nur noch die Details erfaßt werden können.
62) R & P, S. 286–289/JUL, S. 236–240.

gedacht wird. Trotz des programmatisch modernistischen Versuchs, die Strukturtypen »geometrisch« zu explizieren, mündet der Ansatz in die Bewahrung des pragmatischen Nexus konventionellen Erzählens, erinnert in dem Bestreben, Verlaufsprozesse »formal« zu fassen und Regeln für das »Timing« der Handlung aufzustellen, durchaus an so altehrwürdige Konzeptionen wie Freytags *Die Technik des Dramas.*[63] Auf jeden Fall deutet die Bewahrung des pragmatischen Nexus auf Arno Schmidts Abstand zur Romandiskussion der zwanziger Jahre.[64]

Im Argumentationszusammenhang der *Berechnungen* ist die kausale Struktur der Texte, der realistischen Ausgangslage entsprechend, mit unterschwelligen naturwissenschaftlichen Spekulationen verbunden, die ihrerseits wieder mit trivialmetaphysischen Versatzstücken arbeiten. So ist die Struktur der psychischen Akte Ergebnis der Gehirnfunktionen. Die Wendung legt zumindest den Gedanken nahe, daß das Ich als personale Einheit im Sinne eines metaphysisch-systematischen Materialismus mit der denkenden »Substanz« des Gehirns gleichgesetzt wird. Die Bewegungen im Raum, die den Erzählrhythmus wesentlich bedingen, sind »gesetzmäßig festgelegt und geregelt durch die Urexplosion des Leviathan«.[65] Sie sind damit auf ein Prinzip von objektiver Realität zurückgeführt. Das Universum erscheint, ganz im Sinne der mechanistisch-metaphysierenden Popularphilosophie des 18. und 19. Jahrhunderts als kausal eingespielter Mechanismus. So ist es auch nicht mehr verwunderlich, daß innerhalb eines so interpretierten Universums die kausal determinierte Kontinuität individueller Lebensgänge gar nicht geleugnet werden kann, wie denn Arno Schmidt stets für den Determinismus und gegen die

---

63) Bezeichnenderweise finden sich bei Arno Schmidt zahlreiche positive Hinweise auf Gustav Freytag. Vgl. etwa die doch auch wieder respektvolle Aufnahme in die Reihe der größten nachgoetheschen Dichter: »Der Teufel stach mich, und ich gab Gustav Freytag zu« (DYA, S. 122/NACHRICHTEN 2, S. 199). «Die Technik des Dramas« dürfte ohnehin Schulstoff gewesen sein.

64) Hochproblematisch scheint es deshalb auch, wenn Jürgen Manthey (vgl. »Arno Schmidt und seine Kritiker. Bemerkungen zur Artistik in der Zeit«) Arno Schmidt aufgrund der »Berechnungen« als Artisten in der Nachfolge Benns einstuft. Die Bruchstücke der Erfahrung werden keineswegs durch das autonome Bewußtsein zu einer neuen »symbolistischen« Einheit zusammengefügt, deren Ordnungskategorien allein vom Ich geschaffen sind. Hartwig Suhrbier (Zur Prosatheorie von Arno Schmidt, S. 6). bemerkt zutreffend, daß Arno Schmidt bei aller Phantastik und Raffinesse immer ein fundamentum in re suche. Das heißt aber, daß die Bruchstücke der Erfahrung nach der »wirklichen« Struktur des Vorgangs geordnet werden, der Dichter also, ganz im Sinne herkömmlicher realistischer Poetik, bei seiner Hervorbringung in Analogie zur Natur verfährt (vgl. dazu Blanckenburg, Versuch über den Roman, S. 312–313). Genauer zu untersuchen wäre, wieweit Arno Schmidts gelegentliche Hinweise auf Döblin als zutreffende literarische Selbsteinschätzung zu werten sind. Marcel Reich-Ranicki (vgl. »Arno Schmidts Werk oder Eine Selfmadeworld in Halbtrauer«, S. 297) verweist auf den »Kinostil« Döblins. Es ist denkbar, daß das Vorbild der Eliminierung des Überflüssigen im Erzählen und die »sekündlich wechselnden Szenen« die eher traditionellen Vorannahmen Arno Schmidts zu modernen Erzählformen geführt haben.

65) R & P, S. 287/JUL, S. 237.

Vorstellung von der Willensfreiheit votiert, ohne die Möglichkeit des philosophischen Scheinproblems zu erwägen.
Der »mangelhafte Sinnesapparat« erlaubt es nur nicht, diese Kontinuität auch wahrzunehmen und damit zur Grundlage »realistischer« Texte zu machen. Sinnvollerweise kann von einer »mangelhaften« Beobachtungsfähigkeit des Menschen auch nur dann gesprochen werden, wenn tatsächlich vorhandene »Realien« nicht gesehen werden können. Sie machen eben die objektive Welt aus. Die vehemente Metaphysikkritik der *Berechnungen*[66] zielt so gar nicht auf Momente wie Kausalität, Kontinuität und personale Einheit, sondern auf eine anthropologische Konzeption vom Menschen als einem »Abbild Gottes«,[67] der sich in der souveränen Überschau die realiter gegebenen Zusammenhänge auch vergegenwärtigen könnte, ohne zu Fiktionen Zuflucht nehmen zu müssen. Was zunächst Metaphysikkritik zu sein schien, ist nur Kritik an einer Metaphysik, der Theodizee, die selbst mit metaphysischen Implikationen arbeitet. Zugleich deuten die metaphysischen Relikte an, daß es bei der Problematisierung von Wahrnehmung und Erkenntnis in den *Berechnungen* gar nicht im Sinne Machs um eine Destruktion philosophischer Scheinprobleme geht, sondern um die Klage über die Unanschaulichkeit dessen, was nach Arno Schmidt objektive Realität zu sein scheint. Seine Überlegungen halten, unbeschadet dessen, daß dies im Rahmen des Empfindungspositivismus nur als Scheinproblem gefaßt werden kann, an der traditionellen Dichotomie von Subjekt und objektiver Realität fest, nur daß der Zusammenhang des Objektiven nicht mit der trivialsensualistischen Evidenz des Sinnlichen festgehalten werden kann. Sie führt lediglich zum »musivischen Dasein«. Für das von Arno Schmidt so nachhaltig beschworene Zeitalter der Physik[68] bräuchte dies nun gewiß nicht zu überraschen, führt aber im Rahmen traditioneller Vorstellungen von realistischer Literatur zu unlösbaren Problemen. Offensichtlich muß die Unanschaulichkeit der »wirklichen Welt« zu literarischen »Abstraktionen« führen,[69] während Arno Schmidt am substanziellen Gehalt sinnlich erfahrbarer Realien festhält. Arno Schmidts Schwundstufe des realistischen Erzählens, die Wiedergabe des musivischen Daseins nebst ihrer pseudopositivistischen Begründung, trägt deutlichen Kompromißcha-

---

66) Vgl. R & P, S. 290/JUL, S. 240.
67) Ebd. S. 291/JUL, S. 241.
68) Vgl. »[. . .] daß das Zeitalter der Physik nicht nur nicht ›am Ende‹ ist, sondern im Gegenteil kaum erst begonnen hat! –« (ebd. S. 290/S. 240).
69) Vgl. dazu etwa die Überlegungen von Hermann Broch, James Joyce und die Gegenwart.

rakter, mit dem zwischen sensualistischer Ausgangsbasis und der Unanschaulichkeit der Wirklichkeit vermittelt wird.[70]

Offenbar gehen die fundierenden Annahmen der Erzählpoetik hinter die Krise des Erzählens zurück, ohne daß bislang ihr historischer Ort bestimmt worden wäre. Eine Komponente deckt sicher die Popularphilosophie des 18. Jahrhunderts, die auch hier durch das Medium der Schopenhauerschen Metaphysik gegangen sein mag, da dort die Welt als Vorstellung Ergebnis von Gehirnfunktionen ist. Im 18. Jahrhundert erscheint, ebenso wie in Arno Schmidts Betrachtungen über Sinnesapparat und Gehirnfunktionen, die Psychologie der Wahrnehmung und des Denkens als Metatheorie der Wissenschaften.[71] Ähnlich wie bei Arno Schmidt ist der subjektive Idealismus innere Konsequenz des Ansatzes, wird aber gleichwohl als »Skandal der Vernunft« abgewehrt,[72] in erster Linie deshalb, weil man nicht darauf verzichten wollte, die Ergebnisse der Naturwissenschaften als Aussagen über die »wirkliche Welt« zu interpretieren. Arno Schmidts Schwanken zwischen einer Wahrnehmungspsychologie als Empfindungspositivismus und als Instrumentarium, die Mitteilung des Seins an das Bewußtsein durch die Sinne[73] zu beschreiben, reproduziert genau dieses erkenntnistheoretische Dilemma des Sensualismus. Es ist allerdings die zentrale Schwierigkeit jeder psychologistischen Erkenntnistheorie. Die Konstellation ist bei Arno Schmidt etwas verdeckt, da die Wahrnehmung nicht einmal grundlegende Annahmen wie die universelle Determination durch den Satz vom Grunde evident machen kann und die Mitteilung des Seins an das Bewußtsein durch Wahrnehmung sehr eingeschränkt gedacht ist. Dies ändert jedoch prinzipiell nichts an der Wiederkehr der Situation, bedingt allerdings spezifische Modifikationen.

Die Fundierung der Gattungspoetik mag dies näher verdeutlichen. Mit ihrem biologistischen Ansatz verbleibt auch sie zunächst einmal inner-

---

70) Die Zweideutigkeit des Kompromisses wird auch an den Ausführungen zum Längeren Gedankenspiel deutlich. In »Berechnungen II« unterscheidet Arno Schmidt zwischen zwei Erlebnisebenen, einer »realen« (Lebensverhältnisse) und einer imaginären (Phantasie) (R & P, S. 294/JUL, S. 243–244). Wahrnehmungspsychologisch scheint dabei zunächst einfach an zwei verschiedene Klassen von Eindrücken gedacht zu sein, solche, die als real, und solche, die als imaginiert empfunden werden. Schmidt zögert allerdings nicht, die reale Erlebnisebene mit der »objektiven Realität« (ebd.) gleichzusetzen, ohne daß Kriterien angegeben wären, nach denen Realität und Illusion unterschieden werden könnten. Die Forschung neigt dazu, die recht verwickelten Widersprüche im Realitätsbegriff der »Berechnungen« mit recht pauschalen Wendungen zu verdecken. So meint Hartwig Suhrbier, Realität sei bei Arno Schmidt »alles, was das Individuum mittels seines biologischen Sinnesapparates erfassen kann, und alles, was er [sic] aufgrund seiner Psyche erleben kann«. (»Zur Prosatheorie von Arno Schmidt«, S. 17). Ähnlich Reimer Bull: »Realität ist alles, was sich in einem Bewußtsein an Welt spiegelt, seien es Abbilder der Außen- oder Vorstellungen der Innenwelt.« (»Bauformen des Erzählens bei Arno Schmidt,« S. 54).

71) Vgl. Ernst Cassirer, Philosophie der Aufklärung, S. 123–177.

72) Ebd. S. 156–160.

73) Ebd. S. 130.

halb der von der Aufklärung inaugurierten Tradition, in der Kunst in Analogie zur Hervorbringung der Natur zu verfahren. Nur sind bei Arno Schmidt diese regulativen Momente nicht primär die zeitinvarianten »Naturgesetze« der wirklichen Welt und des menschlichen Handelns,[74] sondern die zeitinvarianten Strukturen der menschlichen Apperzeption von Wirklichkeit. Damit rücken aufgrund einer erkenntnispessimistischen Wertung der Sinneswahrnehmung die subjektiven Komponenten der Beobachtung in einer Weise in den Vordergrund, wie sie die Aufklärung nicht gekannt hat. Sie ist vielmehr charakteristisch für die Spätphasen der Entwicklung, die in der Aufklärung begonnen hat. Arno Schmidts Erzählpoetik wiederholt Konfigurationen der spätrealistischen Erzählkunst.

Richard Brinkmann hat in eingehenden Textanalysen gezeigt, daß das Bestreben der Literatur des 19. Jahrhunderts, die Wirklichkeit zu erfassen, wie sie wirklich ist, notwendigerweise den Schwerpunkt des Interesses auf die empirischen Bedingungen der Apperzeption, das heißt auf das wahrnehmende Subjekt, verlagern muß.[75] Konsequenterweise muß um so subjektiver erzählt werden, je realistischer erzählt wird,[76] ohne daß sich die Entwicklung in den erzählpoetologischen Texten niederschlagen müßte. Einen paradigmatischen Endpunkt erreicht sie nach Brinkmann in Keyserlings *Beate und Mareile*. Wirklich sind dort allein Günther von Tarniff und seine Seelenlagen,[77] die erzählte Welt ist arrangiert nach dem Antagonismus seiner Appetite.[78]

Brinkmanns Analysen bewegen sich auf einer rein textimmanenten Ebene. Seine Ergebnisse könnten allerdings von der zeitgenössischen Poetologie, besonders von einigen Essays Hermann Bahrs durchaus gestützt werden. Sie zeigen in ihrer Argumentation überraschende systematische Parallelen mit Arno Schmidt. Dahingestellt sei, ob Arno Schmidt dergleichen je zur Kenntnis genommen hat.[79] Um so bezeichnender ist die Annäherung von der Typologie der Problemstellung her. Bahrs *Die neue Psychologie* und *Die Überwindung des Naturalismus* sind ein »Nachspiel« zur realistischen Erzählkunst des 19. Jahrhunderts, das erst durch die Aufnahme des Empfindungspositivismus in grundlegende Annahmen des modernen Romans transformiert wird. Die *Berechnungen* enthalten keine Traditionsberufungen, scheinen also, wenn Arno

74) Vgl. dazu Horst Thomé, Roman und Naturwissenschaft. Eine Studie zur Vorgeschichte der deutschen Klassik.

75) Richard Brinkmann, Wirklichkeit und Illusion. Studien über Gehalt und Grenzen des Begriffs Realismus für die erzählende Dichtung des 19. Jahrhunderts.

76) Vgl. ebd. S. 145.

77) Vgl. ebd. S. 241.

78) Vgl. ebd. S. 272.

79) Ein negatives Indiz ist, daß der Name bei Dieter Stündel, Register zu Zettels Traum, nicht erscheint.

Schmidt die Spuren nicht verwischt hat, eigenständig entwickelt zu sein. Dafür gehört die Erzählliteratur des 19. Jahrhunderts zu den frühen, das ganze Werk hindurch bewahrten Leseeindrücken. Der Gedanke liegt, schon aufgrund der bereits skizzierten eigenwilligen Autodidaktik, nahe, daß er auf eigenem Wege zu jenem »Nachspiel« der realistischen Erzählkunst gelangt ist.

Entscheidend für Bahrs *Die neue Psychologie* ist, daß die Darstellung der Innenwelt nicht als antimimetisches Prinzip der Kunst eingeführt,[80] sondern dem Realismuskriterium unterworfen wird. Die »intérieurs d'âme« sind lediglich ein Gegenstandsbereich, den der Naturalismus ausgeklammert hat. Ihre Darstellung ist notwendig, um die ganze wirkliche Welt zu erfassen.[81] Auch die psychologische Erzählung bleibt Nachbildung der Wirklichkeit, wie denn auch Arno Schmidt seine Nachbildung von Bewußtseinsakten dem Anspruch realistischen Erzählens unterwirft. Eine weitere Parallele ist die Forderung, daß die psychologische Erzählung wissenschaftlichen, möglicherweise auch pseudowissenschaftlichen Ansprüchen genügen müsse. Dazu gehört, daß die psychischen Vorgänge »in statu nascendi« gezeigt werden und nicht nur die nachträgliche Interpretation des Bewußtseins gegeben wird, weil diese, wie bei Arno Schmidt, zu harmonisierenden Fiktionen verführt. Die neue Psychologie ist

> dekompositiv, indem die Zusätze, Nachschriften und alle Umarbeitungen des Bewußtseins ausgeschieden und die Gefühle auf ihre ursprüngliche Erscheinung vor dem Bewußtsein zurückgeführt werden. Die alte Psychologie findet immer nur den letzten Effekt der Gefühle, welchen Ausdruck ihnen am Ende das Bewußtsein formelt und das Gedächtnis behält. Die neue wird ihre ersten Elemente suchen, die Anfänge in den Finsternissen der Seele, bevor sie noch an den klaren Tag herausschlagen, diesen ganzen langwierigen, umständlichen, wirr verschlungenen Prozeß der Gefühle, der ihre komplizierten Thatsachen am Ende in simplen Schlüssen über die Schwelle des Bewußtseins wirft.[82]

Deutlich wird allerdings auch, daß Bahrs Psychologie eine Psychologie des Bewußtseins bleibt. Reize, Empfindungen und Gedanken können erst in dem Augenblick Gegenstand der Darstellung werden, wo sie die Schwelle des Bewußtseins eben erreicht oder überschritten haben. Auf

---

80) Die Verabschiedung des mimetischen Prinzips wird in Bahrs Entwicklung erst an dem Punkt möglich, wo die Subjektivität wohl dargestellt, eine transsubjektive »Wahrheit« aber nicht mehr gedacht werden kann. Vgl. »Zur Überwindung des Naturalismus«, S. 85.
81) Vgl. ebd. S. 59.
82) Vgl. ebd. S. 57.

dieser Ebene der Beobachtung bietet das Seelenleben den Eindruck der chaotischen Vielfalt, aus der erst die Fiktionen des Bewußtseins im Nachhinein den Eindruck eines zusammenhängenden und verständlichen Entwicklungsprozesses machen.[83] Aufgabe der psychologischen Erzählung ist es, die Transformationen der chaotischen Vielfalt in den scheinbar geordneten Zusammenhang darzustellen, wie denn auch bei Arno Schmidt die Anordnung der Empfindungselemente zur Struktur des musivischen Daseins Prinzip der Texte ist.

In beiden Fällen steht noch keine psychologische Konzeption zur Verfügung, die die scheinbar chaotischen Assoziationen und Empfindungen auf die unbewußte Denktätigkeit zurückführen könnte. Dies ist bei Arno Schmidt erst mit der Rezeption Freuds erreicht, die einen tiefgreifenden Stilwandel zur Folge hat. An Stelle von Freuds differenzierten Überlegungen zur Struktur des psychischen Apparats steht bei Bahr die »Gehirnmythologie«[84] seiner Zeit, allerdings in sehr schlichter Ausführung. Die Grundlage der psychischen Reaktionen, die auf die Umweltreize erfolgen, liegt in den »Nerven«[85] oder im »Mechanismus« des »Gehirns«[86]. In ganz ähnlicher Weise rekurriert Arno Schmidt auf die Gehirnfunktionen als Grundlage der Wahrnehmungs- und Denkpsychologie. Basis der die Erzählpoetik fundierenden Psychologie ist somit jeweils eine in ihrer Generalisierung durchaus metaphysische vulgärmaterialistische Auffassung. Sie garantiert denn auch die Konsistenz der Person. Für Bahr ist die Nervenkonstitution als Grundlage des Seelenlebens noch ganz naturalistisch durch die Determinanten Milieu und Vererbung festgelegt.[87]

Bei Bahr wie bei Arno Schmidt führt die psychologische Erweiterung des realistischen Erzählens zu einer Reduzierung des – etwa bei Gutzkow formulierten – realistischen Programms, ohne es grundsätzlich in Abrede zu stellen. Arno Schmidt kann in Abgrenzung vom »Längeren Gedankenspiel« durchaus von der »objektiven Realität« reden, während Bahr die Wendung vom »Schein der Außenwelt im Bewußtsein«[88] einsetzt. »Schein« ist dabei nicht als täuschender Anschein, sondern als Deutlichwerden zu verstehen. Damit ist aber das aufklärerische Theorem von der Wiedergabe des Seins im Bewußtsein durch die Wahrnehmung erhalten

---

83) Vgl. die Beispiele von der politischen Wandlung und von der Liebesgeschichte, wo sich das empfindende Subjekt im Nachhinein subjektiv ehrlich einen zusammenhängenden, stimmigen Verlauf fingiert. Vgl. ebd. S. 61–63.

84) Zu dieser zeitgenössischen psychiatrischen Richtung vgl. Henry F. Ellenberger, Die Entdeckung des Unbewußten, S. 393.

85) »Zur Überwindung des Naturalismus«, S. 58.

86) Ebd. S. 63.

87) So wird das Bedürfnis nach einer neuen psychologischen Erzählkunst damit begründet, »daß wir andere Körper mit einer anderen Erbschaft in anderer Umwelt haben, als dieses abgethane Geschlecht vor uns« (ebd. S. 56).

88) Ebd. S. 63.

geblieben. Setzt man das denkende und empfindende Gehirn als materielle Realität an, so gehen die wahrgenommenen Nervenreize auf reale, vom Ich wohl unterschiedene Objekte zurück. Die Reize müssen demnach auch irgendwie zutreffende Informationen über die »wirkliche Welt« geben. Allerdings erlaubt die psychologistische Fassung des realistischen Erzählprogramms nur eine sehr beschränkte »erzählte Welt«, erlaubt sie eben nur in dem Ausmaß, wie ihre Gegenstände noch als Reiz wirken können. Die Forderung nach einer Totalität der Gegenstände, wie sie Gutzkow vertreten hat, muß aufgegeben werden. Weiter können die Gegenstände nicht so gezeigt werden, wie sie unabhängig vom Betrachter »wirklich« sind. Vielmehr sind sie nur in der subjektiven Beleuchtung zu haben, eben wie sie sich nach Maßgabe der individuellen Nervenkonstitution darstellen. Erst in der weiteren Entwicklung trennen sich die beiden Positionen. Bald nach der Konzeption der neuen Psychologie rezipiert Bahr den Empfindungspositivismus Machs, der das Denken in der Subjekt-Außenwelt-Opposition unterbindet. Die Wendung zum Ästhetizismus und Illusionismus ist die Konsequenz.[89] Arno Schmidt hingegen ersetzt die »Gehirnmythologie« durch seine eigenwillige Umbildung der Psychoanalyse. In beiden Fällen werden der Kunst Gegenstandsbereiche zugewiesen, die sich dem Reiz-Reaktions-Schema entziehen. Damit ist aber auch in beiden Fällen das Nachspiel der realistischen Erzählkunst beendet.

Wie für Arno Schmidt, so führt auch für Bahr die neue psychologische Methode zu erzähltechnischen Problemen, für die er keine fertigen Lösungen anzubieten hat.[90] Letztlich schwebt Bahr eine dekompositive Unmittelbarkeit des Erzählens vor, die allerdings den Erzählprozeß selbst noch nicht aufhebt. Diese Kriterien erfüllen die erlebte Rede und bestimmte, »moderierte« Formen des Inneren Monologs, wie sie Schnitzler im *Leutnant Gustl* verwendet. Neben diesen beiden Erzähltechniken ist Arno Schmidts »Rastertechnik« ein genuines Mittel zur Auflösung des Bahrschen Problems.

Alle drei Techniken zeichnen sich, wie ein Vergleich des *Leutnant Gustl* mit dem Monolog der Frau Bloom im *Ulysses* unmittelbar zeigt, dadurch aus, daß sie den »Strom des Bewußtseins« so stilisieren und selegieren, daß das Subjekt nicht in die chaotische Mannigfaltigkeit seiner Assoziationen dissoziiert, sondern aus seiner Subjektivität heraus ein Stück Welt gezeigt und vom Leser ein kausaler Handlungsverlauf verfolgt werden kann. Die Rastertechnik Arno Schmidts erinnert von diesen Merkmalen her mehr an den extremen Perspektivismus der Erzählkunst des späten 19. Jahrhunderts, etwa bei Henry James, als an die »Wucherung der

---

89) Vgl. ebd. S. 85.
90) Vgl. ebd. S. 60–61.

Erlebniszeit« Kahlers.[91] Für den Inneren Monolog Schnitzlers brauchen die Verfahrensweisen hier nicht besprochen zu werden. Bei Arno Schmidt wird die stilisierende Selektion durch die Zeitdifferenz zwischen Bewußtseinsakt und Erzählakt erreicht. Seine Erzähltechnik erfaßt den Strom des Bewußtseins nicht unmittelbar und damit nicht lückenlos. Er setzt nämlich die Gegenwart mit der »jüngsten Vergangenheit« gleich.[92] Das sprechende Ich hat so seinen Erlebnissen gegenüber immer schon die Distanz, die die Auswahl der Reize und Assoziationen ermöglicht, weil sie nur jene erfaßt, die aufgrund der individuellen Disposition als wesentlich festgehalten wurden. Zugleich ist das sprechende Subjekt aber noch so nahe an seine Erlebnisse, oder an den Prozeß des Erinnerns im Texttyp Vergangenheit, herangerückt, daß sich die erinnernde Überschau im Sinne Diltheys nicht einstellen kann. Daß schließlich doch zusammenhängende Geschichten erzählt werden, die trotz aller Hinweise auf die Geringfügigkeit der Fabel bei Arno Schmidt[93] doch noch Fabeln sind, ist nicht Leistung des sprechenden Ich, sondern der konstruierenden Instanz des Autors.[94]

---

91) Erich von Kahler, Untergang und Übergang der epischen Kunstform, S. 41.

92) Zur Gleichsetzung von »jüngste Vergangenheit« und »älteste Gegenwart« vgl. R & P, S. 290/JUL, S. 240. Ein Texttyp, der das Erlebnis der unmittelbaren Gegenwart wiederzugeben hätte, ist bei Arno Schmidt nicht vorgesehen.

93) So besonders Reimer Bull, Bauformen des Erzählens bei Arno Schmidt.

94) Innerhalb einer Untersuchung typischer Romanformen wäre der besondere Status des Ich-»Erzählers« bei Arno Schmidt eine eigene Studie wert. Aufgrund seiner Nähe zum Geschehen fehlt das nach Franz K. Stanzel (Typische Formen des Romans, S. 33) für die Ich-Erzählung konstitutive Moment der Spannung von »erzählendem Ich und erlebendem Ich«. So stellt sich auch die Frage nach der Identität beider Instanzen nicht, sei es im Sinne fragloser Selbstverständlichkeit, sei es im Sinne ironischer oder problematisierender Brechung (vgl. ebd. S. 35–37). Andererseits geht der Ich-»Erzähler« bei Arno Schmidt nicht in einem distanzlos monologisierenden Ich auf, durch das die Annäherung an den personalen Roman vollzogen würde (vgl. ebd. S. 38). Grund dafür dürfte die geringe Zeitdifferenz zwischen Erlebnis und Erzählung sein. Zwar werden bei Arno Schmidt die Situationen des die jüngste Vergangenheit erinnernden Ichs nicht angegeben, die »Berechnungen« denken aber an so etwas wie den Abendrückblick auf den verflossenen Tag (vgl. R & P, S. 290/JUL, S. 240: »Jeder vergleiche sein eigenes beschädigtes Tagesmosaik«). Demgemäß ist etwa in »Aus dem Leben eines Fauns« die Tendenz unverkennbar, in mehr oder weniger gerafften oder gedehnten Tageseinheiten zu erzählen. Der Erzähler geht so weder im Augenblick auf, noch stellt sich die reflektierende Auseinandersetzung mit längeren, wenigstens über eine Reihe von Tagen sich erstreckenden Erlebniszusammenhängen ein. Über den Tag hinaus finden sich allenfalls Hinweise zum Durativen, so über Dürings schlechte Ehe. Immerhin erlaubt auch die geringe Zeitdifferenz noch Schwundformen überschauend »auktorialen« Erzählens. Zeichen dafür ist die Beibehaltung des epischen Präteritums. Daneben finden sich stenographische Hinweise auf Personen und Situationen, die nicht als Bruchstücke von Erinnerungen aufzufassen sind, sondern eindeutig der Information des Lesers dienen:

> *Landratsamt* (= der Prometheusfelsen). Kollegen: Peters; Schönert; (Runge war noch auf Parteiurlaub); Fräulein Krämer, Fräulein Knoop (Tipsen); Otte, männlicher Lehrling; Grimm, weiblicher Lehrling. (NDK, S. 8/FAUN, S. 12).

Es findet sich so durchaus das für das traditionelle Erzählen typische Verhältnis von Erlebnis und Deutung des Erlebnisses an die Adresse des Lesers, bleibt aber auf die Situation beschränkt. Aufgabe des »Erzählers« kann es aber nicht mehr sein, aus der Sukzession der »beschädigten Tagesmosaiken« reflektierend und erinnernd ein Ganzes herzustellen. Dies übernimmt die übergeordnete Instanz des Autors, die die Einzelbilder nach den in den »Berechnungen« skizzierten Verlaufsgesetzen anordnet.

Die skizzierte »spätrealistische« Perspektivik des Erzählens bedeutet für die Struktur der Texte, daß ihr Gegenstand nicht die Analyse des empfindenden und denkenden Subjekts ist, die, führt man kein Modell des unbewußten Seelenlebens ein, notwendigerweise mit der Dissoziation dieses Subjekts enden muß.[95] Der Gegenstand ist vielmehr ein Stück »Wirklichkeit«, das von einem Subjekt her gesehen wird.[96] »Psychologisches Erzählen« ist dann nicht primär eine Frage der Introspektion; das Subjekt präsentiert sich selbst dadurch, daß es seine Welt präsentiert.[97] Allerdings sind innerhalb dieser Grobstruktur verschiedene Differenzierungen möglich. Sie betreffen vor allem die Konsistenz des Individuums und das Verhältnis seiner Positionen zu den von ihm unabhängigen Prozessen seiner Umgebung. Arno Schmidts Texte zeigen hier einige Momente, die sie von den Formen der spätrealistischen Erzählkunst unterscheiden.

Dürings Leben bildet, die Stelle wurde schon zitiert,[98] keine kontinuierliche Einheit, unter anderem deshalb, weil ihm divergierende Rollen aufgenötigt oder von ihm gesucht werden.[99] Das Doppelleben zwischen dem öffentlichen und dem privaten Bereich gehört sogar zu den konstituierenden Elementen des Romans. Anders als in der spätrealistischen Erzählkunst, etwa bei Schnitzler,[100] verschwindet aber keineswegs die Individualität des »kernlosen Menschen«[101] hinter der Vielfalt des gesellschaftlich und sprachlich fundierten Rollenspiels. Düring bleiben seine Rollen schützende Masken, aus denen heraus er die Rolle distanziert kommentieren kann.[102]

---

95) Bezeichnenderweise vertritt Freud die entschiedene Gegenposition zum »unrettbaren Ich« Machs. Das archäologische Gleichnis in »Das Unbehagen in der Kultur« (Freud, Studienausgabe, Bd. 9, S. 201–203) zeigt, daß nichts jemals wirklich vergessen, kein Objekt jemals wirklich aufgegeben wird. Im Zusammenhang damit wird die Entwicklung aus dem primären Narzißmus des Säuglings zu den reifen Ich-Funktionen als kontinuierlicher Prozeß beschrieben (vgl. ebd. S. 199–201). Demgemäß gelten Depersonalisationserscheinungen, die bei Mach und Bahr eine so große Rolle spielen, als pathologisches Symptom (ebd. S. 199). Diese außerordentliche Konsistenz der Person ist aber nicht phänomenologisch durch die Betrachtung bewußter und halbbewußter Vorgänge greifbar, sie wird erst durch die Analyse des Unbewußten sichtbar.

96) Die Zentrierung des Erzählens auf ein Subjekt wird in der Forschung zu Arno Schmidt auch durchgehend beobachtet. Vgl. etwa Jörg Drews, Arno Schmidt vor »Zettels Traum«, S. 170.

97) Zur Ablehnung der psychologischen Introspektion im Rahmen traditioneller Erzählformen vgl.: »der psychologischen Pünktchenmuster und anderen intim-kleinen textilen Varianten werden wir immer genug besitzen« (R & P, S. 290/JUL, S. 240).

98) Vgl. NDK, S. 7/FAUN, S. 9–10.

99) Zur Analyse der sozialen Lebensräume vgl. Reimer Bull, Bauformen des Erzählens bei Arno Schmidt.

100) Zum sozialen Rollenspiel bei Schnitzler vgl. vor allem Klaus Kilian, Die Komödien Arthur Schnitzlers. Sozialer Rollenzwang und kritische Ethik.

101) Arthur Schnitzler, Aphorismen und Betrachtungen, S. 53.

102) Zum Ineinander von dialogischem Rollenspiel und monologischem Kommentar der Rolle vgl. das Gespräch mit dem Landrat im »Faun«, NDK, S. 30–33/FAUN, S. 52–57, wie überhaupt mit den Parteimitgliedern. Das Moment kann sich, etwa in »Das steinerne Herz«, bis zur Hochstapelei steigern.

Er bleibt sich in allen seinen Rollen gleich. Die divergierenden Lebensbereiche, die die Mikroanalyse seines Lebensraums bloßlegt, werden durch die Einheitlichkeit seines Bewußtseins synthetisiert. Seine Assoziationen, Kommentare und apodiktischen Urteile hängen, wie schon früher anzudeuten war, bei aller Situationsbedingheit zusammen und entfalten im Vollzug des Textes den privaten intellektuellen Kosmos, der die Einheit seiner unwandelbaren Individualität ausmacht.[103]
Die Konsistenz des Ego erscheint bei Arno Schmidt nicht nur synchron, sondern auch diachron. Das monologische Ich erkennt sich nicht nur in seinen Erinnerungen wieder, sondern kann auch feststellen, daß sich der Zustand seines Bewußtseins nicht geändert hat. Gemäß der schon früher angedeuteten Statik der Texte kommentiert die Erinnerung den gegenwärtigen Zustand und ordnet ihn in den Kosmos des immer schon Bekannten und Gewußten ein. Die Erfahrung des Neuen findet bei Arno Schmidt nicht statt. Dies gilt sogar da, wo so extreme Erfahrungen wie die Katastrophe des Krieges in Frage stehen. So kann der Erzähler des *Leviathan* von der Schilderung der Gegenwart in eine Jugenderinnerung übergehen, die das erfahrene Leid des Augenblicks in scheinbar idyllischen Szenen wiederfindet. Der Erzähler wiederholt so nur im gesteigerten Maße, was er früher schon erfahren hat.[104] In ähnlicher Weise begegnet dem Erzähler Anne so wieder, wie er sie erinnert. Er kann so seine gehemmt-unerwiderte Werbung dort wieder aufnehmen, wo sie durch den Krieg unterbrochen wurde. Im Verlauf der Erzählung bestätigt sich des weiteren das im Gedächtnis bewahrte Bild des Mädchens.
Das Überraschende dieser Konstellation macht ein weiterer Hinweis auf Schnitzler deutlich. In seinen Erzählungen ist das Geschehen vielfach vom neuerlichen Auftauchen eines vergangenen Ereignisses bestimmt. So ist Leutnant Kasda in *Spiel im Morgengrauen* auf die Hilfe Leopoldines angewiesen, um eine existenzgefährdende Spielschuld begleichen zu können. Ein altes flüchtiges Liebesverhältnis mit ihr läßt ihn zuversichtlich sein. Der Gang des Geschehens zeigt, daß er die Frau wie deren nur scheinbar beiläufige Art falsch eingeschätzt hat. Seine trügerische Erinnerung führt zu unangemessenem Handeln. Die Richtigstellung seines Versehens vermittelt ihm die bislang verdrängte Wahrheit seines eigenen Lebens. Ähnliches gilt aber bereits für *Beate und Mareile.* Zwar sieht Richard Brinkmann in der Struktur des Textes keine objektive Wirklichkeit, die es dem Erzähler erlauben würde, die Subjektivität der Figuren ironisch zu relativieren.[105] Demgegenüber hat Benno v. Wiese wohl zu Recht eingewendet, daß die Figuren wohl nicht vom Erzähler, sondern

103) Zur Wendung vom »geistigen Privatkosmos«, dort allerdings auf den Autor bezogen, vgl. Jörg Drews, Arno Schmidt vor »Zettels Traum«, S. 166.
104) Vgl. LV, S. 57/LV-SPIEGEL, S. 19.
105) Vgl. Richard Brinkmann, Wirklichkeit und Illusion, S. 272.

vom Gang der Handlung relativiert würden.[106] Demgemäß kann sich die Perspektive Günther von Tarniffs nicht ungebrochen behaupten, da sie mit unerwarteten Ereignissen konfrontiert wird. Beates Bekenntnis zu ihrer eigenen Sinnlichkeit ist für ihn nicht integrierbar.[107] Ebenso stößt er mit dem Duell auf den Widerstand der gesellschaftlichen Konventionen, die so nicht vorausgesehen wurden. Wohl kommentiert der Erzähler den Einbruch des objektiven Widerstandes nicht, es wird aber dennoch hinreichend deutlich, daß die Lebenshaltung Günthers illusionär ist. Brinkmann kann nur deshalb das transsubjektive Moment im Roman abstreiten, weil er den Realitätsbegriff des 19. Jahrhunderts voraussetzt, der, wie Blumenberg gezeigt hat, Realität als einstimmigen Kontext auffaßt. Bereits für Keyserling gilt aber der Realitätsbegriff des modernen Romans, wonach Realität nur als Widerstand erfahrbar ist.[108] Der Umschwung ist von der Technik des perspektivegebundenen Erzählens her durchaus verständlich. Da die subjektive Auffassung von der Welt keineswegs mit den Gegebenheiten übereinzustimmen braucht, der Erzähler selbst aber »objektive Gegebenheiten« nicht mehr gleichsam über den Kopf seiner Figuren hinweg darstellen kann, so bleibt nur die Desillusionierung durch den Gang der Ereignisse selbst.

Arno Schmidts perspektivische Erzählweise kennt, und dies unterscheidet ihn fundamental von der Erzählkunst der Jahrhundertwende, der er vom Psychologismus der *Berechnungen* her nahezustehen schien, den Ablauf von Illusion und Desillusion nicht in gleicher Weise. Wohl ist der Erzähler vom *Leviathan* bis *Brand's Haide* immer dem negativen Erlebnis und der enttäuschten Hoffnung ausgesetzt. Dies fordert das Ich aber niemals zu einer Neubewertung von Welt und Selbst heraus, die gelingen oder scheitern könnte. Das negative Ereignis konvergiert immer schon mit dem vorgängigen Pessimismus und bestätigt ihn. Das Bewußtsein der den Roman organisierenden Erzählerfigur bedarf des korrigierenden Einbruches der transsubjektiven Realität nicht. »Realistischer« Anspruch und psychologistischer Perspektivismus geraten so in ein recht überraschendes Verhältnis zueinander. Offenbar deckt sich das subjektive Bild der Welt, gewissermaßen die private Vorstellung von der Welt, wie sie durch Wahrnehmungen und Reflexionen im Text organisiert wird, mit den »tatsächlichen« Verhältnissen. Dies hat zur Konsequenz, daß sich das erzählende Subjekt charakterologisch vollständig durch das Medium seiner erzählten Welt darstellen kann bis hin zu der Vorstellung des *»Uni-*

---

106) Vgl. Benno von Wiese, Eduard von Keyserling. Am Südhang, bes. S. 283–285.
107) Vgl. Eduard von Keyserling, Beate und Mareile, S. 333.
108) Vgl. Hans Blumenberg, Wirklichkeitsbegriff und Möglichkeit des Romans.

versum als Fortsetzung des Sinnensystems«.[109] Zugleich sind die Texte aber auch als intersubjektive Beschreibungen der objektiven Realität gemeint.

In erster Annäherung dürfte dieses paradoxe Phänomen aus einer Kontamination verschiedener historischer Bezugspunkte zu verstehen sein, die sich auch schon im unterschwelligen Gegensatz von Sensualismus und Empfindungspositivismus in den *Berechnungen* darstellt. In der Rede von der »objektiven Realität« erscheint der Anspruch der sinnlichen Erkenntnis auf die »Wahrheitsmächtigkeit der Vernunft«, mit dem der »Realismus« im Roman der Aufklärung angetreten war. Der Verlagerung von der Aussage über die Wirklichkeit zur Aussage über die empirischen Bedingungen der Apperzeption entspricht die Einengung auf die strikt subjektive Perspektive und der Übergang zu einer eher erkenntnispessimistischen Position. Wie beides in der »Erkenntnistheorie« Arno Schmidts zur Deckung gebracht wird, wird noch zu untersuchen sein. Dies setzt allerdings Vorüberlegungen über den erkenntniskritischen und ästhetischen Status dargestellter Subjektivität bei Arno Schmidt voraus.

Unter dem Anspruch, »realistisch« zu erzählen, steht damit der Erkenntniswert der individuell-charakterologischen Selbstdarstellung in Frage. Für die Prosa sehen die *Berechnungen* offenbar zwei Erkenntnisziele vor, je nach dem Grad der Intersubjektivität. Die Formen der Prosa mit ihrer Unterscheidung von Erinnerung, musivischem Dasein usw., nebst den Typisierungen der Unterformen reproduzieren, da sie unmittelbar auf Wahrnehmungsapparat und Gehirnfunktionen zurückgehen, psychische Akte als anthropologische Konstanten. Auf dieser Ebene ist der Erkenntniswert der Literatur generell. Die Inhalte hängen hingegen von den charakterlichen und lebensgeschichtlichen Bedingungen des Subjekts ab. So wird jeder zum Thema »kleine Sommerreise« andere Erinnerungen, Reflexionen und Wertungen reproduzieren, die sich keineswegs mit *Seelandschaft mit Pocahontas* decken werden.

Eben diese Subjektivität steht in Spannung zum realistischen Postulat, da die »dargestellte Realität« von der Zentrierung auf das Subjekt bestimmt ist. Schon zitierte inhaltliche Fassungen der Realismusforderung, vor allem der Hinweis auf den zeitgeschichtlichen Kontext des Autors und die intimen physischen Funktionen, zielen nur scheinbar auf die Darstellung der ganzen Wirklichkeit im Sinne älterer Realismuskonzeptionen. Sie fordern vielmehr die Totalität der individuellen Lebenswelt, da es undenkbar erscheint, daß das apperzeptive Individuum auf Sachverhalte wie Krieg oder Sexualität nicht reagiert.

Die Darstellung der Totalität der Gesellschaft ist damit ausgeschlossen, da Gesellschaftliches überhaupt nur so weit erzählt werden kann, wie es

---

109) NDK, S. 201/LV-SPIEGEL, S. 95.

auch tatsächlich der Evidenz des Sinnlichen zugänglich ist.[110] Zugleich führt die Einschränkung der Perspektive zum autobiographischen Charakter auch der frühen Romane. Die Beschränkung der Erkenntnisleistung auf die sinnliche Evidenz führt konsequenterweise zur Darstellung des eigenen Bewußtseins, da nur die Selbsterfahrung, zumindest unter den erkenntnistheoretischen Annahmen des frühen Arno Schmidt, unmittelbar gegeben ist.[111] Freilich handelt es sich dabei um eine »Autobiographie« sui generis, die durch die romanpoetologische Bedingung der »Diskontinuität« hervorgebracht wird. Anders als die traditionelle Autobiographie schildert sie nicht den ganzen Lebensgang, ist nicht strukturiert von der Spannung zwischen erlebendem und erinnerndem Ich. Der Protagonist wird mit realen, mit der Lebensgeschichte des Autors aber nicht gänzlich identischen Lebensumständen ausstaffiert.[112] Insofern hätten alle Werke Arno Schmidts, auch wenn sie dieser »Versuchsreihe« äußerlich nicht angehören, den Charakter des Gedankenspiels. Jörg Drews hat diesen Sachverhalt sehr treffend mit der Wendung vom »Masken-« und »Spalt-Ich« bezeichnet.[113]

Nun ist die hochselektive Behandlung der sozialen Realität aus dem individuellen Blickwinkel nicht ohne scheinbare Zusammenhänge mit romantheoretischen Diskussionen der Gegenwart oder doch der jüngsten Vergangenheit. Einerseits hat Adorno bekanntlich erklärt, »ideolo-

---

110) In der Literaturkritik ist die Tendenz erkennbar, gerade diesen Aspekt zu unterdrücken. Bei Wilfried von Bredow etwa lassen unterschwellig normative Vorstellungen vom »Jakobiner« von Arno Schmidt den großen sozialkritischen Roman im Stil des 19. Jahrhunderts erwarten. Er konstruiert deshalb aus den frühen Texten einen großen, die Geschichte Deutschlands von 1939 (»Faun«) bis 1954 (»Das steinerne Herz«) begleitenden politischen Roman, der nur in »Bruchstücken« vorhanden ist. Den angeblich fragmentarischen Status nimmt von Bredow mit wohlwollendem Bedauern, aber ohne Interpretation zur Kenntnis (vgl. »Der militante Eremit oder: Vom Schicksal eines westdeutschen Jakobiners«, S. 603). Bemerkungen wie die von Jörg Drews, daß nicht dargestellt werde, »nach welchen Prinzipien das Unheil funktioniert« (»Arno Schmidt vor ›Zettels Traum‹«, S. 175), oder von Marcel Reich-Ranicki, daß das »Bild der Epoche gerade da, wo der Gegenstand es erforderlich macht«, trotz »vieler konkreter Informationen [. . .] erstaunlich nichtssagend bleibt« (»Arno Schmidts Werk oder Eine Selfmadeworld in Halbtrauer«, S. 305), umschreiben zwar zutreffend den Befund, sind in ihrem kritischen Urteil aber nur verständlich, wenn der große soziale Roman als Folie eingesetzt wird.

111) Der autobiographische Charakter der Texte als Konsequenz der Prosatheorie wurde in der Forschung durchgehend bemerkt, so von Hartwig Suhrbier (vgl. »Zur Prosatheorie von Arno Schmidt«, S. 17–18) und von Jörg Drews (vgl. »Arno Schmidt vor ›Zettels Traum‹«, S. 166).

112) Dem Landratsamt im »Faun« korrespondiert Arno Schmidts Tätigkeit als Lagerbuchhalter in Greiffenberg (vgl. Jörg Drews, Vita Arno Schmidt, S. 89). Die Umbildung mag durch die Möglichkeit begründet sein, die Figur des Landrats einzuführen und so die Thematik der stumpfsinnigen Arbeitswelt deutlicher mit politischen Implikationen anzureichern, als dies die reale Lebensgeschichte hergegeben hätte.

113) Vgl. Jörg Drews, Arno Schmidt vor »Zettels Traum«, S. 166. Selbstkommentare Arno Schmidts legen dies ebenfalls nahe, etwa, daß Dichter »in ihren Büchern derart große Portionen ihrer Persönlichkeit deponiert« haben (DYA, S. 395/TINA, S. 7). Vgl. auch den Bulwer-Essay, wo Romanfiguren als Abspaltungen oder »Incarnationen« des Autors interpretiert werden (TRITON, S. 89/LORD, S. 89).

gisch [sei] schon der Anspruch des Erzählers, als wäre der Weltlauf wesentlich noch einer der Individuation, als reichte das Individuum mit seinen Regungen und Gefühlen ans Verhängnis noch heran, [. . .].«[114] Das individuelle Schicksal hebt sich nicht als ein Besonderes ab, der Roman hat vielmehr die Abstraktheit der entfremdeten Lebensverhältnisse zu berücksichtigen. Andererseits meint Klaus-Detlef Müller, die Autobiographie zeige Tendenzen, den Roman gewissermaßen zu »überleben«, da die authentische Erfahrung der angezweifelten »Zeugniskraft der Fiktion« überlegen sei.[115] Die Autobiographie hätte also dem Roman voraus, daß sie angesichts der Abstraktheit der entfremdeten Gesellschaft auf die unbezweifelbare Selbsterfahrung rekurrieren kann. Allerdings wird diese Selbsterfahrung durch den problematischen Status des Individuums in der entfremdeten Gesellschaft selbst wieder problematisch.

Es ist für Arno Schmidts ahistorische Anthropologie kennzeichnend, daß sich das skizzierte Dilemma in seinen Überlegungen nicht niedergeschlagen hat. Wo die Romanpoetik mit Einschränkungen der Erkenntnisfähigkeit rechnen muß, ist diese nicht im historischen Prozeß entstanden, sondern durch den Wahrnehmungsapparat immer schon gegeben. Es stellt sich dann von der Außenansicht auf die Texte her die Frage, wieso denn dergleichen Entfaltungen eines privaten Kosmos Anspruch auf öffentliches Interesse haben können, wie er ja bereits durch den schlichten Akt der Publikation als Eintritt in den literarischen Diskurs gegeben ist. Helmut Heißenbüttel sucht das Problem entschieden aufzulösen, wenn er die spezifische Modernität Arno Schmidts gerade darin sieht, daß es ihm nicht um den »Menschen schlechthin«, sondern um das »Selbstverständnis einer menschlichen Spezies«[116] gehe, indem die kleinbürgerliche »Art der Tatsachenverarbeitung«[117] im alltäglichen Gerede vorgeführt wird. Dies soll wohl heißen, daß bei Arno Schmidt der Anspruch des Romans, die gesellschaftliche Totalität wiederzugeben, aufgegeben sei zugunsten einer Darstellung einzelner Elemente, kleinbürgerlichen Bewußtseins etwa oder persönlicher Erfahrungen, da die literarischen Strukturen, durch die die »extensive Totalität« des Romans erreicht wird, nicht mehr glaubwürdig sind. Diese Auffassung ist gewiß einseitig. Die Strukturen der Apperzeption, die zugleich auch Textstrukturen sind, erheben durchaus den Anspruch, sich nicht auf besondere Gruppen oder Personen zu beziehen, sondern gelten dem »Menschen schlechthin«. Andererseits dürften die Protagonisten der Texte kaum auf die Inhalte kleinbürgerlichen Denkens festzulegen sein. Sie zeigen – am

---

114) Theodor Adorno, Standort des Erzählers im zeitgenössischen Roman, S. 63.
115) Klaus-Detlef Müller, Autobiographie und Roman, S. 360.
116) Helmut Heißenbüttel, Annäherung an Arno Schmidt, S. 296.
117) Ebd. S. 295.

deutlichsten Düring – neben der bewußt vollzogenen Anpassung extravagante Intellektualität. Die »Art der Tatsachenverarbeitung«, das Gemisch von subjektzentrierter Beobachtung und apodiktisch-unsystematischer Reflexion, dürfte eher dem entspannten Alltagsdenken entsprechen und nicht so sehr »Merkmale der soziologischen und bildungsmäßigen Zugehörigkeit«[118] zeigen.
Die skizzierten Widersprüche dürften sich bei Heißenbüttel daraus ergeben, daß er Arno Schmidts Bestimmung der Erkenntnisziele der Texte übergeht. Die *Berechnungen* gehen von der gleichsam »technizistischen« Frage nach der optimalen Erledigung inhaltlich-stofflicher Komplexe aus. Gegenstand des Erzählens sind die Vorstellungen von Subjekten von diesen Ereigniskomplexen, die letztlich als Basis für eine Charakterologie dienen können. Das Erkenntnisziel der Texte ist damit anthropologisch-psychologisch. Sie inventarisieren Typen von Vorstellungen über »Wirklichkeit«. Bei den Ereigniskomplexen nach dem Typus Erinnerung und musivisches Dasein vernachlässigt Arno Schmidt allerdings eine Abschattung der apperzeptierenden Typen. Die Regeln der Darstellung sind so allgemein formuliert, daß sie auf anthropologische Konstanten und nicht auf typische psychische Konstitutionen abheben. Dies wird erst bei der Besprechung der Prosaform »Längeres Gedankenspiel« erreicht. Hier geht die Typologie »am organischsten also von der Bedeutung aus, die das LG für seinen Spieler hat«.[119] Da die Funktion des Gedankenspiels von Arno Schmidt als Wunschbefriedigung und psychische Entlastung gedeutet wird, geht die Poetologie vollends in eine Psychologie auf eigene Faust über. Das Gedankenspiel ist determiniert vom Charakter des Subjekts und von seinen situativen Bedingungen. Die Typologie der Gedankenspiele scheidet denn auch nach Charaktertypen,[120] Lebensalter[121] und sozialen Verhältnissen.[122] Das Koordinatenkreuz aus Charakter und Lebensumständen erlaubt es, »das komplexe Portrait eines Menschen in einem gegebenen Zeitraum x vorlegen zu können«.[123] Das »Längere Gedankenspiel« präsentiert die psychische Situation eines Individuums als charakterliche und lebensgeschichtliche Abschattung eines Charaktertypus.[124]
Rechnet man von *Berechnungen II* aus zurück, so ergibt sich auch für die

118) Ebd.
119) R & P, S. 300/JUL, S. 249.
120) Vgl. ebd. S. 300–301/S. 249–250.
121) Vgl. ebd. S. 302/S. 250.
122) Vgl. ebd. S. 303/S. 250.
123) Vgl. ebd. S. 298/S. 247.
124) Von hier aus erklären sich die stark biographistischen Ansätze in Arno Schmidts literaturgeschichtlichen Untersuchungen. Vgl. etwa die auf »Zettels Traum« vorausdeutende Bemerkung, es sei »eines Sherlock Holmes der Philologie würdig, zum Gordon Pym das E I hinzu zu konstruieren« (ebd. S. 298/S. 247).

Prosaformen »Erinnerung« und »musivisches Dasein« ein ähnlich psychologisches Erkenntnisziel. Kleinere Gedankenspiele sind in den Assoziationen des Protagonisten fortlaufend eingelagert, auf der Ebene des Autors bekommt, wie schon angedeutet, der gesamte Text Merkmale des Gedankenspiels. Allerdings kommt die Charakterologie Arno Schmidts ohne die Psychologie als Wissenschaft aus, sei es im Sinne einer literarischen Adaption, sei es im Sinne einer Konstatierung, daß die Wissenschaft originäre literarische Themen und Wirklichkeitsbereiche mittlerweile besetzt habe.[125] Der literarischen Intelligenz wird vielmehr zugemutet, durch die bloße Beobachtung des alltäglichen Lebens das hinreichende Wissen zu gewinnen, um die postulierten Erkenntnisziele einlösen zu können. Damit kehrt Arno Schmidt gewissermaßen zu den Vorformen moderner Psychologie des 18. Jahrhunderts, etwa dem *Magazin für Erfahrungsseelenkunde* seines Schlüsselautors Moritz, zurück. Bewußt einseitig gelesen, lassen die *Berechnungen* durchaus Gebrauchsprosa im Sinne des *Anton Reiser* erwarten, so wie Arno Schmidt ihn versteht: die literarisch stilisierte Selbstdarstellung eines individuellen Charakters (Moritz) als Schattierung eines Typus (Schreckensmann). Der entscheidende Unterschied wäre nur, daß das »Portrait eines Charakters« nicht kausalgenetisch entwickelt, sondern, erkenntnistheoretisch bescheidener, in der statischen Repräsentation eines Bewußtseins gegeben wird.
Es war schon beim *Anton Reiser* zu bemerken gewesen, daß Arno Schmidt, entgegen dem Charakter des Textes als Gebrauchsprosa und entgegen der Moritzschen Ästhetik, den Kunstcharakter des Romans entschieden betont. Ebenso abrupt treten neben die »erfahrungsseelenkundlichen« Betrachtungen der *Berechnungen* Erörterungen über das literarische Niveau.[126] Vom Aspekt der empirischen Psychologie oder Sozialpsychologie aus sind die libidinös-illusionären Gedankenspiele eines Bürolehrlings sicherlich relevantes Material. Arno Schmidt schneidet dieses Moment ab, wenn er die Typen des Gedankenspiels in aufsteigender Linie nach ihrer »literarischen Brauchbarkeit«[127] ordnet. Wie sehr die Kriterien an dieser Stelle als selbstverständlich vorausgesetzt werden, zeigt die sehr summarische Charakteristik des optimalen Typus:

---

125) Vgl. etwa den Hinweis Erich von Kahlers anläßlich der »Hedda Gabler«, daß gerade die Entwicklung der Psychologie zur Wissenschaft das Psychologisieren in der Literatur unmöglich gemacht habe (»Untergang und Übergang der epischen Kunstform«, S. 38).
126) Ähnliche Sprünge sind aus ähnlichen Gründen auch in der Fouqué-Biographie zu bemerken. Neben die biographische Rekonstruktion des »Charakters« tritt die apodiktische literarische Wertung, ohne daß beide Ebenen auch nur in Ansätzen miteinander verbunden werden könnten. Offenbar soll aber die charakterologische Analyse die literarische Qualität erklären.
127) R & P, S. 295–296/JUL, S. 244–246.

> Hier, bei einem auf eine finstere Null geschalteten E I, tritt das E II als pessimistische *Steigerung* auf; ins beteutend Allgemeine gewandt, tiefsinnig, utopienverdächtig. –[128]

Offensichtlich hängt die literarische Qualität am Pessimismus, wohl deshalb, weil er eine adäquate Interpretation der »wirklichen Welt« liefert. Wendungen wie »ins beteutend Allgemeine« und »tiefsinnig« verstärken den Eindruck seiner »realitätserschließenden«, auf Grundprinzipien der Welt gerichteten Potenz. Entscheidend ist aber, daß die besondere Qualität des pessimistischen Gedankenspiels durch den psychologisierenden Ansatz der *Berechnungen* gar nicht begründbar ist, da von der konsequenten Perspektivierung her so generelle Aussagen über die Welt nicht gemacht werden können. Sie könnte höchstens zwischen Subjekten unterscheiden, bei denen identische Erlebniskomplexe positive oder negative Empfindungen auslösen, ohne daß Geltungsfragen sinnvollerweise gestellt werden können.
Der Umschlag von der »Erfahrungsseelenkunde« zur normativen Ästhetik produziert einen Widerspruch, der in den *Berechnungen* nicht gesehen wird. Gleichwohl ist nach den unterschwelligen Tendenzen zu fragen, durch die die beiden Pole vermittelt sind. Sie münden in eine »Genieästhetik« besonderer Art, die sich als metaphysisches Relikt in höchst merkwürdiger Weise mit dem erklärten Agnostizismus und Positivismus Arno Schmidts verbindet. Die Prosatexte reproduzieren auf der Basis der allgemeinen Formen der Apperzeption die »Vorstellungen« der Subjekte von der Welt. Jenseits aller Denk- und Wahrnehmungspsychologie kommt einer Klasse dieser Vorstellungen, den pessimistischen, die besondere Qualität zu, das Ganze der Welt adäquat zu interpretieren. Dies wiederum bedingt gerade den Kunstcharakter der Texte. Damit ist das Moment der Kunst, trotz aller vordergründigen technizistischen Argumente Arno Schmidts, nicht auf eine bloß formale Erledigung von Themenkomplexen beschränkt, sondern schließt die Forderung nach »bedeutend-allgemeiner« Wahrheit mit ein. Ganz im Sinne der klassischen Ästhetik erscheint das Allgemeine im Besonderen der individuellen Erscheinung. Dies geht aber, und eben deshalb setzt die Welt dem vorgängigen Bewußtsein des Subjekts keinen Widerstand entgegen und erweist sich als zutreffend gedeutet, über die bloß subjektive Perspektive der spätrealistischen Erzählkunst hinaus. Andererseits deckt sich die Konzeption auch wieder nicht mit dem Erzählmodell der Aufklärung, das die Allgemeinheit der Wahrheit an der Allgemeinheit der Vernunft erhärtet. Ihr Spezifikum ist die Gültigkeit der Kausalketten. Gerade die kausal rekonstruierte Entwicklung schließen die *Berechnungen* aus erkenntnis-

---

128) Ebd. S. 301/S. 250.

kritischen Erwägungen aus. Wiewohl dies die permanente Berufung auf Aufklärung und Wissenschaft bei Arno Schmidt bestreitet, erhält die Kunst mit der »symbolischen« Aufdeckung des Allgemeinen im Besonderen die Qualität eines Erkenntnisorgans sui generis. Die Herstellung des symbolischen Bezuges ist aber allein ermöglicht durch die psychischen Qualitäten des Autors als eines pessimistischen Gedankenspielers, der mit einer metaphysischen Interpretation der Welt kraft seiner psychischen Konstitution konvergiert.

Der historische Ort dieser Konzeption ist, wie zu zeigen sein wird, die Ästhetik Schopenhauers. Sie hebt allerdings den Anspruch auf aufklärende Sachprosa prinzipiell nicht auf. Auch im Bereich der Poetologie erscheint die Kontamination widersprüchlicher Traditionen.

Bei Schopenhauer ist das Verhältnis von Kunst und Erkenntnis ähnlich aufgefaßt wie bei Arno Schmidt. Beide werden auf das engste miteinander verbunden. Kunst geht nicht aus der autonomen Phantasie, sondern aus der Anschauung von Objekten der Wirklichkeit hervor.[129] Die Anschauung wiederum ist in erster Linie Ergebnis der Gehirnfunktionen, schon das zugrundeliegende principium individuationis geht auf sie zurück.[130] Gleichwohl kommt der Kunst jene höhere und allgemeine Erkenntnis zu, von der auch Arno Schmidt spricht. Allerdings ist diese Erkenntnis bei Schopenhauer gänzlich als objektive Wesenserkenntnis bestimmt.[131] Dies ist durch seine Adaption der Platonischen Ideenlehre begründet.[132] Die Ideen sind allgemeine Art- oder Gattungsformen, nach denen sich der Wille auf den Stufen des Mineralischen, des Pflanzlichen und des Tierischen objektiviert. Sie stehen außerhalb des Satzes vom Grunde und damit außerhalb von Raum, Zeit und Kausalität. Damit repräsentieren sie das Ewige und Unvergängliche. Die Gattungen partizipieren an diesem Charakter des Zeitlosen im Gegensatz zur Flüchtigkeit und Hinfälligkeit der Individuen. Da die Wissenschaft nur nach dem Satz vom Grunde schließen kann, kann sie die ewige Wesenheit der Gattungen

---

129) Zu dem Problem, daß die Kunst gleichwohl das empirisch niemals gegebene vollkommen Schöne darstellen kann, vgl. Otto J. Most, Zeitliches und Ewiges in der Philosophie Nietzsches und Schopenhauers, S. 37–39.

130) Arno Schmidts Rekurs auf die Gehirnphysiologie berührt sich somit aufs engste mit Schopenhauer. Es wäre ein interessantes, aber anhand der bislang vorliegenden Quellen nicht ausreichend diskutierbares Problem der Einflußforschung, ob nicht die quasi modernistisch-perspektivische Argumentation der »Berechnungen« allein aus diesem Bezug zu Schopenhauer zu erklären ist. Erfahrungen mit Stilzügen der zeitgenössischen Literatur (Döblin) hätten dann überhaupt nur am Rande mitzuwirken brauchen. Auf jeden Fall wird durch den Bezug auf Schopenhauer der befremdliche »objektivistische Rest« metaphysischer Provenienz in Arno Schmidts Empfindungspositivismus verständlich.

131) Zur Zusammenfassung der Ästhetik Schopenhauers vgl. Kuno Fischer, Schopenhauer, S. 335–393.

132) Vgl. dazu Otto J. Most, Zeitliches und Ewiges in der Philosophie Nietzsches und Schopenhauers, S. 20–24.

nicht erfassen. Sie erscheinen ihr vielmehr nur als »endlose Succession«,[133] mit der die Individuen auseinander hervorgehen.
Diese Lücke füllt die Kunst aus. Der »reinen Anschauung« des Künstlers erscheint in den individuellen Phänomenen die Gattung, da er sie auf ihre Wesenheit hin und nicht auf »ihre Relationen zu einander« betrachtet.[134] Das Kunstwerk reproduziert diesen Eindruck.[135] Die Fähigkeit zur reinen Anschauung ist letztlich nicht weiter erklärbar. Sie ist Kennzeichen der Genialität, einer ins Abnorme gesteigerten Intellektualität, die dem Willen gegenüber ihren bloßen Instrumentalcharakter abgestreift hat.[136]
Aus der Zurückführung auf die überzeitlichen Ideen erwächst der Kunst eine dreifache Dignität. Sie ist ein Erkenntnisorgan sui generis von höchster Bedeutung und den an die Erscheinungswelt gebundenen Wissenschaften überlegen. Ihre Erkenntnisleistung ist notwendigerweise gänzlich ungeschichtlich, da sie die zeitinvarianten Urbilder darstellt. Zugleich bezieht die Kunst gerade aus der Darstellung der aufgefaßten Idee ihre Schönheit, da diese im Bereich des Naturschönen primär der Gattung zukommt, die eben die Kunst darstellt.[137] Weiter reicht die Produktion und Rezeption von Kunst in den Bereich der praktischen Philosophie hinüber. Das Schöne in Natur und Kunst trägt zur Erlösung des Menschen bei.[138] Eben weil sich in der »reinen Anschauung« der Intellekt vom Willen emanzipiert, führen die ästhetischen Akte zu einem, freilich nur vorübergehenden, Zustand des Nichtwollens und damit der Freiheit vom Leid.
Unverkennbar ist bei Arno Schmidt die Palliativfunktion intellektueller Akte ganz ähnlich gesehen, wenn es heißt:

> »*Am Ende*« – ich tappte mit der Handfläche auf mich Beleg: »bleibt nur: Kunstwerke; Naturschönheit; Reine Wissenschaften. In dieser heiligen Trinität«[139]

Bezeichnenderweise tritt die Versenkung in die Schönheit der Naturobjekte zu Kunst und Wissenschaft hinzu, wie denn durch die Fundierung der Ästhetik durch die Ideenlehre bei Schopenhauer Naturschönes und Kunstschönes einander weitgehend angenähert sind. Der Kontext des angeführten Zitates trägt zur weiteren Klärung bei. Düring formuliert sein

---

133) »Die Welt als Wille und Vorstellung« I, Werke Bd. 2, S. 204.
134) Ebd. S. 210.
135) Vgl.: »Hingegen ist die aufgefaßte Idee die wahre und einzige Quelle jedes ächten Kunstwerkes.« (ebd. S. 277).
136) Vgl. »Vom Genie«, »Welt als Wille und Vorstellung« II, Werke Bd. 3, S. 429–455.
137) Vgl. Otto J. Most, Zeitliches und Ewiges in der Philosophie Nietzsches und Schopenhauers, S. 34.
138) Vgl. ebd. S. 42–43.
139) NDK, S. 88/FAUN, S. 161.

Bekenntnis tatsächlich »am Ende«, bevor er die Hütte anzündet, zu einem Zeitpunkt also, wo der Anspruch auf Glück in einem naturbelassenen Freiraum außerhalb aller Zwänge hat aufgegeben werden müssen. Der Bereich der Erkenntnis und des Schönen erweist sich damit als die dauerhafte Zuflucht angesichts der Misere der Welt. Der hier anklingende Dualismus von Intellekt und alltäglicher Lebenswelt wird unter deutlicher Bevorzugung der Kunst in der Trias der Werte in *Brand's Haide* noch um einiges entschiedener formuliert:

> Weißt Du, für mich ist das [die »Kunst überhaupt«] keine Verzierung des Lebens, son Feierabendschnörkel, den man wohlwollend begrüßt, wenn man von der soliden Tagesarbeit ausruht; ich bin da invertiert: für mich ist das Atemluft, das einzig Nötige, und alles Andere Klo und Notdurft.[140]

Dagegen erhält die Kunst von ihren praktischen Konsequenzen her im Vergleich mit Schopenhauer eine eigentümlich mehrschichtige Bestimmung. Einerseits konstituiert sie, ganz im Sinne von Schopenhauers Ästhetik, die leidfreie Anschauung des Schönen, andererseits erfüllt sie, sieht man nicht auf die im Zitat angesprochene Rezeption der Kunst, sondern auf die Produktion, ihre Erlösungsaufgabe nicht in der willenlosen Anschauung, sondern, wie die *Berechnungen* zeigen, durch die phantasierte Wunscherfüllung. Zugleich gilt für die Literatur noch der aus der Aufklärung übernommene Anspruch auf Information und praktische Wirkung. Diese Mehrschichtigkeit ist nicht unwichtig für Arno Schmidts literaturgeschichtliche Einordnung.

Die Zurückführung der ästhetischen Produktion auf Bedürfnisse des Subjekts zeigt eine Psychologisierung der Ästhetik, die über Schopenhauer hinaus Arno Schmidts Position dem Ästhetizismus annähert. In Nietzsches *Die Geburt der Tragödie* entfällt die Beziehung auf die Ideenlehre und damit die Bestimmung des Kunstwerkes als Mimesis, die in Schopenhauers Ästhetik noch festgehalten war. Die ästhetischen Gebilde, wenigstens soweit sie aus der apollinischen Bildnertätigkeit hervorgegangen sind, sind schöner Schein, in dem es zwar »nichts Gleichgültiges und Unnötiges«[141] gibt, durch den aber auch der Charakter der »lückenhaft verständlichen Tageswirklichkeit«[142] nur verdeckt wird. Die Bildnertätigkeit ist fundiert in einem »allgewaltigen Kunsttriebe« als anthropologische Konstante, in dem sich die Sehnsucht nach dem »Erlöstwerden durch den Schein«[143] manifestiert. Von dieser Position

---

140) NDK, S. 137/BRAND, S. 93.
141) Friedrich Nietzsche, Die Geburt der Tragödie, S. 48.
142) Ebd. S. 49–50.
143) Ebd. S. 61.

aus ergibt sich nicht nur die Preisgabe des mimetischen Charakters der Kunst, sondern auch jeder didaktischen oder moralischen Zwecksetzung. Psychologisiert Nietzsche in *Die Geburt der Tragödie* noch im Rahmen anthropologischer Konstanten innerhalb einer umgedeuteten Schopenhauerschen Metaphysik, so entwickeln die folgenden Aphorismenbücher die Bestimmung der Kunst konsequent innerhalb einer Psychologie der Dekadenz und Gesundheit und kommen dadurch zu ästhetischen Wertsetzungen, die, ähnlich wie bei Arno Schmidt, charakterologisch auf die Person des Künstlers bezogen sind.

Diese ästhetizistische Komponente ist bei Arno Schmidt durch den didaktischen wie realistischen Anspruch der Kunst gebrochen. Auch zeigt sein Bekenntnis zum realistischen Erzählen, daß er am mimetischen Charakter der Kunst festhält. Zu fragen bleibt, wie gerade die phantasierte Wunscherfüllung zur Erfassung von zeitinvarianten Wahrheiten führen kann, die dann eben den didaktischen Anspruch abdecken. In erster Annäherung ist die Entwicklung der charakterologischen Typologie, von der die *Berechnungen* sprechen, als eine solche Realisierung der Schopenhauerschen Konzeption aufzufassen. Die Charakterologie Arno Schmidts kennt keine historischen Differenzierungen, sondern entwickelt eine überzeitliche Phänomenologie des menschlichen Wesens, wie es denn bei Schopenhauer Aufgabe der Dichtung ist, »das Wesen der Menschheit, außer aller Relation, außer aller Zeit« aufzufassen.[144] Die Fixierung auf die Charakterologie weist der Literatur den Bereich der Innerlichkeit als Gegenstand zu. In einer bekannten Bemerkung führt Schopenhauer aus, es sei nicht Aufgabe der Romanschreiber, »große Vorfälle zu erzählen, sondern kleine interessant zu machen«, da ihre Kunst gerade darin bestehe, »daß man mit dem möglichst geringsten Aufwand von äußerem Leben das innere in die stärkste Bewegung bringe; denn das innere ist eigentlich der Gegenstand unseres Interesses«. In diesem Zusammenhang verweist Schopenhauer auf die von Arno Schmidt so geschätzten Autoren Sterne und Jean Paul.[145] Eben diese Darstellung des inneren Lebens, das vom äußeren lediglich angeregt wird, wobei das äußere nur um dieser Funktion willen interessant ist, leisten die Texte. Dabei charakterisieren die äußeren Eindrücke im Modus ihrer Selektion und reflektierenden Bewertung den inneren Zustand des Protagonisten.

Diese Bestimmung des Romans ist bei Schopenhauer allerdings unausgesprochen in die objektivistischen Grundlagen seiner Ästhetik eingebettet. Das »innere Leben« ist nicht beliebige private Subjektivität, sondern zeigt im individuellen Bild die allgemeine und bleibende Idee

---

144) »Die Welt als Wille und Vorstellung« I, Werke Bd. 2, S. 289.

145) »Parerga und Paralipomena« II, Werke Bd. 6, S. 469.

menschlichen Wesens. Von daher ist es prinzipiell gleichgültig, welche Charaktere Gegenstand des Romans werden, wenn sie nur allgemein genug sind und wenn sich der Roman nicht in der bloßen Handlung erschöpft. Der Kunstcharakter ist bereits durch die Erfassung der Idee gewährleistet. Im Gegensatz dazu untersucht Arno Schmidt die charakterologischen Typen auf ihre literarische Verwertbarkeit. Dies wird verständlich, wenn man sich den entscheidenden Unterschied zur objektivistischen Ästhetik Schopenhauers vergegenwärtigt. Die charakterologische Einteilung der Typen erscheint nicht auf der Ebene der literarischen Gegenstände, also nach den charakterologischen Ideen, die in der »reinen Anschauung« des menschlichen Lebens aufgefaßt und dann literarisch realisiert werden. Dies hat für Schopenhauer die Konsequenz, daß die Idee ohne die Vermittlung der literarischen Subjektivität präsentiert wird, weil dies eine Zutat wäre, die das reine Subjekt der Anschauung in einen empirischen Betrachter zurückverwandelt. Deshalb gilt besonders für das Drama, aber auch schon für den Roman, daß der »Darstellende hinter dem Dargestellten sich verbirgt und zuletzt ganz verschwindet«.[146] Arno Schmidt baut seine Typologie dagegen nach der psychischen Struktur des Dichters, nicht seiner Gegenstände auf, also nach dem Charakter des auffassenden Subjekts.

Arno Schmidts Romankonzeption wäre, mit den gebotenen Einschränkungen, innerhalb der Schopenhauerschen Gattungstheorie am ehesten der Lyrik zuzuordnen, da hier, ganz im Sinne der klassischen Erlebnislyrik, »der Dargestellte zugleich auch der Darstellende ist«,[147] die Subjektivität des Künstlers, die sich im Gedicht darstellt, keine besondere ist, sondern einen Typus repräsentiert. Dies setzt dann allerdings voraus, daß der Dichter der »allgemeine Mensch«[148] ist.

Damit ist Schopenhauers Ästhetik weitgehend subjektiviert und psychologisiert. Eben diese Wendung ins Subjektive ist es, die trotz der auch bei Arno Schmidt postulierten Palliativfunktion des Schönen die Formulierung praktischer Intentionen erlaubt. In *Brand's Haide* fährt der Erzähler im Kontext seiner bereits zitierten Unterscheidung zwischen Kunst und »Notdurft« fort:

> aber Du siehst ja, daß ich nicht etwa »blutleerer« oder papierener bin, als Ihr: ich reg mich genau so auf und begeistere mich, und kenne Ungeheuer, und hasse.[149]

Diese Emotionen konstituieren den Text mit, sie ergeben gemeinsam das

---

146) »Die Welt als Wille und Vorstellung« I, Werke Bd. 2, S. 293.
147) Ebd. S. 293.
148) Ebd. S. 294.
149) NDK, S. 137/BRAND, S. 93.

»Portrait eines Menschen«. Darüber hinaus durchbrechen sie die autonome Zweckfreiheit des Kunstwerks, die Konsequenz der Ästhetik Schopenhauers ist, da der hassende und liebende Mensch im Sinne seiner Wertsetzungen auf sein Publikum zu wirken sucht. Freilich können die praktischen Wertsetzungen nicht mehr mit einer fundierenden Begründung in die charakterologische Typik eingeführt werden. Sie werden nicht argumentativ eingelöst, sondern erscheinen als charakterliche Qualitäten eines vernünftigen und wertbewußten Subjekts. Damit wird die Wertung der Autorenpersönlichkeit zu einem entscheidenden Kriterium der literarischen Wertung bei Arno Schmidt.
Diese Persönlichkeit konvergiert nun, wie schon anzuzeigen war, in ihrer Subjektivität mit der wirklichen Welt. Für die *Berechnungen* heißt das, daß der pessimistische Charakter kunstverdächtig ist, für die Ebene der Texte, daß der Verlauf des Geschehens immer nur das anfänglich »gesetzte« Bewußtsein bestätigt. Nun sind die Belege bei Arno Schmidt Legion, die den guten Schriftsteller als durch ein adäquates Bewußtsein über die Realität gekennzeichnet sehen. Das Bewußtsein, das die Texte präsentieren, ist demgemäß ein prinzipiell dichterisches oder zumindest literarisches Bewußtsein. Dies wird auch aus den Konturen der jeweiligen Erzählerrolle deutlich. Im Frühwerk dominieren Figuren wie Düring oder Eggers, die sich, legt man Arno Schmidts Äußerungen über die literarische Produktion zugrunde, im Vorbereich des Literarischen befinden, wenn sie sich mit Naturbeobachtungen, literarischen Quellenstudien, Kartographie oder den Privataltertümern der Lokalgeschichte beschäftigen. Doch auch schon der Erzähler von *Brand's Haide* heißt Schmidt und wird als Fouqué-Biograph und Autor des *Leviathan* eingeführt. Ähnliches gilt für *Tina Oder über die Unsterblichkeit.* Den Erzähler von *Kaff auch Mare Crisium* weist seine Befähigung zum Wort- und Gedankenspiel als literarische Potenz aus. Im Spätwerk, in *Zettels Traum* und *Abend mit Goldrand,* wird die Selbstdarstellung des realen Autors als Schriftsteller vollends zum konstituierenden Prinzip. Die Romane sind somit Literatur über literarische Probleme, indem sie die Lebensbedingungen der literarischen Intelligenz zum Gegenstand haben.
Mit der Ästhetik Schopenhauers ist diese Konzeption zunächst einmal lose dadurch verbunden, daß der Dichter, genauer der Lyriker, als Mensch schlechthin erscheint, die Verhältnisse seines »inneren Lebens« also auch bereits repräsentative Bedeutung haben. Die »Ideen« der Schopenhauerschen Ästhetik sind allerdings zu »Schriftstellerportraits« subjektiviert, das heißt, das Allgemeine erscheint nicht in der »reinen Anschauung« eines Gegenstandes, sondern in der rückhaltlosen Selbstdarstellung eines Subjektes als Schriftsteller, das im Individuellen seines Lebenszustandes einen allgemeinen Typus repräsentiert. Das Werk Arno Schmidts steht so besehen unter dem Anspruch, die besondere literarische Existenz des Autors als Autor zu dokumentieren.

Von hier aus werden einige Momente, die stets auf das Befremden der Literaturkritik gestoßen sind, zumindest im Sinnzusammenhang des Werkes verständlich. Die Funktion der autobiographischen Elemente erschöpft sich nicht darin, erkenntnistheoretisch die Evidenz des Sinnlichen zu legitimieren;[150] sie sind auch deshalb Gegenstand des Werkes, weil die latente ästhetische Konzeption die Selbstdarstellung der eigenen literarischen Existenz als einziges Thema zuläßt. Diese Fixierung erlaubt es, persönliche Wertungen und Idiosynkrasien rückhaltlos zuzulassen, weil sie wesentlich zur Konturierung des Dichterportraits beitragen.[151] Ebenso erklärt sich die Ähnlichkeit der Erzähler. Variationen ergeben sich daraus, daß sich die eine literarische Existenz, die das Gesamtwerk zu repräsentieren hat, in verschiedenen zeitgeschichtlichen Kontexten und in verschiedenen Lebensaltern zeigt, die ja wichtig für das Verhältnis etwa zur Sexualität sind. Allerdings ergibt sich gleichwohl der Eindruck der Uniformität. Eggers hat zum Staat ein nur um Nuancen anderes Verhältnis als Düring. Dies deutet bereits an, daß die Formulierung des dichterischen Selbstverständnisses nicht primär von den Zeitumständen abhängig ist. Die Geschichtslosigkeit der Schopenhauerschen Ästhetik kehrt bei Arno Schmidt wieder.[152] Dies gilt für die schon berührte Annahme, daß der historische Prozeß nur oberflächliche Veränderungen produziert. So gehen zeitgeschichtliche Veränderungen immer nur als Kulissen und Maskierungen für immer die gleiche anthropologische Misere in das Werk ein. Die Konstanz der Situationen erlaubt es dem Autor Arno Schmidt, sich mit verwandten Erscheinungen der Literaturgeschichte zu identifizieren.[153] Seine Stilisierung nach Moritz als plebejischem Intellektuellen, Autobiographen und Schreckensmann, nach dem plebejischen Wezel, nach dem plebejischen Gedankenspieler Schnabel war schon zu besprechen gewesen. Eben diese Stilisierungen aber lassen im Individuellen der Lebensumstände und Charaktere den Typus als zeitinvariante Idee erscheinen. Die Subjektivität von Düring oder Eggers, hinter der sich in spielerischer Maskierung und immer wieder durchbrochener Fiktionalisierung die Subjektivität Arno Schmidts verbirgt, ist nicht deshalb repräsentativ, weil sie zeit- und sozialgeschichtlich fixierbare Lebensverhältnisse, etwa die Kleinbürger im Zeitalter des Faschis-

---

150) Vgl. Hartwig Suhrbier, Zur Prosatheorie von Arno Schmidt.

151) Dies hat in der Literaturkritik fast durchgehend Verständnislosigkeit ausgelöst, weil die Funktion nicht verstanden wurde. Vgl. Werner Eggers, Arno Schmidt, S. 172.

152) Nach Heiko Postma, Aufarbeitung und Vermittlung literarischer Traditionen, geht es Arno Schmidt in seinen Arbeiten zur Literatur nicht so sehr um den zeitgeschichtlichen Kontext der Literatur als um die jeweilige schlechte Stellung des Intellektuellen.

153) Vgl. Jörg Drews, Phänomenologie der Gehirntiere, S. 65–66, wonach die Funkessays auch als Ahnengalerie des Schriftstellers Arno Schmidt gelesen werden können.

mus, abspiegelt,[154] sondern weil sie einen zeitinvarianten Dichtertypus innerhalb zeitgeschichtlich fixierbarer Kulissen realisiert.
Nun lassen sich von dem einen Grundtypus des plebejischen Schrekkensmannes Verbindungen zu anderen »Dichterportraits« ziehen, die ebenfalls auf Seitenlinien in die »Ahnengalerie« Arno Schmidts eingegangen sind: die »Realisten« mit ihrer minuziösen Beschreibung der diesseitigen Welt (Brockes, Stifter, Cooper), die Gedankenspieler (die Geschwister Brontë), der Polyhistor (Johannes von Müller), die rein poetische Imagination (Fouqué) und anderes mehr. Auch die Portraits dieser Dichter verstecken jeweils einen Typus.[155] Die Konstruktion von Typen folgt relativ einsichtig aus den Grundlagen von Arno Schmidts Literaturbegriff, löst aber hoffnungslose Verwirrung aus, wenn die Essays zur Literatur aus dem Sinnzusammenhang des Werkes Arno Schmidts herausgelöst und mit einer Literaturgeschichte konfrontiert werden, die gattungs-, sozial-, geistes- oder problemgeschichtlich verfährt.
Die Typologien vereinigen sich zu einem Kosmos der Dichterportraits, der durchaus sinnvoll strukturiert ist. Vorgängige Annahme ist die metaphysisch postulierte Misere der Welt, die, zumindest für den frühen Arno Schmidt, auch in sozialer Unterdrückung, ungerechter Herrschaft und Trug der Mächtigen ihren Ausdruck findet. Die überlieferten Autorenportraits werden geschieden in jene, die die Misere überdecken – ihnen gilt Arno Schmidts Polemik – und jene, die auf sie reagieren. Allerdings läßt Arno Schmidt unterschiedliche Reaktionen innerhalb seiner normativen Annahmen zu: so das »Längere Gedankenspiel«, die Opposition gegen Gott und die Welt, die wissenschaftliche Topographie des Diesseits usw.
Da alle Literatur gemäß den *Berechnungen* als Selbstdarstellung eines Individuums gelesen wird, ergibt die charakterologische Typologie der Autoren zwanglos auch eine Typologie der Textcorpora. Damit realisiert

---

154) Dies der Tenor der Interpretation bei Reimer Bull, Bauformen des Erzählens bei Arno Schmidt.
155) Deutlich wird dies an einem Essay wie »Barthold Hinrich Brockes, oder Nichts ist mir zu klein«. Unter dem Typus des »Realisten« erscheinen Stifter, Vergils »Georgica«, Schmidt von Werneuchen, Jean Pauls »Campanertal«, Cooper, Defoes »Robinson Crusoe« und schließlich als eindeutigste und deshalb analysierte Konkretisierung des Typus Brockes (RITTER, S. 57–59/NACHRICHTEN 1, S. 7–8). Entscheidend ist nun, daß die doch recht divergierenden Textcorpora der genannten Autoren weder auf Gemeinsamkeiten der Gattung, des sozialhistorischen Kontextes oder der geistesgeschichtlichen Problemstellung hin untersucht werden, sondern ihren Konvergenzpunkt im »Charakter« der »Realisten« finden: »die ›Realisten‹ sind, getreu dem Gesetz nach dem sie angetreten, keine großen Denker oder Psychologen: [. . .]. Also beginnt man am besten, redlich, korrekt, und, gottlob, rüstig, schon beim Aufstehen die dichterische Arbeit: den grandiosen, nüchtern = phantastischen Versuch einer Bewältigung der Welt vermittelst Beschreibung: [. . .]« (ebd. S. 63/S. 11). Ähnliche Synthetisierungen der Textcorpora durch die Konstruktion des typischen Charakters wären auch für den »Schreckensmann« oder den »Gedankenspieler« festzustellen. Nach der Rezeption Freuds verläuft die Synthetisierung nach der Sexualkonstitution der Autoren (so etwa der Typus des latenten Homosexuellen bei Karl May oder des impotenten Voyeurs bei Poe).

die Literatur in ihrer Gesamtheit auch bei Arno Schmidt die Platonischen Ideen, wie sie in der Interpretation Schopenhauers aufgefaßt und in die Ästhetik eingeführt wurden. Nur ist der objektivistische Ansatz Schopenhauers ins Subjektivistische und Psychologische verkehrt. Die Kunst bildet nicht nach Maßgabe der normativ festgelegten Möglichkeiten der Gattungen die Ideen ab, nach denen sich der Wille objektiviert, sondern realisiert in der subjektiven Selbstdarstellung anthropologische Invarianten von Reaktionen auf die Misere der Welt.

Arno Schmidts Auseinandersetzung mit literarischen Traditionen ist nicht primär als Weiterbildung von Traditionsinhalten auf die Situation der Gegenwart zu verstehen.[156] Vielmehr reflektiert sie die Einordnung der subjektiven Selbstdarstellung in den statischen Kosmos der literarischen Portraitgalerie. Im Bereich der literarischen Essays äußert sich dies in gewaltsam anmutenden Aktualisierungen, die stets in persönliche Erfahrungen Arno Schmidts münden.[157] *Dya Na Sore. Blondeste der Bestien* faßt so Platon, Meyern und den Nationalsozialismus, den der Autor erlebt hat, im Begriff des totalitären Staates zusammen.[158] Die Charakteristik des Schreckensmannes verweist auf den Kontext der Bundestagswahlen und schließt damit Arno Schmidt und seine Opposition gegen die Adenauerrestauration an die radikale Aufklärung und die Französische Revolution an.[159] Innerhalb der Texte erfüllen, wie noch zu zei-

---

156) Heiko Postma, Aufarbeitung und Vermittlung literarischer Traditionen, bemerkt dies, wenn er kritisiert, daß Arno Schmidt die Postulate der bürgerlichen Aufklärung nicht auf die gegenwärtige soziale Situation übertrage.

157) Im Spätwerk spiegelt »Abend mit Goldrand« ironisch diese subjektgebundenen Traditionsbildungen, etwa wenn sich Olmers fast ausschließlich mit Erotica beschäftigt oder der Hauptmann nur Autoren liest, die bei der Artillerie gedient haben.

158) Vgl. DYA, S. 15–19/TINA, S. 28–30.

159) Vgl. DYA, S. 361/NACHRICHTEN 1, S. 149. Es ist somit verfehlt, wenn Jürgen Walter, Zur Problematik und Methodologie einer soziologischen Literaturbetrachtung. Arno Schmidts Arbeiten zur Literatur, in Arno Schmidt einen Vorläufer der Jaußschen Rezeptionsästhetik sieht, die auf Gadamers Hermeneutik aufbaut. Gadamer rechnet, wie »Wahrheit und Methode« zeigt, mit einer Weiterbildung des Textsinns, weil der Interpret in der Auslegung den Text immer auch schon auf seine eigene geschichtliche Situation anwendet. Möglichkeit und Notwendigkeit der Applikation sind so gesehen durch den historischen Wandel bedingt, wobei die verschiedenen Situationen bei aller Fremdheit auch wieder durch die Kontinuität der Tradition verbunden sind. Arno Schmidts Aktualisierungen sind hingegen durch die Konstanz der Problemstellung ermöglicht, eine Konzeption, die Gadamer als »naive Angleichung« kritisieren würde. Sie negiert ja gerade, gemäß des ahistorischen Ansatzes, die geschichtliche Bedingtheit des Menschen. Walters Mißverständnis zeigt sehr deutlich, wie schwer es einer mit guten Gründen historisierenden Literaturwissenschaft fällt, konsequent ahistorische Ansätze auch nur zu erkennen.

gen sein wird, die literarischen Anspielungen die Funktion, das erzählte literarische Bewußtsein zum literarischen Kosmos in Bezug zu setzen.[160] Das Unzeitgemäße der Position Arno Schmidts ist offenkundig und leicht zu kritisieren. Wichtig sind aber auch immanente Schwierigkeiten. Jenes »Gespräch über die Zeiten hinweg«, das das Selbstverständnis des Autors und den Text organisiert, ist nur dann möglich und sinnvoll, wenn die Selbstdarstellung des Autors Arno Schmidt tatsächlich Kunstcharakter besitzt. Darauf spitzt sich der generelle Erkenntniswert des Werkes, folgt man seinen eigenen Grundlagen, letztlich zu. Für die Feststellung des Kunstcharakters spielt, wie die Funkessays zeigen, der technizistische Aspekt eine wichtige Rolle.[161] Er wird deshalb so betont, weil er der einzig objektivierbare ist. Abstrahiert man davon, so bleiben als Wertungskriterien fast nur noch die Qualitäten der Autorenpersönlichkeit. Damit steht, einfach als Konsequenz der ästhetischen und poetologischen Annahmen, der Autor Arno Schmidt als empirische Person unter dem Zwang, sich als literarische Potenz zu beweisen, jene Qualitäten persönlich zu realisieren, die die Aufnahme in die zeitenthobene Ruhmeshalle der Autorengalerie gewährleisten. Schwierig ist nur, daß kein zeitgenössischer Konsensus über die Rolle des Dichters zur Verfügung steht, dessen Erfüllung bereits das literarische Selbstverständnis konstituieren würde. Wo solche Rollen dennoch in Umrissen sichtbar werden, hat sie Arno Schmidt abgelehnt, wohl auch aus seiner unzeitgemäßen Kontamination von Traditionen ablehnen müssen. Die in den fünfziger Jahren dominierenden Rollen der »Artisten« oder »Existenzialisten« verfallen dem aufklärerischen Verdikt des Atheisten, Materialisten und Schreckensmannes. Die Erneuerung der Aufklärung in den sechziger Jahren kehrt hingegen so konsequent zur Aufklärung zurück, daß Literatur wieder zur Gebrauchsprosa wird. Arno Schmidts latenter Ästhetizis-

---

160) Der skizzierte Traditionsbezug ist ähnlich gesehen bei Jürgen Busche, Eidyllion – das heißt kleines Bildchen, S. 105: »Sie [Schmidt und Doderer] sind an den Gesichtern, den einzelnen Menschen und ihrer privaten Geschichte interessiert, und dies ist ein Bereich, in dem die Ebenen des Gleichen nicht nach Epochen, sondern nach Charakteren und individuellen Anlagen und Schicksalen verlaufen. Dies schlägt sich sowohl bei Schmidt wie bei Doderer in einer Attitüde nieder, die vielleicht ihre erste Formulierung bei Nietzsche hat: in der malerischen Szene des Gesprächs, das die alten griechischen Philosophen über die Zeiten hinweg miteinander führen.« Das »Gespräch über die Zeiten hinweg« ordnet Busche dem konservativen Denken zu, entwickelt dabei aber einen hochspekulativen Konservativismusbegriff. Verkannt wird dabei, daß Arno Schmidts Subjektivierung des Schopenhauerschen Platonismus sehr wohl die potentiell konservative Ahistorizität mit der revolutionären Intention verbindet, nur daß dies nicht in den Notwendigkeiten des historischen Prozesses, sondern in den »revolutionären« Qualitäten des individuellen Charakters fundiert ist.

161) So erscheint Wieland primär als Konstrukteur von Prosaformen. Die Rettung des »Handwerklichen« führt erkennbar auch zu Verzeichnungen, etwa in der pauschalen Abwertung der Prosa Goethes oder in der Hochschätzung des erzähltechnisch gewiß sehr kunstreichen Bulwer-Lytton.

mus, der immer schon mit der Kunst als höchstem Wert gerechnet hatte, sperrt sich notgedrungen gegen diese Entwicklung.[162]

Exzentrische Lebensformen eines Autors brauchen seinen Interpreten gewiß nicht zu interessieren, wo sie im Rahmen einer Autorenpsychologie als Selbstzweck zu verhandeln wären. Im Falle Arno Schmidts gehören sie zweifellos zum Kontext des Werkes. Gemeint ist die Stilisierung des eigenen Lebens, deren Erscheinungsformen bekannt sind. Bezeichnend und vom Problem der autobiographischen Beglaubigung aus nicht ganz zu erfassen ist die verschwimmende Grenze, wenn die Figuren Arno Schmidts so sprechen, wie er es in eigener Sache als Autor tut, oder wenn das Wort in eigener Sache aus den provozierenden Dikta der Romanfiguren zusammengesetzt ist.[163] Das klassische Verhältnis von Literatur und Leben, das mit Goethes Wendung von den »Bruchstücken einer großen Konfession« bezeichnet ist, scheint sich umzukehren, wenn der Lebensgang des Autors eben jene exzentrischen Formen annimmt, von denen das Schicksal der Figuren immer schon gekennzeichnet war. Isolation und Rückzug, wie sie sich in der Übersiedlung nach Bargfeld dokumentieren, sind bereits in *Aus dem Leben eines Fauns* präfiguriert. Hinzu kommt, daß die Figuren wie der Autor in Permanenz eben jene quantifizierbaren und objektivierbaren Qualitäten des Schriftstellers auch tatsächlich zu beweisen suchen, nämlich die literarische Allwissenheit und den unermüdlichen Fleiß. Auch hier verwischen sich die Grenzen. Es hat fast den Anschein, als werde das Schatzhaus der Literaturgeschichte nicht nur aufgrund höchst persönlicher Vorlieben ausgeforscht, sondern als forme sich auch die Person nach den mustergültigen Portraits.

Betont sei noch einmal, daß die psychologische Seite dieser Entwicklung hier nicht zu interessieren braucht, auch die vorschnelle moralisierende Empörung nicht unbedingt angemessen ist. Entscheidend ist, daß das weitgehend textimmanente und problemgeschichtliche Vorgehen der Arbeit hier an einen Punkt stößt, wo die literatursoziologische Betrachtung einzusetzen hätte. Arno Schmidt postuliert den Anspruch der Kunst auf unbeschränkte Dignität in einer Kultur, die diese Dignität nicht mehr akzeptiert. Dies führt ihn in die Nähe so gänzlich anders gearteter Persönlichkeiten wie Stefan George oder Karl Kraus. Als gemeinsames Merkmal ergibt sich die Tendenz, nicht die Unzeitgemäßheit des literarischen Selbstverständnisses zu reflektieren, sondern sie den Zeitgenos-

---

162) Heiko Postma, Aufarbeitung und Vermittlung literarischer Traditionen, sieht die Entwicklung ähnlich, spricht in diesem Zusammenhang aber von einem geheimen Klassizismus Arno Schmidts, ein Terminus, der von den Traditionseinordnungen Arno Schmidts her nicht ganz unproblematisch ist.

163) Man bedenke etwa die Selbststilisierungen der Frankfurter Preisrede oder der Spiegelinterviews.

sen anzulasten. Das eigene Selbstverständnis wird konstituiert in der Berufung auf Traditionen, die außer Kurs gesetzt sind. Damit stellt sich aber das Problem, die Zugehörigkeit des eigenen Werkes zu den vergangenen Werken auch zu erweisen. Es scheint, als könne dieser Anspruch, auch für die Autoren selbst, durch Literatur allein nicht eingelöst werden. So wird er durch die Dignität der eigenen Person gestützt,[164] die selbst zum Kunstwerk stilisiert wird.

Die skizzierte Aporie und ihre gewaltsame Lösung ergibt sich letztlich aus der Kontamination zweier konträrer Traditionsstränge. Nun ist wenigstens am Rande die selbstkritische Frage aufzuwerfen, ob durch die Konzentration der Interpretation auf Schopenhauer und die Aufklärung die Vielfalt der literarischen Bezüge, die auch schon beim frühen Arno Schmidt gegeben ist, nicht aus Gründen des Systemzwangs unangemessen reduziert wird. Die Frage sei hier aufgeworfen, weil sie anhand der *Berechnungen* diskutierbar erscheint.

Bei den Traditionsberufungen Arno Schmidts scheint sich eine deutliche Schichtung abzuzeichnen. Betonung der »Erfahrungsseelenkunde« und des »Sensualismus« auf der einen, Verabsolutierung der Kunst auf der anderen Seite konstituieren als problemgeschichtlich zu entwickelnde Traditionsketten das grundlegende Gerüst und bestimmen Arno Schmidts durchaus zweideutige Position. Weitere »Traditionselemente« werden innerhalb dieser vorgängigen Konstellation rezipiert. Sie erscheinen dann aber nicht in ihren Problemkontexten, sondern als isolierbare Partikel. Dies gilt für Stilelemente wie für die Bewertung literarischer Corpora.

Der Ansatz der *Berechnungen* erlaubt es, Darstellungsprobleme ahistorisch-technizistisch aufzufassen, damit aber auch, Stilelemente ganz heterogener Art zu übernehmen. Es geht dabei nicht um Sinnzusammenhänge, die in ihnen innerhalb ihres historischen Kontextes realisiert sind, um die »Weltbilder« oder kulturellen Deutungsmuster der Wirklichkeit also, die den literarischen Stil bedingen, sondern lediglich um ihre Verwertbarkeit für Darstellungsprobleme. So wird die kühne Zusammenfassung verständlich: »Wieland ist mein größtes formales Erlebnis neben August Stramm.«[165] Die beiden gewiß höchst unterschiedlichen Namen umschreiben zwei Hauptkomponenten des Schmidtschen Erzählstils.

Wieland erscheint zwar als kanonisches Muster für die Problemlösungen des traditionellen Romans, seine konstruierten Kunstformen dienen aber auch als Anregung für die Strukturierung ganzer Prosatexte, wie sie in den *Berechnungen* vorgeführt wird. Der Name »August Stramm« steht

---

164) Vgl. den Aphorismus: »Gute Ansichten sind wertlos. Es kommt darauf an, wer sie hat«. Karl Kraus, Pro domo et mundo, S. 64.

165) NDK, S. 53/FAUN, S. 96.

für expressionistische Stilmittel, bezieht sich also nicht auf die Struktur des Gesamttextes, sondern auf Details der Sprachgestaltung. Jörg Drews hat neuerdings einige stilistische Parallelen gesammelt und ihre Funktion skizziert.[166] Vor allem die Verdichtung und Verkürzung der Sprache ist es, die Arno Schmidt übernommen hat. Die *Berechnungen* deuten dafür eine wirkungspoetologische Begründung an. In der Prosaform »Erinnerung« muß man dem Leser »schärfste Wortkonzentrate injizieren«, damit die »*Illusion eigener Erinnerung* suggestiv erzeugt werden« kann.[167] An anderer Stelle werden den Expressionisten eben jene »Wortkonzentrate« zugeschrieben, die im Leser das betreffende-gewünschte Bild heraufrufen, Bilder, die im Vorrat seiner Eindrücke und Erfahrungen ohnehin vorhanden sind.[168] Die expressionistischen Stilmittel werden damit für den »realistischen Roman«, wie Arno Schmidt ihn versteht, neu funktionalisiert. Ihre Aufgabe ist es, Eindrücke zu fixieren und zu vermitteln,[169] wobei ganz offensichtlich die Intentionen expressionistischer Lyrik mit dieser Fundierung im »Empfindungspositivismus« in ihr Gegenteil verkehrt werden, da sie die neue gedankliche Abstraktion gegen den Psychologismus der Jahrhundertwende ausspielen. Es geht hier gerade nicht mehr um die individuelle Perspektive.[170] Gleichwohl kann nicht von einer mißdeutenden oder umwertenden Aneignung des historischen Vorbildes gesprochen werden, da die Rezeption partikulär und unter funktionalen Gesichtspunkten vollzogen wird. Der Expressionismus kann dann aber auch nicht zur Rekonstruktion der bei Arno Schmidt inhärenten Gesamtkonzeption herangezogen werden.[171]

In ähnlicher Weise erlaubt es die normativ-charakterologische Konzeption der *Berechnungen,* in der Einschätzung anderer Autoren selektiv zu verfahren. Bei Tieck erkennt Arno Schmidt die »Seelenlage des Emigranten« wieder,[172] bei Fouqué, Brentano und E.T.A. Hoffmann die Erfahrung des Chaos.[173] Autoren, die charakterologisch negativ sind, werden aus-

166) Vgl. Jörg Drews, Arno Schmidt und August Stramm. Beobachtungen zu den expressionistischen Stilmitteln in den frühen Romanen.

167) R & P, S. 286/JUL, S. 236.

168) Vgl. TRITON, S. 339–340.

169) Was hier nur poetologisch skizziert wird, müßte in einer eigenen Stiluntersuchung, die den Rahmen der vorliegenden Arbeit sprengen würde, nachgewiesen werden. Sie hätte dabei auch jene Momente (Metaphorik, Slang und Dialekt, phonetische Schreibweise, Fremdsprachliches, Zeichensetzung usw.) zu berücksichtigen, die sich nicht unter das Etikett des Expressionistischen subsumieren lassen.

170) Vgl. Richard Hamann/Jost Hermand, Expressionismus (Epochen deutscher Kultur 5).

171) Es sei darauf verzichtet, die etwas zugespitzte These weiter zu differenzieren. So hat Arno Schmidt sicher auch die antibürgerliche Attitüde des Expressionismus angezogen. Drews (Arno Schmidt und August Stramm, S. 87) erinnert an das »épater le bourgois«, das bei der Übernahme expressionistischer Stilmittel mitgespielt habe. Dergleichen Momente sind jedoch vordergründig. Sie gehen in der Selbststilisierung zum Schreckensmann auf.

172) RITTER, S. 233/NACHRICHTEN 2, S. 22.

173) Vgl. ebd. S. 236/S. 24.

geschieden, so Novalis und die Gebrüder Schlegel.[174] Andere, wie der klassische und der späte Goethe, werden wegen ihres Ausweichens vor der Misere der wirklichen Welt herabgesetzt,[175] unbekannte Autoren wegen eines positiven Zuges der Vergessenheit entrissen und neu in die literarische Diskussion gebracht.[176] In solchen Fällen des selegierenden Verfahrens geht es aber nicht mehr um die Erfassung der Gesamtpersönlichkeit und ihres Werkes aus ihren eigenen Voraussetzungen, die traditionsverpflichteten Übernahmen gehen also nicht in die fundierende Gesamtkonzeption ein. Die Versuche zur Dekapierung und zur Rettung des Namens bewegen sich stets um die beiden ahistorisch fundierten Fluchtpunkte des Schreckensmannes und des pessimistischen Gedankenspielers. Der eine geht auf die radikale Aufklärung, der andere auf die Subjektivierung der Ästhetik Schopenhauers zurück.

174) Vgl. ebd.
175) Vgl. »Goethe und einer seiner Bewunderer« (DYA, S. 100–148/NACHRICHTEN 2, S. 186–216).
176) So erscheint der späte Karl May als diskutabler Gedankenspieler. Die Herauslösung der brauchbaren Elemente hat im Falle Frenssen die Konsequenz, daß eine zweibändige Auswahlausgabe propagiert wird, die einen diskutablen Roman, einige für die politische Haltung des Autors atypische Essays und einige angeblich hübsche Skizzen enthalten sollte. Wenn jede Edition Interpretation ist, so ist es die von Auswahlausgaben in besonderer Weise, weil durch sie notwendig ein Dichterbild stilisiert wird. Gleichwohl sucht eine philologisch verantwortbare Auswahl das Werk in verjüngtem Maße zu geben. Die Auswahl, die Arno Schmidt für Frenssen vorschlägt, würde demgegenüber einen Autor konstruieren, den es so nie gegeben hat und der mit dem literatur- und ideologiegeschichtlich faszinierenden Phänomen Frenssen kaum etwas zu tun hätte. Vgl. »Ein unerledigter Fall/Zum 100. Geburtstag von Gustav Frenssen« (RITTER, S. 90–165).

V. Kleine Welt, literarisches Bewußtsein und anthropologisierende Archetypik

Die charakterologisch orientierte Selbstdarstellung des literarischen Bewußtseins, von der bisher zu handeln war, deckt nur einen Aspekt der Texte. Zu fragen bleibt, wieweit die erzählte Wirklichkeit, in die das monologisierende Ich situiert ist, von diesem Strukturprinzip konturiert wird, zu fragen bleibt weiter, wieweit die Konturierung der erzählten Wirklichkeit die Selbstdarstellung des Bewußtseins nuanciert.

Daß die erzählte Welt in den Texten Arno Schmidts kleinräumig und engumrissen ist, gehört zu den Topoi der Literaturkritik.[1] Der Befund ist unmittelbar einsichtig. Oberflächlich gesehen ist er auch leicht aus den poetologischen Annahmen Arno Schmidts abzuleiten. Der wahrnehmungspsychologische Ansatz begrenzt die Darstellung von vornherein auf den wenig umfangreichen Bereich, der der Wahrnehmung eines Individuums zugänglich ist. Allerdings müßte dies noch nicht heißen, daß dieses wahrnehmende Subjekt ein dergestalt räumlich begrenztes, ereignisloses Leben führt wie in den Texten Arno Schmidts. Dies ist durch zusätzliche Annahmen über die Realität bedingt:

> Nein: das Verfahren des echten Realisten ergibt sich ihm aus der Erkenntnis, daß »In Wirklichkeit« viel weniger »geschieht« als die katastrophenfreundlichen Dramatiker uns weismachen wollen. Das Leben besteht, was »Handlung« anbelangt, aus den bekannten kleinen Einförmigkeiten: also verweigert man sich als Realist »um der Wahrheit willen« der Fiktion pausenlos-aufgeregter Ereignisse [. . .][2]

Damit ist die Möglichkeit »dramatischer« Lebensentwicklungen keines-

---

1) Dies wird vielfach und feuilletonistisch mit Bezug auf die Lebensgewohnheiten des Autors in Bargfeld bemerkt. Demgegenüber hat Günter Häntzschel, Arno Schmidt, ein verkannter Idylliker, das Moment der »kleinen Welt« auf literarische Traditionen zurückgeführt, vor allem auf die Idyllendichtung des 18. Jahrhunderts mit ihrer begrenzten Räumlichkeit und der Dominanz des Beschreibenden (»ut pictura poesis«). Allerdings dürften diese Momente noch nicht ausreichen, eine Gattungszuordnung zu treffen und Arno Schmidt als »verkannten Idylliker« einzustufen, wie es Häntzschel tut. Zumindest wären die allgemeineren »weltanschaulichen« Annahmen zu berücksichtigen, innerhalb derer das Strukturprinzip der Beschreibung steht. Häntzschel hilft sich über dieses Problem, das anhand der vielfältigeren Traditionsbezüge Arno Schmidts diskutiert werden müßte, mit der Einführung einer Idylle als »Urphänomen« hinweg, gewiß eine problematische Annahme. Sicher dürften für einen Text des 20. Jahrhunderts die Momente der tradierten Idylle nicht auf ein fixiertes Gattungsmuster bezogen werden, das auch die Rezeption zu steuern hat. Häntzschel nimmt hingegen an, daß die Texte Arno Schmidts wie Texte des 18. Jahrhunderts nach Gattungen gelesen werden müssen. Obendrein führen die »Berechnungen« zwar, wie Häntzschel zeigen kann, mit ihrer Fixierung auf die erinnerten Bilder zur »malenden Dichtung«. Die Bilder stehen aber im Kontext einer Berufung auf Traditionen der realistischen Literatur, während die Idyllendichtung von ihren poetologischen Voraussetzungen her eindeutig nichtrealistisch ist.

2) RITTER, S. 57/NACHRICHTEN 1, S. 7.

wegs geleugnet, lediglich die Wahrscheinlichkeit spricht gegen sie. Realistisches Erzählen, wie Arno Schmidt es versteht, hat diese Kategorie der Wahrscheinlichkeit zu berücksichtigen. Die ereignisarmen Texte Arno Schmidts genügen damit bereits einem grundsätzlichen, von ihm formulierten Wahrheitskriterium. Dies reicht allerdings nur aus, um die Möglichkeit, nicht aber die allgemeine Repräsentanz des Erzählten zu begründen.[3] Arno Schmidt verfolgt selbst dieses Problem nicht weiter, sondern beschränkt sich darauf, in der bekannten Kontroverse zwischen Stifter und Hebbel für Stifter zu votieren.[4] Die »Vorrede« zu *Bunte Steine* nun rechtfertigt die Geringfügigkeit (das Kleine) von Stifters literarischen Gegenständen mit Argumenten, die unverkennbar an die Symbolik Goethes erinnern.[5] Im Einzelnen ist das Allgemeine erkennbar. Im Gegensatz zu Goethe wird dieses Allgemeine aber als Gesetz gefaßt, als Naturgesetz im Bereich der physischen, als Sittengesetz im Bereich der geselligen Organisation.[6] Das Kleine erhält dadurch seinen Erkenntniswert, daß die Wirkung allgemeiner Gesetze, die die »äußere Natur« wie die Natur des Menschen bestimmen, an ihm abgelesen wird.

Nun schließen bereits die *Berechnungen,* trotz der zitierten Berufung auf Stifter, die Übertragung dieses Modells auf die Texte Arno Schmidts aus, weil sich das allgemeine Gesetz der »Evidenz des Sinnlichen« entzieht. Arno Schmidts kleine Welt ist nicht genuin »symbolisch«. Als historische Alternative zu dieser Destruktion des »Symbolischen« bliebe die Romantheorie Gutzkows, die Arno Schmidt sehr wohl gekannt hat. Da sie auf die Totalität der Gegenstände abhebt, ist sie ebenfalls auf eine Erfassung des

---

3) Auch Hartwig Suhrbier, Zur Prosatheorie von Arno Schmidt, S. 14, bemerkt, das Alltägliche sei das Exemplarische, ohne das Problem eines Nachweises des Exempelcharakters weiter zu verfolgen. Die Frage wird dringend dadurch, daß die oben zitierte Passage der Einleitung in »Barthold Hinrich Brockes, oder Nichts ist mir zu klein« trotz des Hinweises auf die Kontroverse zwischen Hebbel und Stifter deutlich in Anlehnung an Gutzkows »Die Ritter vom Geiste« formuliert ist. Dort wird, allerdings im Bezug auf den Bildungsroman und nicht auf das Drama, gegen das »*Nacheinander* kunstvoll verschlungener Begebenheiten« die »im Durchschnitt« »erstaunlich harmlose Menschenexistenz« gesetzt (»Die Ritter vom Geiste«, S. 41). Statt dessen sollen »verstreute Lichtstrahlen des Lebens« (ebd. S. 42) gesammelt werden, so wie Arno Schmidt weniger metaphorisch von »Zuständen und Denkweisen« spricht (RITTER, S. 58/NACHRICHTEN 1, S. 7). Allerdings hat dies für Gutzkow die Konsequenz, Lebensverhältnisse vom »König« bis zum »Bettler« schildern zu müssen (»Die Ritter vom Geiste«, S. 42), da hinreichend viele exemplarische Ereignisse in einem Lebensgang zu unglaubwürdig sind. Die destruierte Fiktion des »symbolischen Individuums« erfordert die extensive Beschreibung aller sozialen Lebensverhältnisse, während Arno Schmidt gerade an diesem einen Individuum festhält und damit, auf dem Hintergrund der Tradition, seinen Exempelcharakter implizit behauptet.

4) Vgl. RITTER, S. 57–58/NACHRICHTEN 1, S. 7.

5) Vgl. Adalbert Stifter, Bunte Steine, Späte Erzählungen, S. 5–12.

6) »So wie in der Natur die allgemeinen Gesetze still und unaufhörlich wirken, und das Auffällige nur eine einzelne Äußerung dieser Gesetze ist, so wirkt das Sittengesetz still und seelenbelebend durch den unendlichen Verkehr der Menschen mit Menschen, und die Wunder des Augenblicks bei vorgefallenen Taten sind nur kleine Merkmale dieser allgemeinen Kraft.« (ebd. S. 10).

Alltäglichen und Ereignislosen angewiesen, kommt aber nicht ohne Modellbildung aus, da sie die ganze gesellschaftliche Welt in verjüngtem Maße wiedergibt. Dies erfordert wieder die Überschau des Erzählers, die von Arno Schmidts Subjektivierung aus nicht zu gewinnen ist. Damit entfallen auch alle Versuche, die kleine Welt auf ihre soziale Repräsentanz hin auszulegen, sei es in Bredows Ansatz, aus der Abfolge der Texte einen sozialen »Kryptoroman« zu konstruieren,[7] sei es im Ansatz Bulls, wonach der Mensch in den »›Bezugsfeldern‹ seiner sozialen Erfaßbarkeit« dargestellt wird.[8] In diesem Dilemma führt ein Bekenntnis Arno Schmidts weiter:

> Ich selbst hab' ja nichts erlebt – was mir übrigens gar nichts ausmacht; ich bin nicht Narrs genug, einen Weltreisenden zu beneiden, dazu hab' ich zuviel im Seydlitz gelesen oder im Großen Brehm. Und was heißt schon New York? Großstadt ist Großstadt; ich war oft genug in Hannover; ich kenn's, wenn morgens tausend Henkelmänner mit ihren Kännchen aus dem Hauptbahnhof geschwind-schreiten, in Fächerformation, hinein ins Vergoldete Zeitalter.[9]

Die saloppen Formulierungen deuten ein Moment des Allgemeinen an, das zunächst einmal einfach auf der Ebene des Visuellen als Ort für die »Evidenz des Sinnlichen« gegeben ist. Aus der Perspektive einer fixierten Subjektivität gleichen sich die Bilder, etwa die Ankunft der morgendlichen Pendler am Hauptbahnhof einer Großstadt. Kulturell oder gesellschaftlich verschiedene Rahmenbedingungen ändern an der bloßen Erscheinung wenig (»Großstadt ist Großstadt«), so daß die literarische Subjektivität mit dem geringen Bildervorrat ihres beschränkten Lebenskreises auskommen kann (»ich war oft genug in Hannover«). Insofern zeigen menschliche Zustände ein solches Maß an Gleichförmigkeit, daß das Einzelne für das Ganze (Der Hauptbahnhof in Hannover für den Lebenszustand »Großstadt«) stehen kann. Allerdings führt die Austauschbarkeit der Phänomene zu keiner »symbolischen« Repräsentanz, etwa in dem Sinne, daß im Einzelnen das Allgemeine, im Phänomen »Hauptbahnhof« die Lebensbedingungen der technisch-zivilisierten Welt unmittelbar »anschaulich« würden. Die bloß wahrgenommenen und in die mimetische Sprache übersetzten Bilder verweisen nicht auf übergeordnete Strukturen der Realität. Eben dies ist die Bedingung für die Möglichkeit ihrer beliebigen Austauschbarkeit.

---

7) Vgl. Wilfried v. Bredow, Der militante Eremit oder: Vom Schicksal eines westdeutschen Jakobiners.
8) Vgl. Reimer Bull, Bauformen des Erzählens bei Arno Schmidt, S. 107–108.
9) TbZ, S. 9/SOMMER, S. 6.

Allerdings decken die bloß visuellen Bilder nur einen Aspekt der Repräsentanz. Sie sind mit literarischen Erfahrungen vergesellschaftet, von denen aus sie in größere Zusammenhänge eingeordnet werden können (»dazu hab' ich zuviel im Seydlitz gelesen oder im Großen Brehm«). Offenbar, und dies kann im Zusammenhang dieses Zitats nur als Vermutung ausgesprochen werden, erhalten die Bilder aus der banalen Alltäglichkeit weder daraus, daß sie, im Sinne Stifters, auf ein Gesetz verweisen, noch daraus, daß aus ihnen ein Modell des gesamtgesellschaftlichen Zustandes abstrahiert werden kann, ihre Allgemeinheit, sondern daraus, daß sie innerhalb literarisch vorgeformter Muster wahrgenommen und bewertet werden. Trifft dies zu, so hätten die literarischen Zitate und Anspielungen nicht einfach nur die Funktion, den Erzähler als einen abseitigen Intellektuellen zu konturieren, sondern wären von fundamentaler Bedeutung für die Konstituierung der »erzählten Wirklichkeit«.

Von hier aus ist noch einmal nach der Bedeutung der Fabel im Frühwerk Arno Schmidts zu fragen. Eggers verweist darauf, daß die Handlungen Arno Schmidts »einen symbolischen Wert weder haben noch beanspruchen«,[10] macht aber zugleich darauf aufmerksam, daß sie bei ihm keiner so »weitgehenden Auflösung ausgesetzt [sind] wie sonst häufig in der modernen Literatur«.[11] Häntzschels Hinweis auf die Dominanz des Beschreibenden bei Arno Schmidt nebst seinen historischen Vorläufern macht dieses Strukturprinzip unmittelbar verständlich,[12] begründet aber noch nicht die Bedeutungslosigkeit der Fabel für den Sinnzusammenhang des Textes. Dies hat Bull mit Entschiedenheit vertreten, wenn er meint, die Handlung von *Aus dem Leben eines Fauns* sei »eine zum Histörchen degradierte Geschichte«.[13] Zur Abwertung der Fabel bei Bull trägt bei, daß er ihren Charakter als literarisches Klischee erkennt. Sie ist ihm eine »Robinsonade« und bildet für ihn, gerade um dieses bloß literarischen Charakters willen »die trivial-idyllische Tendenz der eigentlichen Geschichte«.[14] Die Einschätzung des literarischen Klischees hängt aber offenkundig von einem Vorurteil über den Sinnzusammenhang des ganzen Textes ab. Gilt er als ein sozialer Roman der »nachsubjektiven Epoche«, so hat das literarische Klischee keine Beschreibungsfunktion für die »verwaltete Welt«, ihre literarische Herkunft deutet dann auf eine Geringfügigkeit, die die Mühe des eigenen Erfindens nicht lohnt. Liest man den Roman als die Auseinandersetzung der literarischen Subjektivität mit dem statischen Kosmos der überkommenen Literatur, so kommt ihr fundamentale Bedeutung zu.

10) Werner Eggers, Arno Schmidt, S. 164.
11) Ebd. S. 163.
12) Günter Häntzschel, Arno Schmidt, ein verkannter Idylliker.
13) Reimer Bull, Bauformen des Erzählens bei Arno Schmidt, S. 108.
14) Ebd.

Die Trilogie *Nobodaddy's Kinder* variiert in den verschiedensten Formen das Schema der Robinsonade. Zugleich ist Arno Schmidts Bewunderung für Schnabel bekannt. In Anlehnung an die nicht genannte Untersuchung Fritz Brüggemanns erscheint die ferne Insel nicht als »bewinseltes Exil, sondern als ersehntes Asyl«.[15] Die Sehnsucht nach dem Asyl wird denn auch vielfach in *Aus dem Leben eines Fauns* thematisiert. In den Gedankenspielen des Erzählers tauchen allerhand Auswanderungspläne auf, sei es als Flucht in eine natürliche Umgebung,[16] sei es als Gründung einer Freistatt für Kunst und Wissenschaft auf einer einsamen Insel,[17] sei es als Exil in England.[18] Daneben steht das Gedankenspiel von der Blockhütte im Wald, eine Form des »inneren Exils« also.[19] In Umrissen zeichnet sich dabei, etwa im Moment der Freistatt und in der Auswanderung aller Vernünftigen in die Falklands, die Idee einer neuen Gemeinschaft aller Guten ab, die gerade die *Insel Felsenburg* realisiert. Schnabels Roman erscheint so geradezu als die Folie der Sehnsucht. Explizit formuliert dies der Erzähler in *Brand's Haide:*

> Ich schrieb einen flehentlichen Brief an Johann Gottfried Schnabel, esquire, er solle wieder einmal ein Schiff von Felsenburg schicken, botenbemannt: die würden durch die Straßen gehen zu Tag und Nacht in weiten rauschenden Mänteln, und in alle Gesichter spähen, ob wieder welche reif wären, Gequälte, wild nach Ruhe, den Inseln der Seligen.[20]

Die *Insel Felsenburg* ist in *Aus dem Leben eines Fauns* auf zwei Ebenen präsent. Einmal umspielen den überlieferten Text die Assoziationen des Erzählers. Er ist eine literarische Folie, mit dessen Hilfe der Erzähler seine eigene Situation deutet und wahrnimmt. Die banale Welt des alltäglichen Faschismus wird so bereits unter den literarischen Deutungsmustern eines längst historischen Textes verarbeitet. Möglich ist dies nur unter der Geschichtslosigkeit des Denkens, die mit der Wiederholbarkeit von Situationen rechnet. Nach Schmidt erklärt sich Schnabels Gedankenspiel als Trost für die militärischen Pressionen des absolutistischen Staates.[21] Eben diesen Pressionen des allmächtigen Staatsapparates ist auch

---

15) DYA, S. 81/NACHRICHTEN 1, S. 44. Vgl. Fritz Brüggemann, Utopie und Robinsonade. Untersuchungen zu Schnabels Insel Felsenburg (1731–1743).

16) Vgl. NDK, S. 16/FAUN, S. 25. (»die Falklands«) und ebd. S. 22/S. 37.

17) Vgl. ebd. S. 64–66/S. 117–119. Das Gedankenspiel präludiert die spätere »Gelehrtenrepublik«.

18) Vgl. ebd. S. 15/S. 24.

19) Vgl. ebd. S. 47/S. 86. Vgl. auch das Gedankenspiel vom Aussteigen und Einwachsen im Wald (ebd. S. 8/S. 11–12) – das längere Nietzsche-Zitat ebd. S. 12/S. 19 bewegt sich ebenfalls um Stichworte wie Aufbruch, Natur, Freiheit und vertritt so ein Gedankenspiel des Erzählers.

20) NDK, S. 126/BRAND, S. 70.

21) Vgl. DYA, S. 73–81/NACHRICHTEN 1, S. 39–44.

Düring ausgesetzt. Schnabel antwortet auf die Situation mit einem Gedankenspiel, das Düring nachspielt. Damit ergibt sich zwischen beiden die charakterologische Ähnlichkeit. Das literarische Bewußtsein bestimmt sich dadurch, daß es einen Bezug zur literarischen Portraitgalerie herstellt.

Auf der zweiten Ebene wiederholt *Aus dem Leben eines Fauns*, allerdings in recht fernen Anklängen, Handlungselemente der *Insel Felsenburg*. Düring findet, wie Albertus Julius, die Hütte eines längst verstorbenen Vorgängers. Wie dieser bewohnt er sie, wenn nicht mit seiner Frau, so doch mit seiner Geliebten. In beiden Fällen wird das Asyl durch die Entdeckung zerstört.[22] Die Parallelen erschöpfen sich also nicht in der Ähnlichkeit der literarischen Charaktere, in Ansätzen wiederholt die Handlung des Textes auch die Handlung der Vorlage. Freilich bleibt die Verknüpfung zwischen beiden Ebenen ebenso zu untersuchen wie die Gründe für die tiefgreifende Transformation des Handlungsgerüsts.

Bezeichnend ist, daß die Figuren in den frühen Romanen stets bemüht sind, einen sinnlichen Realbezug zur Geschichte herzustellen, indem sie ihre faßbaren Relikte aufsuchen. In *Brand's Haide* sind dies die Kirchenbücher, die Materialien zur Biographie Fouqués liefern, in *Das steinerne Herz* der Goldschatz der Prinzessin, in *Schwarze Spiegel* der *Massenbach* des längst verstorbenen Arno Schmidt und in *Aus dem Leben eines Fauns* eben die Hütte des Deserteurs. Die Handlung konzentriert sich um die Auffindung der Relikte der Vergangenheit. Der Zufall ist stets von lokalhistorischen Studien präfiguriert. Gemäß seines Ansatzes kann Bull diese Beschäftigungen immer nur als Versuch interpretieren, »innerhalb des Systems Reservate der Selbstbestimmung zu wahren«.[23] Diese Funktion haben sie zweifellos, in *Aus dem Leben eines Fauns* mehr als in *Das steinerne Herz* oder gar *Brand's Haide,* wo nicht so sehr die »Registratur des Systems« als die chaotische Improvisation herrscht, die der Verlust der schlichten Zivilisationsgüter erforderlich macht. Gleichwohl erklärt das bloße Residuum der Selbstbestimmung den konstanten Inhalt dieser Beschäftigungen nicht. Jedes andere nicht normierte Freizeitverhalten könnte eben diese Funktion erfüllen und wäre gewiß soziologisch »typizitärer«.

Entscheidend ist, daß es die sinnlichen Realkontakte mit der Geschichte auf dem Boden der charakterologischen Ähnlichkeit erlauben, nun auch die Inhalte der Gedankenspiele in der fiktiven Wirklichkeit der Texte

---

22) Die Entferntheit der Anklänge bei Arno Schmidt ist durch den Hang zum »Weiterspielen« der Vorlage zu erklären. Die »Insel Felsenburg« gehört zu jener Klasse von Texten, »die so geschrieben ist, daß wir unwiderstehlich zur Lieferung unserer eigenen Substanz gezwungen werden, die uns zur Illustration herausfordert; zur Neuordnung und -Gruppierung unseres eigenen Bildervorrats.« (ebd. S. 58/S. 30).

23) Reimer Bull, Bauformen des Erzählens bei Arno Schmidt, S. 107.

nachzuspielen. Dabei ergeben sich recht komplizierte Schichtungen. Über seinem Aktenstudium gerät Düring auf die Spur des Deserteurs Thierry, der ihm bald zum interessantesten Phänomen der Napoleonischen Besatzung wird. Thierry hat die Sehnsucht Schnabels, wieder unter ähnlich gelagerten Kriegsverhältnissen, in die Praxis umgesetzt. Düring wiederholt den historischen Vorgang ganz bewußt.[24] Damit wird aber auch die Funktion der Fabel deutlich. Der Text rechnet mit einer ahistorischen Konstante, dem hilflosen Leiden des Individuums an der Gewalt des Staates. Auf sie gibt es eine nicht weniger konstante Reaktion, den Rückzug in das Asyl.[25] Literarisch gültig formuliert ist diese Möglichkeit in Schnabels *Insel Felsenburg*.[26] Thierry und Düring erleben den allgemeinen literarischen Typus nach Maßgabe ihrer persönlichen und zeitgeschichtlichen Umstände. Thierry ist, wie Düring, die Flucht aus Europa verwehrt. Sie wird deshalb auch nur im Gedankenspiel abgehandelt. Beide erleben die »reale« Robinsonade in der Einsamkeit der Lüneburger Heide, Düring aber auch wieder nur in der privaten Hälfte seiner Existenz, da die fortgeschrittene Zivilisation das Verschwinden verhindert.[27] Die Einengung führt gegenüber Schnabel und Thierry zu einer neuen Variante des Reagierens. Dürings Flucht scheitert auch so an der Ubiquität der Zivilisation. Obendrein war sein Asyl mehr in den Aktenkellern als in der Hütte angesiedelt.[28] Wird hier schon ein intellektueller Ersatz für den realen Freiraum angeboten, so bleibt nach der Entdeckung nur noch der Rückzug in die Kunst.[29] Angesichts der universellen Katastrophe, die die Explosion der Eibia soeben noch einmal unterstrichen hatte, realisiert einzig das »höhere Bewußtsein« im Sinne Schopenhauers die Befriedigung der Sehnsucht nach dem Rückzug aus der Misere der Welt. Diese »ästhetizistische« Uminterpretation des Schemas der Robinsonade ist die spezifisch moderne Variante, die die Wiederholung des literarisch fixierten Typus unter zeitgenössischen Bedingungen erbringt.

Damit wird aber auch die Funktion der kleinen Welt und ihrer banalen

---

24) »(Gewissermaßen mein Präzedenzfall, wie?! – Nutzen des historischen Beispiels: man kann so etwas machen! – Als Beamter braucht man ja immer die Vorlage!).« (NDK, S. 61/FAUN, S. 110).

25) »[. . .] war ganz einfach desertiert! Mit einem Satz aus Reih und Glied ins freie Moor gesprungen [. . .]« (ebd. S. 43/S. 78).

26) Wobei allerdings der literarische Typus »Schnabel« mit anderen Autoren kontaminiert wird, so mit Cooper und dem Bild des einsamen Trappers in den weiten Wäldern. Cooper wird bezeichnenderweise bereits zu Beginn des Romans erwähnt (vgl. ebd. S. 7/S. 9). Der Text steht auch unter seinen Vorzeichen. Obendrein überlagert sich den historisch-literarischen Mustern ein allgemein mythisches, das offensichtlich in weitester Abstraktion den anthropologischen Archetypus deckt (Stichwort: »Faun«).

27) Vgl. ebd. S. 68/S. 126.

28) Vgl. Reimer Bull, Bauformen des Erzählens bei Arno Schmidt, S. 110.

29) Vgl. NDK, S. 88/FAUN, S. 161.

Vorgänge deutlich. Das Allgemeine ist gegeben in der individuell und historisch schattierten Wiederholung literarisch und historisch fixierter Archetypen innerhalb der banalen, minuziös geschilderten Lebenswelt des Alltags. Der Rekurs in die Vergangenheit vollzieht sich in einer dreifachen, zeitlich immer weiter sich erstreckenden Vertiefung: im Bezug auf das Exempel aus den »Privataltertümern« (Thierry), im Bezug auf den gültigen literarischen Typus (Schnabel) und schließlich in einem allgemein mythischen Bezug. In seiner immoralischen Naturverbundenheit nimmt der Erzähler die Rolle des Faun an. Offenbar deckt, schon vor den versteckten Mythenexegesen des späteren Werkes, die auf die Psychoanalyse zurückgehen,[30] bereits im Frühwerk der Mythos die allgemeinste Formulierung der anthropologischen Konstanten. Sie stehen Schopenhauers Ideen nahe, zeigen aber in der Verwendung die bereits skizzierte »Subjektivierung«, da der Erzähler nicht in der ästhetischen Kontemplation in den einzelnen Gegenständen, abgelöst von seiner Individualität, die ewigen Wesenheiten anschaut, sondern seine eigene banale Lebenswelt auf die anthropologischen Archetypen hin transparent macht. Er tritt damit als literarisches Bewußtsein in das »Gespräch über die Zeiten hinweg« ein, um seinen eigenen Status im ahistorischen Kosmos zu bestimmen.

Die Auseinandersetzung mit der Tradition bedeutet beim frühen Arno Schmidt nicht die Stilisierung auf ein literarisches Vorbild, sondern die Lokalisierung des literarischen Bewußtseins in einem Bezugsfeld miteinander als verwandt gesehener literarischer Erscheinungen. Demgemäß können in den frühen Texten die literarischen Bezugsgrößen ausgewechselt oder miteinander kontaminiert werden. Auch von diesem Aspekt her geben die frühen Texte einen zusammenhängenden Makrotext, der sukzessive das literarische Bewußtsein unter verschiedenen Zusammenhängen entfaltet. Es war schon zu zeigen gewesen, daß sich die verschiedene Thematik in den frühen Romanen dadurch ergibt, daß ein Bewußtsein in wechselnden zeitgeschichtlichen Kontexten erscheint. Eben dies gilt für

---

30) Als Einzeluntersuchung zum Verhältnis von Psychoanalyse und Mythenrezeption bei Arno Schmidt vgl. Reinhard Finke, »KUNDISCHES GESCHIRR« – kein Begriff? Ein Beitrag zur Verwendung mythischer Muster bei Arno Schmidt; allgemeiner, wenn angesichts des Titels auch enttäuschend, ist Otfried Boenicke, Mythos und Psychoanalyse in »Abend mit Goldrand«. Für das Spätwerk steht so die Gewichtung der Einflüsse noch aus. Boenicke führt die Verwendung mythischer Muster auf C. G. Jung zurück. Zu bedenken bleibt dabei, daß auch Freud kollektive Symbole und psychoanalytische Mythendeutung (Ödipus!) kennt. Die Differenz zu C. G. Jung liegt in der Auffassung von Triebtheorie und psychischem Apparat. Interessant ist in diesem Zusammenhang, daß auch schon vor der Rezeption der Psychoanalyse, wenn auch in sparsamer Verwendung, mythische Muster auftauchen. Die zitierende Wiederholung der Archetypen läßt sich aber schon aus der Metaphysik Schopenhauers begründen, enthalten doch bei ihm die Mythen Aussagen über den geschichtslosen metaphysischen Zustand des Menschen (vgl. etwa die Ausführungen zum Mythos von Sündenfall und Erlösung in »Die Welt als Wille und Vorstellung« II, Werke 3. Bd., S. 721–722), der sich demgemäß in jedem Menschenleben wiederholt.

die Variation der literarischen Bezüge. Auch in *Brand's Haide* und *Schwarze Spiegel* findet sich das Schema der Robinsonade. Allerdings tritt hier das Moment des »Asyls« hinter der anthropologischen Konstante »Aufbau nach dem Zusammenbruch« zurück. Hinter Schnabel tritt Defoe stärker hervor. So vergleicht sich der Erzähler auch in *Schwarze Spiegel* mit Robinson.[31] Im Gegensatz zu ihm entfällt das Eingesperrtsein auf der Insel. An dessen Stelle tritt die schrankenlos freie Bewegung in der zur Wildnis zurückverwandelten Zivilisationslandschaft. Der Erzähler ist so auch der einsame Trapper Coopers, der die menschenleeren Wälder durchstreift. Er selbst verweist auf Natty.[32] In *Brand's Haide* ist die Natur nicht unter dem Vorzeichen der Freiheit, sondern der Dämonie gesehen. Das Schema der Robinsonade verbindet sich mit literarischen Mustern Fouqués. In *Die Gelehrtenrepublik* wiederum zeigt die schwimmende Insel über das Moment der literarischen Utopie die Nähe zu Schnabel. Hier tritt mit Jules Vernes *Die Propellerinsel* die Komponente des technischen Zukunftsromans hinzu, den die literarische Utopie des 18. Jahrhunderts nicht kannte. Der technische Zukunftsoptimismus Vernes wird dabei allerdings in die antitechnische Kulturkritik umgewertet. Innerhalb des Kontextes der Robinsonade tritt das literarische Bewußtsein hier mit jener literarischen Leitfigur, die die Technik als literarisches Thema eroberte,[33] in den Diskurs ein.

In den bisher genannten Beispielen manifestiert sich die Einordnung in die anthropologischen Typen der Literatur im Handlungsschema und in den Erzählerreflexionen. Darüber hinaus kann gezeigt werden, daß auch die Apperzeption der Wirklichkeit durch den Erzähler, wie Auswahl und Gestaltungen der Partikel, aus denen sie aufgebaut wird, davon bestimmt ist.

Dieses Prinzip, die banale Alltagswelt auf die Wiederholung literarischer oder mythischer Muster hin durchsichtig zu machen, weitet sich im Spätwerk Arno Schmidts deutlich aus. So wird in *Caliban über Setebos* der Orpheusmythos travestiert und umgedeutet. Im Frühwerk scheint dies in *Brand's Haide* am deutlichsten ausgeprägt.

Der Text steht unter dem Vorzeichen »Fouqué«. Der Titel spielt auf die Biographie des Romantikers an,[34] der Erzähler ist Fouqué-Biograph – die

---

31) Vgl. NDK, S. 206/LV-SPIEGEL, S. 105.

32) Vgl. »Natty hatte schon recht: Wälder sind das Schönste« (ebd. S. 180/S. 60).

33) Vgl. TbZ, S. 330–332/JUL, S. 181–183.

34) Zu »Brand's Haide« vgl. FOU, S. 44. Brand's Haide liegt allerdings nicht in Niedersachsen, sondern an der ehemals sächsisch-preußischen Grenze, die Titelanspielung ist thematisch (Naturdämonie), nicht geographisch.

Suche nach biographischem Kleinmaterial[35] ist Teil des spärlichen Geschehens. Texte Fouqués, oder doch Texte aus der thematischen und biographischen Aura seines Werkes, sind in den Roman eingefügt.
Die Grundlinien von Arno Schmidts Fouqué-Bild hat Postma eingehend entwickelt.[36] Arno Schmidt verdrängt demnach den aktuellen zeitpolitischen Bezug des Werkes, wenn er ihn auch am Autor, an seiner Rolle am Berliner Hof und in den außerliterarischen Äußerungen kritisiert. Er erkennt nicht, wie sehr praktische politische Intentionen, auch nach dem Selbstverständnis Fouqués, das Werk bestimmen. Damit sind, wie an anderer Stelle noch genauer zu zeigen sein wird, Person und Werk Fouqués, trotz der Überfülle an positivistisch-historischem Detailmaterial, tiefgreifend enthistorisiert. Fouqué erscheint als potentiell jederzeit mögliche Verkörperung eines literarisch-anthropologischen Typus. Damit ist auch sein Platz im statischen Kosmos der Literatur festgelegt. Sein konstitutives Prinzip ist die Intensität der poetischen Imagination.[37] Da er von seinem Charakter her Melancholiker ist,[38] nimmt die poetische Imagination vornehmlich düstere Züge an. Auch bei Fouqué, den Arno Schmidt eigentlich als Christ und Aristokrat als Vertreter des »optimistischen Priestertrugs« einstufen müßte, findet sich jenes Moment des Pessimismus, das nach Arno Schmidt so etwas wie »Realismus« und damit literarisches Niveau garantiert. Literarisch manifestiert sich die Melancholie in der dämonischen Auffassung der Natur.[39] Die Elementargeister spielen denn auch im Werk Fouqués eine gewichtige Rolle. Schließlich steigert sich die Gestaltung der dämonischen Natur zum Bild von der chaotischen Welt.[40] In ihr ist der Mensch verloren und ausgesetzt. Bilder der äußer-

35) So die Bemühungen um Fouqués Hauslehrer Fricke. Vgl. NDK, S. 108/BRAND, S. 35; ebd. S. 132–135/S. 83–84. Vgl. dazu das Biogramm Frickes, FOU, S. 33–35. Es basiert auf einer Anzahl »unwahrscheinlich glücklicher Funde« (ebd. S. 33), die im Roman einen eigenen thematischen Komplex bilden. Tritt dieses Moment auch nicht so deutlich hervor wie im »Faun« und in »Das steinerne Herz«, so ist doch auch hier die Beziehung zur Vergangenheit durch den glücklichen Fund gestiftet.

36) Vgl. Heiko Postma, Aufarbeitung und Vermittlung literarischer Traditionen, S. 135–153. Als neuere Würdigung Fouqués aus literaturwissenschaftlicher Sicht vgl. Gerhard Schulz, Nachwort. Fouqué als Erzähler.

37) Fouqué ist, so wird mit Berufung auf Poe formuliert, »ein großer Dichter, ein Zauberer, der aus Buchstaben unirdisch glühende Bilder weben kann [. . .]« (FOU, S. 187).

38) Vgl. ebd. S. 43.

39) Vgl. ebd. S. 189.

40) So zum »Zauberring«: »Aber erst unter den Händen der Romantiker wird etwas anderes daraus [aus der Ritterthematik] [. . .] es wird das Bild der Welt überhaupt. Einer labyrinthisch verworrenen Welt, an deren Außenrändern wilde Länder und Völker als Übergang zum Chaos lauern. Im Süden die staubdunstende Wüste mit giftigem Zeug; im Norden in eisigen Felsenklüften und verflochtenen struppigen Wäldern heidnische Zauberfinnen; im Westen wellt sich das graue Meer.« (ebd. S. 188). Heiko Postma bemerkt ganz recht, daß Arno Schmidt in Fouqués Ritterromanen das Strukturprinzip der aventiure nicht erkannt und Fouqué statt dessen eigene »Endzeitvisionen« unterstellt habe (»Aufarbeitung und Vermittlung literarischer Traditionen«, S. 149).

sten Einsamkeit gehören denn auch nach Arno Schmidt zu den Höhepunkten von Fouqués Erzählkunst.[41]
Wie beim Schema der Robinsonade ergeben sich auch in *Brand's Haide* auf der ersten Textebene Motiv- und Handlungsanklänge an Fouqué. Die literarische Intelligenz erscheint in einer solchen Fouqué-Situation des Verirrtseins.[42] Der zentrale Komplex ist mit weiteren Momenten angereichert. So tritt das Motiv des Mannes zwischen zwei Frauen hinzu, das nach Arno Schmidt in hohem Maße den biographischen Gehalt der Werke Fouqués bestimmt. Die Sehnsucht nach dem Asyl dokumentiert sich im »Schnabel-Traum«.[43] Auch sie ist mit der Fouqué-Thematik der chaotisch-dämonischen Welt verbunden. Die ferne Insel ist der Gegenpol zum »Wald der Welt«, der bei Fouqué nur nicht erscheint.[44] In den Umkreis der Felsenburg-Schicksale gehört das Schicksal des Erzählers und der beiden Flüchtlingsfrauen, die ja der Zwang staatlicher Willkür und politischer Katastrophen in das Verirrtsein des Waldes geführt hat. Lebensgeschichten des absolutistischen Zeitalters werden wieder erfahrbar. Thematisch führen sie – und dies ist ein Zeichen dafür, wie eng die literarischen Leitbilder miteinander ins Gespräch gebracht werden – in die Vorgeschichte der Biographie Fouqués, wenn die Flucht seiner hugenottischen Urgroßmutter erzählt wird.[45]
Es zeichnet sich eine ähnliche Konstellation wie in *Aus dem Leben eines Fauns* ab. Als Flüchtling, als Verirrter im »Wald der Welt«, als Mann zwischen zwei Frauen wiederholt der Erzähler im Lebensschicksal der banalen Alltagswelt literarisch fixierte anthropologische Konstanten.[46] Wie in *Aus dem Leben eines Fauns* klingt auch in *Brand's Haide* der Mythos als allgemeinster Rahmen an, wenn sich der Erzähler angesichts des Verlustes der Geliebten mit Orpheus vergleicht.[47]

---

41) So im Bezug auf Fouqués »Parcival«: »[. . .] und wieder stellen sich die alten großen Bilder der Einsamkeit um ihn, an denen seit frühester Kindheit schicksalhaft sein Herz hängt.« (FOU, S. 483).

42) Dies macht bereits der Titel deutlich. Brand's Haide ist jene Landschaft, mit der Fouqué die Ahnung der Verlassenheit, des Verirrtseins im Walde verbindet (vgl. ebd. S. 43–44).

43) Vgl. NDK, S. 125–126/BRAND, S. 68–70.

44) »Das sollte man bei der Lektüre des Buches [»Der Zauberring«] nie vergessen, daß es, ähnlich wie die ›Insel Felsenburg‹ ein Weltbild gibt, nur, daß bei Fouqué das strahlende, fast mythisch beruhigende Gegenbild der seligen Insel fehlt.« (FOU, S. 188).

45) Vgl. NDK, S. 108–110/BRAND, S. 36–40.

46) Dies ist auch explizit thematisiert, wenn es in Bezug auf eine »Fouqué-Stimmung« heißt: »Das [Herdrauch] war ein Wort meiner Kindheit; schweigend waren von Norden, Nordwesten, Nordosten her die grauen oktobernen Weben über mich Knaben gekommen; ich wußte, wie man auf leeren Kartoffelfeldern, bruchäckernen, steht und friert: stets erwartete ich solche Phänomene vom Leben, und nickte nur, wenn sie aus den alten Büchern herzogen.« (ebd. S. 136–137/S. 92).

47) »Als ich oben war, floß mir auch Regen ums Gesicht, ganz kalt, und ich ging schräg und verstellt durch den windigen Hades (Orpheus hatte sie wieder bekommen; aber der konnte wohl auch singen)« (ebd. S. 165/S. 146). Vorher war schon das Motiv vom Verlust des Mädchens an die Unterwelt berührt worden (vgl. ebd. S. 160–163/S. 137–144).

Anders als in *Aus dem Leben eines Fauns* wird diese Transparenz der »kleinen Welt« nicht primär durch den Schematismus der Handlung erreicht. Personen und Vorgänge werden unmittelbar auf Fouqué bezogen. Signifikant ist der alte Waldarbeiter, der mehrfach im Text auftaucht. Auf der Ebene der banalen Alltagswelt gehört er zur personellen Staffage des Heideromans und ist auch mit den Mitteln der sozialen Mikroanalyse realisiert. In seine Charakteristik mischen sich jedoch irritierende Signale. Sein intimes Verhältnis zur Natur ist noch im Rahmen individueller »Schrullen« denkbar, die für das Personal Arno Schmidts ebenfalls bezeichnend sind. Auffällig ist jedoch seine Fähigkeit, beliebig aufzutauchen und zu verschwinden,[48] wie denn auch sein Wohnort nicht in Erfahrung zu bringen ist.[49] Überraschend ist seine mißtrauische Reaktion, als er von der Kirchbuchlektüre des Erzählers erfährt, so als kenne er ihren »dämonologischen« Inhalt und wolle ihm den Zugang zu den »Mysterien« verwehren.[50] Schließlich erscheint er geradezu als Schöpfer des bunten Herbstlaubs, das er im Wald verteilt.[51] Aus den Zügen ergibt sich

---

48) Vgl. ebd. S. 98/S. 17.
49) Vgl. ebd. S. 116/S. 51–52.
50) »[. . .] ich erzählte ihm [. . .] daß ich demnächst an die Kirchenbücher ranginge. ›Wie komm Sie denn da auf?‹ fragte er scharf, und ich erläuterte ihm milde (in Anbetracht seiner Verdienste: Schaufel und Handfeger): Fouqué – sein erster Hauslehrer Wilhelm Heinrich Albert Fricke – dessen Mutter – deren Vater. ›Ähä!‹ machte er zu Drittel nörgelig, überrascht und gedankenvoll: ›Na dann. –‹ Er raspelte sich mit der linken Hand den Hinterkopf! ›Na, dann s-teen Ihn ja sicher noch allerhand Überraschungen bevor.« (ebd. S. 116/S. 51).
51) Vgl. ebd. S. 157/S. 131–132.

eine vorsichtige Stilisierung des alten Waldarbeiters auf die guten Elementargeister, die helfend in menschlicher Gestalt eingreifen.[52]

In den Texten Fouqués werden sie, der Gattung des Märchens oder des Ritterromans entsprechend, als real eingeführt. Sie sind wirklich innerhalb der fiktiven Welt. *Brand's Haide* hat den Charakter des Märchens nicht in gleicher Weise. Der Alte bleibt ein etwas schrulliger Waldarbeiter. Die Komponente des Elementargeistes wird dem Leser durch irritierende Signale lediglich zusätzlich suggeriert. Das Strukturprinzip der evozierenden Anspielung ist allerdings für den gesamten Text kennzeichnend. Der Erzähler, Lore und Grete lesen gemeinsam von Dämonenerscheinungen in den Kirchenbüchern, die wie Rohmaterialien Fouquéscher Erzählungen wirken. Berichtet wird über »ein hell gekleidetes Wesen, von bleichem süßen Gesicht und schlanken proportionen«, das »endlich eine enorme rotbehaarte Zunge aus den angenehmen Zügen herausgebläket« und einen jungen Knecht für immer in den Wald gelockt habe.[53] Der Erzähler verbindet den Bericht mit seiner Geliebten:

Ich starrte Lore an: das bleiche Gesicht: ich flüsterte: »Zeig Deine

---

52) Man denke an den »Oheim« Undines bei Fouqué. Die Doppelfunktion der Figuren, die hier für das Frühwerk skizziert wird, ist für die späteren Texte der Forschung bereits bekannt. Insofern ist in der Entwicklung Arno Schmidts kein abrupter Bruch zwischen den frühen Texten als realistische soziale Mikroanalysen und den späten, »metaliterarischen« Texten anzunehmen, sondern ein gradueller Übergang, der immer schon angelegte Strukturen deutlicher hervortreten läßt. In den frühen Texten ist die banale Alltagswelt in sich konsistent, ihre Transparenz wird durch sparsame Parallelisierungen und Zitierungen erreicht. Dies ist aber immer noch durch die psychologisch verständlichen Wahrnehmungsmuster des literarisierten Subjekts »realistisch« gedeckt. Banaler ausgedrückt: wer ständig Fouqué liest, denkt eben bei jedem Windstoß an einen Dämon. Für »Kühe in Halbtrauer« bleibt die Konsistenz der Alltagswelt noch gewahrt, die Bezugnahmen auf mythologische und literarische Vorlagen verdichten sich beträchtlich, ist auch durch Psyche und Fixierungen des erzählenden Ich allein nicht mehr erklärbar. Zu den »Entschlüsselungen« vgl. Robert Wohlleben, Götter und Helden in Niedersachsen. Über das mythologische Substrat des Personals in »Caliban über Setebos«; Werner Schwarze, Ägyptologie in »Caliban über Setebos«. Ein Deutungsversuch; Reinhard Finke, »KUNDISCHES GESCHIRR« – Kein Begriff?. Bietet »Brand's Haide«, trotz der Exzentrizität des Erzählers, immer noch so etwas wie ein sinnfälliges Bild der Nachkriegszeit, so werden die Erzählungen von »Kühe in Halbtrauer«, auf dieser Ebene gelesen, eigentümlich »pointenlos« und nichtssagend. Die von Otfried Boenicke (Mythos und Psychoanalyse in »Abend mit Goldrand«) angedeutete »Synthetisierung« der Ann' Ev' und der Hippie-Gruppe aus Mythologemen und Bildvorlagen des Hieronymus Bosch erreicht diese Konsistenz der Alltagswelt nicht mehr (vgl. AmG, goldrand 64–65, wo Ann' Ev' nicht assoziativ mit einer Figur im »Garten der Lüste« verknüpft wird, sondern mit ihr identisch erscheint). Die banale Alltagswelt (Heidemilieu und häusliches Leben) wird nicht mehr auf die Archetypen hin transparent, sondern dient, gegen Realismus und Wahrscheinlichkeit, der Einkleidung und Konkretisierung der Archetypen, die sich dadurch aus der bloß literarisierten Vorstellung in sinnlich erfahrbare »Realität« zurückverwandeln. Bezeichnend ist auch, wie nahtlos die im Roman zitierten Sektiererberichte (Erwachsenentaufe und Beschneidung) auf die Hippiegruppe übertragen werden, wobei nicht einmal Arno Schmidt an eine Mikroanalyse der Subkulturen gedacht haben dürfte.

53) NDK, S. 134/BRAND, S. 86–87.

Zunge, – ja?« und sie kam hervor als ein Rosenblatt, spitz und von hochbedenklicher Beweglichkeit.[54]

In einer anschließenden Assoziation wird Lore als »Nymphe cannae« bezeichnet.[55]

In den Naturbeschreibungen setzt sich diese Dämonisierung fort.[56] So erscheint am Anfang des Kapitels »Krumau oder willst du mich noch einmal sehen«[57] der Wind als animalisch-feindliche Gewalt. Er verbindet sich mit dem Mond als Zeichen der Krankheit und des Todes. »Bleiches Licht und Wind« erschrecken die beiden Liebenden, die sich, darauf reagierend, aneinanderdrängen. Die Dämonisierung des Windes und die plötzliche, erschreckende Erfahrung der Einsamkeit präludiert das lange Zitat aus *Alethes von Lindenstein*[58], das ebenfalls von der chaotisch-feindlichen Natur und der äußersten Einsamkeit des Menschen handelt.

Dies alles sind Elemente Fouqués, so wie Arno Schmidt ihn deutet. Entscheidend ist, daß sie, wie schon im Zusammenhang der Stilisierung des Waldarbeiters anzudeuten war, tiefgreifend transformiert sind. In den fiktiven Welten Fouqués haben die Elemente der Naturdämonie objektive Realität.[59] Gemäß den *Berechnungen* geht es Arno Schmidt aber nicht um die Frage, wie die Welt wirklich ist, sondern wie sie dem anschauenden Subjekt erscheint. Im Fall von *Brand's Haide* wird sie vom erzählenden Ich als Fouqués Wald erfahren. Damit wird Bulls primär auf *Aus dem Leben eines Fauns* gestützte Interpretation des Frühwerks als Darstellung des Menschen in der »verwalteten Welt« neuerdings problematisch. Es werden gar nicht objektivierend die einschränkenden Daseinsbereiche beschrieben. Die vermeintliche soziale Mikroanalyse wird schon dadurch aufgehoben, daß die Apperzeption von Wirklichkeit von hochliterarischen Mustern gesteuert wird.[60]

Wenn *Brand's Haide* in Beziehung zu Fouqué tritt, so nicht dadurch, daß

---

54) Ebd. S. 134/S. 87.

55) Ebd. S. 135/S. 88.

56) Bezeichnenderweise erscheint die Natur im »Faun« eher unter idyllischen Vorzeichen (vgl. etwa NDK, S. 36/FAUN, S. 65; S. 39/71; S. 45/82). Der Text steht aber auch unter dem Vorzeichen der Robinsonade, so daß die Natur als Asyl (Insel) und nicht als Sinnbild des »Waldes der Welt« figuriert.

57) Vgl. NDK, S. 151/BRAND, S. 119–120.

58) Vgl. ebd. S. 152–155/S. 121–127.

59) Die Frage, welchen Dignitätsgehalt die Naturdämonie für Fouqué außerhalb aller gattungsspezifischen Fiktionen haben mag, sei hier nicht weiter erörtert. Gerhard Schulz (Fouqué als Erzähler, S. 506) verweist in diesem Zusammenhang auf den Kontext romantischer Naturspekulationen, die bei Fouqué trivialisiert wiederkehren mögen. Bezeichnenderweise übergeht Arno Schmidt in seiner eigenen Monographie dergleichen wissenschaftsgeschichtliche Zusammenhänge und führt das Dämonische auf Charakterqualitäten Fouqués zurück.

60) Reimer Bull (Bauformen des Erzählens bei Arno Schmidt) bespricht »Brand's Haide« aus naheliegenden Gründen nicht. Helmut Heißenbüttel jedoch, dem Bull viel verdankt, klassifiziert die Vorgänge des Romans als typisches Allerweltsgeschehen der Nachkriegszeit (vgl. »Annäherung an Arno Schmidt«). Dies ist aber nur die eine Seite. Ihre einseitige Betonung unterschlägt die literarischen Stilisierungen und ihre Funktion.

die Welt der Werke Fouqués noch einmal erzählt wird, sondern so, daß das literarische Bewußtsein, durch das der Roman organisiert wird, seine durchaus nicht naturmagische Umgebung mit dem Bewußtsein Fouqués wahrnimmt. Diese Subjektivierung der literarischen Vorlage ist in der Fragestellung von *Fouqué und einige seiner Zeitgenossen* vorgebildet. Die dichterische Phantasie, die in den Texten eine scheinbar objektive Märchenwelt aufgebaut hat, ist nach Arno Schmidt Ergebnis von Charakter und Lebensgeschichte Fouqués. Das literarische Bewußtsein in *Brand's Haide* bestimmt seine eigene Stellung durch die imitierende Identifikation mit Fouqué. Dieser ist vom Charakter her Melancholiker, lebensgeschichtlich im Zustand des Verirrtseins. Autobiographisch ist damit nur eine, wenn auch wichtige Komponente der Dichterstilisierung Arno Schmidts realisiert, eben die Fouqué-Komponente, wie ja auch der Text unter dem Stichwort »Fouqué« steht. Andere Texte realisieren andere Komponenten, die freilich alle ihren gemeinsamen Fluchtpunkt im »privaten Kosmos« Arno Schmidts haben.
Indem im Roman Arno Schmidts die psychischen Bedingungen für die poetische Imagination des Melancholikers mitgegeben werden, folgt das Strukturprinzip von *Brand's Haide* den *Berechnungen II,* auch wenn hier nicht zwischen den Ebenen von Gedankenspiel und Realität sauber unterschieden wird, der Text zum Prosatyp »Erlebnis der Gegenwart« gehört. Die Romane Fouqués sind, benutzt man die Prosatheorie Arno Schmidts, reine Gedankenspiele, die die Ebene der Realität, in der der Autor steht, ausklammern. Die Fouqué-Biographie rekonstruiert diese Ebene. *Brand's Haide* verbindet beide Ebenen dergestalt, daß einerseits die banale Alltagswelt unter der Perspektive einer Fouqué-Phantasie gezeigt wird, ohne daß eine »phantastische Welt« entworfen werden müßte, andererseits die Lebensbedingungen einer solchen Phantasie unter konkreten zeitgeschichtlichen Bedingungen vorgeführt werden, die zusammen mit dem sich assoziativ vorstellenden Charakter des Erzählers diese Phantasie zugleich auch wieder bis zu einem gewissen Grad erklären. Die Aufnahme des Beiläufigen und Banalen bis hinein in die intimen physischen Verrichtungen ist so nicht als eine »Desillusionierung« der »poetischen« Partien zu verstehen, die die Imagination Fouqués ironisch aufheben würde. Nur durch sie ist die »Arbeit der göttlichen Phantasie« überhaupt erst zu verstehen, da die Texte Fouqués dies selbst verschweigen. Der Abstand zu Fouqué ergibt sich aus der Variation der Lebensumstände, individuell in der Divergenz zwischen dem frommen Aristokraten und dem atheistischen Plebejer, historisch durch den Zeitenabstand zwischen den Befreiungskriegen und der Zeit nach dem Zweiten Weltkrieg. Allerdings handelt es sich bei Arno Schmidt nicht um die geschichtsbewußte, gewissermaßen hermeneutische Applikation der Vergangenheit auf die Gegenwart, sondern um die individuellen Schattierungen des einen invarianten Typus.

Gegenstände und Erlebnisse der banalen Alltagswelt erhalten, wie deutlich geworden ist, den Charakter des Allgemeinen dadurch, daß sie für den literarischen Archetypus transparent werden. Dieser ist vornehmlich auf der Ebene der Gedankenspiele der Phantasie gegenwärtig, wobei primär literarische Versatzstücke Gegenstände des Bereichs der Phantasie sind. Die literarische Ebene erhält die Funktion der permanenten Deutung für die erzählte »Wirklichkeit«.
Ein bezeichnendes Beispiel dafür ist die Stilisierung der alltäglichen Figur auf Elemente der bildenden Kunst:

> *Mit einem Licht an der gefüllten Kiste:* Grete, notgelehrt die Tür mit der Hand schattend, sah rührend aus: was ist eine Madonna mit dem Kinde gegen dieses Bild der kleinen Flüchtlingsfrau mit den Kartoffeln! (Und die Lichteffekte waren frappant, wie in der »Abendschule«, oder bei Schalcken)[61]

Die Stilisierung wird vollzogen durch monologisch ausgebreitete Assoziationen über Bilder, die sich aus dem visuellen Eindruck entwickeln. Brücke der Assoziation ist die Erinnerung des Erzählers an die Farbeffekte der »Abendschule«. Was zunächst nur wie die assoziationspsychologisch geschulte Aufzeichnung der Gedankenbewegung eines damit als »gebildet« gekennzeichneten Sprechers wirkt, erhält dadurch den Charakter des Allgemeinen, daß zugleich in der bloßen Impression eine »Wesensdeutung« Gretes gegeben ist. Die Erinnerung an die Kunst (die Madonna mit dem Kind, über die Grete noch gestellt wird) führt das Moment der sorgenden Liebe ein, für die Grete steht. In der bloßen, sprachlich festgehaltenen Impression erscheint der Archetyp. Erscheinen kann er aber nur, weil der Gedanke an die Kunst hinzutritt. Bezeichnend ist, daß trotz dieses Gedankens der Charakter des Banalen (die kleine Flüchtlingsfrau mit der Kartoffelkiste) festgehalten wird, der in Kontrast zu den überlieferten Formen der »großen« traditionellen Kunst tritt. Der visuelle Eindruck von Grete wird keineswegs so stilisiert, daß sie aus ihrer alltäglichen Umgebung heraustritt und wie ein Kunstgegenstand wirkt. Der Text geht gerade den umgekehrten Weg. Was die traditionelle Kunst im ästhetischen Gebilde an anthropologischer Wahrheit festgehalten hatte, kann auch im banalen »Rohmaterial« des alltäglichen Lebens gesehen werden. Daß es sichtbar wird, ist Leistung der assoziativen Deutungsarbeit des Erzählers.
In hohem Ausmaß wird diese eingeschobene Deutungsfunktion von den Fremdtexten übernommen. Auf der Ebene der Mikrodeskription sind sie jeweils durch die Darstellung des alltäglichen Lebens motiviert. Der

---

61) NDK, S. 127/BRAND, S. 72–73.

Erzähler liest seinen Freunden zur Unterhaltung vor, da wenig Gelegenheit zu anderen Zerstreuungen gegeben ist und die Beschäftigung mit Literatur zu seinen privaten Obsessionen gehört. Im Falle der Kirchenbücher ergeben sich die Texte zwanglos aus der gemeinsamen »literaturwissenschaftlichen« Arbeit. Auf der Deutungsebene hingegen stellen sich mehr oder weniger offenkundige Parallelen zwischen den Fremdtexten und der Situation der Figuren ein. So resultiert die Lesung des Fluchtberichts der Urgroßmutter Fouqués aus einem nur allzu aktuellen Gespräch über Flüchtlinge.[62] Er spiegelt die eigene Situation der Figuren im Zeitlosen. Zugleich bestätigt er die aggressive Attitüde des Erzählers gegen Willkür, Unmenschlichkeit und Gewalt.[63] Die Passagen aus den Kirchenbüchern deuten den literarisch-mythischen Gehalt der Liebesgeschichte. Die Frau wird zum dämonischen Naturwesen, dem der intellektuell bestimmte Mann verfällt. Hinter den literarischen Versatzstücken deutet sich schon hier ein Stück zeitinvarianter Sexualanthropologie an, die im Spätwerk dominant wird (*Schule der Atheisten, Abend mit Goldrand*): der Gegensatz zwischen dem geistigen und damit sexuell gehemmten Mann und der triebunterworfenen Frau.
Die beiden umfangreichen Fouqué-Zitate schließlich sind als vieldeutige Sinnbilder in den Text eingelassen.[64] Das Zitat aus *Alethes von Lindenstein* nimmt in gesteigerter Form die Wendung der herbstlichen Natur ins Chaotische auf, die der Anfang des Kapitels andeutet. Er ist verknüpft mit einer Atmosphäre der Bedrohung, die durch die Andeutungen der Mädchen aufgebaut wird. Im Bild des tödlichen Winters, der äußersten Einsamkeit und der eingeschränkten Existenz gibt das Zitat ein Gedankenspiel der dritten Klasse. Es nimmt das Ende vorweg, das die Handlung so noch gar nicht erreicht hat: den Winter ohne die Geliebte.[65] Die Entführung der Jungfrau durch dämonische Mächte liest der Erzähler in der Nacht vor dem Abschied. Er deutet den Vorgang und hebt ihn ins Allgemeine. Lore geht verloren, weil sie dem bloß sinnlichen Vergnügen verfällt. Allerdings geht die Parallele nicht rein auf. Die Entführung Mathil-

62) Vgl. ebd. S. 108/S. 35–36.
63) »›1687‹ sagte ich und hob wütend die Oberlippe: ›Austreibung der Hugenotten –‹ und las: [. . .]« (ebd. S. 108/S. 36).
64) Vgl. ebd. S. 152–155/S. 121–128 und S. 160–163/S. 137–143.
65) Lore deutet aber, als Reaktion auf das Zitat, die Bezüglichkeit an: »*Sie* saß finster und verhärtet; sie sagte düster und rätselhaft: ›Du tust mir leid. Mein Junge. –‹« (ebd. S. 155/S. 127).

des wird mit dem Durchbruch der Sexualität motiviert,[66] während Lore sich allein um der materiellen Sicherheit willen prostituiert. Zu erwägen bleibt freilich, ob der Text neben der offenbaren Rechtfertigung Lores auch eine weitere Motivation andeutet. Das Photo des Rivalen zeigt ein häßliches, animalisch entstelltes Gesicht,[67] das in seiner Häßlichkeit an die »abscheuliche Kröte«[68] der Entführung erinnert. Die sexuelle Anziehungskraft des Scheußlichen klingt an, die im Spätwerk zu einem beherrschenden Thema wird.

Die »sinnbildlichen« Texte sind vieldeutig und laden zu fast schon willkürlichen interpretatorischen Spekulationen ein. Allerdings hat das Prinzip der Uneindeutigkeit auch seine Funktion. Die Verschlüsselung der Beziehungen ist bedingt durch das literarische Selbstverständnis Arno Schmidts. Die eingefügte Fremdliteratur leistet nicht nur die Transparenz der banalen Alltagswelt, sie macht auch sagbar, was der entschiedene Hang des Erzählers zur Desillusion zu sagen verbietet. So gibt das Zitat aus *Alethes von Lindenstein* das Bild der Einsamkeit und der Verzweiflung ganz ungebrochen. Der Schluß des Romans nimmt vieles davon ins Beiläufige zurück, wenn der Erzähler die Öde des Abschiedes auf seine Weise erzählt.[69] Das Pathos der Trennung wird überlagert von den »realistischen« Gleichförmigkeiten gewöhnlichen Lebens, der vergeblichen Suche nach einer spitzen Schreibfeder und dem Anlegen eines Wasservorrates. Die große Geste der Verzweiflung unterbleibt »der Schuljugend wegen«. Der erhöhte Realismusanspruch Arno Schmidts, das Menschenleben als »Gemisch aus Scheiße und Mondschein«[70] zu erzählen, führt nämlich in eine problematische Divergenz. Der Archetypus kann nicht

---

66) Ein weiterer Zusammenhang zwischen Mathilde und Lore mag dadurch angedeutet sein, daß die Nymphe »cannae«, mit der Lore in Verbindung gebracht wird, »den Namen Caroli Magni (?) zwiefach habe hören lassen« (ebd. S. 134/S. 87) – eben jenes Carolus Magnus, der in der Entführung Mathildens eine Rolle spielt. Eine Gleichsetzung cannae-Lore-Mathilde scheint sich abzuzeichnen. Zweifellos nähern sich Interpretationen dieser Art einem Grad von Spekulation, der mit dem üblichen philologischen Apparat nicht mehr abzudecken ist. Zu erwägen bleibt freilich, ob bei Arno Schmidt nicht auch mit einem anderen Textbegriff zu rechnen ist, als ihn die Literaturwissenschaft bei traditionellen Texten annimmt. Es ginge dann nicht mehr um die »Übersetzung« eines »Textsinns« in die Sprache des Interpreten, sondern um das Weiterspielen einer Vorlage durch den gutwilligen Leser. Die Frage wird anhand von »Caliban über Setebos« eingehender zu besprechen sein, stellt sich dort auch dringender als bei den frühen Romanen.

67) »[. . .] das war Er also: ein dürres ermattetes Gesicht; ohne Haare (nur in den Ohren wohl; man sah es nicht genau); zwei – ›Syndikus und Gutsbesitzer‹ hauchte sie –, zwei breite Schmisse spalteten die linke Backe, und es zuckte mir böse um den Mund: wenn sich arme Papuas und Australneger Schmucknarben beibringen, dann sagt man: die wissens nicht besser!« (ebd. S. 163–164/S. 144).

68) Ebd. S. 162/S. 141. Auch hier wird die Beziehung durch den Kontext augenfällig. Unmittelbar nach Verlesung der Entführungsgeschichte zeigt Lore das Bild ihres »Verlobten« vor – der Fremdtext hat also bei ihr eine Assoziationsbrücke hergestellt (vgl. ebd. S. 163–164/S. 143–144).

69) Vgl. ebd. S. 167–168/S. 150–152.

70) DYA, S. 116/NACHRICHTEN 2, S. 195.

rein erzählt werden, weil seine Erfahrung ständig von der Banalität des Lebens und seinen kreatürlichen Bedürfnissen verdeckt wird. Die traditionelle Kunst Fouqués stellt ihn hingegen rein dar, wird aber zugleich unglaubwürdig, weil sie die Lebenszusammenhänge unterdrückt. Darstellung der banalen Lebenswelt und Fremdliteratur ergänzen sich wechselseitig. Die Lebensverhältnisse des Erzählers, unter denen er anthropologische Typen erfährt, stellen die ästhetisierende Einseitigkeit gleichsam wieder auf die Füße. Die »reine« Darstellung der Fremdliteratur erlaubt es, die größeren Zusammenhänge an den Höhepunkten der Erzählung distanziert und doch entschieden zu formulieren.[71]
Erhalten die visuellen Impressionen des beschränkten Bildervorrats ihre allgemeine Bedeutung dadurch, daß sie mit literarischen oder anderen künstlerischen und wissenschaftlichen Reminiszenzen verknüpft werden – ein Stilzug, der vom Zitat und der Anspielung bis zum seitenlangen Einschub reichen kann – so wird dadurch die Ästhetik Schopenhauers, auf die das Denken in Archetypen zurückgeht, transformiert. Gemeinsam mit Schopenhauer ist das Erscheinen der Idee in den konkreten Gegenständen. Dies führt bei Schopenhauer zu einer Form des Symbols, weil die Idee in der ästhetischen Kontemplation unmittelbar anschaulich und durch die künstlerische Wiedergabe des Gegenstandes selbst vermittelt werden kann, ohne daß es der hinzutretenden Reflexion bedürfte. Bei Arno Schmidt geben die Gegenstände selbst diesen Sinngehalt nicht her. Er ist allein in der überlieferten Kunst aufgehoben, so daß der Erzähler zwischen ihr und den Gegenständen vermitteln muß. Die geistesgeschichtlichen Bezüge dieser Transformation sind vielfältig. Ein Grund ist sicher auch, daß Arno Schmidts Konzeption von Kunst, wie schon im Zusammenhang der Klassiker-Kritik zu bemerken war, die Ruhe der ästhetischen Kontemplation nicht gestattet. Ein weiterer Grund dafür liegt in der »Subjektivierung« der Ästhetik Schopenhauers. Die zentrale »Idee«, die den Romanen auch des frühen Arno Schmidt zugrunde liegt, ist die eigene Innerlichkeit als Konkretisierung eines literarischen Typus. Daß mit dem eigenen Herzen des Dichters aber die Menschheit schlechthin dargestellt wird, hat Schopenhauer der Lyrik zugerechnet. Wird dieses fundierende Prinzip der Gattung auf den Roman übertragen, der auch in der »subjektiven« Form des frühen Arno Schmidt »Außenwelt« erzählen muß, so geht es nicht um die Gegenstände selbst, sondern um

71) Eine wichtige, hier nicht näher zu diskutierende Distanzierung vom Pathos leistet die Sprache. Die eingeschobenen Texte unterscheiden sich in ihrem archaischen oder archaisierenden Stil ganz eindeutig von der betont saloppen Sprache des Erzählers. Sie sind so als wohl aktuelle, aber gleichwohl alte Literatur zu erkennen. Die sprachliche Patina hebt das Pathos auf, das der Erzähler als durchgehende Stillage nicht vertreten kann. Es ist Merkmal der alten Literatur, die nicht die Literatur des Erzählers ist. Gleichwohl ist sie im Zitat gegenwärtig.

die Beziehung, die das Ich zu diesen Gegenständen hat – ein Moment, das die Ästhetik Schopenhauers ausschließen würde. Bei Arno Schmidt erhält diese Beziehung die Form, daß das Ich zwischen den visuellen Impressionen und seinem literarischen Wissen fortwährend vermittelt. Der Wendung von »Scheiße und Mondschein« entsprechend, enthalten die literarischen »Rohmaterialien« der Außenwelt Komponenten des Banalen und des Ekelhaften. Das literarische Wissen des Ich beinhaltet, wie schon zu zeigen war, das »höhere Bewußtsein« im Sinne Schopenhauers. Es ist von der Poesie besetzt. Damit bietet sich für den frühen Arno Schmidt ein anderes Modell an, nämlich die Romantik, ohne daß die Romantik-Rezeption Arno Schmidts hier in extenso behandelt werden könnte. Arno Schmidt wurde schon früh als »Romantiker« klassifiziert.[72] Solchen Einordnungen gegenüber scheint Vorsicht geboten, trotz Arno Schmidts weitreichendem Interesse für die romantische Literatur, das *Fouqué und einige seiner Zeitgenossen* belegt. Die »Grundkonzeption« Arno Schmidts, die die vorliegende Arbeit zu rekonstruieren sucht, deckt sich nämlich nicht mit den Prinzipien der romantischen Ästhetik. Es war schon zu zeigen gewesen, wie sehr, bei allen Verwicklungen, die sich aus dem wahrnehmungspsychologischen Ansatz der *Berechnungen* ergeben, die Literaturkonzeption Arno Schmidts dem Prinzip der Naturnachahmung und damit der Tradition des Realismus verpflichtet ist. Die frühromantische Poetik ist hingegen vom Bruch mit dem Prinzip von der Naturnachahmung gekennzeichnet.[73] Zur Frühromantik hat Arno Schmidt denn auch kein Verhältnis gefunden. Bezeichnend ist seine Ablehnung des Novalis und der Theorien der Gebrüder Schlegel.[74] Demgegenüber steht die Hochschätzung der Trivial- und Spätromantik, vor allem E. T. A. Hoffmanns.[75] Trennt Arno Schmidt von der Frühromantik das Unverständnis für die Poetisierung der Wirklichkeit und die Transzendentalphilosophie, so kann er, wohl auch »gegen den Strich«, Fouqués Darstellung der chaotischen Welt von seiner eigenen pessimistischen Einstellung her im Rahmen des Nachahmungsprinzips lesen. Innerhalb dieses Prinzips ist freilich für die »göttliche Phantasie« kein Platz. Sie wird integrierbar durch eine Verschiebung der Kategorien der romantischen Poetik. Dort ist im Verhältnis von Natur und Geist die poeti-

---

72) So schon Heinrich Böll, Das weiche Herz des Arno Schmidt, in seiner Rezension von »Das steinerne Herz«.

73) Vgl. Wolfgang Preisendanz, Zur Poetik der deutschen Romantik I: Die Abkehr vom Grundsatz der Naturnachahmung.

74) Vgl. RITTER, S. 224–225/NACHRICHTEN 2, S. 16–17 und S. 236–237/S. 24.

75) Vgl. etwa FOU, S. 320. Die Verehrung für E. T. A. Hoffmann scheint bei Arno Schmidt sehr weit zurückzureichen, sein Werk zu den prägenden frühen Leseeindrücken zu gehören. Das in »Abend mit Goldrand« mitgeteilte Fragment »PHAROS, oder von der Macht der Dichter« läßt ihn fast in eben der Weise erscheinen, wie der Ritter Gluck bei E. T. A. Hoffmann selbst erscheint (vgl. AmG, goldrand 183–190).

sche Imagination ein primär philosophisches Problem, bei Arno Schmidt hingegen, wie die biographistische Anlage seiner Fouqué-Biographie zeigt, ein psychologisches. Die poetische Imagination ist psychologisch rekonstruierbare Reaktion auf konkrete Lebensverhältnisse. Spart Fouqué diese Verhältnisse aus, so werden sie bei dem nach Arno Schmidt ungleich bedeutenderen E. T. A. Hoffmann sichtbar. Der Gegensatz von Poesie und banaler Alltäglichkeit, wie er etwa für *Der goldene Topf* kennzeichnend ist, wird auf die beiden Ebenen des Gedankenspiels übertragen. In diesem Zusammenhang kann die Aufnahme des Phantastischen als Nachbildung der psychischen Akte eines Gedankenspielers im Rahmen des »erfahrungsseelenkundlichen« Ansatzes akzeptiert werden. Arno Schmidt interpretiert so *Prinzessin Brambilla* als klassisches Längeres Gedankenspiel,[76] ohne die literarischen Thematisierungen, etwa in den Allegorien der Komödie und der Tragödie, zu erfassen. Mit diesem Verständnis E. T. A. Hoffmanns steht Arno Schmidt in der Tradition der älteren Forschung, etwa Ricarda Huchs, die er in seinem Essay über Tieck erwähnt.[77] Dort wird, dargestellt am Beispiel von *Der goldene Topf*, der Dualismus der beiden Welten (die prosaische Wirklichkeit und die Poesie) als Zielpunkt Hoffmannscher Erzählkunst angesehen. Auch bei Ricarda Huch findet dies, neben geistesgeschichtlichen Betrachtungen, eine psychologisch-biographistische Basis, wenn der Dualismus auf die körperliche Verfassung des Dichters zurückgeführt wird.[78] So kann der »romantische Dualismus« in den »erfahrungsseelenkundlichen« Ansatz eingeordnet werden.

Die Untersuchung über den Stellenwert Fouqués hat bislang das Fouqué-Verständnis Arno Schmidts kaum problematisiert. Bemerkenswert ist aber auf jeden Fall, daß die »immanente« Interpretation von *Brand's Haide* trotz der vielfachen Bezüge zu Fouqué den Rückgang auf das historische Vorbild offenbar gar nicht benötigt. Es war schon anzudeuten gewesen, wie sehr Fouqués Werk aus seinem historischen Kontext herausgelöst wird. Der Umgang mit den Zitaten setzt diese Desintegration verstärkt fort. Auf der »realistischen« Ebene des Textes ist es auffällig, daß der Erzähler trotz seiner Bereitwilligkeit bei der Mitteilung antiquarischen Wissens niemals zusammenhängend über Fouqué berichtet oder

---

76) Vgl. R & P, S. 298/JUL, S. 247.

77) Vgl. RITTER, S. 224–225/NACHRICHTEN 2, S. 16–17. Ricarda Huch wird zwar tadelnd erwähnt. Bekanntlich ist dies für Arno Schmidt jedoch kein Grund, sich ihren Ansichten nicht anzuschließen. Die Vorstellung von der Heimatlosigkeit der Romantiker teilt er ebenfalls mit ihr.

78) Vgl. Ricarda Huch, Die Romantik. 2. Bd. Ausbreitung und Verfall der Romantik, S. 194 bis 215. Die Berechtigung ihrer Auffassung von E. T. A. Hoffmann braucht hier nicht eingehender diskutiert zu werden. Nach Müller-Seidel ist nicht der Dualismus Zielpunkt des Erzählens, sondern seine Überwindung durch Spiel und epische Distanz. Vgl. Walter Müller-Seidel, Nachwort S. 763 ff.

die zitierten Passagen wenigstens durch einen summarischen Überblick in den Gesamtzusammenhang einordnet,[79] obwohl dies seinen Gesprächspartnern gegenüber durchaus angemessen wäre. Die Texte Fouqués erhalten ihren Charakter als vieldeutige Sinnbilder erst, wo die Zusammenhänge konsequent zerschlagen werden.[80] Nun geht es bei Arno Schmidt nicht um die Literatur als historisches Dokument, sondern als Manifest des anthropologischen Typus. Gleichwohl müßte auch dies noch auf den »wirklichen«, wenn auch willkürlich interpretierten Fouqué zurückgehen, wenn diese Bestimmung sich auch auf andere Argumente stützt als die historisch verfahrende Literaturwissenschaft. Die sich abzeichnende Willkür des Zitierens von Fragmenten ist aber doch ein sehr eigentümliches Verfahren der Annäherung an die Literatur, auch wenn sie als statischer Kosmos aufgefaßt wird. Das Problem kann anhand von *Brand's Haide* nicht ausreichend diskutiert werden. Es macht einen neuerlichen Rückgang auf Arno Schmidts Verhältnis zur Geschichte notwendig, damit verbunden aber auch auf seine Naturwissenschaft, da sich bei ihm historisches und naturwissenschaftliches Denken als eng verbunden erweisen werden.

79) Dies ganz im Gegensatz zu dem »didaktischen« Wechsel von Zitat und Inhaltsangabe, mit dem in den Funkessays angeblich oder tatsächlich verschollene Texte vorgestellt werden.

80) Heiko Postma moniert dieses Verfahren, das in »Brand's Haide« potenziert wird, bereits für die Fouqué-Monographie, in der letztlich nicht Gesamttexte besprochen, sondern »schöne Stellen« vorgeführt werden (vgl. »Aufarbeitung und Vermittlung literarischer Traditionen«, S. 152). Was sich in »Brand's Haide« bereits ankündigt, wird im Spätwerk sehr deutlich, so daß Wolfram Schütte von »Gerümpel« und »Bildungsschutt« sprechen kann (vgl. »Spätwerk Gespenst«, S. 80). Für die Interpretation zu Arno Schmidt hätte dies die nicht unerfreuliche Konsequenz, daß die Analyse der »Quellen« in ihrem historischen Kontext zum Verständnis wenig beiträgt. Prinzipiell genügt es auch für »Brand's Haide« fast schon, wenn der Leser die Fouqué-Passagen als alt erkennen und einem der invarianten Dichtertypen, eben dem der »reinen Imagination«, zuordnen kann.

VI. Wissenschaft und »objet trouvé« beim frühen Arno Schmidt

Die Frage nach dem Allgemeinen in den zufälligen Impressionen ließ sich für *Brand's Haide*, und dieses Ergebnis steht vertretend für die frühen Texte, dahingehend beantworten, daß das »höhere Bewußtsein« des Ich mit Fouqué-Reminiszenzen »besetzt« ist. Dies hat eine doppelte Funktion. Einmal erweist sich das Ich als zugehörig zu einem Typus literarischen Bewußtseins. Zum anderen erhält die kleine, durch einen geradezu zufälligen Ausschnitt aus der Realität gegebene Welt jene Qualität, die Arno Schmidt den großen Romanen Fouqués glaubt zumessen zu können, nämlich ein »Weltbild« zu geben. Dies geht allerdings, und von den erzähltheoretischen Annahmen der *Berechnungen* aus ganz konsequent, nicht mehr durch die Entfaltung einer epischen Totalität, die Arno Schmidt bei Fouqué durch die geographische Totalität erfüllt sieht,[1] sondern dadurch, daß die Ereignisse und Gegenstände der kleinen Welt zu den großen literarischen Folien in Beziehung gesetzt werden. Das »Weltbild« wird nicht in der epischen Totalität erzählerisch realisiert, sondern ist im Zitat anwesend.

Die Zitierungen verleihen so den Partikeln der banalen Welt, strukturell gesehen, den Charakter der »Bildlichkeit«. Der Struktur und der Fundierung dieser »Bilder« ist noch weiter nachzugehen. Es bieten sich zwei Alternativen an. Einmal kann der Zusammenhang von Allgemeinem und Besonderem allein durch den schöpferischen Akt des Dichters geleistet sein. Zum anderen kann der Bezug von Zeichen und Bezeichnetem auch explizit oder implizit durch die Behauptung gerechtfertigt werden, daß die literarische Relation des Allgemeinen und des Besonderen einer Relation in re entspreche, die zu bestimmen Aufgabe der Theologie, der Wissenschaft oder auch eines genuin künstlerischen Erkenntnisprozesses der Wirklichkeit ist. Die Frage nach der Struktur der Bildlichkeit führt so noch einmal zu der Frage nach Arno Schmidts Wissenschaftsverständnis und »Erkenntnistheorie«.

Die schon skizzierte Psychologisierung der »Phantasie« hat zur Folge, daß die Romantik ihrer Fundierung in der idealistischen Philosophie beraubt wird. Dies scheint zunächst einmal eine für die moderne Literatur nicht unübliche »symbolistische« Uminterpretation der Romantik zu implizieren. Zusammenhang und Bedeutungsgehalt der Textelemente werden nicht durch den Rückgang auf eine Konzeption der idealistischen Philosophie, sondern allein durch das autonome Bewußtsein des Dich-

---

1) So betont Arno Schmidt angesichts des »Zauberrings«, daß der Text ein »Weltbild« gebe, weil die ganze Erde bis zu den Außenrändern des Bewohnbaren Schauplatz des Romans ist (vgl. FOU, S. 188).

ters gestiftet, wobei eben diese Stiftung des Zusammenhangs ein zentrales Thema des Textes selbst ist. So betrachtet, hätte dies beim frühen Arno Schmidt die eine Variante, daß das sinnstiftende Bewußtsein auf die überlieferte literarische Folie angewiesen ist. Unter diesen Voraussetzungen würde auch die Partialisierung der literarischen Vorlagen verständlich, da das autonome Bewußtsein souverän unter jenen Elementen auswählt, weil ihnen ihre Bedeutung innerhalb des neuen Textes nicht durch ihre ursprüngliche Funktion im Kontext und im historischen Zusammenhang gegeben ist, sondern allein durch den Akt der Sinnstiftung zuwächst.[2]

Dem widerspricht allerdings das schon behandelte Bekenntnis Arno Schmidts zum »Realismus«. Zwar gehen die *Berechnungen* von der »Welt als Vorstellung« aus, die Darstellung der Bewußtseinsakte soll aber die Erfassung der Welt durch das Wort ermöglichen. Paradox formuliert und quer zur historischen poetologischen Entwicklung sollen die autonomen Akte des Bewußtseins Auskunft über den transsubjektiven Zustand der wirklichen Welt geben. Damit steht Status und Begründung der »Sinnbilder« neuerdings in Frage.

Die Konvergenz von Welt und Bewußtsein ist nur im Rahmen einer metaphysischen Konzeption möglich. Es war schon zu zeigen gewesen, daß die *Berechnungen,* so positivistisch sie sich geben mögen, von metaphysischen Versatzstücken durchsetzt sind. Sie betreffen vor allem die Substanz der Realität, die unter den subjektiven Anschauungsformen gesehen wird. Einerseits ist dies für Arno Schmidt, ganz im Sinne des späten 19. Jahrhunderts, die Materie, andererseits erscheint auch sie wieder, eine Konzeption, die noch in den *Berechnungen* anklingt, als Emanation des »Leviathan«.[3] Damit bleibt Arno Schmidt hinter der radikalen Metaphysikkritik Nietzsches zurück, die, zumindest in Deutschland, die Genesis des Symbolismus unterstützt hat. Ganz im Sinne der traditionellen Literatur steht der Zusammenhang des Besonderen zum uneigentlich formulierten Sinnganzen des Textes in struktureller Analogie zum

---

2) Dies entspräche der symbolistischen Bildlichkeit, wie sie Rasch für die Jahrhundertwende skizziert hat. Da an die Stelle der »Ganzheit der göttlichen Schöpfung« die »isolierten Fakten« treten, kann jeder beliebige Gegenstand zum Symbol werden, der seinen Bedeutungsgehalt nicht mehr über eine metaphysische Weltauslegung erhält, sondern über die Sinnstiftung des Dichters. Vgl. Wolfdietrich Rasch, Aspekte der deutschen Literatur um 1900, S. 10–13. Arno Schmidt hingegen hält trotz des auch bei ihm zu konstatierenden »Zerfalls in isolierte Fakten« an einer metaphysischen Universalkonzeption fest.

3) Bei Arno Schmidt mag das Festhalten an metaphysischen Universalkonzeptionen trotz der radikalen Subjektivierung der Realitätsauffassung durch die philosophische Tradition vorgegeben sein. Bei Schopenhauer kann das Wesen des Dings an sich weder durch die philosophische Spekulation noch durch die Beobachtung der Erscheinungswelt festgestellt werden, sondern allein durch die unmittelbare Selbsterfahrung. Ähnlich auch bei Arno Schmidt: »Um das Wesen des besagten Dämons zu beurteilen, müssen wir uns außer uns und in uns umsehen. Wir selbst sind ja ein Teil von ihm: was muß also Er erst für ein Satan sein?!« (LV, S. 69/ LV-SPIEGEL, S. 29).

Zusammenhang zwischen den Einzeldingen und dem Ganzen der Realität. Die Struktur der Texte hat bei Arno Schmidt immer noch ihr »fundamentum in re«.[4]
Schon im Kapitel über den *Leviathan* war zu zeigen, daß Umformungen der Metaphysik Schopenhauers die wesentlichen Annahmen über den Zusammenhang der Welt liefern. Dies ist von Bedeutung für die »Sinnbilder«. Wenn die Dinge der Welt Objektivationen oder Emanationen des einen Prinzips sind, so müßte prinzipiell auch an einem Phänomen der Zustand der Welt abgelesen werden können. Eben dies leistet das Symbol im Sinne Goethes, wie denn auch die Ästhetik Schopenhauers Annäherungen an die klassische Symbolkunst Goethes vollzieht, wenn auch unter pessimistischen und idealistischen Voraussetzungen. Wo beim frühen Arno Schmidt innerhalb metaphysischer Zusammenhänge argumentiert wird, gibt es dergleichen »Symbole«, der Terminus sei hier mit größter Vorsicht eingeführt, auch bei ihm. Relativ simple Beispiele finden sich dafür in den Funkessays. Zu Beginn von *Belphegor oder Wie ich euch hasse* werden drei Fakten der Naturgeschichte berichtet: Raben, die die Augen lebender Junghasen auspicken, die gigantische Scheide von Sphaerularia Bombi Dufour und schließlich die Haie, die die Brüste weiblicher Wale ausfressen. Exegiert werden die zoologischen Fakten durch die ins Blasphemische gewendete Zitierung von »Und siehe: es war Alles gut . . .«[5] Die isolierbaren, anschaulich geschilderten Fakten der Naturgeschichte lassen die zeitinvarianten Mechanismen der Geilheit und des Fressens und Gefressenwerdens unmittelbar erscheinen. Ähnlich sinnbildliche Handlungseinheiten und Impressionsketten sind auch in den Romanen zu finden. So zeigt sich im Bild des einsamen Zugs auf der zerschossenen Brücke[6] oder in der Explosion der Munitionsfabrik[7] unmittelbar das Chaos der Leviathans-Welt. Die Symbole sind, wie es der Tradition entspricht, gleichsam natürlich. Sie enthalten scheinbar unmittelbar ihren Sinngehalt, nicht durch eine kühne »symbolistische« Kombination. Bezeichnend ist allerdings, daß diese »Symbolik« lediglich bei einfachen, im Rahmen der Weltanschauung Arno Schmidts durchaus noch sinnfälligen Universalmechanismen funktioniert. Die literarischen Zitate in *Brand's Haide* hingegen stiften als vieldeutige Bezugspunkte die Transparenz der »kleinen Welt« und deuten die Wiederholung archetypischer, literarisch längst fixierter Situationen an. Was dabei textimmanent durchaus einleuchtet, erhält, sucht man das »fundamentum in re«, ein

---

4) Vgl. Hartwig Suhrbier, Zur Prosatheorie von Arno Schmidt. Vgl. auch die antisymbolistische Wendung, die neue Erzählform sei »etwas Organisches, und gar nichts Künstliches!« (R & P, S. 286/JUL, S. 236).
5) Vgl. BEL, S. 7–8/NACHRICHTEN 1, S. 86.
6) Vgl. LV, S. 79–81/LV-SPIEGEL, S. 37–39.
7) Vgl. NDK, S. 80–85/FAUN, S. 147–156.

deutliches Moment der Willkür. Die Zitate können ihren Charakter als Sinnbilder nur dadurch gewinnen, daß ihre Kontexte konsequent zerschlagen werden, andererseits beziehen sie ihre Verbindlichkeit gerade daher, daß sie dem Werk Fouqués als einer gültigen Darstellung der chaotischen Welt entstammen. Die Zitate können nur dann als Bedeutungsträger fungieren, wenn sie im Rahmen von Arno Schmidts Fouqué-Bild gedeutet werden, die Einarbeitung in den Text läßt diese Bedeutung aber im Unerweislichen verschwimmen. Offensichtlich bestehen Schwierigkeiten, die größeren Zusammenhänge, die mit der Adaption der Schopenhauerschen Metaphysik zumindest implizit angedeutet sind, nicht nur stellenweise an den Höhepunkten des Geschehens, sondern durchgehend zu realisieren.

Die Schwierigkeit, die noch etwas eingehender zu besprechen sein wird, gilt nicht allein für den Bezug zu Schopenhauer. Am Beispiel des *Leviathan* war schon zu zeigen gewesen, daß die Rezeption seiner Metaphysik durchaus zweideutig ist. Die Annahme, daß sich die Objektivationen des »Leviathan« unter Raum, Zeit und Kausalität vollziehen, führt zu einer merkwürdigen Synthese von idealistischem Voluntarismus und mechanischem Materialismus. Demgemäß heißt es in den *Berechnungen,* jede »Bewegung im Raum« sei »gesetzmäßig festgelegt und geregelt durch die Urexplosion des Leviathan«.[8] Damit sind die Phänomene des Universums durch kausale Universalgesetze determiniert, die »an sich« aufzufassen sind. Mit dieser Wendung verläßt Arno Schmidt die Metaphysik Schopenhauers und gelangt zur radikal aufklärerischen Popularphilosophie, etwa Holbachs *System der Natur.*

Die Bilder einer an universalen Gesetzmäßigkeiten des Universums orientierten Literatur hat Karl Richter für die Aufklärung als »Gleichnis« bestimmt und zwischen barocker Allegorie und klassischer Symbolik eingeordnet.[9] Die Struktur ist dadurch gekennzeichnet, daß das reflektierende lyrische Ich, im Roman übernimmt diese Aufgabe der auktoriale Erzähler, das dargestellte Faktum auf die in ihm deutlich werdenden Gesetzmäßigkeiten hin auslegt, also empirisches Gesetzeswissen einbringt. Es entspricht der zweideutigen Position Arno Schmidts, daß sich der Eingang des *Belphegor*-Essays auch auf diese exegetische Vermittlung des Besonderen mit dem Allgemeinen hin verstehen läßt. An die Fakten der Naturgeschichte schließt sich ein Kommentar in verteilten Rollen an, der die an den Fakten belegten universalen Gesetzmäßigkeiten durch alle Realitätsbereiche verfolgt. Im Bezug auf die Gesellschaft klingen polemisch-politische Wendungen an (»Democrazia Christiana«), im

---

8) R & P, S. 287/JUL, S. 237.

9) Vgl. Karl Richter, Literatur und Naturwissenschaft, Eine Studie zur Lyrik der Aufklärung, S. 183–192.

Gebiet der Natur zeigt, ganz wie es dem Denken der Aufklärung entspricht, das Große (»der gestirnte Himmel über mir«) eben diese Mechanismen wie das Kleine (»das Gewirr einer weiten Wiese«).[10] Freilich sind die Mechanismen keine Naturgesetze in einem irgendwie exakten Sinn, sondern allgemeine subjektiv-»weltanschauliche« Betrachtungen. Ihr Status ist auch für den Sprecher des Essays merkwürdig schwankend. Einerseits ergeben sie sich angeblich zwanglos aus der unmittelbaren Evidenz des Sinnlichen,[11] andererseits gibt der Sprecher widerstrebend und verdeckt die Einseitigkeit und damit Subjektivität seiner »Weltansicht« zu.[12] Die unterschwellige Unsicherheit, ob sich denn der generelle Satz aufgrund der beigebrachten sinnfälligen Fakten auch wirklich werde vertreten lassen, wird durch die massive Apodiktik der Behauptung überspielt, die, anders als in den Texten aufklärerischer Popularphilosophie, den Diskurs mit dem Leser brüsk unterbindet.[13] Gestützt wird dies durch den Rekurs auf persönliche Qualitäten des Betrachters. Die größeren Zusammenhänge der sinnfälligen Fakten sind nicht einfach der allgemeinen Menschenvernunft zugänglich, wie es die Aufklärung, im Glauben an die Unabweisbarkeit naturwissenschaftlicher Erkenntnisse, angenommen hatte. Die Einsicht ist von besonderen Gaben, der Illusionslosigkeit und dem persönlichen Mut, abhängig.[14] Wie in den schon besprochenen Bereichen der literarischen Wertung muß auch auf dem Gebiet der philosophisch-wissenschaftlichen Argumentation, als die sich die Einleitung zum *Belphegor*-Essay ja durchaus ausgibt, die Selbststilisierung des Sprechers die immanenten Aporien der Konzeption überdecken. An diesem Punkt schlägt Arno Schmidts programmatischer Empirismus (das Anschauen der Welt) in den Dogmatismus um.

Die skizzierte immanente Schwierigkeit, Faktum und Auslegung zur Deckung zu bringen, sowie das dennoch festgehaltene Strukturprinzip der Exegese, bestimmen auch in komplizierterer Form die literarischen Texte im engeren Sinne. In der Wiedergabe des »musivischen Daseins« wechseln unmittelbare Eindrücke und assoziative Erzählerbemerkungen miteinander ab, die eine Auslegung des zum Sinnbild geronnenen Eindrucks geben. Das Prinzip läßt sich im Detail beobachten, wenn etwa an häßlichen und schreienden Schulkindern, die den Weg des Erzählers kreuzen, sogleich das Problem der Übervölkerung der Erde »sichtbar« und demgemäß vom Erzähler mit jener Apodiktik kommentiert wird, die das ohne-

---

10) Vgl. BEL, S. 7–9/NACHRICHTEN 1, S. 86–87.

11) »[. . .] um mit einer ›Welt-Anschauung‹ renommieren zu können, muß man, der Name sagt es, sich die Welt angeschaut haben!« (ebd. S. 8/S. 86).

12) »[. . .] und wenn's vielleicht auch nicht die ganze Wahrheit ist, so ist es doch bestimmt mehr als die halbe.« (ebd. S. 9/S. 87).

13) »[. . .] lebenslängliche Optimisten sind nur Narren oder Feiglinge, und wer's nicht glaubt, ist selber einer –« (ebd.).

14) »Freilich gehört ein gewisser Mut dazu . . .« (ebd.).

hin Sinnfällige für sich beanspruchen kann.[15] Es bestimmt auch die Organisation des Textes im Ganzen. *Brand's Haide* ist zu lesen als eine moderne und »realistische« Exegese der beiden zentralen Fouqué-Zitate, wie die philosophischen Partien des *Leviathan* letztlich eine Exegese des Schlußbildes sind. In der Regel reicht aber der sinnliche Eindruck nicht aus, den generellen Satz auch tatsächlich, oder doch für den Leser suggestiv überzeugend, auch zu erweisen. Anläßlich des *Caliban über Setebos* charakterisiert Joachim Kaiser die Diskrepanz mit aller Entschiedenheit. Die verbindlich gemeinte Wahrheit schlägt permanent in die bloß private Meinung oder Obsession um.[16]

Die Schwundstufe der generalisierenden Vermittlung singulärer Data ist auf erkenntnistheoretische Aporien bei Arno Schmidt zurückzuführen. Für die *Berechnungen* war sein quasi modernistischer »Empfindungspositivismus« als Radikalisierung des popularisierten Sensualismus des 18. Jahrhunderts zu bestimmen gewesen. Das Frühwerk Arno Schmidts stellt einen in der Literatur des zwanzigsten Jahrhunderts kaum je zu findenden Versuch dar, die Erkenntnis der »wirklichen Welt« unmittelbar und konsequent theoriefeindlich auf die bloße Wahrnehmung zu stützen. Am Rande zeigt sich dies, wenn Tiecks intuitive Wahrnehmung der chaotischen Lebenswelt gegen die Gebrüder Schlegel ausgespielt wird, die als »Theoretiker, also Leute 4. Ranges« figurieren.[17] Programmatisch formuliert dies eine Stelle in *Seelandschaft mit Pocahontas:*

> Legt nicht aus: lernt und beschreibt. Zukunftet nicht: seid. Und sterbt ohne Ambitionen: ihr seid gewesen. Höchstens voller Neugierde. Die Ewigkeit ist nicht unser (trotz Lessing!): aber dieser Sommersee, dieser Dunstpriel, buntkarierte Schatten, der Wespenstich im Unterarm, die bedruckte Mirabellentüte. Drüben der lange hechtende Mädchenbauch.[18]

Die Passage ist entschieden antispekulativ. Sie schließt jede Form von Metaphysik aus, weil sie nur den einzigen verläßlichen Besitz, die unmittelbaren Impressionen, entwertet. Die anklingende Theoriefeindlichkeit geht aber so weit, daß keineswegs die Wissenschaft gegen die leere Spekulation der philosophischen Systeme ausgespielt wird, wie dies für die Aufklärung kennzeichnend ist. Die Impressionen sind so partialisiert, erscheinen als bloße Farbreflexe (»buntkarierte Schatten«), folgen in so regelloser Weise aufeinander (Schatten und Wespenstich), daß keine Möglichkeit gegeben ist, sie als Datenmaterial einer empirischen Wissen-

---

15) Vgl. NDK, S. 93/BRAND, S. 7.
16) Vgl. Joachim Kaiser, Des Sengers Phall.
17) RITTER, S. 237/NACHRICHTEN 2, S. 24.
18) R & P, S. 53/POC, S. 38.

schaft zu ordnen. Überraschenderweise geht diesem extrem »impressionistischen« Credo eine Passage unmittelbar voran, die das Denken und die eigene Erkenntnis gegen das bloße Glauben ausspielt – dies wieder ganz im Sinne des »sapere aude« der Aufklärung: »Denken. Nicht mit Glauben begnügen: weiter gehen. Noch einmal durch die Wissenskreise, Freunde! Und Feinde.«[19] Als Gegenstände des Denkens erscheinen dann aber nur die ungeordneten Impressionen. Wie aus ihnen die doch wohl, wie die Bezeichnung nahelegt, geordnete Systematik der »Wissenskreise« hervorgehen soll, bleibt unerfindlich.

Die Erfassung der Gegenstände jedenfalls ist konsequent »empiristisch« in einem so naiven Ausmaß, daß Arno Schmidt den theoriegeleiteten Charakter von Beobachtungen nicht zu bedenken scheint. Im Bereich der literarischen Wertung geht so das Verdammungsurteil über den *Messias* auf die Autopsie des aufgeschlagenen Buches zurück, so als bedürfe es zwischen Text und modernem Leser nicht der vermittelnden Reflexion literarischer Erwartungshaltungen.[20] Der politisch-gesellschaftliche Bereich schrumpft ebenfalls auf das Substrat der »sinnlichen Evidenz« zusammen. Die »großen Ereignisse« sind allein in den sarkastisch kommentierten Rundfunknachrichten präsent, ein Moment, das sich durch das gesamte Frühwerk Arno Schmidts zieht und im Spätwerk durch die Tagesschau des Fernsehens ersetzt wird. Auch die Geschichte ist, etwa in der Hinterlassenschaft des Deserteurs in *Aus dem Leben eines Fauns*, den alten Handschriften in *Brand's Haide* oder dem Portrait der Prinzes-

---

19) Ebd.

20) Vgl. DYA, S. 317/NACHRICHTEN 1, S. 61–62. Das Verhältnis von Beobachtung und Theorie gehört immer noch – oder schon wieder? – zu den schwierigen Kapiteln der Wissenschaftstheorie. Generell kann gesagt werden, daß theoretische Sätze wenigstens partiell durch Beobachtungssätze interpretierbar sein müssen. Die Gewinnung der Beobachtungssätze darf nicht von der Theorie abhängig sein, die sie interpretieren sollen. Sie sind aber von einer davon unabhängigen Theorie, etwa einer Theorie der Meßinstrumente, abhängig. Zugleich sind für die Datenerhebung Vorannahmen über die Sachverhalte und Umstände erforderlich, die das Ergebnis etwa eines Experimentes beeinflussen können (etwa die Raumtemperatur, nicht aber, daß das Experiment an einem Dienstag durchgeführt wird). Diese Vorannahmen sind durch das Paradigma einer reifen Wissenschaft festgelegt. Dieses komplizierte, hier nur sehr roh skizzierte Zusammenspiel von Theoriebildung und Bestätigung, nach dem die Naturwissenschaften arbeiten und das die Wissenschaftstheorie lediglich rekonstruiert, dürfte Arno Schmidt unverständlich geblieben sein. Für ihn ist Erkenntnis keine, wenn auch der Erprobung an der Empirie ausgesetzte, theoretische Konstruktion, sondern evidentes Resultat der Beobachtung. Damit gelangt er, wie die permanenten Klagen über die für den Status einer empirischen Wissenschaft ja ganz irrelevante »Unanschaulichkeit« der Relativitätstheorie zeigen, zu einer Wissenschaftskonzeption, die weniger leistungsfähig ist als die etablierten Naturwissenschaften. Freilich ist sein Ansatz nicht in dem Sinn reduktionistisch, daß unter einem verschärften Empirizitätskriterium gängige Fragestellungen als »Scheinprobleme« ausgeschlossen würden. Der Glaube an die theoriefreie Beobachtung führt im Gegenteil dazu, daß sich theoretische Annahmen der weitestgehenden Art in die Beobachtung einschleichen können. Unterliegt die Beobachtung nicht ihrerseits einer expliziten Theorie, so kann Beliebiges wahrgenommen werden. Der eine mag in einer »grünen Wiese« die Harmonie der Natur, der andere den Vernichtungskampf aller gegen alle »sehen«.

sin von Ahlden in *Das steinerne Herz* allein durch den sinnlichen Kontakt verfügbar. Auch Naturwissenschaft und Naturphilosophie rekurrieren, wie am *Belphegor*-Essay zu zeigen war, immer nur auf das scheinbare »factum brutum« des Sichtbaren. Die Antinomie ist unverkennbar. Einerseits ist die Intention der Texte von der exzessiven metaphysischen Spekulation oder einer nicht weniger metaphysischen Festlegung des Universums im Sinne des mechanistischen Materialismus bestimmt, andererseits erscheint ein theoriefeindlicher, agnostizistisch gewendeter Empirismus, der die postulierten generellen Zusammenhänge zerschlägt und die Elemente der Realität gleichsam zu einem Raritätenkabinett ordnet, dessen Bruchstücke dann wieder durch den apodiktisch gesetzten exegetischen Kommentar generelle Bedeutung erhalten.

Der Grund für diese Spannung liegt in Arno Schmidts sensualistischer Ausgangsposition. Die Popularphilosophie des 18. Jahrhunderts geht von der Mechanik Newtons aus und sucht die Wahrnehmungs- und Denkpsychologie so als Metatheorie zu verwenden, daß sie das Zustandekommen des Gesetzeswissen aus den empirischen Daten im menschlichen Bewußtsein erklärt. Die wissenschaftstheoretische Unhaltbarkeit einer solchen Konzeption braucht hier nicht erörtert zu werden, naheliegend ist sie offenbar deshalb, weil die klassische Mechanik von außerordentlich einfachen und sinnfälligen Experimenten ausgeht. Obendrein ist die Vorstellung von der unendlichen linearen Zeit und dem unendlichen dreidimensionalen Raum der Alltagserfahrung so leicht zugänglich, daß sie als »a priori« angenommen werden konnte. So konnte die Illusion entstehen, daß Naturgesetze gewissermaßen »gesehen« werden können.

Für den frühen Arno Schmidt fungiert hingegen als paradigmatische Naturwissenschaft die Relativitätstheorie. Sie ist so eminent unanschaulich, daß sie schlechterdings nicht sensualistisch fundiert werden kann. In frühen, durchaus noch apologetischen Darstellungen der allgemeinen Relativitätstheorie wird dies als ihr zentraler Vorteil betont. So rühmt Hermann Weyl die durchsichtige Klarheit und vollendete Harmonie, die sich allerdings auf die Stringenz des mathematischen Formalismus bezieht.[21] Von der Art hingegen, wie Raum und Zeit in der Anschauung gegeben sind, geht in die physikalisch konstruierte Welt nichts ein.[22] Gerade darin aber manifestiert sich der Triumph des konstruierenden Intellekts über den täuschenden Augenschein und das alltägliche Denken.[23] Für Arno Schmidt hat diese Unanschaulichkeit nicht die Konsequenz einer wissenschaftstheoretischen Revision, die den schlichten Sensualismus zugunsten einer Distinktion von Theorie und Wahrneh-

---

21) Hermann Weyl, Raum, Zeit, Materie. Vorlesungen über allgemeine Relativitätstheorie, S. 21.

22) Ebd. S. 3.

23) Ebd. Vorwort, S. IX ff.

mung verabschiedet.[24] Er wendet sich statt dessen einer erkenntnispessimistischen Interpretation der Naturwissenschaft zu. Die Relativitätstheorie als mathematische Konstruktion zeigt, im Gegensatz zur popularphilosophischen Verarbeitung Newtons, das Unzureichende des Wahrnehmungs- und Denkapparates. Der Verzicht auf jede Form der Metaphysik, ja der generalisierenden Theoriebildung ist die Folge.[25] Gleichwohl werden die prinzipiellen Annahmen des *Leviathan* über den Zustand des Universums festgehalten.[26]

Für Arno Schmidts Aporie ist die Unanschaulichkeit der modernen Naturwissenschaft die eine Seite, die andere ist die wahrnehmungspsychologische Verschärfung des Sensualismus, der, so naiv er in der Gehirnphysiologie der *Berechnungen* auch formuliert sein mag, von einer entwickelteren Psychologie ausgeht als die Popularphilosophie des 18. Jahrhunderts. Danach sind, wie schon zu zeigen war, nicht nur komplexe physikalische Theorien, die dem Alltagsdenken eklatant widersprechen, sondern auch einfache Theorieelemente, wie das Theorem von der kausalen Determiniertheit des menschlichen Handelns, sinnlich nicht evident. Wissenschaftstheoretisch gesehen, wäre dies eine mehr oder weniger gut bestätigte theoretische Konstruktion. Arno Schmidt reflektiert nun nicht die Anwendung dieses Konstrukts für die Struktur der Texte. Sein Festhalten am Sensualismus läßt ihn die Konsequenz ziehen, daß das Theorem für einen »realistischen« Roman nicht verwendet werden darf. Das daraus resultierende Verdikt gegen den Bildungsroman zeigt seine Distanz zum Empirismus des 18. Jahrhunderts. Geht doch die Theorie des Bildungsromans davon aus, daß die den gesamten Lebensverlauf determinierenden Faktoren durch den Dichter zur Evidenz der unmittelbaren Anschauung gebracht werden können.[27]

Naiver Sensualismus und universelle, letztlich metaphysische Konzeptionen, die das »fundamentum in re« garantieren sollen, treten in unaufhebbarer Divergenz auseinander, da die allgemeinen Bezüge, in denen der Intention nach die besonderen Dinge stehen sollen, auf der Basis von

---

24) Bezeichnend ist in diesem Zusammenhang Arno Schmidts Tendenz, die Relativitätstheorie durch analogisierende Hilfskonstruktionen doch sinnfällig zu machen. Im Spätwerk erscheint als paradigmatische Wissenschaft die Psychoanalyse, die zumindest in der Fassung Arno Schmidts nicht nur mit den augenscheinlichen Phänomenen des Alltags arbeitet, sondern auch in der theoretischen Terminologie extrem metaphorisch und damit anschaulich verfährt.

25) »Da wir also, mit völlig ungenügendem Intellekt ausgerüstet, (eine Gemeinheit des Demiurgen!), in einem Meer von Unbegreiflichkeiten plätschern: hab ich mir seitdem abgewöhnt, Metaphysik zu betreiben. Selten mehr Denkanfälle.« (NDK, S. 32/FAUN, S. 55).

26) So spricht noch der agnostizistische Verzicht auf die Metaphysik von der »Gemeinheit des Demiurgen« und zitiert damit die eigene metaphysische Universalkonzeption. (Vgl. ebd.).

27) So fordert Blanckenburg vom Roman die »anschauende Verbindung von Wirkung und Ursache [. . .], aus der wir sehen, wie die *Begebenheit* aus der in einer Person entstandenen, und durch eine gewisse Person oder Begebenheit gewirkte Empfindung und Vorstellung erfolgt ist.« (»Versuch über den Roman«, S. 295). Der Kausalnexus soll also *gesehen* werden.

Arno Schmidts »Erkenntnistheorie« nicht rekonstruiert werden können.
Augenfällig wird diese Problematik an einem Text, der zu den am wenigsten gewürdigten im Werk Arno Schmidts gehört, an *Fouqué und einige seiner Zeitgenossen.* Die Monographie sucht das Leben Fouqués im historischen Kontext zu erzählen, partizipiert also an der Struktur des Bildungsromans, dessen Möglichkeit Arno Schmidt in den *Berechnungen* erkenntnistheoretisch bestreitet.

Die wissenschaftliche Dichterbiographie bedarf eines Modells, das den Zusammenhang von individuellem Lebensgang, historischem Kontext und künstlerischem Werk plausibel macht. Insofern steht sie dem Bildungsroman mit seiner Thematik von Ich und Welt nahe. Die methodologischen und theoretischen Probleme, die sich einem solchen Modell stellen, mögen erklären, warum die neuere Literaturwissenschaft auf diese Gattung von wissenschaftlicher Untersuchung weitgehend verzichtet hat. Ein illustratives Beispiel ist Friedrich Sengles *Wieland,* illustrativ zumal dadurch, daß die Biographie im Entstehungszeitraum der Fouqué-Monographie geschrieben wurde. Das erste Kapitel gibt bereits implizit das Modell.[28] Das literarische Werk Wielands erscheint als sukzessive Entfaltung eines Problemzusammenhangs. Es ist von der Tendenz bestimmt, die Befreiung der Person zu leisten und dabei einen Mittelweg zwischen Schwärmerei und Skepsis zu finden. Wiederzuerkennen sind diese leitenden Momente in der historisch fixierbaren Situation von Vaterstadt und Vaterhaus, so im patrizischen Bürgerstolz, im Gegensatz von Kosmopolitismus und philiströser Enge, von Pietismus und Skepsis. Wielands Werk wird als Reaktion auf diese Ausgangslage gedeutet. Allgemeinere Bedeutung erlangt die Situation dadurch, daß sie die schwäbisch-reichsstädtische Variante der Lage der Literatur im 18. Jahrhundert ist. Sengles Biographie ist so durchaus dem positivistischen Programm des »Ererbten, Erlebten, Erlernten« verpflichtet. Die Lebensbereiche, die unter diesen Kategorien mit Wielands Leben und Werk vermittelt werden, sind jedoch nicht aus bloßen Fakten aufgebaut, sondern Ergebnis eines vorgängigen Abstraktionsprozesses, der generalisierend zu so etwas wie der »kulturellen Atmosphäre« der Zeit gelangt. Die Darstellung der Biographie bewegt sich im Sinne des »hermeneutischen Zirkels« zwischen den Singularia und den Annahmen über die Situation des deutschen 18. Jahrhunderts hin und her.

Auch Arno Schmidt ist dem positivistischen Programm der Biographie verbunden. Es erscheint bei ihm allerdings im Gegensatz zu Sengle in der strengen kausaldeterministischen Fassung. Er verzichtet darauf, allgemeine und singuläre Sinnzusammenhänge, die immer schon Ergebnis einer Interpretation sind, verstehend zueinander in Beziehung zu setzen.

---

28) Vgl. Friedrich Sengle, Wieland, »Vaterstadt und Vaterhaus«, S. 13–17.

An die Stelle tritt die Erklärung des Werkes aus den Fakten der Lebensgeschichte. In etwa sind drei Klassen zu unterscheiden: die Erklärung einzelner Textelemente,[29] die Erklärung ganzer Texte aus biographischen Konstellationen[30] und die Erklärung charakterologischer Momente durch prägende Jugendeindrücke.[31]
Die Theoriefeindlichkeit Arno Schmidts ist unverkennbar, nur daß sie sich hier nicht gegen die »Metaphysik«, sondern gegen generalisierende Betrachtungen der geschichtlichen Welt richtet. Allerdings ist der psychologistische Biographismus nicht weniger theorieverdächtig, dürfte für Arno Schmidt jedoch eine unmittelbar evidente »common-sense« Annahme sein, die quasi »sinnliche« Qualitäten besitzt. Der theoriefeindliche Umgang mit sehr globalen theoretischen Annahmen bestimmt das verwirrende Bild der Fouqué-Biographie. Die psychologischen commonsense-Annahmen verbinden sich mit gegensätzlichen, für Arno Schmidt offenbar ebenso evidenten Annahmen ästhetisch-metaphysischer Art. Bei seiner Besprechung der *Undine*[32] gibt Arno Schmidt zunächst die biographische Erklärung des Textes.[33] Dies schlägt in eine Rühmung des »ewigen Gedichtes«[34] sub specie aeternitatis um. Die Wendung ins Normative kann selbstverständlich aus der biographischen Verwertung der Lebensgeschichte nicht begründet werden. Sie geht vielmehr auf eine nicht weiter reduzible Genieästhetik zurück, die, im Sinne der schon skizzierten Psychologisierung der Ästhetik Schopenhauers, die Stellung Fouqués im Kosmos der Literatur (mit Hinweisen auf Poe und Molière)[35] festlegt. Die biographistische Gleichsetzung von Autorenschicksal und fiktionaler Handlung vermag die Schopenhauer-Relikte der ästhetischen Konzeption nicht zu begründen, während die ästhetischen Annahmen selbst der biographischen Hintergründe nicht bedürfen. Die Divergenz der Grundkonzeption zeigt sich in der ganzen Biographie. Auf der Ebene der historischen Faktizität selegiert sie die Texte nach ihrer Relevanz für den Lebens- und Bildungsgang des Autors, seine Werke aber werden, wie der Vorschlag zu einer Auswahlausgabe deutlich macht,[36] nicht nach dem biographischen Erkenntniswert, der aufgrund der mangelhaften

---

29) Etwa die Auflösung des Namens »Ringstetten« in der »Undine« als Übersetzung von »la Motte«, vgl. FOU, S. 11.
30) Vgl. etwa die Zurückführung der »Undine« auf Fouqués Jugendschwärmerei für Elisabeth von Breitenbauch (ebd. S. 120–122).
31) So die Erklärung des chaotischen Charakters der Romane durch die Heimatlosigkeit Fouqués (ebd. S. 123).
32) Vgl. ebd. S. 118–122 die Liebesgeschichte; ebd. S. 126 wird das Vorbild der Naturstaffage (das Steinhuder Meer) nachgetragen.
33) Ebd. S. 186.
34) Ebd. S. 187.
35) Vgl. ebd.
36) »Ich habe mich bei solcher Zusammenstellung lediglich vom dichterischen Wert der uns erhaltenen Stücke leiten lassen; [. . .]« (ebd. S. 529).

ästhetischen Objektivierung gerade bei den »zweitrangigen« Werken am größten sein dürfte, sondern nach ihrem zeitinvarianten, nicht weiter begründeten literarischen Wert geordnet.[37]
Die Reduzierung der Psychologie auf die Pseudoevidenz vermindert ihre konstitutive Bedeutung für den »biographischen Versuch«. Die Theoriefeindlichkeit erlaubt es Arno Schmidt nicht, mit einer beliebigen, aber ausgearbeiteten psychologischen Theorie zu argumentieren, die die theoriegeleitete Datenerhebung und die wissenschaftliche Argumentationsstrategie erlauben würde.[38] Das naiv empiristische Mißverständnis theoretischer Konzeptionen, das scheinbar immer nur den Gegenstand selbst sprechen lassen will, führt in der Praxis zur Darstellung nach dem Prinzip der »kleinen Einheiten«. Dies ist umso wichtiger, weil es nicht durch ein poetologisches Prinzip »organisch« begründet ist. Die Struktur, die aus der aporetischen Konzeption hervorgeht, behauptet sich gegen die Regeln der Gattung.[39] Soll doch nicht das »Erlebnis der Gegenwart im musivischen Dasein« erzählt werden, sondern die Entfaltung eines Lebensganges in seiner Welt.
Der Aufbau des Gesamtwerkes ist, wie nicht anders zu erwarten, chronologisch.[40] In den »annalistischen« Rahmen werden »Miniaturen« eingespannt, die durch mehr oder weniger extensives Ausmalen von Quellenbelegen entstehen. So bilden die ersten Paragraphen eine Reihe von »Portraits« der Ahnherren vom ersten Auftauchen der Familie bis zu den Eltern des Dichters.[41] Auch der historische Kontext löst sich, wo einmal der generalisierende Zugriff versucht wird, in miniaturenhafte Annalistika

---

37) Dies führt zu der geradezu grotesken Konstellation, daß die letzten Kapitel der Biographie ausführlich den »reaktionären« Fouqué behandeln, aber nur die Texte für lesenswert erklären, in die diese Ideologeme nach Arno Schmidt nicht eingegangen sind, die also mit der umfänglich ausgebreiteten Biographie am wenigsten zu erklären sind. Vgl. ebd. S. 271–490.
38) Bezeichnenderweise erlaubt es die wenn auch problematische Adaption der Psychoanalyse in »Sitara und der Weg dorthin«, das Symbolsystem Karl Mays argumentativ konsequent aufzuschlüsseln. Dabei spielt im »Sitara« die rhetorisch-literarisch aufgelockerte Darstellungsstrategie eine weitaus größere Rolle als in »Fouqué«, das oberflächlich um den streng wissenschaftlichen Gestus bemüht ist.
39) Dies ist allerdings von Arno Schmidts Poetik her mit Einschränkungen zu sehen. Kügelgens »Jugenderinnerungen eines alten Mannes« werden wegen ihrer »photographischen«, mit kleinen Einheiten arbeitenden Darstellungstechnik gegen »Dichtung und Wahrheit« ausgespielt (vgl. R & P, S. 285/JUL, S. 236). Arno Schmidt spricht in diesem Fall allerdings von der Autobiographie, die den Bewußtseinsakt des Erinnerns in der literarischen Form wiedergeben sollte, während die wissenschaftliche Biographie nicht erinnert, sondern aus Quellen rekonstruiert.
40) Nach Arno Schmidt wirft die biographische Erzählweise die geringsten Konstruktionsprobleme auf, weil sie, der Natur der Sache entsprechend, schlicht chronologisch verfahren kann. (Vgl. DYA, S. 269–270/NACHRICHTEN 1, S. 142).
41) Vgl. FOU, S. 11–19.

auf:[42] die Forschungsreisen Cooks und Franklin in Paris, der Söldnerverkauf, Lessings Briefe über Preußen, Korsarenschiffe vor der Emsmündung und die Entdeckung des Sauerstoffs charakterisieren in lockerassoziativer Reihung eine »kulturelle« Atmosphäre, die nicht auf den Begriff gebracht wird. Letztlich zerfällt auch das Leben Fouqués in eine Folge von Anekdoten, angereichert mit allgemeinen, aber immer ad hoc eingeführten Maximen und Reflexionen.

Das Verfahren der Verknüpfung sei an einem Beispiel illustriert.[43] Die Miniaturensequenz beginnt mit der Topographie und Anlage des Hauses der Familie Fouqué in Brandenburg, in dem der Dichter seine ersten Lebensjahre verbrachte. Eine trivialpsychologische Plausibilitätsbetrachtung erklärt die »ummauerte[n] Gärtchen und Pforten« in Fouqués Werken aus dessen Kindheitseindrücken – der spätere Arno Schmidt hätte anderes vermutet. Die Miniatur einer konkreten Kindheitserinnerung schließt sich an (Onkel Schmettau nimmt im Garten Abschied, um in den bayerischen Erbfolgekrieg zu ziehen), die anthropologisch verallgemeinert wird: »die Kinder aller Jahrhunderte sehen die erwachsene Generation auf die Schlachtbänke ziehen«. Dazwischen schiebt sich eine stark anekdotisch gefärbte Miniatur über den »Kartoffelkrieg«, die in eine allgemeine politisch-antimonarchistische Sentenz ausläuft: »das übliche Ergebnis der allerhöchsten Streitigkeiten«.

Das unausgesprochene Thema der Sequenz ist wohl die Bildungsgeschichte der literarischen Phantasie, der es, wie auch im psychoanalytisch orientierten Spätwerk, um die Genese häufig wiederkehrender Bilder geht, ohne daß einzusehen wäre, was der bayerische Erbfolgekrieg damit zu tun haben soll. Exkurse dieser Art sind in der Biographie überraschend häufig. Da nämlich das theoretische Konzept pseudoempiristisch verdeckt bleibt – wenn es überhaupt vorhanden ist –, muß gleichsam in einer wissenschaftlichen Ordnung zweiten Grades die Totalität der Fakten geboten werden, da prinzipiell jede Person und jedes Ereignis, mit dem Fouqué in Berührung kam, für die Bildungsgeschichte seiner Phantasie relevant gewesen sein könnte. Selbstverständlich ist eine solche

---

42) Vgl. den »Überblick« über die Welt von 1770 ebd. S. 20–25. Daß Realien nicht in ihrem »natürlichen« Zusammenhang, sondern in willkürlicher Ordnung erscheinen, deutet Arno Schmidt selbstironisch mit einem Hinweis auf das »Menageriebild« an. Vgl.: »ich lebe von den Revenuen meiner Schreibmaschine. Meist süße Nichtigkeiten: Zeitungsbeiträge; Plaudereien; im Großen Brehm gibt es den Begriff des ›Menageriebildes‹ – wo so zehn Tierarten zwanglos in einer paradiesischen Landschaft zusammen stehen – in der Art verfaßte ich also meine Artikelchen, ›Von den Gelehrten, so böse Weiber gehabet‹. Wenn es hoch kam, einmal ein seriöses Nachtprogamm, ›Fouqué und einige seiner Zeitgenossen‹.« (TbZ, S. 18/SOMMER, S. 15).

Rekonstruktion unmöglich.[44] Es bleibt die Kollektion von chronologisch geordneten Bruchstücken, »objets trouvés«, wie sie eben die Quellen hergeben. Durch den exegetischen Kommentar werden die einzelnen Elemente »zum Sprechen gebracht«, indem der Biograph lediglich zu zeigen sucht, was ohnehin augenfällig ist. Er bemerkt dabei nicht, wie in die generellen Bemerkungen das Ergebnis einer hochkomplexen, aber unausgewiesenen Interpretation eingeht.

Die Fundierung der literarischen Struktur »in re«, mit ihr verbunden das Selbstverständnis als »Realist« und der Glaube an die prinzipielle Erkennbarkeit der »wirklichen Welt« auf der einen Seite, der naiv empiristische Rekurs auf die niemals herstellbare Totalität des Faktischen auf der anderen produzieren als »Erkenntnisform« den Kommentar des »objet trouvé«. Ihre Genese sollte am extremen Beispiel der wissenschaftlichen Monographie gezeigt werden. Sie beherrscht aber auch die Struktur der literarischen Texte. Am konsequentesten ist das Verfahren in *Seelandschaft mit Pocahontas* durchgehalten, wo Arno Schmidt selbst von »Foto-Text-Einheiten«[45] spricht. Nur sind hier die kommentierten Partikel nicht in schlichter »Annalistik« nach Maßgabe der Quellen geordnet, sondern in den Bewegungsablauf des »Erlebnistyps« eingearbeitet. Bei genauerem Zusehen erweisen sich alle frühen Texte als nach solchen Bruchstücken gearbeitet. Verschiedene Klassen sind zu unterscheiden: Bruchstücke fiktiver Erinnerung, literarische Funde und Zitate, historische Relikte und schließlich die res naturales:

> *Kaffee:* Ich wirbelte mit dem Löffel den saftigen Sud, Odhins Trost. Schaum lag netzig darauf, verdichtete sich beim Rühren, ich gab hohe Drehzahl, zog den Löffel durch die Trichtermitte heraus: zuerst rotierte da eine winzige Schaumscheibe, weißbraun und noch sinnlos; dann griff der Sog die fernen Teilchen: in S p i r a l f o r m ordneten sie sich an, standen einen Augenblick lang still, wurden von der immerwachsenden Scheibe eingeschluckt: eine Spiralnebelform! Also rotieren die Spiralnebel: bloß ihrer Form halber! – Ich zeigte das Beispiel;

---

43) Vgl. FOU, S. 28–30.

44) Sie wäre wissenschaftstheoretisch nicht einmal wünschenswert. Es geht nicht darum, alle erdenklichen Daten zu erheben, sondern Hypothesen zu bestätigen. Typologisch nicht uninteressant ist, daß Arno Schmidts Verfahren Parallelen mit der Wissenschaftskonzeption Francis Bacons hat, der die empirischen Wissenschaften als eine ungeregelte Datensammlung zu konstituieren sucht, weil jede vorgängige Selektion die Erkenntis der Wirklichkeit verstellen müsse. Arno Schmidt deutet das Scheitern seines »biographischen Versuchs« selbst an, sieht die Gründe aber nicht in den immanenten Schwierigkeiten, sondern in objektivierbaren Hindernissen: in der notwendigen Unvollständigkeit einer Pionierarbeit (vgl. ebd. S. 5) und im Verlust der Briefe, der eine »wirklich erschöpfende und befriedigende Biographie Fouqués unmöglich macht« (ebd. S. 7).

45) R & P, S. 285/JUL, S. 236.

erläuterte es am Weltall; bewies am Analogon Rotation und Kontraktion: soff kalt das Ganze:[46]

Die Stelle ist, und damit sei die These von der Universalität dieses Strukturprinzips erhärtet, nach dem Modell von Miniatur und Kommentar gebaut, das für *Brand's Haide* im Verhältnis von Handlung und Fremdliteratur, in *Fouqué und einige seiner Zeitgenossen* in dem von Quellenbeleg und konventionell literarisierender Ausmalung gegeben ist. Auch das naturwissenschaftliche Wissen ist für die systematische Erfassung ungeeignet. Es bedarf ebenfalls des zufälligen Bruchstücks an sinnlicher Erfahrung (der Schaum des Kaffees), um aktiviert werden zu können, wie denn überhaupt die »Wissensvermittlung« in den Romanen des frühen Arno Schmidt an solchen zufälligen Eindrücken aufgehängt ist.[47] Zugleich ermöglicht das Bruchstück sinnlicher Erfahrung die Überführung des wissenschaftlichen Wissens in die Evidenz des Sinnlichen. Aus dem augenfälligen Beispiel, nicht aus der mathematischen Abstraktion (hier wohl die Theorie von Kant/Laplace) werden die kosmogonischen Annahmen bewiesen (»ich bewies«). Auch die Grenzen der sinnlichen Evidenz werden sichtbar. Vom Wortlaut des Textes her hat es den Anschein, als komme der bloß illustrativen Veranschaulichung ein Bestätigungswert kosmogonischer Hypothesen zu, den sie selbstverständlich nicht hat.
Solche eingeführten Hinweise auf die »res naturales« bei Arno Schmidt dürfen durchaus so ernst genommen werden, wie es in dieser Interpretation geschieht, werden doch dem Schriftsteller die »Wissenskreise«[48] explizit als Aufgabe zugewiesen. Allerdings wirft ihre Vermittlung als Kommentar der »objets trouvés« die Frage nach der Ordnung dieser Wissenskreise auf, die Frage nach der immanenten Ordnung der Enzyklopädie, die Arno Schmidt offenbar nach dem alten Beispiel polyhistorischer Belletristik vorschwebt. In der Fouqué-Monographie hatte sich einfach

46) NDK, S. 105/BRAND, S. 30.
47) Josef Huerkamp, Nr. 8. Materialien und Kommentar zu Arno Schmidts Roman: »Das steinerne Herz«, S. 97, bemerkt, der Roman gehe auf eigene Forschungen Arno Schmidts zur Prinzessin von Ahlden zurück, die Ergebnisse würden aber nicht im Zusammenhang gegeben, sondern atomisiert so auf den Text verteilt, daß sie der Leser mühsam zusammensuchen müsse. Hier wird also ein auf der Ebene des Autors bereits konstituierter Zusammenhang wieder aufgelöst. Dies ist durch das Strukturprinzip von Bild und Kommentar bedingt, da die Informationen über die Prinzessin jeweils anhand sinnlicher Realien (Schloßansicht, Münzfund, Portrait usw.) eingefügt werden.
48) R & P, S. 53/POC, S. 38. Die Akkumulation des Wissens im Roman gilt auch sonst als positives Kriterium bei Arno Schmidt, so in seiner Besprechung Bulwers: »[. . .] die Gefahr des mentalen Zerreißens ist fürchterlich groß! Und das ›Los‹ des Künstler-Polyhistors eigentlich wenig-beneidenswert: aus sämtlichen schmalen Spezial-Sektoren her, in schon halben Fremdsprachen, ›flach‹ gescholten? – repräsentiert *er* den einzig noch vorhand'nen ›Zusammenhang‹; sein Werk die Polyglotte des Großen Übergangs [. . .]«. (TRITON, S. 63/LORD, S. 63).

das äußerliche Prinzip der Chronologie als einer Ordnungskategorie zweiten Grades angeboten. In den Romanen entfällt ihre Bedeutung zugunsten der Bewegungsabläufe des »Erlebnistypus«, obwohl dieser Ansatz ebenfalls zu konsequent chronologisch erzählenden Texten führt. Erhält das Chaos der Erscheinungswelt so auf der Ebene der sinnlichen Erfahrung seine Strukturiertheit, so zerschlägt die Anbindung des Wissens an die Impressionen die Möglichkeiten der Ordnung vollends.

Die aus der Interpretation erschlossenen Probleme der Systematik werden in den Texten selbst thematisiert. Die Herstellung von Ordnung, Zusammenhang und Überschau gehört zu den wichtigsten Tätigkeiten des jeweiligen Protagonisten. Die Vollständigkeit ist hier, wie auch schon in der Auswertung der Quellenbelege in *Fouqué und einige seiner Zeitgenossen* ein wesentliches Kriterium. Die intellektuelle Tätigkeit der Figuren besteht darin, vollständige Verzeichnisse anzulegen.[49] Dem entspricht das Interesse des Autors für Statistiken, Tabellen und Meßtischblätter.[50] Bezeichnend ist die Vorliebe für Nachschlagewerke und Lexika, besonders das »Buchderbücher«, die *Enzyklopaedia Britannica*.[51] Dergleichen erfüllt zwei Funktionen. Das Lexikon liefert als Enzyklopädie eine Summe des Wissens, gibt sie aber nicht in systematischer Entwicklung, wie es noch der französischen Enzyklopädie der Aufklärung vorgeschwebt hatte, sondern in der Pseudoordnung des Alphabets. Damit vollzieht es eben jene Partialisierung des Wissens in Bruchstücke, auf die auch die Romane Arno Schmidts aufbauen. Zugleich eliminiert die Partialisierung die theoretischen Probleme der Konstituierung des Wissens, so daß die einzelnen Artikel den Anschein der über jede Spekulation erhabenen Faktizität gewinnen. Eben diesen Status haben auch die Einwohnerlisten oder Landkarten, die Vollständigkeit des Wissens auch wieder nur über die geordnete Aufzählung geben. Die Lexikographie fungiert bei Arno Schmidt als jene pseudoobjektive Schwundstufe der Wissenschaft, zu der ihn seine aporetische »Erkenntnistheorie« hindrängt.

Nun könnten die Datensammlungen auch als Basis für wissenschaftliche Rekonstruktionen dienen, so etwa historische Karten und Einwohnerverzeichnisse als Materialien für einen historischen Roman, der sich dem Kriterium der historiographischen Korrektheit stellen würde. Arno Schmidt kennt durchaus diese Möglichkeit,[52] nimmt sie selbst aber nicht auf. Die »Lexikographie« stellt vielmehr, und dies ist ihre zweite Funk-

---

49) »Ich lege eine Riesenkartei an, von zwei- bis dreihunderttausend winzigen Zettelchen, die möglichst alle Personen umfassen soll, die jemals in dem alten Herzogtum Verden gelebt haben.« (TbZ, S. 33/SOMMER, S. 26).

50) Vgl. TbZ, S. 342–343/JUL, S. 201–202.

51) Ebd. S. 342/S. 201.

52) So betont Arno Schmidt Coopers umfangreiche Quellenstudien zu »Lionel Lincoln«, die der Rekonstruktion der Historie für den historischen Roman gelten. (Vgl. TRITON, S.341).

tion, die Rohmaterialien für die poetische Imagination, über deren zentralen Stellenwert schon im Zusammenhang mit Fouqué zu sprechen war:

> Gerade an so überzeugend – Exaktem kann sich die kombinierende Fantasie entzünden: das heißeste Feuer kommt aus Trockenstem; Karten, Zahlenkolonnen, Namenslisten von Staatshandbüchern![53]

Explizit werden hier die facta bruta als Ausgangspunkt und Vorlage für das Gedankenspiel angesetzt. Was für Schnabel historisch gesagt ist, gilt ebenso für die Schaffensweise Arno Schmidts. Die Partikel der »Realität« werden imaginativ »kommentiert«. Sehr deutlich wird dies in *Aus dem Leben eines Fauns:*

> *Die große alte Karte!!*
> *Da rannen* die gekräuselten Linien der Bäche um schwarze Häuserpunkte; [. . .]
> *Aber die Wälder*!: Laubbäume rundeten Schweigen; Nadelforste spitz und schweigend. Schlichen Jäger im Tann, zogen rote Hände aus düsteren Leichnamen; Rehe rasten geduckt (langes ‹a›); Kühe standen ergeben auf Weiden; Wind summte vor sich hin; Gras wischelte; mein Seelvogel verschwand im Unterholz (der Wälder von 1812).[54]

Die Stelle fixiert geradezu die strukturellen Prinzipien der Texte. Die Landkarte ist ein »objet trouvé«, das dem Erzähler zufällig in die Hände gerät. In der Betrachtung vervollständigt er sie zu einem Bild, einer idyllischen Naturszenerie, zu der sogar eine emotionale Beziehung im Sinne der Einheit mit der Natur hergestellt werden kann (»mein Seelvogel verschwand [. . .]«). Die Gegenstände dieser Szenerie bleiben allerdings an die Symbole der Landkarte gebunden, die Imagination hat so ihr »fundamentum in re«. Der Eindruck entsteht, als würden die Symbole vom Erzähler lediglich komplettiert, gewissermaßen so wieder zum Leben erweckt, daß die Sache selbst spricht und die Vergangenheit (»Wälder von 1812«) bis zur »sinnlichen Evidenz« wiedergewonnen wird. Letztlich gibt die Szenerie aber nur das subjektive Naturverhältnis des Erzählers wieder. Die Einführung der Landkarte verdeckt den Hiatus zwischen Imagination und Realität, so daß der wissenschaftliche Pseudoempirismus die Synthese zwischen der »seelenkundlichen Charakterologie« und dem realistischen Anspruch auf Wiedergabe der »wirklichen Welt« erschleichen kann. Über den Pseudoempirismus hinaus gibt es kein »wissen-

---

53) DYA, S. 89/NACHRICHTEN 1, S. 49.
54) NDK, S. 37–38/FAUN, S. 68.

schaftliches Prinzip«, ein Ergebnis, das einigermaßen überraschend ist bei einem Autor, der sich so sehr auf Wissenschaft und wissenschaftliches Zeitalter beruft. Was als Wisssenschaftsgläubigkeit erscheint, ist Faktengläubigkeit.[55] Für die Fakten selbst gibt es immer nur die oberflächlichste Ordnung: die psychologische Biographie wird zur Annalistik der Anekdoten, die empirischen Wissenschaften sammeln sich in der alphabetischen Ordnung des Lexikons, die soziale Lebenswelt gerinnt in der Landkarte und dem Staatshandbuch, selbst die Mathematik triumphiert letztlich nur in der Logarithmentafel. Die so geordneten Bereiche ergeben in ihrer Summation ein gigantisches Raritätenkabinett, dessen isolierte Museumsstücke, durch die Exegese zur Evidenz des Sinnlichen erweckt, die »Bilder« liefern, aus denen die Texte zusammengesetzt sind.[56]

In einem sehr hohen Maße sind die Wissenspartikel bloß assoziativ in den Text eingelassen, erscheinen in Form von Allusionen, die zwar das Bewußtsein des Erzählers charakterisieren, aber untereinander keinen »objektiven« Zusammenhang bilden. Daneben kommt es aber auch romanimmanent zum Versuch einer systematischen Erfassung, wie es der Fouqué-Monographie um eine systematische Erfassung geht. Für den frühen Arno Schmidt gilt dies in erster Linie in bezug auf historische Forschungen, wo der spätere, exzessiv in *Zettels Traum,* psychoanalytische Dichterbiographien in den Romantext einarbeitet. Die Strukturiertheit des historischen Wissens in den frühen Romanen, wie sie sich unter den Bedingungen der skizzierten »Erkenntnistheorie« Arno Schmidts einstellt, ist noch näher zu erläutern.

In der Regel ist die archivarische Sammeltätigkeit das angemessene Bewährungsfeld eines solchermaßen gegebenen Wissenschaftsbegriffs. Dies gilt für *Aus dem Leben eines Fauns* und *Brand's Haide.* Zufallsfunde oder systematisch betriebene Suchaktionen fördern fixierte Bruchstücke der Vergangenheit zutage. Durch die Imagination des Erzählers komplettiert, setzen sie sich sukzessive zur Vermittlung eines historischen Sachverhalts zusammen, so zum Schicksal des Deserteurs oder zu einigen Biographika Fouqués. Am differenziertesten und entwickeltsten ist das Schema in *Das steinerne Herz* gehandhabt, das sich in seinem Untertitel auf die Gattung des historischen Romans beruft und für das Roland Rall historische Forschungen Arno Schmidts nachgewiesen hat.[57]

55) Vgl. Marcel Reich-Ranicki, Arno Schmidts Werk oder Eine Selfmadeworld in Halbtrauer.
56) In »Die Schule der Atheisten« und »Abend mit Goldrand« verstärkt sich der Kuriositätencharakter der Wissenspartikel. Die eingeschobenen Fremdtexte geben exzentrische Literaturpassagen, extreme historische Ereignisse in Anekdotenform und merkwürdige Naturschauspiele.
57) Vgl. Roland Rall, Historischer Sinn. Nachforschungen zu Arno Schmidts Roman »Das steinerne Herz«.

Rechnet man Arno Schmidts Funkessays und die Untersuchungen zu Fouqué und Karl May als historische Arbeiten, so sind diese nahezu ausschließlich biographisch orientiert. Es zeichnet sich eine gerade für den »Jakobiner« Arno Schmidt überraschende Privatisierung der Geschichte ab. Düring formuliert dies mit aller Entschiedenheit:

> ›Große‹ Geschichte ist nichts: kalt, unpersönlich, unüberzeugend, übersichten (falsch dazu): ich will nur die ›Privataltertümer‹; da ist Leben und Geheimnis.[58]

Auch für das historische Denken ist offenbar die Theoriefeindlichkeit das bewegende Moment. Die »große« Geschichte ist Ergebnis einer immer schon verfälschenden Konstruktion (»übersichten«), die Data auslassen und mit abstrakten, theoretischen Begriffen (etwa Epochenbezeichnungen oder sozialgeschichtlichen Generalisierungen) arbeiten muß. Sie ist unanschaulich, wo die »Privataltertümer« scheinbar anschaulich und damit pseudoevident sind. Die Konzeption übersieht aber, daß auch das Verständnis des Singulären und Privaten des allgemeinen Wissens bedarf, weil die Privataltertümer aus dem soziokulturellen Kontext heraus gedeutet werden müssen. An die Gegenüberstellung der Biographien Sengles und Arno Schmidts sei in diesem Zusammenhang noch einmal erinnert.
Die Fixierung des Interesses auf die Privataltertümer tendiert wohl notgedrungen zur Biographie, wenn einmal ein Zusammenhang rekonstruiert werden soll, der über bloße Wissenspartikel hinausgeht, weil der individuelle Lebensgang, sind die Quellen nur ausreichend zur Verfügung, am ehesten noch aus den »fixierten Lebensspuren« zusammensetzbar scheint. Hinzu kommt, daß das Theorem von der ahistorischen Konstanz der Menschennatur die Identifikation zwischen dem Biographen und seinem Gegenstand erlaubt, also so kurz geschlossen wird, daß der historische Kontext herausfällt.
Von diesen beiden Ausgangspunkten her nähert sich Arno Schmidt, sei es durch direkte Einwirkung, sei es aufgrund typologischer Verwandtschaft, Schopenhauers Konzeption der Historiographie. Sie kann aus Gründen der Metaphysik nicht Gegenstand wirklichen Wissens sein, vollzieht sie sich doch, wie die Polemik gegen Hegel nicht müde wird zu betonen, in der Zeit, die Anschauungsform a priori ist.[59] Hingegen sind biographische oder gar autobiographische Werke von einigem Wert. Einmal können, im Gegensatz zu den »großen Ereignissen«, die Data halbwegs vollständig zusammengetragen werden, zum anderen liefern sie

58) NDK, S. 37/FAUN, S. 66.
59) »Die Welt als Wille und Vorstellung« II, Werke 3. Bd., S. 505.

wichtige Beiträge zur Anthropologie, da die Lebensgänge und Charakteristika der Menschen ohnehin ähnlich sind, von einigen wenigen Individuen also auf alle Zeiten geschlossen werden kann.[60] Erkenntnistheoretisch bieten Biographie und Autobiographie die Chance für zutreffende, erkenntnispragmatisch die für relevante Einsichten.
Bei Arno Schmidt geht dies so weit, daß die Historiographie überhaupt in der Autobiographie fundiert wird. Nach Arno Schmidts Essay über Oppermann ist Geschichtsschreibung nur als Roman möglich, und zwar nur als historisch-politischer Roman über die letzten hundert Jahre, weil der Autor sonst die »Privataltertümer« nicht mehr mit wünschenswerter Vollständigkeit rekonstruieren kann und deshalb unanschaulich werden muß.[61] Der Inhalt dieses Romans muß mit Erlebnispartikeln des Autors durchsetzt sein, denn die autobiographischen Leitfossilien sind »die einzig nachprüfbare Garantie dafür, daß ich nicht im ganzen Buch belogen werde«.[62] Das autobiographische Wahrheitskriterium, das bezeichnenderweise an einzelnen Momenten aufgehängt ist und keineswegs für den ganzen Roman gilt – auch hier das Wechselverhältnis von isoliertem »factum brutum« und kommentierender Ausschmückung –, garantiert, daß es sich um erlebte Geschichte handelt, die der Evidenz des Sinnlichen genügt.[63]
Mit diesem Konzept der sensualisierten und damit notwendigerweise privatisierten Geschichte übernimmt es Arno Schmidt in *Das steinerne Herz,* die Gattung des historischen Romans zu adaptieren.[64] Die Einengung bricht mit dem Typus des historischen Romans, wie ihn das 19. Jahrhundert ausgebildet hat. Die Individualisierung bei Arno Schmidt widerspricht der dort ausgeprägten Tendenz zur generalisierenden Betrachtungsweise, wie sie sich im Zurücktreten des Helden und in der Thematik der Zeitenwende ausdrückt.[65]

Roland Rall macht darauf aufmerksam, daß der historisch-politische Stoff von *Das steinerne Herz* strukturell auf drei Zeitebenen organisiert ist: der Gegenwart des Erzählers mit ihrer Dichotomie von Bundesrepublik und DDR, der unmittelbaren Vergangenheit mit ihren Kriegs- und

---

60) Vgl. »Die Welt als Wille und Vorstellung« I, Werke 2. Bd., S. 291.
61) Vgl. BEL, S. 231–235/NACHRICHTEN 2, S. 137–139.
62) Ebd. S. 239/S. 142; zu dem Zitat vgl. auch Roland Rall, Historischer Sinn, S. 16.
63) Allerdings reicht dieses Kriterium auch für Arno Schmidt nicht aus, da Geschichte auch mit »falschem Bewußtsein« erlebt werden kann. Diskutieren kann Arno Schmidt dieses Problem freilich nur im Rekurs auf die Charakterologie. Der Verfasser des politischen Romans bedarf bestimmter psychischer Qualitäten, die seine Wahrheitsliebe garantieren (vgl. BEL, S. 232–234/NACHRICHTEN 2, S. 138–139), dann aber ist »Wahrheit« unmittelbar einsichtig. Wieder werden Schwierigkeiten im theoretischen Konzept durch die Stilisierung des Autors gegen Kritik immunisiert.
64) Vgl. dazu allgemein Roland Rall, Historischer Sinn.

Fluchterlebnissen und schließlich der fernen Vergangenheit, gruppiert um die Prinzessin von Ahlden.[66] Damit sind auch drei historische Themenkomplexe vorgegeben: die deutsche Nachkriegsgeschichte, der Nationalsozialismus und sein Zusammenbruch und die Privataltertümer der Hannoverschen Geschichte. Arno Schmidts Thesen zur Historiographie entsprechend sind die Materialien nach dem Prinzip der sinnlichen Evidenz eingeführt. Die Gegenwart erscheint in der unmittelbaren und demgemäß auch beschränkten Beobachtung (die Nachrichten im Radio, der Besuch in Ostberlin), die nahe Vergangenheit so, wie die Figuren sie erlebt haben und sie erinnern. Dem Erfahrungshorizont der Figuren entsprechend, es geht vor allem um die Erlebnisse Lines,[67] wird die Zeitenwende nach dem Zusammenbruch im Rahmen der »Privataltertümer« abgehandelt, die eben jenen Charakter der isolierten Gegenständlichkeit haben. Die Erinnerungen gerinnen, den wahrnehmungspsychologischen Annahmen der *Berechnungen* entsprechend, zu statischen Bildern,[68] wie andererseits Photographien als Erinnerungsstützen herangezogen werden.[69] Die Photographie erfüllt vollkommen die Merkmale des »objet trouvé«, die isolierte Gegenständlichkeit, die sinnliche Anschaulichkeit über die Zeiten hinweg und den Anschein der authentischen Faktizität, so daß Arno Schmidt gerne nach photographischen Vorlagen arbeitet und in die Reprographien der späten Romane auch Photographien eingestreut sind, die das Vorbild für Figuren oder Szenen abgegeben haben. Auch die Geschichte der Prinzessin von Ahlden ist aus solchen sinnli-

---

65) Vgl. Walter Müller-Seidel, Theodor Fontane. Soziale Romankunst in Deutschland, S. 89–110. Die genannten Tendenzen gelten für die großen Autoren. Daneben findet sich die historische Miniaturmalerei, wie sie sich etwa bei Freytag (»Bilder aus der deutschen Vergangenheit«) schon im Titel anzeigt. Übrigens können die antikisierenden Romane Arno Schmidts aus der Betrachtung ausgeschlossen werden. Es geht ihm hier nicht darum, vergangene Zustände zu erfassen, sondern aktuelle Verhältnisse einzukleiden. So behandelt »Alexander oder Was ist Wahrheit« in Anlehnung an Erfahrungen des Nationalsozialismus das Problem der politischen Propaganda, in »Kosmas oder Vom Berge des Nordens« geht es um die Dichotomie von Glaube und Vernunft. Die Texte dürften demgemäß nicht aus der Auseinandersetzung mit dem historischen oder politisch-sozialen Roman entstanden sein, sondern, wofür auch ihre frühe Entstehungszeit spricht, aus der Beschäftigung mit Wielands Romanen. Auch für sie ist die antikisierende »Verschlüsselung« aktueller Probleme konstitutiv. Vgl. auch Reinhart Herzog, Glaucus adest. Antike-Identifizierungen im Werk Arno Schmidts.

66) Vgl. Roland Rall, Historischer Sinn, S. 20–21.

67) Rall, ebd. vermutet, daß in die Erzählung Lines autobiographische Momente des Schlesiers Arno Schmidt eingebaut sind, also die sinnliche Erfassung des Materials erhalten bleibt, die Erinnerungen aber auf verschiedene Figuren verteilt sind. Ähnliches gilt ja auch für die autobiographischen Partien in »Abend mit Goldrand«.

68) »*Nach der Granatennacht, eines Nebelmorgens:* stand der Russe im Garten! Kaute Kohl und kam langsam, maschinenpistolig, heran.« (StH, S. 143/S. 81).

69) »›*Ich hab noch Bilder davon*!‹ (Fotos von Schlesien [. . .]« (ebd. S. 142/S. 80). Die Transformierung des geschichtlichen Verlaufes in das sinnfällige Bild ist auch angedeutet bei Rall, Historischer Sinn, S. 24. Im Text selbst fällt denn auch das Wort von den Münzen als »geprägte Geschichte« (StH, S. 229/S. 128). Zum numismatischen Interesse Arno Schmidts vgl. auch »Nachbarin, Tod und Solidus«, TbZ, S. 25–28/SOMMER S. 83–86.

chen Bruchstücken aufgebaut, nur daß es hier nicht um partialisierte Erinnerungen, sondern um »fixierte Lebensreste« geht. Die Informationen, die Eggers mitteilt, sind durch Gegenstände angeregt, in denen sich Lebensereignisse der Prinzessin niedergeschlagen haben, sind also nach dem Prinzip von »objet trouvé« und Kommentar gebaut.[70] Zu nennen sind das allgegenwärtige Schloß und die Münzen. Gegen Ende des Romans ist die Prinzessin in ihrem Portrait selbst unmittelbar präsent.[71] Der Aufbau der Geschichte nach den sinnlich erfahrbaren, isolierten Gegenständen gelangt so zwar zu einer Ordnung nach thematischen Komplexen, nicht aber zur Darstellung eines historischen Prozesses. Die Reduzierung der Geschichte auf die Kollektion der Raritäten erzeugt die Illusion der Gleichzeitigkeit.[72] Die Materialien aus allen drei Zeitebenen sind in ihrer schieren Gegenständlichkeit gleichermaßen präsent, und die Reflexion des Ich bewegt sich ungezwungen und assoziativ von der einen Stufe zur anderen. Dies unterbindet die Möglichkeit, den historischen Prozeß zum Gegenstand zu machen. Die Zeitebenen gehen keineswegs auseinander hervor, so daß etwa der Zusammenbruch im Osten, den Line erinnert, als Vorgeschichte der deutschen Teilung fungieren könnte. Die Prinzessin von Ahlden gar hat mit der aktuellen politischen Lage nichts zu tun. Mit der thematischen Ordnung der Komplexe sind aber bereits die äußersten Möglichkeiten dessen erreicht, was das historische Denken des frühen Arno Schmidt, ja sein wissenschaftliches Denken überhaupt, leisten kann. Damit ist aber noch nicht die Integration des Wissens in den Roman und die Verklammerung der thematischen Bereiche gegeben. Möglich wird sie dadurch, daß, wie von der auch sonst zu beobachtenden Verwendung von metaphysischen Versatzstücken nicht anders zu erwarten, zeitinvariante anthropologische Konzeptionen eingeführt werden. Das Erzählen des historischen Prozesses im historischen Roman wird durch die Zurückführung der isolierten Wissensbereiche auf den Typus ersetzt. Die Prinzessin ist »Märtyrerin für die sexuelle Gleichberechtigung der Frau«,[73] so daß Frieda als Ehebrecherin mit ihr sympathisiert. Beide Frauen verschmelzen schließlich miteinander. Beide haben die gleiche üppige Schönheit. Dahinter scheinen mythische Momente durch, die wie immer den Typus in letzter Instanz vertreten. Frieda ist die

70) Vgl. das Ineinander von Medaillenbeschreibung und Biographie, StH, S. 232–234/ S. 129–130.

71) Vgl. ebd. S. 273/S. 152 – stilistisch wird nicht der Eindruck einer Bildbeschreibung, sondern der der unmittelbaren Gegenwart der Prinzessin erzeugt: *»Da sah sie aus der Wand,* Sophie Dorothea, die Südseeschönheit: mit breiten Schultern und prächtigen Brustgewölben: die waren fast nackt! Sternblumen in der Lockenmähne. Die vollen gütigen Augen besahen uns fest, die Rechte hielt den Kranz bereit: Wem von uns würde sie ihn zuwerfen? –«

72) Vgl. auch Roland Rall, Historischer Sinn, S. 22.

73) »Das steinerne Herz«, S. 271/S. 151. Bezeichnend ist auch die Vorstellung, in Kontakt mit

»magna mater, die Welterhalterin«.[74] Kern der Mythisierung ist die Sexualtypologie. In Opposition zur Mutter Frieda steht Line, das Mädchen. Dem sinnlichen Karl Thumann korrespondiert der intellektuelle Eggers.[75] Die Ausfaltung des historischen Wissens in diesem »historischen Roman« dient der individuellen und historischen Abschattung der anthropologischen Typen. Lines Fluchtgeschichte, um die der Zusammenbruch Deutschlands gruppiert ist, bringt eine Konkretisierung ihrer spezifischen Jungfräulichkeit. Die neue Privatheit der Restaurationsära ist Hintergrund für die sexuelle Emanzipation Friedas, die wieder das gesellschaftlich eingebundene Leben der Prinzessin zum Gegenbild hat. Zerschlagung von Zusammenhängen, Exegesen von Sinnbildern auf der Folie einer Anthropologie im allgemeinsten mythischen Rahmen waren auch schon bei der Einarbeitung der Fremdtexte in *Brand's Haide* festzustellen gewesen. Die Realgeschichte wird auf ähnliche Weise adaptiert wie die Literatur. Das Strukturprinzip ist bei Arno Schmidt universell. Die Konstituierung der anthropologischen Typen ist die objektive Seite der Präsentation des Wissens, die andere ist durch die psychischen Akte gegeben, in denen das Wissen vom erzählenden Ich erfaßt wird. Vorgegeben ist dem Roman das gigantische Raritätenkabinett des positiven Wissens aus allen Bereichen.[76] In *Das steinerne Herz* wird es von den drei Klassen der psychischen Akte erschlossen, die in den *Berechnungen* angenommen werden. Das Wissen über die politische Situation der Gegenwart korrespondiert dem »Erlebnis der Gegenwart«, das Wissen über die jüngste Vergangenheit der »Erinnerung«, das Wissen über die weitere Vergangenheit schließlich dem »Gedankenspiel«. Wohl werden, anders als im »Längeren Gedankenspiel«, die historischen Tatsachen nicht erfunden, die Beschwörung der historischen Miniaturen aus den toten Objekten basiert aber doch auf eben jenen imaginativen Akten, die auch das Gedankenspiel tragen. Die Organisation des Wissens ist somit nicht in der systematischen Struktur des Wissens, sondern im Ich zentriert. Damit ist allerdings unter der Hand der wissenschaftliche Anspruch, mit dem Arno Schmidt so entschieden auftritt, in sein Gegenbild gekehrt. Das wissenschaftliche Wissen über die »wirkliche Welt« ist nur ein Wissen von isolierten Elementen. Hinter ihrer oberflächlichen Ordnung erscheint als Fluchtpunkt die Selbstdarstellung des literarischen Bewußtseins.

---

der Prinzessin zu stehen »Die Prinzessin gibt 'as uns.« (ebd. S. 271/S. 250).

74) Ebd. S. 281/S. 156.

75) Die Viererkonstellation taucht mehrfach im Werk Arno Schmidts auf (vgl. »Die Wasserstraße«, KiH, S. 26–69/ORP, S. 66–94 – am bekanntesten »Zettels Traum«).

76) Arno Schmidt reklamiert für sich immerhin das ehrliche Bestreben, »das Gedächtnis der Menschheit« zu sein (BEL, S. 259/NACHRICHTEN 2, S. 154).

Dafür ist die Organisation des Wissens nach den ja für alle Menschen gleichen psychischen Akten nur ein erster Schritt. Er ergibt nur den materialen Rahmen, der materiale Gehalt des vermittelten Wissens ist abhängig von der Konstitution des literarischen Bewußtseins, von seinen »privaten Obsessionen«,[77] durch die vorgängig die potentiell nahezu unbegrenzte Menge der Wissenspartikel selegiert wird, und durch den Lebenskontext des Erzählers. Von ihnen hängt es ab, welche Gegenstände als Kristallisationspunkte der Vermittlung von Wissen in sein Gesichtsfeld geraten. Von diesem Aspekt her löst sich das Problem von der Dignität des Wissens, da nicht alles, was gewußt werden kann, auch wissenswert sein muß. Die Qualität des Wissens garantiert einfach die persönliche Qualität des Erzählers. Wie schon beim Problem des literarischen Wertes ist auch die Frage nach dem Wert des Wissens auf die Charakterologie verschoben.
Die Romane auch schon des frühen Arno Schmidt haben die Tendenz zu einer Enzyklopädie des Wissens. Die Struktur dieses Wissens, seine Partialisierung und Subjektivierung auf den Horizont des Erzählers hin, bedingt auch die Gesamtstruktur der Texte. Die Erzähler sind mit einer wissenschaftlichen oder pseudowissenschaftlichen Aufgabe beschäftigt. Ihre Prinzipien sind vorgängig festgelegt, da sich das literarische Bewußtsein nicht an der Realität bildet, die ihm begegnet, sondern die Realitätspartikel, die es aufgreift, Medium seiner Selbstdarstellung sind. So ist etwa das biographistisch-archivarische Verfahren der Dichterbiographie in *Brand's Haide* bereits gegeben und bildet sich nicht im Umgang mit den Gegenständen.[78] Der Roman bedarf so nur noch eines Aufbaus, der die für den Erzählvorgang notwendigen Gegenstände sukzessive in den Blick des Erzählers rückt. Da für die Poetologie Arno Schmidts die Bewegung in Raum und Zeit eine zentrale Kategorie liefert, bietet sich das ehrwürdige Schema des Reiseromans an. Die Erzähler sind, trotz des statisch-kleinräumigen Charakters der aufgebauten Welt,

77) Vgl. Jörg Drews, Arno Schmidt vor »Zettels Traum«.
78) Nahezu die einzige Ausnahme bildet »Alexander oder Was ist Wahrheit«, wo Reiseerfahrungen, Belehrungen durch Wissende und unmittelbare Eindrücke das vorgefaßte Alexander-Bild des Erzählers korrigieren. Die so strukturierte Darstellung einer Bewußtseinsveränderung, die in diesem frühen Text noch an Rudimente des Bildungsromans (Reise und Erzieherfiguren) angelehnt ist, hat bei Arno Schmidt später in modifizierter Form der Funkessay übernommen. Der Erzähler erinnert an den jüngeren Zuhörer, dem zunächst die irrige Auffassung des intendierten Zuhörers untergeschoben wird.

nahezu immer in Bewegung.[79] Durch sie werden die Gegenstände und der Erzähler zusammengebracht. Ein wesentlicher Stilzug ist denn auch das »In-den-Blick-fallen« partikularer Elemente. Der Beginn von *Das steinerne Herz* ist kennzeichnend für die Verfahrensweise. Er gibt keineswegs eine geordnete Beschreibung von Ahlden, sondern läßt Details der Stadt nacheinander erscheinen, wie sie durch Blick und Weg des Erzählers erschlossen werden:

> *Im Ort*: Fachwerk schwarz und rot [. . .]
> *Halt ! ! : Der Laden des Eisverkäufers!* (und *wie* lustig schwappte der weißblaue Zunftwimpel [. . .]
> *Schon das erste Bißchen Sonne wieder :* und immer durch die Zahnreihe der Giebelschatten durch. Drüben kulißten die Mauern in wäßrigem Hellgelb, aufgerauhtem.
> [. . .]
> *»Das ? ! «:* war das Feuerwehrhaus. »– un unn'isser Laichnwaagn in!« (Ein Triangelwieslein unten drum; der Turm hatte drei Stockwerke. Rechts die Vorgärten mit 12, 13, wie meine Schuh dran vorbeigingen, 17, 18 Ringelblumen; ein Busch bewegte sehr schön die Blätter).[80]

Die Texte setzen sich demgemäß aus episodenhaften Einheiten zusammen. Sie sind Stationen einer Reise, die das literarische Bewußtsein beobachtend, registrierend, kommentierend durchläuft. Jede Station

---

79) Häufig ist die Eisenbahnreise (»Leviathan«, »Die Umsiedler«, »Seelandschaft mit Pocahontas«), Düring pendelt zwischen Wohnung und Arbeitsplatz, besucht als Archivar die Orte des Kreises und reist nach Hamburg; Eggers sucht Staatshandbücher und kommt zu diesem Zweck nach Ahlden und nach Berlin; Winer besucht den Hominidenstreifen und die Gelehrteninsel; der Erzähler von »Schwarze Spiegel« ist zunächst auf der Nahrungssuche, vervollständigt später in Hamburg seine Bibliothek. Im Frühwerk ist »Brand's Haide« am wenigsten vom Moment der Reise bestimmt, weil die Gegenstände nicht an Orte gebunden, sondern postalisch erreichbare Textbelege sind. Im Spätwerk reduziert sich die »Reise« weitgehend zum Spaziergang in die Umgebung und zu Observationen durch das Fernrohr. Beide Schwundstufen haben aber immer noch die Aufgabe, merkwürdige Gegenstände ins Blickfeld zu rücken. Der Verlust an »Welt« wird durch Bibliothek und Raritätensammlung der Protagonisten ausgeglichen.
80) StH, S. 8–10/S. 7–8.

erschließt einen Raum.[81] Jede Raumeinheit ist bestimmbar als isolierte Abteilung des Raritätenkabinetts, als das das Universum aufgefaßt wird. Der Umfang der Texte ist abhängig vom Umfang der Bewegung, die die Fabel erfordert. Durch sie wird auch die mögliche Menge der Gegenstände bestimmt. Das Schema des »Reiseromans« kann so von vergleichsweise umfangreichen Kurzromanen bis zur Schwundstufe von wenigen Seiten reichen. Im Extremfall handelt es sich um einen Abendspaziergang, der um ein irritierendes Ereignis gruppiert ist.[82]
Mit dem Schema des Reiseromans nähert sich Arno Schmidt vorgoetheschen Formen des Erzählens.[83] Die bloß betrachtende Haltung eines Beobachters, der durch die Auseinandersetzung mit der Welt nicht verändert wird, unterbindet den Anschluß an den Bildungsroman, die Subjektzentrierung des Erzählens die Erfassung der Gesellschaft als System und damit den sozialen Roman. Holbergs *Niels Klims unterirdische Reise,* ein Roman, der auch in der Liste der Lieblingsbücher erscheint,[84] kommt in seiner Struktur den »Reiseromanen« Arno Schmidts überraschend nahe. Dort ist, wie bei Arno Schmidt, der Roman aus geschlossenen Episoden aufgebaut, die durch einen Ort bestimmt und durch merkwürdige Vorgänge und Zustände charakterisiert sind. Der Erzähler durchläuft sukzessive diese Stationen. Die Motivation der Reise ist oberflächlich, die Stationen gehen nicht durch die Kausalität der Handlung auseinander hervor. Das Bewußtsein der Figur wird auch nicht durch die Erfahrungen der Reise gebildet. Diese erscheint gewissermaßen als Vertreter des Lesers, die an seiner Stelle Erfahrungen macht. Für den intendierten Leser sind die Inhalte der Erfahrungen von Interesse, nicht die Subjektivität der Figur.[85] Hier ist aber auch der entscheidende Unterschied zu Arno Schmidt zu sehen. Er zeigt, daß seine Texte nur strukturelle Anklänge an die alten Muster haben, aber nicht aus den Traditionen der Gattungen

---

81) So folgen zu Beginn von »Aus dem Leben eines Fauns« die räumlichen Einheiten Chaussee, Bahnhof, Zugabteil mit Blick aus dem Fenster, Büro sukzessive aufeinander (vgl. NDK, S. 7–8/FAUN, S. 9–12). Die strukturelle Dominanz des Raumes gegenüber der Zeit ist die zentrale Interpretationsthese von Reimer Bull, Bauformen des Erzählens bei Arno Schmidt. Abgesehen von vagen Betrachtungen über den modernen Roman kann das Strukturmerkmal dort aber nicht auf eine Grundkonzeption Arno Schmidts zurückgeführt werden. Es entsteht dadurch, daß der theoriefeindliche »Sensualismus« nicht ausreicht, Prozesse zu erfassen, wie sie der Bildungsroman, der soziale Roman oder der historische Roman darstellt. Alle diese Romangattungen, am stärksten der Bildungsroman, sind von der Entfaltung der Handlung in der Zeit bestimmt und können deshalb vom Stichwort des »mählichen Werdens« her erschlossen werden. Von den Voraussetzungen Arno Schmidts her ist es lediglich möglich, zufällige Objekte, die in ihrer Isolation nicht entstehungsgenetisch zueinander in Beziehung gesetzt, sondern lediglich durch das »photographisch« wahrnehmbare räumliche Beieinander verbunden werden können, aus einem polyhistorischen Wissensfundus zu kommentieren.
82) So etwa »Seltsame Tage« (TbZ, S. 37–41/SOMMER, S. 34–38).
83) Vgl. Günter Häntzschel, Arno Schmidt. Ein verkannter Idylliker.
84) Vgl. NDK, S. 33/FAUN, S. 56.
85) Vgl. Jörg Schönert, Roman und Satire im 18. Jahrhundert. Ein Beitrag zur Poetik.

verstanden werden dürfen, weil diese Strukturen in anderen weltanschaulichen und erkenntnistheoretischen Zusammenhängen erscheinen.[86] Die merkwürdigen Gegenstände von *Niels Klims unterirdischer Reise* werden durch die Gegenstände der banalen Alltagswelt ersetzt. Sind jene schon an sich hörenswert, so daß sie der Subjektivität eines Betrachters zu ihrer Vermittlung nicht bedürfen, so müssen diese erst durch die Subjektivität des Erzählers transparent gemacht werden. Demgemäß dominiert bei Holberg die vollständige Beschreibung der merkwürdigen Räume, während bei Arno Schmidt nur Partikel erscheinen, eben jene Partikel, die die Subjektivität des Erzählers bewegen. Da die isolierten Partikel nicht an sich interessant sein können, müssen sie durch das Hinzutreten des Erzählers bedeutsam gemacht werden. Dies kann aber nach den poetologischen Annahmen Arno Schmidts nur durch einen »subjektiven« psychischen Akt geschehen. So sind »objet trouvé« und exegetischer Kommentar durch die Assoziation miteinander verlötet. Zum »In-den-Blick-geraten« gehört als Äquivalent der Einfall. Dem Erzähler fallen zum rotierenden Schaum in der Kaffeetasse die Spiralnebel des Universums ein.[87] In diesem Fall ist das tertium comparationis das Naturgesetz, das sich in beiden Erscheinungen gleichermaßen manifestiert. Entfernter ist der Konnex, wenn es heißt:

> *Den Wasserschlauch:* beim Pfarrer dehnte ihn Einer in feisten Händen: Laokoon oder über die Grenzen von Malerei und Dichtkunst.[88]

Der optische Eindruck vom Gartenarbeiter wird mit dem Titel von Lessings berühmter Abhandlung durch das Bild des Laokoon verbunden, der, dargestellt in der gleichnamigen Figurengruppe, die Schlange mit seinen Händen zu erwürgen sucht. Die Verknüpfung ist witzig im Sinne des 18. Jahrhunderts, weil sie überraschende Gemeinsamkeiten zwischen zwei Dingen aufdeckt.[89] Sie ist obendrein komisch, ohne daß dies hier mit einem Rückgriff auf eine Theorie des Komischen begründet werden müßte. Die Wendung ist allerdings weder literarischer Spaß als Selbstzweck noch Aufzählung von Bewußtseinsinhalten als Selbstzweck, sondern sie vermittelt der Intention nach eine universelle und partielle Erkenntnis. Die Verbindung des Hohen und Tragischen (Laokoon) mit dem Trivialen (Gartenschlauch), zu dem die Differenz zwischen der saloppen Umgangssprache und dem Titel des 18. Jahrhunderts tritt, wirkt

---

86) Günter Häntzschel, Arno Schmidt. Ein verkannter Idylliker, sucht hingegen den Zugang zum Frühwerk über die Gattungsnormen des 18. Jahrhunderts.

87) NDK, S. 105/BRAND, S. 30.

88) Ebd. S. 94/S. 9–10.

89) Vgl. dazu Paul Böckmann, Das Formprinzip des Witzes in der Frühzeit der deutschen Aufklärung, in: P. B., Formgeschichte der deutschen Dichtung, S. 471–552.

decouvrierend. Die Stelle kann von dieser Wirkung aus in weitere Zusammenhänge gestellt werden, etwa den Antiklassizismus Arno Schmidts. Deutlicher wird die Funktion der Parallelen an folgender Stelle:

> *»Rührkartoffeln!«* rief ich ihr noch nach! – Wetter kühl; sehr kühl: aber klar. (Rührkartoffeln: großer Gott, seit wieviel Jahren das erste Mal wieder?! Magnus nascitur ordo.).[90]

Dem hohen Pathos der traditionsbeladenen 4. Ekloge Vergils, die die Wiederkehr des »Goldenen Zeitalters« (»redeunt Saturnia regna«, Ec, IV, 6) verkündet, korrespondiert die Freude über die erste Wiederkehr einer Mahlzeit wie in Friedenszeiten. Das hat wohl auch wieder die decouvrierende Wirkung. Andererseits sind die Situationen verwandt (Wiederherstellung der Ordnung), nur daß das, was bei Vergil im mythisch-universalgeschichtlichen Rahmen erscheint, hier im Bereich der alltäglich-trivialen Lebenswelt verbleibt. Hinter der witzigen Verbindung des Disparaten erscheint eben die Funktion, die die eingeschobene Fremdliteratur im Großen hat. Die witzige Auswahl aus dem polyhistorischen Wissen legt das Kleine auf das Große hin aus und führt die literarische Stilisierung des hohen Pathos zugleich auf die »realistischen« Erlebnismöglichkeiten zurück. Daneben gibt es aber auch Fälle, wo der Anblick des Alltäglichen, der Klinke einer Ladentür, die verknüpfende Erinnerung an das Entfernte und Antiquarische auslöst:

> *›Erinnerungen einer Ladentürklinke‹.* (›Autobiography of a Pocket-Handkerchief‹ giebts; leider nicht genug).[91]

Ist in den beiden ersten Beispielen der Konnex zwischen Eindruck und Einfall für den Leser noch augenfällig und nachvollziehbar, kann er also eine unmittelbare Sinnfunktion übernehmen, so hängt das letzte Beispiel an der abseitig-antiquarischen Kenntnis eines vergessenen Buches von Cooper. Trivialer Gegenstand und literarisches Wissen sind allein noch durch die privaten Obsessionen des Autors miteinander verknüpft und leisten die Transparenz der Alltagswelt nicht. Allerdings sei dieses Auseinanderfallen nicht einfach als stilistische »Entgleisung« gewertet. Wo der Zusammenhang der Dinge nur noch über die Assoziation gestiftet werden kann, kommt fast notwendig der Punkt, an dem die Anspielungen nicht aus dem allgemeinen kulturellen Fundus genommen werden, son-

---

90) NDK, S. 122/BRAND, S. 86. »magnus nascitur ordo« zitiert Vergil, Ecloga IV, 5: »magnus ab integro saeclorum nascitur ordo.«
91) StH, S. 8/S. 7. Das Zitat spielt an auf James F. Cooper, »Autobiography of a Pocket-Handkerchief«, in: Grahams Magazin 1843. Nachweis TRITON, S. 387.

dern aus der »Privatsprache« des Autors. Dies ist ein immanentes Problem des frühen Arno Schmidt. Es ergibt sich aus der Form, in der bei ihm Wissen organisiert ist.

Joachim Kaiser hat Arno Schmidt vorgeworfen, er glaube an die Beweiskraft des Kalauers, und hat ihn dabei mit Karl Kraus verglichen.[92] Dies soll wohl heißen, daß divergierende Vorstellungsbereiche bloß witzig miteinander verbunden werden, ohne daß eine Verbindung in der Sache vorläge, mit dem Gelingen des Witzes aber der Anspruch erhoben wird, ein solches »fundamentum in re« aufgedeckt zu haben. Zutreffend ist sicher, daß bei Arno Schmidt den witzigen, oftmals kaum überschaubaren Verknüpfungen des Verschiedenartigen Erkenntniswert zugemessen wird. Der Fundus des Wissens, der dem polyhistorischen Autor zur Verfügung steht, hat so vollends jede Organisationsmöglichkeit verloren, die sich aus der Natur der Sache ergeben könnte. Er zerfällt letztlich in Mikropartikel; die Verbindung zwischen ihnen wird genau besehen allein durch das Bewußtsein gestiftet, das die überraschende Analogie aufzuspüren vermag. Gleichwohl erwecken die freischwebenden Kombinationen immer noch den Anschein, als sei es die Intention der Texte, das wirkliche Verhältnis der Dinge zueinander zu beschreiben. Der von der Tradition übernommene und auf die aufklärerische Wirkungsintention gestützte Realismusanspruch und die tatsächliche literarische Praxis, wie sie sich aus den Aporien der erkenntnistheoretischen Annahmen entwickelt, treten scharf auseinander. Das Auseinandertreten wird durch eben jene »Erkenntnistheorie« verdeckt, da ihr Pseudosensualismus die Verwechslung von subjektiver Impression und sinnlicher Evidenz erlaubt.

92) Vgl. Joachim Kaiser, Des Sengers Phall.

VII. Die Auflösung der frühen Aporien. Zu Arno Schmidts Freud-Rezeption

Arno Schmidts Freud-Rezeption zu Beginn der sechziger Jahre beendet das Frühwerk.[1] Sie ist deshalb nicht mehr Gegenstand der Untersuchung im engeren Sinne. Die folgenden Überlegungen haben die Funktion eines Ausblicks. In der Literaturkritik ist der Stilwandel Arno Schmidts nahezu einhellig anhand charakterologischer Betrachtungen über den Autor oder Überlegungen zur Wandlung der kulturellen Atmosphäre begründet worden. Die Relevanz dieser Momente sei hier gar nicht bestritten. Der Ausblick verfährt in höherem Maße textimmanent. Seine These ist, daß die Adaption der Psychoanalyse wichtige Basisannahmen des Frühwerks nicht aufhebt, aber aporetische Konstellationen auflöst. Insofern dient sie der Beseitigung immanenter Widersprüche und Schwierigkeiten. Dies wird nur unter recht fatalen Konsequenzen erreicht und setzt obendrein eine tiefgreifende Umformung der Psychoanalyse voraus. So werden Abweichungen von Freuds Ansatz zu berühren sein. Hinderlich ist dabei, daß eine eingehende Untersuchung über Arno Schmidts Verständnis der Psychoanalyse bisher fehlt.[2]

---

1) Die Wendung wird manifest in »Sitara und der Weg dorthin« (1963) und »Kühe in Halbtrauer« (1964). Rückblickend hat Jörg Drews, Es lebe Jean Paul (Marat & Richter)!, S. 29, bereits für »Kaff auch Mare Crisium« die bewußte Verwendung psychoanalytischer Symbole nachgewiesen.

2) Hans-Michael Bock, Potz Geck und kein Ende, S. 149–150, berichtet von einer Rede, die Jörg Drews am 30. 6. 70 vor der Siemensstiftung gehalten hat und die wichtige Bemerkungen zu Arno Schmidts irrtümlicher Auffassung über das Verhältnis von Trieb und Sprache enthalten dürfte. Sie lag mir nicht vor. Oswald Wiener, Wir möchten auch vom Arno-Schmidt-Jahr profitieren, S. 18–25, nutzt die Gelegenheit zu einer »kommunikationstheoretischen« Auseinandersetzung mit Freud, die aber wenig über das Verhältnis Arno Schmidts zur Psychoanalyse erbringt. Otfried Boenicke, Mythos und Psychoanalyse in »Abend mit Goldrand«, S. 12–28, enttäuscht, da die Arbeit in keine detailliertere Untersuchung eintritt. Was Arno Schmidts Kenntnis der Psychoanalyse angeht, so erlaubt Dieter Stündel, Register Zettels Traum, einen guten Überblick. Die Werke Freuds werden ausgiebig zitiert. Besonders häufig sind Hinweise auf »Die Traumdeutung«. Es fehlen die metapsychologischen Schriften und die Schriften zur Behandlungstechnik. Es scheint sich das Desinteresse an der theoretischen Systematisierung der Psychoanalyse und an der therapeutischen Verwendung abzuzeichnen. Interessant ist, daß Arno Schmidt die Verdrängung der verpönten Vorstellungen hartnäckig dem Über-Ich zuweist (vgl. als Beispiel TRITON, S. 280/LORD, S. 280), während bei Freud die Abwehr eine Ich-Funktion ist (vgl. Sigmund Freud, Das Ich und das Es, Studienausgabe III, S. 282–330). Der gravierende Fehler zeigt, daß sich Arno Schmidts Kenntnis auch der klassischen Theorie in Grenzen hält. Bei Stündel finden sich keine Namen von Forschern, die im Rahmen der psychoanalytischen Basisannahmen wesentliche neue Bereiche erschlossen haben. Charakteranalyse, Ich-Psychologie und Präödipale Trieborganisation (Narzißmus!) dürften Arno Schmidt nicht bekannt gewesen sein. Dagegen zeigt sich das Interesse an älteren sexualwissenschaftlichen Forschungen (Magnus Hirschfeld, Richard v. Krafft-Ebing, Henry Havelock Ellis), die selbstverständlich als unerschöpfliches Raritätenkabinett des menschlichen Sexualverhaltens verwendet werden können. Als Fazit des Überblicks ergibt sich die Festschreibung auf einen psychoanalytischen Forschungsstand, der heute in der Psychoanalyse Freudscher Prägung als teilweise überholt, teilweise auch als zutreffender, aber enger Sektor gelten kann, dies unter Vernachlässigung von Theorie und Therapeutik, wie sie schon Freud erarbeitet hat, aber mit einem lebhaften Interesse für die Kasuistik der Perversionen.

Die psychoanalytische Theorie wird bei Arno Schmidt bekanntlich entschieden sprachtheoretisch reformuliert. Eine der frühesten Darstellungen der »Etym-Theorie« findet sich in *Sitara und der Weg dorthin.*[3] Dem topologischen Modell des psychischen Apparates bei Freud werden Sprachschichten zugeordnet.[4] Die bewußte Intention des Autors produziert in scheinbar bewußter Sprachverwendung den sexuell unverfänglichen Oberflächeninhalt der Texte. Die Wörter dieser Schicht können durch orthographische Manipulationen oder Verballhornungen des Interpreten in phonetisch ähnliche oder gleiche Wörter mit sexueller Bedeutung transformiert werden.[5] Wortkeime, die zu unverfänglichen und sexuellen Wörtern gleichermaßen vervollständigt werden können, nennt Arno Schmidt »Etyms«.[6] Die Etyms treten mit autorenspezifischer Häufigkeit nach der individuellen Sexualkonstitution, nach den jeweils individuellen verdrängten Vorstellungskomplexen der infantilen Sexualität oder der jeweils verdrängten perversen Neigung auf. Sie finden auf diese Weise ihre unbewußte, durch die Zensur entstellte und zum Kompromiß gewordene Artikulation. Anlaß zur literarischen Produktion sind, zumindest im Falle Karl Mays, die triebbesetzten unbewußten Sexualwünsche. Der unbewußte, in eine kompromißhafte Ersatzbefriedigung mündende Wunsch, möglichst viele autorenspezifische Etyms zu verwenden, steuert die bewußtseinsfähige sprachliche und inhaltliche Oberfläche der Texte. Das Unbewußte des Lesers nimmt die sexuelle Nebenbedeutung der Texte unbewußt wahr. Daraus erklärt sich, wiederum im Falle Karl Mays, der eminente Erfolg von Texten, die auf der bewußten Ebene eher reizlos sind. Je stärker der autorenspezifische Hang zur Sexualverdrängung und je unkontrollierter die literarische Produktion ist, desto mehr wird die bewußte Sprachschicht von den Etymkomplexen bestimmt sein. Erhöht doch die starke Verdrängung die auf Abfuhr drängende Triebspannung der unbewußten Wünsche, während die unkontrollierte Arbeitsweise die Zensur, ganz im Sinne eines Tagtraumes, herabsetzt.

Mit diesen als säkulare Entdeckungen angekündigten Annahmen verbleibt Arno Schmidt im Rahmen der älteren psychoanalytischen Literaturinterpretation pathographischer Ausrichtung,[7] wie sie die so gering-

---

3) Vgl. SIT, S. 198–208/S. 144–151.

4) Daneben arbeitet Arno Schmidt mit einer inhaltlichen Repräsentation der seelischen Instanzen. So bildet sich im Viktorianischen Roman das Über-Ich in den Hauptfiguren, das Ich in den Nebenfiguren, das Es in den topographischen Kulissen ab. Vgl. die Essays über Bulwer (TRITON, S. 50–99/LORD, S. 50–99, ähnlich auch die Poe-Exegesen in »Zettels Traum«). Arbeitet Arno Schmidt in »Sitara und der Weg dorthin« weitgehend mit dem topologischen Modell, so geht er in »Zettels Traum« zum Strukturmodell des psychischen Apparats über.

5) So wird aus der bei Karl May häufig auftauchenden »Marschroute« die »mArsch-Rute«.

6) So das Beispiel: »Lo« (Etym) in »Lotto« und »lolo« (franz. »Busen«). Vgl. TbZ, S. 264/JUL, S. 218.

7) Zu ihrem Ansatz vgl. Reinhold Wolff, Versuch einer Systematik.

schätzig behandelte Marie Bonaparte gehandhabt hat.[8] Zum Vergleich sei ihre Interpretation von *Der Doppelmord in der Rue Morgue* herangezogen.[9] Wie bei Arno Schmidt wird der Text in Analogie zum Traum behandelt, indem zwischen dem manifesten Inhalt, der Oberflächenbedeutung als Ergebnis der »sekundären« Bearbeitung des Traumes (das Lesemodell I im Sinne Arno Schmidts), und den latenten Gedanken unterschieden wird, die sich mit infantiler Sexualität und perversen Neigungen in einer durch die Zensur entstellten Form beschäftigen (bei Arno Schmidt das Lesemodell II). Wie bei Arno Schmidt wird die Beliebtheit der Erzählung auf ihre Resonanz im Unbewußten des Lesers zurückgeführt. Auch die Schwachstellen gleichen sich, da in beiden Fällen wenig zur literarischen Form und zu den bewußtseinsfähigen Intentionen gesagt werden kann.

Der Unterschied liegt darin, daß sich Marie Bonaparte eher mit inhaltlichen Momenten beschäftigt, indem sie Symbole auflöst (der Orang-Utan als Geschlechtstrieb und Potenzwunsch) und in den Figuren der Erzählung die Personen des infantilen Dramas identifiziert. Arno Schmidt wendet sich hingegen der Analyse des autorenspezifischen Sprachgebrauchs zu,[10] ein Ansatz, der auch in der »Traumdeutung« vorgebildet ist.[11] Ergibt sich bei Marie Bonaparte ein sehr grobes Raster, so sind ihre Ergebnisse doch relativ gesichert, da sie nur die kollektiven Symbole, die generellen Annahmen über die infantile Sexualentwicklung und einige biographische Data benötigt – mit dem Ergebnis freilich, daß Poe nur wenige individuelle Konturen gewinnt. Arno Schmidts Verfahren wäre geeignet, Mikrophänomene der Texte zu erklären und in die exquisit private Welt der Imagination einzudringen – literarisch gesehen sind ja gerade diese individuellen Abschattungen der allgemeinen Mechanismen der Neurosenbildung, die alle einschlägigen Patienten haben, interessant, – könnten diese Einsichten nur ohne die Assoziationen des Dichters gewonnen werden. Arno Schmidts Sorglosigkeit ist von weitergehender Bedeutung und wird deshalb noch zu besprechen sein. Pikanterweise zitiert er selbst Marie Bonapartes diesbezügliche vorsichtige Warnung.[12]

---

8) Vgl. die abschätzigen Bemerkungen ZT, zettel 21–22.

9) Marie Bonaparte, Der Doppelmord in der Rue Morgue.

10) Arno Schmidt kennt daneben auch die Gleichsetzung literarischer Figuren mit den archaischen Objekten, etwa wenn in »Sitara und der Weg dorthin« Marah Durihme mit der Großmutter Karl Mays identifiziert wird.

11) Es gibt bei Freud Träume, wo der manifeste Inhalt und die latenten Gedanken allein durch einen sprachlichen Gleichklang verbunden sind, so im Traum vom Autoerotismus (vgl. Sigmund Freud, Die Traumdeutung, Studienausgabe II, S. 398). Daneben gibt es auch Träume, sie sind in der Mehrzahl, die allein mit kollektiven oder privaten Symbolen arbeiten. Die »Etym-Theorie« dürfte dieses Moment der »Traumdeutung« unter Vernachlässigung anderer Aspekte ganz unangemessen aufschwellen.

12) Vgl. ZT, zettel 13.

Die moderne psychoanalytische Literaturtheorie ist differenziertere Wege gegangen.[13] So begnügt sie sich nicht mehr damit, die psychische Funktion der literarischen Produktion allein in der Entlastung durch die halluzinatorische Erfüllung verpönter Wünsche zu sehen, sondern sucht die spezifischen Differenzen zum Traum zu erarbeiten. Die literarische Form wird etwa als Abwehrstrategie des Ich gedeutet, die selbstverständlich literaturspezifisch ist. Ein weiteres Problem sind die Besetzungen, die dem künstlerischen Schaffensprozeß und dem fertigen Werk zukommen. Sie sind im Rahmen einer Theorie des Narzißmus zu klären. Arno Schmidt hat dergleichen nicht zur Kenntnis genommen.

Seine literaturtheoretischen Spekulationen werden demnach so gewichtig nicht zu nehmen sein. Ihr Echo ist eher ein Symptom für die immer noch weit verbreitete Unkenntnis der Psychoanalyse. Wichtig werden sie aber dadurch, daß Arno Schmidt ein interpretatorisches Verfahren in ein poetologisches Programm verwandelt. Die Mehrdeutigkeit des Sprechens kann bewußt eingesetzt werden, um einen mehrschichtigen Bedeutungsgehalt zu vermitteln. Das heißt, daß der Autor die Steuerung seiner Produktion durch unbewußte Antriebe durchschaut und sprachlich abbildet. Verfahren der Abbildung ist die orthographische Fixierung der Doppeldeutigkeit oder die Verballhornung des Sprachmaterials.

Explizit formuliert wird das literarische Programm erstmals ausführlich in *Sylvie & Bruno. Dem Vater der modernen Literatur ein Gruß,* wo Carroll die entscheidende Innovation des Spiels mit dem Doppelsinn der Wörter zugeschrieben wird. Wichtig ist die Anknüpfung an die *Berechnungen.* Hier wie dort werden die älteren Prosaformen aus »gesellschaftlichen Gepflogenheiten« und die neueren als »Abbildung innerer Vorgänge« unterschieden und das »Längere Gedankenspiel« ventiliert.[14] Als zusätzliches Modernitätskriterium wird aber jetzt auch der bewußte Umgang mit den Doppeldeutigkeiten der Sprache eingeführt. Der Zusammenhang beider Kriterien ist hier nicht explizit thematisiert. Vermutungen über die Leistungsfähigkeit der neuen Sprachtheorie lassen sich jedoch anstellen, wiewohl sie zunächst dem Ansatz der *Berechnungen* entgegenläuft. Dort hatte die Sprache eine rein mimetische Funktion im Sinne der Realismuskonzeption Arno Schmidts. Die »Wortkonzentrate« sollten visuelle Impressionen so wiedergeben, daß im Leser die Illusion der eigenen Wahrnehmungen erzeugt wird, während die Doppeldeutigkeiten der Sprache psychische Phänomene abbilden sollen, die sich der unmittelbaren Beobachtung entziehen.

---

13) Es sei ganz pauschal auf den Überblick bei Reinhold Wolff, Versuch einer Systematik, verwiesen.

14) Vgl. TbZ, S. 269–280/JUL, S. 222–231.

Gerade die Psychologisierung der Sprache aber füllt eine Leerstelle der *Berechnungen* auf. Die Berufung auf die Gehirnphysiologie bleibt eine bloße Formel, die auf das wissenschaftliche Niveau des 19. Jahrhunderts zurückfällt. Wahrgenommene Realitätspartikel in subjektiver Beleuchtung, angeknüpfte Reflexionen und Metaphorisierungen stehen in keinem erklärbaren Zusammenhang, sondern können nur als Selbstrepräsentation des literarischen Subjekts notiert werden – dies auf der Basis einer vagen charakterologischen Grobeinteilung. Das Scheitern von *Fouqué und einige seiner Zeitgenossen,* das Arno Schmidt veranlaßt hat, in *Zettels Traum* noch einmal die große Dichterbiographie zu versuchen, zeigt, daß so eine psychologische Rekonstruktion von Fouqués Bilderfundus nicht zu gewinnen ist. Text»analysen« und historische Miniaturen fallen auseinander. Mit der »Etym-Theorie« wird es möglich, solche Erklärungen zu versuchen, wobei selbstverständlich auch Pseudotheorien explanativ verwendet werden können – nur daß sie eben zu falschen Erklärungen führen. Zugleich erlaubt es die »Etym-Theorie«, die Erklärungsversuche durch orthographische und phonetische Manipulationen in die Texte selbst einzubringen. Die Repräsentation des literarischen Subjekts gewinnt so eine neue Tiefendimension. Die in den *Berechnungen* bloß behauptete besondere charakterologische Qualität des Dichters, die seine »erfahrungsseelenkundlichen« Dokumente zur Literatur macht, scheint nun deutlicher explizierbar zu sein. Literarische Qualität bedeutet nun, von der eigenen psychischen Disposition her der Steuerung durch unbewußte sexuelle Wünsche nicht ohne Kontrolle zu unterliegen, sondern »all diesen Wort-Gespenstern & Fonem-Mahren auf den Fitschers-vogeligen (Unter)leib zu rücken«.[15] Diese neu akzentuierte Schriftstellerrolle wird für *Caliban über Setebos* zu betrachten sein.

Die Rezeption der Psychoanalyse hebt das Prinzip des »musivischen Daseins« auf. Die Diskontinuitäten des Lebens ergeben sich nur bei den phänomenalen psychischen Daten. Synchron gesehen, kann die Psychoanalyse zeigen, daß im psychischen Leben ein strikter Determinismus herrscht, der auch zu rekonstruieren ist. Es gibt keine Zufälligkeiten.[16] Diachron gesehen, kann der Lebensgang lediglich vom bewußten Erinnern als segmentierbar verstanden werden, so daß den Subjekten ihre Vergangenheit nur in Bruchstücken zur Verfügung steht. Im Unbewußten ist nichts vergessen und verloren.[17] Die so gegebene Aufhellbarkeit einer

---

15) SIT, S. 202/S. 147.

16) Als besonders eklatantes Beispiel verweist Freud immer wieder auf die Determination des freien Einfalls »beliebiger« Zahlen. Vgl. Sigmund Freud, Zur Psychopathologie des Alltagslebens.

17) »Es ist sogar eine hervorragende Besonderheit unbewußter Vorgänge, daß sie unzerstörbar bleiben. Im Unbewußten ist nichts zu Ende zu bringen, ist nichts vergangen oder vergessen« (Sigmund Freud, Die Traumdeutung, Studienausgabe II, S. 550). Für die Karl-May-Analyse ergibt sich die Unzerstörbarkeit unbewußter Vorgänge durch die Ubiquität der Etyms »wald« und »heim« im Werk dieses Autors.

konsistenten, unbewußten Substruktur des »musivischen Daseins« ist von Konsequenz für die Organisation des Wissens bei Arno Schmidt, wie sie schon zu besprechen war. Als Aporie des Frühwerks hatte sich ergeben, daß in der Tradition des Realismuskriteriums für die Strukturen des literarischen Werkes, innerhalb deren die Wissenspartikel erschienen, die Fundierung in der Wirklichkeit gesucht wird. Andererseits ist aufgrund des naiven Sensualismus keine »objektive« Ordnung der »Wissenskreise« möglich. Nun können die Bereiche des Wissens rein subjektzentriert strukturiert werden. Die wissenschaftlichen Disziplinen, mit denen der einzelne Schriftsteller umgeht, decken jeweils in entstellter Form individuelle sexuelle Obsessionen und erhalten dadurch ihren inneren Zusammenhang.[18] Im Frühwerk konnte die Brücke zwischen Wissen und Lebenswelt und zwischen den einzelnen Wissensbereichen nur durch die »witzige Enzyklopädie« geschlagen werden, wobei Wissenspartikel nach ihren überraschenden Ähnlichkeiten kombiniert werden. Die Kombination ist aber ein rein subjektives Moment, dem gleichwohl objektiver Erkenntniswert zugesprochen wird. Das »etymbewußte« Schreiben löst die Aporie von Realismusforderung und literarischer Praxis, indem es eine doppelte Leistung übernimmt. Auch die orthographische und phonetische Auflockerung des Sprachmaterials erlaubt die »witzige« Verknüpfung sehr entfernter Vorstellungs- und Wissensbereiche. Ihr »fundamentum in re« finden diese Verknüpfungen nun aber allein – und dies ist eine tiefgreifende Bereinigung der aporetischen Ausgangslage – in der ins Bewußtsein gehobenen Sexualkonstitution des Autors, sei es, daß die zweite Ebene des Verdrängten erst aus dem unbewußten Gebrauch der Etyms rekonstruiert wird, sei es, daß beide Ebenen durch den bewußten Gebrauch der Etyms zugleich im Text manifest sind. Die so konstituierte »witzige Enzyklopädie« ist zugleich auch ein »realistischer« Text, weil er die psychische Disposition eines Subjekts darstellt, wie sie wirklich ist. So sieht dies wenigstens Arno Schmidt. Psychoanalytisch gesehen, dürfte die Vorstellung naiv sein, da sie die vielfältigen Wirkungsmöglichkeiten des Widerstandes unterschätzt. So übernehmen Perversionen etwa auch Abwehrleistungen.[19] Es ist denkbar, daß die Zensur unter dem Einfluß einer »Selbstanalyse«, wie sie Arno Schmidt vorschwebt, latente perverse Neigungen passieren läßt, um die Komplexe, die durch die Perversion vom Bewußtsein abgesperrt sind (etwa ödipale Fixierungen, Kastrationsangst usw.), umso sicherer abwehren zu kön-

---

18) So wird von Poe behauptet, daß »Er Sich aus all'n WissenGebieten ›Seinen‹ ConPlex rausgesucht hat!« (ZT, zettel 1325). Im Verlauf der Exegese in »Zettels Traum« werden denn auch die disparaten Wissensgebiete Poes (Phrenologie, Botanik, Muschelkunde, Astronomie, Ägyptologie, Metrik, Geographie) auf die verdrängten Sexualziele zurückgeführt.
19) Vgl. Sigmund Freud, Fetischismus, Studienausgabe III, S. 383–388.

nen. Von einer Darstellung der »wirklichen« psychischen Konstitution kann in diesem Fall keine Rede sein.
Hinzu kommt, daß die psychoanalytischen Annahmen wenigstens scheinbar die erkenntnistheoretischen Probleme beim frühen Arno Schmidt lösen. Sie sind in den Sensualismus Arno Schmidts integrierbar. Resultiert eine Aporie des Frühwerks gerade daraus, daß die Theorie der vorbildlichen modernen Physik nicht zur Anschaulichkeit gebracht werden kann, so geht die Psychoanalyse, jedenfalls so, wie Arno Schmidt sie rezipiert, von unmittelbaren phänomenalen Daten aus. Wie *Sitara und der Weg dorthin* zeigt, bedarf es nur der mutigen Überwindung anerzogener Verklemmtheiten, um sie richtig zu deuten.[20] Die psychoanalytischen Theoreme werden als »sichtbar« angenommen, so wie das 18. Jahrhundert den Kausalnexus des Universums für »sichtbar« hielt. Diese Reduktion ist nur ermöglicht durch die massive Simplifizierung, die Arno Schmidt an Freuds komplexen und keineswegs unmittelbar anschaulichen Überlegungen zu den Mechanismen der Neurosen und Perversionen vornimmt. Andererseits unterschlägt Arno Schmidt das Bestätigungsverfahren, dem psychoanalytische Deutungshypothesen unterliegen. Die Deutungen, die sich im Falle von *Sitara und der Weg dorthin* zwanglos aus der Betrachtung des Gegenstandes ergeben, sind genau genommen ja nur die Assoziationen des Interpreten angesichts einer Vorlage. Sie sagen für eine Analyse Arno Schmidts mindestens ebensoviel wie für die Karl Mays. Der Therapeut hingegen ist immer auf die Assoziationen des Patienten angewiesen.[21] Seine eigenen Deutungsvorschläge, die sich aus seinem theoretischen Wissen ergeben, müssen vom Patienten dadurch bestätigt werden, daß er zur Deutung passende weiterführende Assoziationen produziert. Wissenschaftsgeschichtlich gesehen fällt Arno Schmidt auf den Status der »objektiven« Traumdeutung zurück, die die Assoziationen des Deuters an die Stelle des Träumers setzt, ein Verfahren, das Freud stets entschieden zurückgewiesen und das unter anderem zum Bruch mit Stekel geführt hat.[22] Es dürfte nicht zufällig sein, daß gerade Stekel in *Zettels Traum* ehrenvoll erwähnt wird.[23] Mit dieser Umformung zeichnet sich im methodologischen Bereich ein Verlust der dialogisch-therapeutischen Komponente der Psychoanalyse ab, die sie in eine Beobachtungswissenschaft von inkorrigiblen Naturtatsachen transformiert. Der Sachverhalt wird in seinen weiteren Konsequenzen noch zu besprechen sein.

---

20) Arno Schmidt spricht von einer »ausgesprochene[n] *Intelligenz-&-Mut Probe*«. (SIT, S. 202/S. 147).
21) Vgl. Sigmund Freud, Vorlesungen zur Einführung in die Psychoanalyse, Studienausgabe I, S. 116–127.
22) Zu den Hintergründen vgl. Ernest Jones, Sigmund Freud: Life and Work, Vol. II.
23) Vgl. ZT, zettel 1247.

Die Rezeption der Psychoanalyse erlaubt es, innerhalb von Kategorien (Abbildung innerer Vorgänge), die bereits im Frühwerk gegeben sind, den Realismusanspruch der Texte zu verteidigen. Dies ist nunmehr allerdings nur noch möglich auf der Basis eines eingeschränkten Realitätsbegriffs. Wo in den *Berechnungen* »subjektive« und »objektive Realität« noch durch implizite metaphysische Versatzstücke aufeinander bezogen sind, weist *Sylvie & Bruno* der modernen Literatur die innere Welt als alleinigen Gegenstand zu.[24] Entscheidend mit dieser Einschränkung verbunden ist, daß das literarische Qualitätskriterium umformuliert wird. Wo die »objektive Wirklichkeit« als normativ eingeführter Gegenstandsbereich der Literatur aufgegeben wird, kann die Darstellung der Wirklichkeit auch nicht mehr Ausgangspunkt der Wertung sein. Carroll wird nicht vorgeworfen, daß er ein optimistisches Weltbild vertrete, sondern daß er »verklemmt« sei.[25] Die innere Welt, die Carroll darstellt, steht nicht im Mißverhältnis zu den Gegebenheiten der objektiven Wirklichkeit – so noch die Kritik des frühen Arno Schmidt an den Klassikern –, sondern im Mißverhältnis zu den sexuellen Wünschen der Innenwelt selbst. Nun bedeutet für Arno Schmidt, anders als für die Surrealisten, die Freisetzung des Unbewußten in der ästhetischen Produktion keine lustvolle Emanzipation von den Zwängen der Kultur. Die Psychoanalyse verhilft ihm vielmehr zu der erschreckenden Einsicht, daß die kulturellen Werte verkleidete »ubw = Ferkeleien«[26] seien. Die Sexualität bleibt tabuisiert. Die Erkenntnis des Dichters ist eine negative Erkenntnis. Das »pessimistische« Realismuskriterium der *Berechnungen* bleibt erhalten, wird aber gewissermaßen intrapersonal reformuliert.

Damit sind die aporetischen Konstruktionen des Frühwerks, die sich als Gegensatz von bloßer Repräsentation des Subjekts und Erkenntnis der wirklichen Welt, von monologischer Struktur und Diskurs mit dem Leser, von Verabsolutierung der Kunst und praktischer Wirkungsintention darstellten, aufgelöst, da als Gegenstand der Darstellung allein die innere Welt gilt[27] und für diese Darstellung zugleich eine wissenschaftliche

---

24) Vgl. TbZ, S. 272/JUL, S. 224–225.
25) Vgl. ebd., S. 277–279/S. 229–230.
26) SdA, schule 34.
27) In »Abend mit Goldrand« findet sich hingegen eine bezeichnende Spekulation mit der Tendenz, die Psychoanalyse gleichsam zur »Ontologie« auszubauen. Danach sollen im »ubw 3 (4?) Schichten« unterschieden werden: vom individuellen Bewußtsein über das kollektive und tierische bis in den Bereich des Anorganischen (vgl. AmG, goldrand 40). Die Überlegungen werden spielerisch eingeführt und sind zweifellos dunkel. Sie scheinen auf eine umgekehrte evolutionäre Emanation des Unbewußten hinauszulaufen, die stark an die Emanationsspekulationen des »Leviathan« erinnern. Auch die Anknüpfung an Schopenhauers Metaphysik liegt nahe. Der stufenweisen Objektivation des Willens entspräche eine stufenweise »Individualisierung« des Unbewußten. Trifft die Interpretation zu, so wäre ansatzweise der Versuch eingeführt, die individualpsychologische Begrenzung des Spätwerks zu überwinden und über das Unbewußte zu einer Totalkonzeption der natürlichen Welt zu gelangen.

Methode gefunden ist, die auf allgemeine kulturelle und soziale Bedingungen nicht mehr zu rekurrieren braucht, sondern im Rahmen der individuellen Biographie verbleiben kann. Bezeichnenderweise fehlen *Sitara und der Weg dorthin* die historischen Miniaturen, die für *Fouqué und einige seiner Zeitgenossen* kennzeichnend sind. Wo über die sprachlichen Analysen hinausgefragt wird, geht es lediglich um die sexuellen Traumata, die die autorenspezifischen Etyms fixiert oder reaktiviert haben. Die Erkenntnis der »wirklichen Welt« ist reduziert auf die Erkenntnis der wirklichen individuellen Trieb- und Sexualkonstitution. Die Wendung zur orthodoxen Psychoanalyse hat den weitgehenden Verlust der gesellschaftlich-politischen Welt zur Folge.

Deutlich wird dies an den autobiographischen Rückblenden, die in die Texte eingelassen sind. Die frühen Texte arbeiten gern mit der Erinnerung an die gesellschaftlichen Zwänge, an den Stumpfsinn der Arbeitswelt und des Militärdienstes, wobei die historischen Erfahrungen in einem anthropologisch-pessimistischen Deutungsmuster verarbeitet sind. Die in *Abend mit Goldrand* mitgeteilten Kindheitserinnerungen sind weitgehend enthistorisiert. Das Mißverhältnis des Kindes und seine Wendung nach innen ist durch die spezifische Misere der Familie, besonders aber durch extreme Sonderheiten der persönlichen Veranlagung, durch die frühreife Intellektualität und die starke Kurzsichtigkeit, erklärt.

Die Reduzierung der gesellschaftlichen Welt wird bereits in *Kühe in Halbtrauer* sehr deutlich. Die Konsequenzen, die die Umformulierung der Dichterrolle für das Spätwerk hat, sei für *Caliban über Setebos* noch skizziert. Die Erzählung wurde ausgewählt, weil sie philologisch weitgehend aufgeschlüsselt ist und recht kontroverse Interpretationen gefunden hat.[28]

Vergleicht man die Erzählung etwa mit *Das steinerne Herz,* so ist die Reduktion der sozialen Mikroanalysen unverkennbar. Personal und Milieu haben an Anschaulichkeit verloren, sie erzeugen nicht mehr den

---

28) Vgl. vor allem Joachim Kaiser, Des Sengers Phall. Kaiser polemisiert hier gegen die positiven Einschätzungen von Wolfram Schütte, Bargfelder Ich. Das Spätwerk und sein Vorgelände, und Helmut Heißenbüttel, Die Sprache Arno Schmidts, Süddeutsche Zeitung, 17. 9. 64. Zur philologischen Entschlüsselung vgl. Robert Wohlleben, Götter und Helden in Niedersachsen. Über das mythologische Substrat des Personals in »Caliban über Setebos«, und ders., Übersicht: Rilkes »Sonette an Orpheus« im Zitat bei Arno Schmidt; Personal in »Caliban über Setebos«; Erläuterung einzelner Stellen. Nach den Untersuchungen Wohllebens dürfte der Orpheus-Mythos als zentrale Vorlage des Textes anzunehmen sein. An ihn schließen sich weitere thematische Komplexe an. Joachim Kaiser, Des Sengers Phall, ist vor allem musikalischen Anspielungen nachgegangen. Sie bewegen sich weitgehend um die verwandte Thematik der Entführung. Werner Schwarze, Ägyptologie in »Caliban über Setebos«, hat zahlreiche Bezüge zur ägyptischen Mythologie herzustellen versucht. Manches ist einleuchtend, anderes scheint gezwungen, wobei es schwer fallen dürfte, methodologisch ein Kriterium für die Einarbeitung des Kontextwissens in die Kommentierung aufzustellen. Auch die ägyptologischen Momente (Thematik der Jahreszeiten, Mutter- und Todesgottheiten) »passen« in den Umkreis des Orpheus-Mythos.

Eindruck der minuziösen Beobachtung, sondern wirken »synthetisch« und »konstruiert«. Allerdings sind bereits die scheinbar unmittelbar »aus dem Leben gegriffenen« Figuren des Frühwerks mit allgemeinen, letztlich mythischen Konnotationen versehen. Der vordergründig zu konstatierende Wandel wird deutlich, wenn man sich den literarischen Verfahrensweisen zuwendet, mit denen die allgemeine Bedeutung hergestellt wird.
So heißt es von Frieda Thumann, die den rettenden Goldfund verteilt:

> Sie war das eigentliche Zentrum; weiß, schwer, magna mater, die Welterhalterin[29]

Die beiden Ebenen der Bedeutung sind hier klar voneinander getrennt. Sie lassen sich auf zwei verschiedene psychische Akte des erzählenden Ich zurückführen: die Wahrnehmung von optischen Impressionen (»weiß«, »schwer«) und von situativen Gegebenheiten (»das eigentliche Zentrum«) einerseits und ein assoziativ angeschlossener exegetischer Kommentar (»magna mater, die Welterhalterin«) andererseits. Es entsteht so der Eindruck von »realistisch« geschilderten Realitäts- und Milieupartikeln des Alltags, die auf den allgemeinen und statischen Hintergrund hin ausgelegt werden.
Man vergleiche damit die Einführung der »Madame Tulp«:

> Aber Die-hier trug, schlank & mißmutig etwas vornübergeneigt, an ihrer verblaßten Zebra-Schürze; oben ein gelb-grünes Kopftuch; ein triefendes Talglicht in der schmutzigen Faust – »In 'n Keller. S-trom iss wieder weck.«, sagte ihr magerer Mund zur Erklärung –[30]

Scheinbar verharrt die zitierte Passage auf der Ebene der Impressionen. Der exegetische Kommentar fehlt. Der leicht befremdliche Aufzug der Wirtin (Kopftuch und Talglicht) findet in ihrer hauswirtschaftlichen Tätigkeit eine unverfängliche Erklärung. Nun konnte Robert Wohlleben die Darstellung der Madame Tulp auf die antike Ikonographie der Persephone zurückführen.[31] Sie ist Wirtin und Göttin des Totenreiches, so wie Frieda Hausfrau und magna mater ist. Die zweite Bedeutung wird aber nicht durch den Erzähler hergestellt, sie ist in den versteckten Anspielungen enthalten, die zu entschlüsseln Aufgabe des Lesers ist. Der Text

---

29) StH, S. 281/S. 156.
30) KiH, S. 237/ORP, S. 14. Die übrigen mythologischen Figuren werden in ganz ähnlicher Weise eingeführt, die Strukturmerkmale der hier analysierten Stelle sind nicht zufällig.
31) Vgl. Robert Wohlleben, Götter und Helden in Niedersachsen. Dort auch Hinweise auf weitere Bezüge zum Demeter-Persephone-Komplex.

imitiert, allerdings nicht auf der Ebene der Sprache, sondern auf der der visuellen Eindrücke, den »Palimpsestcharakter«, den Arno Schmidt bei Karl May vermutet. Der Auftritt der Wirtin ist erkennbar in Analogie zur Traumbildung gebaut. Wurden im Beispiel aus *Das steinerne Herz* die beiden Ebenen der Bedeutung vom Bewußtsein miteinander verbunden, so sind sie hier das Ergebnis der aus der Traumarbeit bekannten Verdichtung. Zwei verschiedene Personen werden zu dem Bild einer einzigen verschmolzen. Daneben erscheint die Verschiebung.[32] Die Merkmale der Totengöttin sind so entstellt und auf Kleinigkeiten (das Talglicht) übergegangen, daß sie nicht mehr vom Bewußtsein her erkennbar ist. Beide Mechanismen der Traumarbeit stehen im Dienste der »Traumzensur«. Mit der Totengöttin ist die verpönte Vorstellung des Todes überhaupt angesprochen. Sie gehört dem Unbewußten an und kann aufgrund ihrer Verpöntheit nur in entstellter Form zur bewußtseinsfähigen Traumwahrnehmung gelangen. Der latente Traumgedanke (Tod) muß aus dem manifesten Trauminhalt (Madame Tulp) durch Deutung rekonstruiert werden. Geschieht dies bei Freud durch die Assoziationen des Träumers, so bei Arno Schmidt im Sinne der »objektiven Traumdeutung« durch die Assoziationen des lesenden Interpreten. Im Gegensatz zur »wilden Psychoanalyse«, der in *Sitara und der Weg dorthin* die Romane Karl Mays ausgesetzt sind, werden hier die Assoziationen des Lesers durch Textsignale, im konkreten Fall durch die vielfältigen, von Wohlleben nachgewiesenen Anspielungen auf Persephone, gesteuert. Dazu gehört, wenigstens im hier interpretierten Fall, daß die »Traumelemente« nicht aus der privaten Mythologie des Träumers und seinem persönlichen Bildervorrat, sondern aus dem kulturell gemeinsamen Fundus des Orpheus-Mythos stammen.
Allerdings ist einem möglichen Mißverständnis der Interpretation vorzubeugen. Es handelt sich weder um den Traum eines empirischen Träumers noch um einen »artifiziellen Traum«, den der Erzähler eine seiner Figuren träumen ließe. Lediglich die Struktur der Bildlichkeit, mit der das Besondere (Wirtin) auf das Allgemeine (Tod) bezogen ist, ist in Analogie zum Traum angelegt. Wie in den *Berechnungen* geht es nicht darum, psychische Akte nachzubilden, sondern die Texte homolog zu psychischen Akten zu strukturieren. Zu fragen bleibt an dieser Stelle nach dem Status, den der Erzähler Düsterhenn innerhalb dieser Traumanalogie und für ihre Vermittlung hat.
In der Karl-May-Analyse hatte Arno Schmidt zu zeigen versucht, daß die zweite, erst durch den Leser zu rekonstruierende Bedeutungsebene den relevanten Gehalt des Textes, nämlich die verdrängten sexuellen Wünsche des Autors, enthalte. Nun ist Düsterhenn nicht der Autor des Textes.

32) Vgl. dazu die Beschreibung der Traumarbeit bei Sigmund Freud, Die Traumdeutung, Studienausgabe II.

Er gibt nur, ganz wie der Erzähler der frühen Romane, monologisierend seine Beobachtungen und Bewertungen der Oberflächenrealität wieder.[33] Sie verbleiben bei der Reproduktion des visuellen, akustischen usw. Eindrucks und bei der politischen, theologischen oder kunstkritischen Provokation, die nach dem Vorbild der frühen Romane assoziativ mit den Eindrücken verbunden wird. Insofern findet sich auch noch in *Caliban über Setebos* das Strukturprinzip von isoliertem Gegenstand und exegetischem Kommentar. Beides zusammen macht die bewußte Ebene aus. Die Ebene der latenten Gedanken wird von Düsterhenn nicht »erzählt«, wie das Beispiel der Einführung der »Madame Tulp« zeigt. Die Textsignale, die auf Persephone verweisen, werden als bloße Beobachtungen der Oberflächenrealität durch den Erzähler kommentarlos weitergegeben. Sie passieren sein Bewußtsein, das sich in seinem monologisierenden Erzählen präsentiert, ohne »entschlüsselt« zu werden. Als augenfälliges Moment der skizzierten Struktur kommt hinzu, daß zahlreiche sprachliche Anspielungen, die in hohem Maße für die Einführung der zweiten Ebene konstitutiv sind, allein durch die Verballhornungen der Orthographie vermittelt werden, also allein im Druckbild manifest werden, während Düsterhenn als Sprechender eingeführt wird, und der Text die direkte Rede wiedergibt. Die zweite Ebene wird konstituiert in einer »Kommunikation« zwischen Autoreninstanz und Leser, die sich »hinter dem Rücken« des Erzählers vollzieht. Das Darstellungsmittel ist neu gegenüber den frühen Romanen, ist aber die Voraussetzung dafür, daß die bloßen Deskriptionen neben dem Erzählerkommentar mit einem weiteren Bedeutungsgehalt versehen werden können.

Nun ist Düsterhenn zwar nicht der Deuter des in die Oberflächenrealität eingefügten Orpheus-Mythos,[34] sein Schicksal, das sich innerhalb der Oberflächenrealität vollzieht, ist aber nicht ohne Bezug auf die mythische Komponente. Seine Dignität als Erzähler sei deshalb nicht unterschätzt. Er ist ein »Spalt-Ich« des Autors, das nach Arno Schmidt[35] im Anschluß an die klassische psychoanalytische Literaturtheorie[36] konstitutiv für erzählende Texte ist. Seine Tätigkeit als Triviallyriker ist eine Maskierung des Autors, dessen Protagonisten häufig solche biographischen Verklei-

---

33) Joachim Kaisers Versuch, die Inkonsistenz des Textes nachzuweisen (vgl. »Des Sengers Phall«), dürfte dadurch belastet sein, daß die verschiedenen Ebenen, auf denen der Monolog Düsterhenns verwendet wird, nicht unterschieden werden.

34) Es soll hier also die These vertreten werden, daß der Sinnzusammenhang von »Caliban über Setebos« wesentlich durch die mythologischen Anspielungen konstituiert wird. Zur gegenteiligen Ansicht vgl. Joachim Kaiser, Des Sengers Phall.

35) Vgl. dazu vor allem Arno Schmidts Ausführungen über den Viktorianischen Roman, den Essay über Bulwer (TRITON, S. 50–99/LORD, S. 50–99) und Dickens (ebd. S. 100–153/S. 100–153).

36) Zum Verfahren vgl. Marie Bonaparte, Der Doppelmord in der Rue Morgue. Die These ergibt sich konsquent aus der Traumanalogie, da im Traum der Träumer immer die Hauptrolle spielt, auch wenn er im manifesten Trauminhalt gar nicht erscheint.

dungen ins Abstruse aufweisen. Das politische und ästhetische Bewußtsein, das hinter solchen literarischen Pseudoaktivitäten auftaucht, paßt demgemäß zu den sonst zu findenden Dicta Arno Schmidts. Die biographischen Data decken sich in einem entscheidenden Punkt, der Stellung des alternden Intellektuellen, dem im sexualpsychologischen Zusammenhang, den der Text intendiert, besondere Bedeutung zukommt. Beide, Figur und Autor, haben den Tod im Prospekt.[37] Die Impotenz, die Düsterhenn am Höhepunkt der Erzählung befällt, ist selbst, wie *Abend mit Goldrand* andeutet,[38] eine Präfiguration des Todes. Auch die stark autobiographisch eingefärbte Figur des Daniel Pagenstecher in *Zettels Traum* ist vom Problem der Impotenz bestimmt. Tod und Sexualität geraten in *Caliban über Setebos* in einen noch näher zu bestimmenden thematischen Zusammenhang. Bezeichnend ist jedenfalls, daß auch der Einführung der Madame Tulp die erotische Komponente nicht fehlt. Düsterhenn hat dem Erscheinen der Wirtin mit unverkennbarem sexuellen Interesse entgegengesehen. Die beiden Frauentypen, die ins Spiel gebracht werden, die erwartete üppig-ältliche Frau und die tatsächliche junge und magere, gehören als erotisch besonders anziehend zum stehenden Repertoire Arno Schmidts und sind so auch schon in *Das steinerne Herz* zu finden. Allerdings kann dies hier nicht mehr in die Opposition von (jungfräulichem) Mädchen und erhaltender Mutter aufgeteilt werden, da beide Male die Herrin des Totenreiches bezeichnet ist. So wird denn auch »Rieke«, invers zur Wirtin, als Mädchentyp erinnert und erwartet, erweist sich dann aber als Typus der üppigen alten Frau. Deuten die Verwicklungen Düsterhenns in die biographische Konstellation Arno Schmidts wie in die Konstanten seiner literarischen Obsessionen auf die Nähe zwischen Autor und Figur, so ist dies auch durch die neuen literarischen Normen Arno Schmidts gedeckt. Mit einem rühmenden Hinweis auf Freuds Selbstenthüllungen in der *Traumdeutung*[39] wird die Aufdeckung der eigenen Sexualkonstitution als Voraussetzung psychologischer Erkenntnis und literarischer Qualität behauptet.[40] Die Maskierung Düsterhenns verschleiert die Selbstanalyse, um sie zugleich zu ermöglichen. Strukturelle Konsequenz dieses Sachverhaltes ist, daß die Rolle des Ich-Erzählers zu verschwimmen beginnt. Es ist im einzelnen Fall schwer auszumachen, wo Düsterhenn in »eigener Sache« als Triviallyriker spricht, wo ihm Meinungen des Autors in den Mund gelegt werden

37) Die Parallelen werden im Spätwerk zunehmend thematisiert, so die biographisch nachgewiesene Angina pectoris des A&O in »Abend mit Goldrand«.
38) Vgl. AmG, goldrand 42. Psychoanalytisch gesehen, hängen Tod und Impotenz insofern zusammen, als die Todesangst rationalisierte Kastrationsangst ist, die Impotenz aber so etwas wie eine vollzogene Kastration.
39) Vgl. Freud, Die Traumdeutung, Studienausgabe II, S. 21–22.
40) TbZ, S. 274–275/JUL, S. 226–227.

und wo er nur noch Anspielungen in der Kommunikation zwischen Autor und Leser transportiert. Die Grenzen zwischen Figur und Autoreninstanz sind verwischt.

Die Durchlässigkeit zwischen den beiden Instanzen des Textes ermöglicht es, die beiden Ebenen der Bedeutung aufeinander zu beziehen und so den Text als ein durchschaubares »Palimpsest« anzulegen. Wäre Düsterhenn strikt auf seine Perspektive festgelegt, so wäre die Möglichkeit zu weiterführenden Textsignalen stark eingeschränkt. Könnte er seine Imitatio des Orpheus-Mythos selbst deuten, so wäre keine zu entschlüsselnde Ebene der latenten Gedanken möglich, der Text fiele auf die exegetischen Erzählerkommentare des Frühwerks zurück. Die Psychologisierung der Erzählstruktur in Analogie zur Traumdeutung Freuds ist mit einer Einschränkung der psychologischen Wahrscheinlichkeit auf der Ebene der Figuren erkauft. Ebenso ist damit die Reduzierung der sozialen Mikroanalyse und mit ihr die schwindende Bedeutung der gesellschaftlich-politischen Welt erklärt. Ihre Versatzstücke haben in der psychoanalytischen Struktur nicht den Status eines eigenwertigen Realitätsbereichs, mit dem sich das literarische Bewußtsein auseinandersetzt, sondern den bloßen Status von »Tagesresten«, in die die latenten Gedanken bildhaft eingekleidet werden.

Gleichwohl ist es möglich, beide Ebenen der Textbedeutung auseinanderzulegen. *Caliban über Setebos* ist nicht in so weitem Ausmaß von den Prinzipien der Traumbildung bestimmt, daß der bewußtseinsfähige Text ein sinnloses Gebilde ergeben würde. Düsterhenn unternimmt eine Reise aufs Land, um eine einstmals vergeblich angeschwärmte Jugendgeliebte wiederzusehen, mit dem Zweck, sich für seine lyrischen Produktionen in eine sentimentale Stimmung zu versetzen. Das Wiedersehen mündet in eine Desillusion. Auf der rekonstruierten Ebene setzt die Erzählung damit ein, daß Düsterhenn als Orpheus das Totenreich betritt.[41] So ergibt sich für beide Ebenen die thematische Verknüpfung im Wiederfinden und endgültigen Verlust der Geliebten. Am Höhepunkt der Erzählung tritt die thematische Verknüpfung deutlich hervor. Die Parallelen zum Orpheus-Mythos verdichten sich. Zugleich bricht mit der Impotenz Düsterhenns die Verbindung von Tod und Sexualität in die sentimental-zynische Handlung des Vordergrundes ein. Sie ist gewissermaßen einer der plastischen Höhepunkte des Traumes, in denen der unbewußte Gehalt am deutlichsten manifest wird.

Die Betonung des Unbewußten zeigt, daß auch *Caliban über Setebos* die »erfahrungsseelenkundliche« Tendenz des Frühwerkes nicht aufhebt. Der Text bleibt die quasi charakterologische Artikulation einer Individua-

---

41) Bereits der Anfang spielt auf die Überfahrt in Charons Nachen an: »bloß aussteigen! (Und gleich 'n Ende weg – mein'n Obulus hatt' ich ja richtich-entrichtet.) –« (KiH, S. 226/ORP, S. 7).

lität, ist »Portrait eines Menschen«, nur daß dies nun die unbewußte Sexualkonstitution in sich aufgenommen hat. Es tritt eben die Reflexion über das Verhältnis des Ich zu seiner Welt hinter die Reflexion über das Verhältnis zum eigenen Unbewußten zurück. Dieses Unbewußte ist thematisch durch den Orpheus-Mythos abgedeckt. Analog zur Verschiebung des Interesses von der Topographie der Außenwelt zur Untersuchung des »inneren Auslandes« verschiebt sich auch die Funktion des Mythos. Im Frühwerk dient er, wie zu zeigen war, als letzte anthropologische Konstante der Systematisierung der Erscheinungen der geschichtlichen Welt. Der Flüchtling, das Exil oder die »große Mutter« sind solche Fixpunkte, die zwar nicht durch den historischen Prozeß erzeugt, wohl aber nur im Rahmen geschichtlich-gesellschaftlicher Konstellationen die Bedingung der Möglichkeit des Erscheinens finden. In *Caliban über Setebos* hingegen ist der Mythos ein vorgeformtes literarisches Klischee, das zur Verdeutlichung der unbewußten psychischen Gehalte dient. Die bereits im Frühwerk psychologisierend rezipierte Ästhetik Schopenhauers geht damit vollends ins Psychologische über.
Nun liefert der Orpheus-Mythos in der abendländischen Literatur das Bild vom Dichter schlechthin. Mit seiner Zitierung ist die Literatur als Thema der Literatur gegeben. Zugleich ist er in seinen Komponenten mit den tabuisierten und damit verdrängten Vorstellungsinhalten von Sexualität und Tod verbunden. Die Untersuchungen des Unbewußten und der dichterischen Kreativität konvergieren offenbar. Der Befund ist wenig überraschend, da Arno Schmidt seit *Sitara und der Weg dorthin* die literarische Produktion von unbewußten sexuellen Komplexen gesteuert sieht, ihre bewußte Kontrolle zum literarischen Qualitätsmerkmal macht. Auch damit werden immer schon angelegte Tendenzen des Frühwerks verschärft. Die Protagonisten bewegen sich im allgemeinen Rahmen einer vorliterarischen Produktivität, die den literarischen Produktionsvorgang nicht zum Thema hat, die literarische Intelligenz aber im Rahmen wenn auch reduzierter gesellschaftlicher Mechanismen und Zwänge zeigt. Das Spätwerk hat, wie die sehr stark autobiographisch eingefärbten Figuren Daniel Pagenstecher in *Zettels Traum* und A&O in *Abend mit Goldrand* zeigen, die psychische Konstitution des Dichters zum Gegenstand. *Caliban über Setebos* geht es demgemäß um die Neubestimmung der Dichterrolle. Dies vollzieht sich einmal durchaus noch auf der vordergründigen Ebene von Eindruck und exegetischem Kommentar, der sich in den schnoddrigen Betrachtungen Düsterhenns über Gott und die Welt niederschlägt. Die sexualpsychologische, an die Travestie des Orpheus-Mythos gebundene Untersuchung stellt prägnanter die Frage, wie die sexuelle Konstitution der Autoreninstanz oder vielleicht auch des Dichters schlechthin beschaffen sei und unter welchen psychischen Voraussetzungen die bewußte Steuerung der unbewußten Mechanismen möglich wird.

Entsprechend der »Etym-Theorie« schlägt sich die Suche nach den unbewußten Komplexen in der Behandlung der Sprache nieder.[42] So sucht Düsterhenn nach einem geeigneten Pseudonym:

> Ganz abgesehen davon, daß ›Georg Düsterhenn‹ vor lürischen Gedichten unmöglich ist: volkstümlich sein?, das heißt verständlich & sonnig sein, heiterdiekunst. ›v. Hagenau‹. hm, hm: Georg, hierzulande hätte man mich ›Schorse‹ gerufen, an der Mauer ›Orje‹: ›Orje von haargenau'; +Nackt-y-gail‹; na notier'n kann ich's ja ma –).[43]

Vordergründig ist das Pseudonym durch Rücksichten auf den postulierten Publikumsgeschmack motiviert, wobei, wie Pseudonyme der Groschenliteratur zeigen, ein fingierter Adelsname von Vorteil sein mag. In der Umbildung von »Hagenau« zu »haargenau« erscheint in einer zweiten Schicht ein wichtiges, aber noch bewußtseinsfähiges poetologisches Moment Arno Schmidts, der »Realismus« der minuziösen Oberflächendeskriptionen. Konstitutiv ist hier noch das Spiel mit dem vordergründigen autobiographischen Substrat. Der Triviallyriker als Maske des autobiographischen Ich sucht nach dem passenden Adelstitel, der Erzähler gibt zugleich aber in der Berufung auf das poetologische Programm des Realismus seine Identität mit dem Autor preis. Die Verballhornung der »Nachtigall von Hagenau« zeigt, daß, ganz im Sinne der »Überdetermination« der Traumarbeit und der Fehlleistungen, das poetologische Programm zur Erklärung des Pseudonyms nicht ausreicht, sondern in »Nackt-y-gail« sexuelle Vorstellungen mitschwingen. Publikumsbezogene oder programmatisch poetologische Überlegungen sind unbewußt sexuell gesteuert. Gewiß scheint die Verballhornung von »Nachtigall« zu »Nackt-y-gail« zunächst nichts weiter zu sein als eine billige und nicht einmal besonders pikante Zote. Bevor man dergleichen moniert,[44] sei bedacht, daß das Unbewußte überhaupt oder vielleicht auch nur das Unbewußte des Autors, das im Text »seelenkundlich« expliziert werden soll, möglicherweise wirklich so arbeitet. Allerdings ist die Zote durchaus auch noch mit weiteren thematischen Komplexen des Textes assoziiert. Die Dialektform von »Georg« = »Orje« nähert den Namen phonetisch an Orpheus an. Dies präzisiert wiederum die poetologischen Bezüge. Orpheus ist in der Tradition als Sänger der Dichter schlechthin. Die Dignität der Kunst wird aber von Arno Schmidt nicht der Lyrik, sondern

---

42) Wobei, wie Joachim Kaiser, Des Sengers Phall, zeigt, die Grenze zum Verwirrspiel und zum Nonsens fließend ist. Die Feststellung solcher Grenzen dürfte aber stets von der genauen Interpretation des Textes abhängig sein.

43) KiH, S. 235/ORP, S. 13. Die Stelle wird hier nach der Tb-ausgabe zitiert, da in KiH das die Assoziationskette ins Eindeutige abrundende »+ Nackt-y-gail« fehlt.

44) So bei Joachim Kaiser, Des Sengers Phall.

der »haargenauen«, »realistischen« Prosa zugesprochen.[45] Der Name wird so an der »Mauer« ausgesprochen. Damit ist sicher die Grenze der DDR gemeint, aber auch die Grenze zum Totenreich wie zum Unbewußten ist eine solche Mauer, an der erst die geheime Identität von Düsterhenn und Orpheus deutlich wird, da sich erst hier sein Name phonetisch dem des Orpheus annähert. Andererseits werden die Minnesänger bei Gottfried im Literaturexkurs von *Tristan und Isold* als »nahtegalen« bezeichnet und Reinmar als »ir aller leitevrouwe«.[46] Mit dem Moment des Liebestodes wird damit wieder, zumindest im Zusammenhang mit Wagner,[47] auf den konstitutiven Komplex von Sexualität und Tod angespielt. Zugleich billigt Gottfried Reinmar »Orphees zunge« zu,[48] so daß die Brücke zwischen Liebestod und Orpheus-Mythos geschlagen ist. Zu klären bleibt die Frage nach den unbewußten Wünschen und Vorstellungen, die sich hinter der oberflächlichen Zote von »Nackt-y-gail« verbergen. Sicher kann man an die Exhibitionslust denken. Die Verbindung mit »haargenau« weckt aber die Vorstellung von der genauen Beobachtung nackter und geiler Vorgänge, wie denn auch der Schluß Düsterhenn in einer solchen Situation des Beobachtens zeigt. Ohnehin hatten die poetologischen Überlegungen Arno Schmidts die genaue Deskription sexueller Mechanismen als das zentrale Anliegen der Darstellung der »wirklichen Welt« bestimmt. Mit dem ständig mitschwingenden Moment des Todes taucht auch die Vorstellung der Impotenz als seiner Präfiguration auf, wie denn auch der Voyeurismus in der Regel mit der »impotentia coeundi« vergesellschaftet ist. Die weitere Entwicklung der Erzählung löst die Erwartungen ein, die mit diesen verschlüsselten Vorausdeutungen provoziert werden. Damit scheint sich auch ein Fazit für die intensiv interpretierte Passage abzuzeichnen. Sie macht einen Assoziationsprozeß durchsichtig, der poetologische Positionen (Rechtfertigung der »realistischen« Prosa und Ablehnung der Lyrik) von sexuellen Vorstellungen gesteuert sein läßt. Zugleich werden die Steuerungsmechanismen aufgedeckt. Der Schriftsteller, der solches assoziiert, ist ein impotenter Voyeur. Strukturell ist auch hier wieder die Analogie zur Traumarbeit zu bemerken. Die latenten Traumgedanken erweisen sich als weitläufig und verschlungen. Manifest sind sie zu wenigen Wörtern verdichtet. Die Verschiebung macht sie scheinbar nebensächlich und banal. Von den bewegenden Gedanken über Liebe, Tod und Impotenz bleibt nur ein belangloses Detail, das etwas alberne Spiel mit Namensformen. Dynamisch gesehen hat, wie in Traum und Therapie auch, die freie Assoziation

---

45) Vgl. TbZ, S. 262–263/JUL, S. 217, als eine von zahlreichen Äußerungen.
46) Gottfried von Straßburg, Tristan und Isold, ed. Ranke, 4774–4780.
47) Auf Wagner wird auch sonst mehrfach angespielt. Zu den Belegen vgl. Joachim Kaiser, Des Sengers Phall.
48) Tristan und Isold, 4790.

eine aufsteigende Linie, da sich der deutlichste Abkömmling des Unbewußten (»Nackt-y-gail«) zuletzt einstellt. Mit ihm bricht die Kette ab, der Sprecher distanziert sich mit einem zweifelnden Gestus (»na notier'n kann ich's ja ma –«), als erschrecke er vor dem Bewußtwerden. Im Gegensatz zum Traum und zur Einführung der »Madame Tulp« verzichtet die Passage aber auf jedes visuelle Moment und arbeitet allein mit sprachlichen Anklängen.

Die skizzierte Interpretation macht zweifelsohne den Eindruck des Willkürlichen und Gesuchten, ein Vorwurf, der mehrfach gegen die Dechiffrierarbeiten des »Syndikats« erhoben wurde.[49] Dies hat sicher seine grundsätzlichen Bedingungen. Das hermeneutische Sinnverstehen verfügt über kein ausreichend präzises Beschreibungsverfahren, so daß nicht präzise angegeben werden kann, wieviel und welches Kontextwissen, im vorliegenden Fall, welche literarischen Allusionen, die dem Interpreten einfallen, in die Textanalyse funktional eingebracht werden können. Bei konventionellen literarischen Texten dürfte dieses Problem durch inexplizite Konventionen der Interpretengemeinschaft weitgehend geregelt sein. Eben diese Konventionen versagen offenbar vor Texten des späten Arno Schmidt. Dies ist dann aber ein strukturelles Problem dieser Texte.

Dabei sind Gestaltungsprobleme zu berücksichtigen, die sich bei der Darstellung des Unbewußten in der Literatur ergeben. Im *Nachwort* zu *Bruchstück einer Hysterieanalyse,* seiner ersten großen Fallgeschichte, reflektiert Freud solche Darstellungsprobleme. Es ist demnach »ganz undurchführbar, die Technik einer Analyse und die innere Struktur eines Falles von Hysterie in einem zu behandeln,«[50] offenbar, weil in der minuziösen Darstellung der Deutungsarbeit der konstruktive Rahmen nicht durchgehalten werden kann. So wird die konstruierte Lebensgeschichte nur mit einigen exemplarischen Deutungen (die beiden Träume im *Bruchstück*) gestützt.

Nun beschränkt sich Arno Schmidt nicht einfach darauf, psychoanalytisches Wissen, etwa in Gestalt von Symbolen[51] oder psychopathologisch stimmigen Figurenkonstellationen,[52] einzuarbeiten, sondern im Sinne der charakterologischen Konzeption vom »Portrait eines Menschen« das System des Unbewußten einer autobiographischen Figur anschaulich freizulegen. Dies führt zu eben jener »unmöglichen« Kombination von Strukturanalyse und Deutungsarbeit.

---

49) Vgl. die spöttische Randbemerkung bei Alfred Andersch, Düsterhenns Dunkelstunde, S. 347.

50) Sigmund Freud, Bruchstück einer Hysterieanalyse, Studienausgabe VI, S. 177.

51) Man denke etwa an die geläufigen Beispiele bei Günter Grass, Die Blechtrommel.

52) So etwa die Thematik des Inzestes mit der Mutter bei Thomas Mann, Joseph und seine Brüder.

Gelöst ist das Problem dadurch, daß keine Lebensgeschichte erzählt wird, die zugleich der psychoanalytischen Deutung unterliegt, sondern die Repräsentation des Unbewußten in einem »Makrotraum«, eben dem Text, vollzogen wird. Allerdings bedarf die Deutung auch schon eines relativ kurzen Traumes neben den Assoziationen des Patienten lebensgeschichtlicher Konstruktionen, die selbst wieder eine ganze Lebensgeschichte ergeben, wie denn der »Wolfstraum« die Kenntnis der gesamten Kindheitsgeschichte erfordert.[53] Bedürfen doch die Traumelemente der Auflösung durch die Rückführung auf tatsächliche oder phantasierte Erlebnisse. Jene Biographika, die den Zugang zur privaten Bilderwelt eröffnen, sind in *Caliban über Setebos* prinzipiell durch den Fundus des allgemeinen kulturellen Wissens ersetzt. Die »Traumelemente« seiner Texte sind der Willkür der »Traumarbeit« nicht in gleicher Weise ausgesetzt. Taucht in der realen Traumerzählung eines Patienten die Orpheus-Thematik auf, so kann sie selbstverständlich mit unbewußten Konnotationen verbunden sein, die mit dem Gehalt des Mythos nichts zu tun haben. Bei Arno Schmidt bleibt die Einheit der Vorstellungsbereiche Kunst/Liebe/Tod erhalten. Zwar erfahren sie die autorenspezifische Umdeutung zum Vorstellungsbereich Kunst/Voyeurismus/Impotenz, doch braucht dies nicht aus den »latenten Traumgedanken« allein erschlossen zu werden. Es ist durch die konsistente Oberflächenerzählung von Düsterhenns sentimentaler Landpartie abgedeckt, die einer realen Traumerzählung fehlen. Der Text bleibt somit interpretierbar, so daß die Transformation des Traumes in das Allgemeine der Literatur gewahrt bleibt.
Dies hat freilich seine Einschränkungen. Die autorenspezifische Umformung des kulturellen Fundus, die am hier interpretierten Beispiel des Orpheus-Mythos noch überschaubar bleibt, hat beim späten Arno Schmidt ein Ausmaß angenommen, das es nahezu erforderlich macht, zu lesen, was er gelesen hat, und dies in seinem Sinne zu tun.[54] Die Texte geraten so doch wieder zur privaten Bilderwelt, nur daß an die Stelle der biographischen Rekonstruktion die Rekonstruktion der Leseerfahrungen tritt, die sich nicht an den Erinnerungen an Vergangenes, sondern an den versteckten, über die Texte hin verstreuten Hinweisen auf »wichtige« Bücher zu orientieren hat.
Prinzipiell ist dies eine Aufgabe, die die Philologie müßte leisten können. Ob für Arno Schmidt ein interpretatorischer Aufwand getrieben werden soll, wie er in Forschungen über Goethe oder Hölderlin selbstverständlich ist, ist eher ein forschungspolitisches denn ein interpretationstheoretisches Problem. Gravierender sind die Einschränkungen, die sich aus

---

53) Vgl. Sigmund Freud, Aus der Geschichte einer infantilen Neurose, Studienausgabe VIII, S. 129–231.
54) Vgl. Gerhard Schmidt-Henkel, Arno Schmidt, S. 261–262.

den strukturellen Verhältnissen der Texte ergeben. »Orje von haargenau +Nackt-y-gail« leistet ein solches Maß an Verdichtungsarbeit, daß man, wie bei der Traumdeutung selbst, von der Analyse eines einzigen Traumelementes auf hunderterlei Querverbindungen kommt.[55] Es steht außer Zweifel, daß ein anderer Interpret zu der besprochenen Stelle andere oder weitergehende »Einfälle« haben würde. Offenbar gerät man beim Versuch einer traditionellen Interpretation an den Punkt, wo, je nachdem, wie man das interpretatorische Geschäft auffassen möchte, die Decodierung des einen Textsinnes oder die Erfassung einer *textangemessenen* Konkretisierung übergeht in ein freies »Weiterdichten« des Interpreten. Arno Schmidt hat dieses Problem für Joyce selbst gesehen und in modifizierter Form auf seine späten Texte übertragen, wo die Vollendung der »Analyse« dem Leser mit »einigem guten-lockeren Willen« überlassen bleibt,[56] das Assoziieren des Lesers nach einer Vorlage also einkalkuliert ist. Damit ist ein Textbegriff erreicht, der sich von der traditionellen Konzeption des »fertigen« Textes löst. So sehr Arno Schmidt das »Experiment« in der Literatur ablehnt und sich an der realistischen Prosa des 19. Jahrhunderts orientiert, so vollzieht er damit doch die Annäherung an bestimmte Formen der experimentellen Literatur, nämlich dort, wo der Text keine »Botschaft« kodiert, sondern den Leser zum eigenen Spiel anregt, indem er geeignete Materialien zur Verfügung stellt.[57] Freilich ist damit kein »Kreativitätstraining« des »Lesers« gemeint, sondern, wie die Wendung vom »guten Willen« zeigt, eine »Vorprogrammierung« der Leserassoziationen durch den Text, die schließlich doch wieder auf so etwas wie eine adäquate Erfassung der Intention hinausläuft.

Die bisherigen Überlegungen sind von der heuristischen Annahme ausgegangen, daß die Allusionen und Verballhornungen dem Text eine zweite Sinnebene hinter der Oberflächenerzählung hinzufügen. Joachim Kaiser hat dies bestritten.[58] In seinen Argumenten sind verschiedene Ebenen zu unterscheiden, die von ihm selbst nicht auseinander gehalten werden. Einmal löst er Anspielungen, vor allem auf die Musik auf, mit der Behauptung, ihre Kohärenz mit dem Text sei nicht ersichtlich. Dies hätte eine Interpretation von Fall zu Fall zu untersuchen, so wie sie für die ausgewählte Passage skizziert wurde. Zweitens moniert er, es ergebe sich eine degoutante Nörgelei an allem und jedem – eine Annahme, über die sich sicher diskutieren läßt, die allerdings mit der Analyse von Text-

55) Vgl. die außerordentliche Verdichtungsleistung beim »Traum von der botanischen Monographie«, Freud, Die Traumdeutung, Studienausgabe II, S. 283–287. Dabei sind immer noch die Abstriche in den Mitteilungen zu bedenken, die Freud aus Diskretionsgründen gemacht hat.
56) TbZ, S. 267/JUL, S. 220.
57) Man denke etwa an Andreas Okopenko, Lexikon einer sentimentalen Reise zum Exporteurtreffen in Druden.
58) Vgl. Joachim Kaiser, Des Sengers Phall.

strukturen nichts zu tun hat und in den gewöhnlichen Fehler der Literaturkritik im Falle Arno Schmidts verfällt, vor jeder Interpretation zur Hagiographie oder zur Polemik zu greifen. Schwerer wiegt der dritte Einwand. Danach ergeben die Anspielungen lediglich einen mehr oder weniger witzigen Sinn, der von Arno Schmidt mit einem unangemessenen Erkenntnisanspruch belastet wird.

Genauer besehen, gilt dieser Vorwurf allerdings eher für die »witzige Enzyklopädie« des Frühwerks, die für ihre überraschenden Verbindungen ein transsubjektives »fundamentum in re« behauptet. In den späten Texten ist diese Fundierung in der Imitation unbewußter psychischer Prozesse durch den Text tatsächlich gegeben. Der witzige oder witzelnde Charakter der Gedankenverbindungen ist zudem den nachgeahmten psychischen Prozessen inhärent, da die Traumarbeit der »Witzarbeit« analog verfährt.[59] Die Erkenntnisleistung des Kalauers ist so allemal garantiert. Zu fragen bleibt lediglich nach dem Status dieser Erkenntnisse.

Kaiser stößt sich an der Verdrehung von »unangenehm« in »onangenehm«, da »gegen weit verbreitete Erfahrungswerte« die Onanie als etwas Unangenehmes hingestellt werde.[60] Nimmt man den Text als eine artifizielle Präsentation des Unbewußten, so ist die Wortverdrehung ein Beleg, der zu deuten ist. In einer therapeutischen Situation kann der Patient keine »falschen« Assoziationen liefern, da sie alle Abkömmlinge des Unbewußten sind, auf einen unbewußten Wunsch schließen lassen, den bewußt zu machen eben Aufgabe der Therapie ist. Insofern ist jede entlegene und gesuchte Zote »gerechtfertigt«. Nun ist *Caliban über Setebos* keine Assoziationsfolge in der therapeutischen Situation, die Zote erfüllt im Text aber eine analoge Funktion. Sie deutet, wie die von Kaiser beklagte Tendenz überhaupt, jedem Wort eine degoutant sexuelle Nebenbedeutung abzugewinnen, auf die negative Einstellung Düsterhenns zur Sexualität und gehört in den Vorstellungskomplex vom Ekel vor ihr, der mit der Thematik der Impotenz zusammenhängt. Dies ist, psychoanalytisch betrachtet, sicher eine eminent neurotische Einstellung, und die Versuchung liegt nahe, sich von hier aus in psychoanalytischen Betrachtungen über einen Autor zu ergehen, der dergleichen fingiert und publiziert. Dies hätte allerdings hinter dem Rücken des Textes zu geschehen, der dann nicht mehr, wie dies hier geschieht, auf Struktur und Intention hin ausgelegt, sondern als Dokument einer Krankengeschichte im Sinne der pathographischen Schule der psychoanalytischen

---

59) Zur Analogie von Traum und Witz vgl. Sigmund Freud, Der Witz und seine Beziehung zum Unbewußten, Studienausgabe IV, S. 13–219, besonders S. 149–168.
60) Vgl. Joachim Kaiser, Des Sengers Phall (unpaginiert).

Literaturwissenschaft gelesen würde.[61] Er hätte dann ein »wirkliches« Unbewußtes zu erschließen, das mit den Selbstdeutungen des Autors nur insofern zu tun hat, als diese als Abkömmlinge des Verdrängten wie anderes auch behandelt werden.
Kaiser scheint jedoch nicht so sehr den Status der Zote als einer »zutreffenden« Assoziation in der textimmanenten Darstellung der Sexualität zu bezweifeln, sondern die Darstellung von Sexualität als einer zutreffenden Beschreibung der conditio humana. Soll der Text das »Portrait« einer Person liefern, so braucht der Einwand hier nicht zu interessieren, da seine Intention dann nicht die realitätsgerechte Bewertung der Sexualität überhaupt ist. Ohnehin ist hier nicht darüber zu handeln, wie eine solche auszusehen habe. Dafür stellt sich, wie schon beim frühen Arno Schmidt, das Problem des Allgemeinen, die Frage nach dem Interesse des Lesers an der Präsentation eines singulären Bewußtseins. In gewisser Hinsicht ist dies durch den Verweisungszusammenhang auf den Orpheus-Mythos gedeckt. Der Text gibt die conditio humana, insofern er die sexual-psychologische Konstitution des Dichters freilegt. Damit sind zwei Annahmen aus dem Frühwerk übernommen, die auch schon dort problematisch erschienen: die Stellung der Literatur als der einzig relevanten menschlichen Betätigung[62] und die Bestimmung der Literatur über die Selbsterfahrung.
Für Arno Schmidt gehört es zu den charakterologischen Qualitäten des Schriftstellers, über psychoanalytisches Wissen zu verfügen. Der Rekurs auf die »Genialität«, daß wissenschaftliches Wissen nicht auf eine wissenschaftliche Ausbildung, sondern auf eine spezifische Form der Inspiration zurückzuführen sei, ist gewiß frappierend. Die, wohl »pseudoanalytische« Begründung ist in *Zettels Traum* geliefert.[63] Danach entwickelt sich bei einigen besonders begabten Gehirntieren nach dem Erlöschen der genitalen Sexualität eine »vierte Instanz«, die die Sprache der Etyms versteht und mit ihr operiert. Argumentiert Arno Schmidt in *Sitara und der Weg dorthin* noch weitgehend im Rahmen des topographischen Modells, so dominiert in *Zettels Traum* die Strukturhypothese,[64] wobei der merkwürdige Status der »vierten Instanz« noch etwas näher zu erläu-

---

61) An Zweideutigkeiten in diesem Bereich leidet vor allem die Arbeit von Otfried Boenicke, Mythos und Psychoanalyse in »Abend mit Goldrand«. Es wird nicht ausreichend klar, wo Textintentionen rekonstruiert und wo die mitgeteilten Kindheitserinnerungen in »Abend mit Goldrand« für »eigenständige«, wenn auch nicht sehr aufwendige psychoanalytische Überlegungen verwendet werden.
62) So Tony Phelan, Rationalist narrative in some works of Arno Schmidt.
63) Vgl. ZT, zettel 912–917.
64) Manches freilich ist dunkel. So scheint Arno Schmidt (vgl. ebd.) das Ich mit dem Bewußten gleichzusetzen. Daß wesentliche Ich-Funktionen (die Abwehrmechanismen) unbewußt sind, scheint ihm nicht bekannt zu sein.

tern bleibt.[65] Sie ist, was für Arno Schmidts weitere Adaption Freuds folgenreich sein dürfte, in ihren Funktionen stark dem Ich angenähert, weil sie so etwas wie eine Spielart der Realitätsprüfung übernimmt. Unter dem Zwang der Außenwelt bildet sich beim Kleinkind in einem genetischen Prozeß das Ich, das dann objektive Qualitäten der Außenwelt, wie den Kausalnexus, entdeckt und lebenspraktisch verwertet. Ebenso genetisch bildet sich nach Arno Schmidt die »vierte Instanz« mit dem Auftreten der Impotenz. Sie entdeckt den Doppelsinn der Sprache als eine objektive Qualität der Sprache selbst. Erst mit dieser Wendung ist das »etymbewußte« Schreiben in seiner ästhetischen Qualität und als »realistische« Darstellungsweise gerechtfertigt, freilich um den Preis, daß die literarische Qualität an einen fatalen Naturprozeß gebunden ist[66] und jeden therapeutischen Wert verliert. Die Einsicht in die sexuelle Fundierung hängt ja an der Depravation der Sexualität und kann sie demgemäß nicht aufheben.[67] Jedenfalls hat dies eine Umformulierung der Dichterrolle zur Folge, die Thema von *Caliban über Setebos* ist.

Die Destruktion traditioneller Dichterstilisierungen ist die eine Seite. Für sie steht Rilke, besonders die *Sonette an Orpheus.*[68] Das zentrale Motiv vom »Rühmen«[69] des Sängers, das den Tod überwindet, ist berührt, wenn es heißt:

---

65) Otfried Boenicke, Mythos und Psychoanalyse in »Abend mit Goldrand«, S. 16, sieht in der »vierten Instanz« »nichts anderes als eine intensivierte Über-Ich-Instanz«. Wie er dazu kommt, bleibt sein Geheimnis.

66) Arno Schmidt unterscheidet demgemäß zwischen der Impotenz aus perverser Hemmung wie bei Poe, die nicht zur Ausbildung der »vierten Instanz« geführt habe, und der quasi »natürlichen« Impotenz, die aus dem Abbau der Drüsenfunktionen resultiert (vgl. ZT, zettel 912–917). Psychoanalytisch dürften dies höchst problematische Differenzierungen sein.

67) Die Betrachtungen Arno Schmidts zur »vierten Instanz« dürften pseudoanalytisch sein. Unverkennbar ist die Einführung ad hoc, da die Erweiterung nicht im Rahmen der klassischen Theorie begründet werden kann, obwohl die klassische Theorie weiterhin akzeptiert bleibt. So ist die Besetzung mit psychischer Energie dunkel. Daß die »vierte Instanz« aus Libido gebildet sei, die dem Es und dem Über-Ich entzogen werde, hilft wenig weiter, da die Libido ja physiologisch reduziert sein soll und die Frage nach aggressiven und narzißtischen Besetzungen ebenso offen bleibt wie die nach den spezifischen Funktionen, den Objektrepräsentanzen usw. dieser »Instanz«. Hinzu kommt, daß eine solche theoretische Konstruktion ganz unnötig sein dürfte. Psychoanalytisch wäre ja nicht zu fragen, wieso die objektive Doppelfunktion der Sprache plötzlich erkennbar wird (insofern dies korrekte Deutungsarbeit ist, geht die Erkenntnis ohnehin auf die Ich-Funktionen zurück), sondern warum dem Subjekt plötzlich alle Wörter sexuell doppelsinnig erscheinen. Eine Möglichkeit wäre die Schizophrenie. Arno Schmidts Überlegungen dürften aber eher so zu rekonstruieren sein, daß mit dem Verfall des Genitalprimats die Regression auf die zuvor integrierten Partialtriebe einsetzt. Bei einer insgesamt herabgesetzten Libido braucht die Regression weder zu perversen Aktivitäten noch zu manifesten neurotischen Symptomen zu führen. Die Triebwünsche können im obszönen Witz bewältigt werden, wie denn die Zote ein Spezifikum der Sexualität des Greises ist. Bei entsprechenden literarischen Sublimierungsfähigkeiten kann die obszöne Witzelsucht ästhetische Qualitäten erlangen – ein Vorgang, der in der klassischen Theorie nichts Unbegreifliches hat.

68) Vgl. Robert Wohlleben, »Übersicht: Rilkes ›Sonette an Orpheus‹ im Zitat bei Arno Schmidt«. Vorherrschend ist der Stilzug der böswilligen Parodie.

69) »Rühmen, das ists! Ein zum Rühmen Bestellter, / ging er hervor wie das Erz aus des Steins / Schweigen [. . .]« (»Sonette an Orpheus«, I, 7).

RICHARD TAUBER lächelte fett; und beschwor, ein zum Rühren Bestellter, die Jägerinnen, die mit gierig blassen Gesichtern zu ihm hoch lauschten [. . .] – Die hatten ja ein Heiden-Geld gemacht, dieser LÉHAR-damals! Oder auch KARL MAY; ewige, nie genug zu verehrende Vor-Bilder uns nach Volkstümlichkeit Ringenden.[70]

Das zum »Rühren« entstellte »Rühmen« gerät in die Nähe trivialer Illusionskunst, wenn in seinem Kontext Namen wie Léhar und Karl May auftauchen. Aus der Gedichtproduktion Karl Mays stammen denn auch jene Texte,[71] die den Vorgang des dichterischen Rühmens travestieren.[72] Dabei werden die Eindrücke der Gaststube transformiert, das Zündholz des Gastwirtes verwandelt sich in den Lichtschein eines Schutzengels. Die Dichtung übersetzt die Partikel der Realität in eine neue, erhöhte »Wirklichkeit«. Indem so der Prozeß der Poetisierung vorgeführt wird, wird er zugleich diffamiert. Die zweite Wirklichkeit ist eine erlogene. Sie gehört in den Bereich der schädlichen Illusionen. Ihre ideologische Funktion ist jedoch nicht mit der Theorie vom »Priestertrug« zu erfassen, von dem die frühen Texte ausgingen. Das Gedicht Karl Mays rechtfertigt ja keineswegs die ungerechte Herrschaft, sondern ist primär mit seiner Idylle von Mutter und Kind ein desexualisiertes Gebilde, in dessen Unterschicht sich die latente Sexualisierung einschleicht. Zu den Zeilen

mein kleines süßes Herzensbübchen
schlang seine Ärmchen warm um mich[73]

läßt sich der Kommentar im Sinne von *Sitara und der Weg dorthin* unschwer erraten. Die Illusion des Rührens ist die Illusion über das »innere Ausland«.
Im Gegensatz dazu steht die Deskription des »inneren Auslandes«. Düsterhenn formuliert programmatisch:

Ich mußte säufzen; [. . .] (und wozu ist schließlich der Sänger da, wenn nicht um das Uni- sive Perversum mitzustenografieren? Allen zum Anstoß, Keinem zur rechten Freude.[74]

Die Deskription (»mitzustenografieren«) stößt auf die Identität von Universum und Perversion. Der Scharfblick des Sängers kann hinter allen (menschlichen) Erscheinungen immer nur die Manifestationen der ver-

70) KiH, S. 269–270/ORP, S. 35.
71) Vgl. Alfred Andersch, Düsterhenns Dunkelstunde, S. 344.
72) Vgl. KiH, S. 238–241/ORP, S. 15–17.
73) Ebd. S. 239/S. 15.
74) Ebd. S. 301/S. 56.

drängten Sexualimpulse erkennen.[75] Sie sind die wahre Wirklichkeit, zugleich aber auch eine Naturgegebenheit, die nicht weiter begründet werden kann. Ihre Erkenntnis ist Manifestation der höchsten literarischen Genialität (»Sänger« = Orpheus), damit zugleich für Arno Schmidt höchster Wert – dieses Erbe der Schopenhauerschen Ästhetik bleibt auch im Spätwerk erhalten –, paradoxerweise aber auch ein nutzloser Wert, da die Erkenntnis »allen zum Anstoß« wird. Die Wendung erinnert an Freuds wissenschaftsgeschichtliches Selbstverständnis, wie es in *Die Widerstände gegen die Psychoanalyse* formuliert ist.[76] Die Psychoanalyse muß über die üblichen Schwierigkeiten jeder wissenschaftlichen Revolution hinaus mit besonderen Widerständen rechnen, weil sie die kulturellen Verdrängungen aufdeckt. Im wissenschaftsgeschichtlichen Widerstand gegen die Psychoanalyse kehrt der Widerstand der Patienten in der Therapie wieder. Allerdings überwindet die Therapie den Widerstand, wie ihn die Psychoanalyse als wissenschaftliche Bewegung überwindet. Das Moment von individueller Therapeutik und kultureller Aufklärung fehlt in *Caliban über Setebos* völlig. Düsterhenn unterscheidet vielmehr genau die Bereiche. Als öffentliche Person produziert er die kulturellen Illusionen durch schönfärberische Umbildungen der Wirklichkeit, die Analyse des Universums als Perversum ist streng privates Wissen. Anders als im Frühwerk fehlen jetzt auch die Romanfiguren, die, den Typus der »Schriftstellerfrau« variierend, den Erzähler bei seinen wissenschaftlichen Unternehmen unterstützen. Auch damit ist eine aporetische Konstellation des Frühwerks transponiert, nämlich das Problem, den anthropologischen Pessimismus mit der Idee des Fortschritts als Ergebnis der Aufklärung zu verbinden, das sich textimmanent als Schwierigkeit darstellte, für die monologische Manifestation des Ich den Anspruch auf rationale und argumentative Information über Wirklichkeit festzuhalten. Die Spannung wird hier durch die Verlagerung auf das Pessimistische und Monologische aufgelöst. Die aufklärerische Konzeption von der allgemeinen Vernunft geht in die isolierte Fixierung auf die singuläre Genialität (»Sänger») über. Parallel dazu geht der Bezug auf die historisch-politische Welt verloren. Das Frühwerk hatte sich auf die Revolution zur Aufhebung der Unterdrückung berufen und zugleich menschliches Leid als Folge eines Naturdefektes ausgegeben. Natur und Geschichte stehen in einem höchst spannungsvollen Verhältnis zueinander. In *Caliban über*

---

75) Am Rande sei bemerkt, daß der hier anklingende Pansexualismus keineswegs freudianisch ist. Freud hat immer mit dem Triebdualismus gerechnet. Den libidinösen Es-Trieben werden antagonistische Ich-Triebe entgegengesetzt. Ursprünglich denkt Freud dabei an den Selbsterhaltungstrieb. Von »Jenseits des Lustprinzips« an tritt an seine Stelle der Todestrieb, der nach außen gewendet zur Aggression wird.

76) Vgl. Sigmund Freud, Selbstdarstellung. Schriften zur Geschichte der Psychoanalyse, S. 223–233.

Setebos ist der Erkenntnisakt des Sängers allein auf die als unveränderlich interpretierte Naturgegebenheit (das »Uni- sive Perversum«) bezogen.

Der Glaube an das Scheitern der Aufklärung ist eine Spielart des Pessimismus, die sich nicht unbedingt auf Freud berufen kann. Der späte Freud ist in seiner Einschätzung der Möglichkeiten des Fortschritts zwar skeptischer geworden, negiert aber keineswegs, daß psychoanalytisches Wissen zu allgemein akzeptiertem kulturellen Wissen werden könne. Seine Zweifel richten sich auf die praktische Relevanz dieses Wissens, sei es im Erfolg der therapeutischen Kur,[77] sei es in der kulturellen Beherrschung der Destruktion.[78] Die Isolation des »Sängers« bei Arno Schmidt bedarf so einer weiteren Aufhellung.

Die programmatische Wendung vom »Uni- sive Perversum« steht an sehr zentraler Stelle. Sie leitet die Beobachtung der lesbischen Orgie ein. Düsterhenn wiederholt den mythischen Lebensweg des Orpheus. Innerhalb dieser »imitatio« ist die Orgie zwischen dem endgültigen Verlust Eurydikes und dem Tod des Sängers lokalisiert. Die programmatische Neuformulierung der Dichterrolle erscheint als erste Bilanz des mythischen Schicksals, wenigstens so, wie Düsterhenn es erlebt. Die einschneidende Umdeutung des Mythos gruppiert sich um das Motiv vom Wiederfinden und Verlieren der Frau.

Rieke ist nicht Düsterhenns Gattin, mit der die Gemeinschaft über den Tod hinaus gewahrt bleibt, sondern die umschwärmte Jugendgeliebte, mit der er niemals sexuellen Kontakt hatte. Die Reise zu ihr ist die Reise zu den Jugenderinnerungen und damit in die eigene Vergangenheit. Auch damit ist ein eminent psychoanalytisches Moment berührt. Geht es in der therapeutischen Kur doch darum, die eigene Vergangenheit zurückzugewinnen.[79] In der Übertragung wird längst Vergangenes noch einmal erlebt. Die Heilung ist erreicht, wenn der reaktivierte pathogene Konflikt einer ichgerechten Lösung zugeführt werden kann. Düsterhenns Reise ist doppelt motiviert. Vordergründig geht es um die Erzeugung einer sentimentalen Stimmung, die dem neuen »Gedichtband« zugute kommen soll. Indizien verweisen auf die verdeckte sexuelle Motivation. Bereits im Bus löst das Gespräch über die Wiederkehr der Toten, das auf Rieke vorausdeutet, eine Erektion aus.[80] Auch der Kauf des Kruges weist in diese Richtung. Krüge oder Vasen sind Traumsymboie für das weibli-

77) Vgl. Freud, Die endliche und die unendliche Analyse, Studienausgabe, Behandlungstechnische Schriften, S. 357–392.

78) Vgl. Freud, Das Unbehagen in der Kultur, Studienausgabe IX, S. 197–270.

79) Freud liebt es, den analytischen Prozeß mit einer archäologischen Ausgrabung zu vergleichen.

80) Vgl. KiH, S. 277/ORP, S. 7–8. Dazu Joachim Kaiser, Des Sengers Phall (unpaginiert).

che Genitale.[81] Düsterhenn kauft ihn vom Wirt, wie er Rieke kaufen kann. Diese bringt den Krug obendrein noch in sein Zimmer. Düsterhenn und Rieke steigen gemeinsam die Treppe empor,[82] wobei das Treppensteigen den Koitus symbolisiert.[83] Insofern ist die Reise als eine Reaktivierung des Vergangenen mit dem Ziel eines neuen Ausgangs intendiert. Der sexuelle Kontakt, der damals fehlte, soll nachgeholt werden. Neuer Abschluß und literarische Produktion sind miteinander verbunden, da das Wiedersehen ja literarisch verwertet werden soll. Daß dies im Zeichen der Sentimentalität geschieht, deutet aber bereits an, daß dem eine verfehlte Konzeption der Dichterrolle zugrunde liegt. Die von Düsterhenn ja durchaus irgendwie ernstgenommene Wechselbeziehung von Literaturproduktion und sexueller Erfüllung ist schon im vorhinein als illusionär angezeigt.

Genauer besehen, ist diese sexuelle Illusion lebensgeschichtlich gestuft. Düsterhenns »Boyisch POE-it laww« hatte Rieke so sehr »veretherisiert« (Verdichtung aus ätherisch und ethisch),[84] daß sie als Sexualwesen gar nicht gedacht werden konnte. Erst der erwachsene Mann kann sie als Sexualobjekt begehren. Aber auch dies ist, wie die Wiederbegegnung zeigte, illusionär. Die Frau ist, wie das Kapitel »Erato«[85] gezeigt hat, von bloßer, promiskuiter Triebhaftigkeit. Im intellektuell bestimmten Mann löst die unverstellte Sexualität Ekel aus, der zur temporären (?) Impotenz führt.[86] Die analytische Reise in die Vergangenheit deckt so das Wesen der Sexualität auf. Dies ist aber kein »freudianisches« Ergebnis mehr. Die Ersetzung einer zu erwartenden sexuellen Erregung durch Ekel ist ein neurotisches Symptom.[87] Die Auflösung solcher Symptome ist gerade die Aufgabe der Therapie, während sie bei Arno Schmidt das Ergebnis der analytischen Reise in die Vergangenheit sind. Hier werden in die Psychoanalyse pessimistische Versatzstücke integriert, die bei Arno Schmidt schon sehr früh nachzuweisen sind: nämlich der Ekel vor der Kreatürlichkeit des Menschen, dem »inter faeces et urinas nascimur«, die sich im Geschlechtsakt am augenfälligsten dokumentiert. Dem steht allerdings

---

81) Vgl. Sigmund Freud, Die Traumdeutung, Studienausgabe II, S. 348 – ausführlicher dazu ders., Zur Psychopathologie des Alltagslebens, S. 137–138. Selbstverständlich werden solche Traumsymbole im Text bewußt eingesetzt, so daß ihre Auflösung nicht in eine psychoanalytische Literaturinterpretation übergeht. Als Indiz für den Leser wird die symbolische Bedeutung des Kruges »etymistisch« angedeutet. »Im Kruk Wonngällon – : auch das der blanke Tiefsinn, ›Wonne+Galle‹« KiH, S. 297/ORP, S. 53. »Wonne« und »Galle« bezeichnen aber sehr genau den ambivalenten Wert der Frau als Sexualobjekt, von dem der Text handelt.

82) Vgl. KiH, S. 293–294/ORP, S. 51.

83) Vgl. Sigmund Freud, Die Traumdeutung, Studienausgabe II, S. 349.

84) KiH, S. 294/ORP, S. 51.

85) Vgl. ebd., S. 254–257/S. 25–27. Die Desillusion wird noch dadurch verstärkt, daß Erato die Muse der Liebeslieder ist, jener lyrischen Gattung also, zu der Rieke speziell inspirieren soll.

86) Vgl. ebd. S. 292–297/S. 50–53.

87) Selbstverständlich wäre auch der (triviale) Fall denkbar, daß Rieke Düsterhenn nicht »gefällt«. Die normale Reaktion wäre dann aber die affektive Indifferenz.

die außerordentliche Hochschätzung erotischer Beziehungen als natürliches Refugium gegenüber.[88] Auch hier löst der Text eine frühe Aporie auf, die auf der Ambivalenz des Naturbegriffs aufbaute. Einerseits ist die Natur die Leviathanswelt, andererseits ist sie der positive Gegenpol zu den Zwängen der sozialen Welt. Wenn von der Intention des Textes her der Ekel vor der Sexualität nicht als neurotisches Symptom aufzufassen ist, sondern als eine adäquate Reaktion den Naturgegebenheiten gegenüber zu gelten hat, so wird die Position Arno Schmidts auf dem Hintergrund der Opposition von Geschichtsphilosophie und Anthropologie entscheidend radikalisiert. Es wurde schon angedeutet, daß das Frühwerk zwischen beiden Positionen oszilliert. Das Spätwerk scheidet die geschichtsphilosophische Komponente weitgehend aus. Zugleich bricht bei Arno Schmidt die therapeutische Emanzipation von der Natur zusammen, die Odo Marquard für die Philosophie des 19. Jahrhunderts konstatiert hat.[89] Seine »reformulierte« Psychoanalyse kann lediglich Illusionen über das Wesen des Menschen zerstören, aber keine Naturbedingungen verändern.[90] Die Aufdeckung der Identität des Universums mit dem Perversum ist demgemäß nutzlos, weil sie nicht in Therapie umgesetzt werden kann. Bezeichnenderweise hat Düsterhenn keinerlei Wirkungsintentionen mehr.

Die Nutzlosigkeit der Erkenntnis wird dadurch verschärft, daß die Bedingung der Erkenntnis selbst wieder an höchst fatale Naturprozesse gebunden ist.[91] Die Anfälligkeit für die Impotenz ist ein Zeichen des Alters. Düsterhenns Gedanken gehen vom unterlassenen Geschlechtsakt und angesichts des eigenen Spiegelbildes zur Thematik des Alterns über. Sie gipfeln schließlich im Ekel vor dem eigenen Körper.[92] Gerade diese Erfahrung der Impotenz hat weitreichende literarische Konsequenzen. Vorher hat Düsterhenn eigene libidinöse Ziele verfolgt. Nun wird er zum

---

88) So bereits im »Leviathan«. Bezeichnend ist auch das konstante Motiv des Ekels vor körperlichen Funktionen, so etwa der Menstruationsblutung oder der Defäkation. Hier ergibt sich eine Beziehung zu Freud, die bei Arno Schmidt ins Monomanische gesteigert ist. Die Kultur muß, um sich konstituieren zu können, die Reinlichkeitserziehung erzwingen. Dann steht die Sexualität aber unter dem Vorzeichen des »inter faeces et urinas nascimur«. Dies gehört zu dem neurotischen Rest, den die Kulturarbeit unweigerlich mit sich bringt. Vgl. Sigmund Freud, Über die allgemeinste Erniedrigung des Liebeslebens, Studienausgabe V, S. 199–209.

89) Vgl. Odo Marquard, Schwierigkeiten mit der Geschichtsphilosophie.

90) Der Pessimismus Arno Schmidts ist demnach anders strukturiert als der des späten Freud, wie er in »Das Unbehagen in der Kultur« formuliert ist. Demnach überwindet die Kulturarbeit tatsächlich die wahrhaft tierische Misere des natürlichen Menschen. Die Emanzipation von der Natur geht nur nicht rein auf, weil sie den Triebverzicht zum Preis hat.

91) Bei Freud ist die Bedingung von Erkenntnis auch an charakterologische Momente gebunden, die der »Natur« der Person zuzurechnen sind, aber diese sind positiv gewertet. Wissenschaftliche Beschäftigung ist das Ergebnis einer Sublimierung. Dabei wird wohl die Triebenergie verwandelt abgeführt, aber es handelt sich dabei um Triebimpulse, die ohnehin von der Kultur unterdrückt worden wären. Die Sublimierung ist, pointiert formuliert, so etwas wie ein »befriedigender Triebverzicht«.

92) Vgl. KiH, S. 299/ORP, S. 54.

bloßen Beobachter der lesbischen Orgie, ohne daß ein Hinweis auf die sexuelle Befriedigung des Voyeurs fiele. Die Beschreibung der Orgie ist selbst ein Stück in Literatur umgesetzte Erkenntnis, wobei diese sich primär in der Sprachbehandlung dokumentiert. Die Einsicht in die ubiquitäre Omnipotenz des Sexuellen und ihre literarische Verarbeitung ist selbst an den Verlust der Möglichkeit zur sexuellen Betätigung gebunden.[93]

Was hier textimmanent ermittelt wurde, läßt sich auch von der Literaturtheorie des späten Arno Schmidt her belegen. Es war schon zu erwähnen gewesen, daß sich die »vierte Instanz« und mit ihr die Einsicht, daß »die ganze Sprache [. . .] ja irgendwie sexuell superfoetiert«[94] ist, erst mit dem Erlöschen der genitalen Sexualität ausbildet. Dies ist ein selbsttätiger Naturprozeß. Nun hat das Alter immer den Tod im Prospekt. Hinzu kommt, daß die Impotenz von Arno Schmidt selbst als partieller Tod und damit als Präfiguration des Todes überhaupt aufgefaßt wird. Konsequenterweise wiederholt Düsterhenn auch den Tod des Orpheus. Im Auto sitzt er auf dem »Todessitz«.[95] Im Anschluß an den Mythos, daß das weissagende Haupt des zerstückelten Orpheus in Lesbos angetrieben worden sei, heißt es »bei einem anständigen Menschen lebt am Ende nur noch der Kopf«.[96] Die Impotenz führt zu einer reinen Intellektualität, die in Analogie zum Tode steht.

Die ästhetische Grundannahme, die damit formuliert ist, kann sich nicht mehr auf die Psychoanalyse berufen. Die Theorie der künstlerisch kreativen Persönlichkeit gehört gewiß zu den »dunklen Kapiteln« der Psychoanalyse.[97] Als »Ergebnis« der Spekulationen läßt sich aber wohl festhalten, daß die künstlerische Produktion als eine Sublimierungsleistung anzusehen ist, die tabuisierte Partialtriebe nicht einem neurotischen Symptom überläßt, sondern in ein ichgerechtes, für Produzent wie Rezipient gleichermaßen lustbringendes Gebilde überführt. Im Falle der ästhetischen Konzeption Arno Schmidts wäre wohl von einer Sublimierung der infantilen Schaulust zu sprechen. Nach einer psychoanalytischen Grundannahme hängt die volle Sublimierungsfähigkeit aber davon ab, daß keine überstarken Triebkonflikte vorliegen. Dies wieder setzt die libidinöse Befriedigung in der Hauptsache, also im Genitalprimat, voraus. Die psychische Impotenz ist aber ein so schweres neurotisches Symptom, daß an eine solche grundsätzliche Befriedigung nicht zu denken ist. Von daher kann die psychische Erkrankung, wie immer nun das Ver-

93) Alle drei späten Romane lassen einen ähnlichen Befund zu. Vgl. die Figuren Pagenstecher, Kolderup und A&O.
94) KiH, S. 311–312/ORP, S. 63.
95) Ebd. S. 316/S. 65.
96) Ebd.
97) Vgl. dazu Reinhold Wolff, Versuch einer Systematik.

hältnis von Dichter und Neurose eingestuft wird, keineswegs als eine Voraussetzung der Produktivität angesehen werden. In verstärktem Maße gilt dies für die analytische Tätigkeit selbst, zumal Arno Schmidt den Dichter mit der Aufgabe der Dechiffrierung des Unbewußten belastet, ihn also zum wahren Analytiker ernennt. Wo beim Analysierenden psychische Störungen vorliegen, ist mit einer Abwehr des Unbewußten zu rechnen. Wo der Analytiker selbst abwehrt, wird er das Unbewußte seines Patienten nicht verstehen können. Deshalb hat Freud für die Kandidaten der Psychoanalyse die Lehranalyse bindend vorgeschrieben.

Es geht hier nicht darum, »falsche« Ansichten Arno Schmidts durch die »richtigen« Freuds zu korrigieren. Dergleichen ist nicht Aufgabe des Literaturwissenschaftlers. Es zeichnen sich aber in der Divergenz der Auffassungen Umformungen der Psychoanalyse ab, die für das Verständnis der späten Texte von Bedeutung sind. Im wesentlichen stößt man hinter dem psychoanalytischen Apparat, innerhalb dessen der späte Arno Schmidt argumentiert, immer noch auf das Urgestein der Metaphysik Schopenhauers. In der Wendung »bei einem anständigen Menschen lebt am Ende nur noch der Kopf«[98] klingt Schopenhauers Antagonismus von Gehirn und Genitalien an.[99] Ist das erste das Organ des willenlosen Intellekts und damit das Organ der Wissenschaften und der Kunst, so sind die zweiten der Brennpunkt des Willens, jenes Willens, der die interesselose Kontemplation aufhebt. Schopenhauer und Freud werden kontaminiert, aber in einer höchst fatalen Weise, die die »tröstlichen« Aspekte beider aufhebt.

Sitara und der Weg dorthin fügt sich, ebenso wie die Poe-Exegesen von *Zettels Traum,* bei aller phantastischen Überdehnung der Methode, durchaus in den Rahmen der älteren psychoanalytischen Literaturinterpretation. Sie rekonstruiert unbewußte Wünsche, die dem Bewußten des Autors nicht zugänglich sind. Mit der von Arno Schmidt intendierten Übertragung des Verfahrens auf die literarische Produktion ist bei allen Analogien, etwa zur Traumarbeit, der Boden der Psychoanalyse verlassen. Die sexuelle Unterschicht der Wörter, die die Sprachbehandlung andeutet, gehört zur bewußten Autorenintention. Das Unbewußte kann so nicht abgebildet werden, sondern allenfalls die bewußte Deutung, die der Autor über Gehalte des Unbewußten hat. Psychoanalytisch gesehen, gehört dies zu den die wesentlichen Punkte notwendigerweise verdekkenden Selbstdiagnosen, mit denen der analytisch belesene Patient in die Behandlung eintritt. Es steht hier nicht zu vermuten, wie Arno Schmidt zu diesen Deutungen gekommen ist. Gewiß dürfte sein, daß sie nicht in einer therapeutischen Situation gewonnen wurden. So werden in dem analytischen Verfahren, das in Düsterhenns Reise in die Vergangen-

98) KiH, S. 316/ORP, S. 65.

99) Vgl. Schopenhauer, Die Welt als Wille und Vorstellung II, Werke Bd. III, S. 267–268.

heit abgebildet ist, wesentliche Momente der psychoanalytischen Therapie unterschlagen. Die Struktur von *Caliban über Setebos* verharrt in der bloßen Deutung, indem gewissermaßen Übersetzungsrelationen zwischen der unverfänglichen und der sexuellen Bedeutung der Wörter gegeben werden. In der therapeutischen Situation mögen auch solche Deutungen ihren Platz haben, doch werden sie im Rahmen einer Situation erteilt, in der der Patient infantile emotionale Beziehungen auf den Analytiker überträgt. Durch die Übertragung werden verdrängte Affekte frei, die der Patient in der gelungenen Therapie bewältigt.[100] Arno Schmidts psychoanalytische Literatur rechnet mit einer solchen Wiederholung von Affekten nicht. Er verharrt in dem populären Mißverständnis des psychoanalytischen Geschäftes, wonach es allein um die Deutung der Abkömmlinge des Unbewußten geht, also eine rein intellektuelle Leistung vollbracht wird. Entscheidende Konsequenz dieses Mißverständnisses ist, daß in seiner Auffassung der Psychoanalyse das therapeutische Moment fehlt. Entsprechend ist die Psychoanalyse in *Caliban über Setebos* eine bloß monologische Angelegenheit und kein Dialog.

Diese Verkürzung wird durch quasi theoretische Annahmen weiter gestützt. Das Theorem, daß die Sprache sexuell »superfötiert« sei, führt zu einer gewissermaßen objektivistischen Auffassung der Sprache. Hier klingt die Gehirnphysiologie der *Berechnungen* an, da der Doppelsinn der Etyms auf die Struktur des Sprachzentrums im Gehirn zurückgeführt wird.[101] Der in der therapeutischen Situation zu erfassende Zusammenhang von Sprache, lebensgeschichtlichen Traumata und Affekten wird weitgehend unterschlagen. Kennt man erst die überindividuelle Struktur der Sprache, so kann – ein Nachklang der »objektiven Traumdeutung« – gewissermaßen vom Blatt übersetzt werden. Die Lebensgeschichte ist allenfalls notwendig, um die autorenspezifische Auswahl aus dem Vorrat der Etyms erklären zu können. Die objektivistische Reduktion gilt nicht allein für den Gegenstandsbereich, sondern auch für den Beobachter. Die analytische Einsicht ist nicht durch den analytischen Prozeß selbst gewonnen, sondern durch einen selbsttätigen Naturprozeß, eben das Altern. Die Psychoanalyse wird so zu einer bloßen Beobachtungswissenschaft, die Naturgegebenheiten konstatiert, die weder beeinflußt werden können, noch für den Beobachter von emotionaler Relevanz sind. Demgemäß fehlt die Therapie, die in der Selbstanalyse Düsterhenns Mißverhältnis zur Sexualität aufheben oder ihn, wie es Freud als höchstes Zeichen der Normalität wertet, mit der Naturananke des Alterns und des Todes versöhnen würde. An ihre Stelle tritt eine Rationalisierung der

---

100) Vgl. Freud, Erinnern, Wiederholen und Durcharbeiten, Studienausgabe, Schriften zur Behandlungstechnik, S. 207–215.

101) So die Wendung, daß »im menschlichen Gehirn« »die *Worte* gespeichert« sind (TRITON, S. 278/LORD, S. 278).

subjektiven Neurosen, die die neurotischen Vorstellungen, letztlich wohl die Auffassung von der Kastration durch den gefährlichen Geschlechtsakt, als Zustandsbeschreibung der conditio humana »projiziert«. Liest man diese Konstellation von der Metaphysik Schopenhauers aus, so ergibt sich hingegen das abnorm begabte, geniale Individuum außerhalb der Zwänge des Willens (der Sexualität), das das innere Wesen der Welt (das »Uni – sive Perversum«) kontempliert. Allerdings fehlt dieser Spätfassung der Schopenhauerschen Ästhetik jene tröstende Funktion, die sie noch für den frühen Arno Schmidt hatte.

Im Frühwerk war die Ästhetik Schopenhauers mit lebenspraktischen Konsequenzen in höchst inkonsistenter Weise dadurch verbunden, daß die Sachprosa als reine Kunst erschien. Im Spätwerk erscheint die Intellektualität geradezu als lebensfeindlich, weil der erkennende Gegensatz zur Natur selbst wieder nur das Ergebnis eines fatalen Naturprozesses ist. Die Einsicht in die wirkliche Welt ist nur zu gewinnen um den Preis eines Verlustes der Wirklichkeit. Letztlich erscheint der Tod als Preis für die Kunst. Für den Künstler ist die Frage nicht diskutabel, ob Erkenntnis und Kunst diesen Preis wert sind – von der Ausgangskonstellation her wäre ja sonst auch die geistfeindliche Verherrlichung des Lebens denkbar, wie sie in der Literatur der Jahrhundertwende auftaucht –, da der biologistische Fatalismus keine andere Wahlmöglichkeit zuläßt. Sowohl die abnorme Begabung als auch der Naturprozeß des Alterns stehen nicht in der Verfügung des Individuums. Durch die konsequente Psychologisierung geht zugleich aber auch die metaphysische Dignität der Erkenntnis verloren. Kunst, die das Ergebnis eines Naturprozesses ist, kann offenbar nicht als Gegenbereich zu den leidvollen Zwängen der Natur ausgebaut werden. Sie erschließt letztlich keinen leidfreien Raum jenseits des Wollens, sondern deckt immer nur die Misere der eigenen kreatürlichen Naturbedingtheit und Naturbedürftigkeit auf, zerstört nur die Illusionen, die die Fatalität der Natur verdecken, ohne den Künstler von ihnen zu emanzipieren, wie dies Odo Marquard für die Ästhetik und Therapeutik des 19. Jahrhunderts gesehen hat. Letztlich findet der »Belphegor«-Pessimismus des frühen Arno Schmidt hier seine radikale Ausprägung. Die Einsicht ist nicht nur deshalb vergeblich, weil sie aufgrund der defizienten menschlichen Natur nicht in Praxis umgesetzt werden kann, sie hat auch noch das eigene Leben zum Preis. Dieses Dilemma macht die Hauptfiguren der späten Romane so zwiespältig. Die Spannung von intellektualistischer Stilisierung und der Klage über das ungelebte Leben entspricht genau der inneren Spannung in Arno Schmidts Begriff von der Kunst. Die Polarität wird schon bei Düsterhenn deutlich. Einerseits ist die Klage über Impotenz und Alter unüberhörbar, andererseits ist die mit ihnen verbundene Intellektualität Zeichen eines »anständigen Menschen«.

Die Fixierung der Kunst auf die bloßen Fatalitäten der Natur hebt ihre kritische Potenz auf. Dies wird besonders dort deutlich, wo die Intention von *Caliban über Setebos* die kritischen Komponenten berücksichtigt. Alfred Andersch hat darauf hingewiesen, daß dem Orpheus-Mythos der Verweis auf den Caliban in Shakespeares *Sturm* unterlegt wird. Allerdings fehlt die Welt Prosperos, Caliban steht im Mittelpunkt. Dadurch wird das Moment des Aufruhrs eingeführt, das dem Orpheus-Mythos fehlt.[102] Das Bindeglied zwischen Shakespeare und Arno Schmidt, Robert Brownings Rollengedicht *Caliban upon Setebos*[103], ist Andersch allerdings entgangen. Im Monolog Calibans über den unbegreiflichen und bösartigen Gott seiner Mutter sind Arno Schmidts Umdeutungen des *Sturm* bereits vorweggenommen.[104] Auf den ersten Blick scheint damit der Kampf gegen den heteronomen Zwang wiederaufgenommen zu sein, von dem der *Leviathan* bestimmt ist.[105] Dort stand freilich gegen den politischen Zwang die anarchische Auflehnung gegen den Staat, gegen den »metaphysischen Zwang« der Anspruch auf die Durchsetzung des Glücksverlangens. In *Caliban über Setebos* ist das Moment der Heteronomie aber um seine sozialen und metaphysischen Implikationen verkürzt. Heteronomie erscheint lediglich als der Zwang der physischen Kreatürlichkeit. Ihn überwindet weder die politische Revolte noch die Kunst, noch nicht einmal die Resignation im Sinne der Ethik Schopenhauers. Bei Schopenhauer ist die Natur zwar Objektivation des Willens, der deckt aber dann doch nicht die ganze Realität, da seine Substanz auch nichtwollend gedacht werden kann. Beim späten Arno Schmidt sind aber alle Wendungen gegen die Natur, wie am Beispiel der Kunst gezeigt wurde, selbst wieder nur Ausdruck der kreatürlichen Bedingtheit. Der Aufruhr Calibans ist deshalb ein Aufruhr gegen »den Weltzustand als Ganzes«. Der kann aber offenbar nicht sinnvoll kritisiert werden. Konsequenz daraus ist die Haltung des ubiquitären Querulierens, die Joachim Kaiser an *Caliban über Setebos* bemerkt hat, ohne sie systematisch einordnen zu können.[106]

Von hier aus läßt sich die ambivalente Einstellung, mit der die literarische Produktion im Spätwerk Arno Schmidts gesehen ist, noch weiter beleuchten. In *Caliban über Setebos* werden Gott und Künstler gegeneinander gestellt:

> Natürlich gab's auch ab & an ne gelungene Stelle im Universum; aber die Mehrzahl der Produkte jenes sete Boss war Fusch-Werk, schnell &

---

102) Vgl. Alfred Andersch, Düsterhenns Dunkelstunde.
103) Vgl. Gerhard Schmidt-Henkel, Arno Schmidt, S. 267.
104) Vgl. Tony Phelan, Rationalist narrative in some works of Arno Schmidt.
105) Alfred Andersch verweist denn auch auf den »Leviathan« als Deutungsfolie für »Caliban über Setebos«. Vgl. Düsterhenns Dunkelstunde.
106) Vgl. Joachim Kaiser, Des Sengers Phall.

> schludrich, wie vo'm alten-frechen Handwerksburschen: wenn's n Buch wär', würde der Autor schon das seinige zu hören bekomm'm. Aber so kuschtn se Alle.[107]

Mit jener Parallelisierung verkehrt Arno Schmidt ein Theorem der klassischen Ästhetik in ihr Gegenteil. Nach Shaftesburys außerordentlich einflußreicher Auffassung verhält sich der Dichter zu seinem Werk wie Gott zum Universum. Er ist ein »second maker«. Intention der zweiten Schöpfung ist es, die Harmonie des Universums noch einmal darzustellen.[108] Das Theorem von der »zweiten Schöpfung« bleibt bei Arno Schmidt zwar erhalten, sie ist bei ihm aber der ersten überlegen, weil in jener Ordnung und Zusammenhang gewahrt bleiben, die in der chaotischen Natur fehlen. Anders als die Welt ist der Roman ein sinnvoll konstruiertes Gebilde. Tony Phelan hat mit Recht bemerkt, der Atheismus Arno Schmidts sei darin begründet, daß der Mensch in der Welt keine sinnvoll geordneten Gebilde vorfindet, sondern sie erst erzeugen muß.[109] Allerdings haben für Arno Schmidt nur die ästhetischen Gebilde diese Qualität, nicht die wie auch immer organisierte oder organisierbare kulturelle Lebenswelt. Über sie sprechen die späten Texte mit denkbar entschiedenem Pessimismus. Dem entspricht die außerordentliche existentielle Bedeutung, die dem Produzieren und Konsumieren von Literatur im Spätwerk zukommt, obwohl sie doch das Leben zum Preis hat. Zwar kann Literatur, sofern sie Erkenntnis ist, immer nur die Zusammenhanglosigkeit und Unausweichlichkeit der kreatürlichen Misere aufdecken, sie tut dies aber in einem sinnvoll geordneten Gebilde. Die Befriedigung darüber ist das letzte humane Residuum, das das Spätwerk zuläßt.

Auch dieses ist freilich höchst fragil. Die geordneten Gebilde der Kunst sind selbst wieder der Misere des »Weltganzen« ausgeliefert. Sie werden verbraucht, zerstört und vergessen – ein Gedanke, der von *Tina oder Über die Unsterblichkeit* über *Kaff auch Mare Crisium* (die »Bibliothek« auf dem Monde) bis *Die Schule der Atheisten* das Werk Arno Schmidts durchzieht. Die Misere der kreatürlichen Welt zerstört unweigerlich wieder die Ergebnisse der »Kulturarbeit«, die gegen sie errichtet wurden. Demgegenüber bleibt nur noch jene stoische Ergebung, von der das Ende von *Abend mit Goldrand* als letztes Wort Arno Schmidts handelt.

---

107) KiH, S. 309/ORP, S. 61.
108) Vgl. Ernst Cassirer, Die Philosophie der Aufklärung, S. 417–443.
109) Vgl. Tony Phelan, Rationalist narrative in some works of Arno Schmidt.

Verzeichnis der benutzten Literatur

Zur Entlastung der Anmerkungen werden die Texte nur mit dem Titel zitiert. Die vollständigen bibliographischen Angaben erscheinen im Literaturverzeichnis.

I. Quellen

Eine Untersuchung über Arno Schmidt steht vor der Situation, daß die allgemein verbreiteten Taschenbuchausgaben nicht zitierfähig, die gebundenen Ausgaben (ihre Authentizität bleibe dahingestellt) nicht einmal in jeder wissenschaftlichen Bibliothek vollständig vorhanden sind. Die Texte Arno Schmidts werden deshalb nach den gebundenen Ausgaben zitiert, zur Erleichterung ist die Parallelstelle des Taschenbuches jeweils an zweiter Stelle genannt. Im Lesetext werden die Titel stets voll ausgeschrieben, für die Seitenangaben gelten die unten aufgeführten Siglen. Die Sigle nennt immer den Titel des Buches, auch wo über einen Text aus einer Sammelpublikation gesprochen wird. Ein Zitat aus den *Berechnungen* erscheint also unter R&P, S. . . ./JUL, S. . . .

1) Gebundene Ausgaben und gleichlautende Taschenausgaben:

AmG
Abend mit Goldrand eine Märchenposse. 55 Bilder aus der Lä/Endlichkeit für Gönner der VerschreibKunst, (Frankfurt/M 1975).

BEL
Belphegor. Nachrichten von Büchern und Menschen, (Karlsruhe 1961).

DYA
Dya Na Sore. Gespräche in einer Bibliothek, (Karlsruhe 1958).

FOU
Fouqué und einige seiner Zeitgenossen. Ein biographischer Versuch, 2. verbesserte u. betr. vermehrte Aufl., Darmstadt (1960).

GR
Die Gelehrtenrepublik. Kurzroman aus den Roßbreiten, (Karlsruhe 1957)/ (FTB 685).

KAFF
Kaff auch Mare Crisium, (Karlsruhe 1960)/(FTB 1080).

KiH
Kühe in Halbtrauer, (Karlsruhe 1964).

LV
Leviathan, (Frankfurt/M. 1963), (Bibl. Suhrkamp 104).

NDK
Nobodaddy's Kinder. Trilogie. Aus dem Leben eines Fauns. Brand's Haide. Schwarze Spiegel, (Hamburg 1963), (Rowohlt Paperback 23).

RITTER
Die Ritter vom Geist. Von vergessenen Kollegen, (Karlsruhe 1965).

R&P
Rosen und Porree, (Karlsruhe 1959).

SdA
Die Schule der Atheisten. Novellen-Comödie in 6 Aufzügen, (Frankfurt/M 1972).

SIT
Sitara und der Weg dorthin. Eine Studie über Wesen, Werk und Wirkung KARL MAY's, (Karlsruhe 1963)/(FTB 968).

StH
Das steinerne Herz. Historischer Roman aus dem Jahre 1954, 2. Aufl., (Karlsruhe 1964)/(FTB 802).

TbZ
Trommler beim Zaren, (Karlsruhe 1966).

TRITON
Der Triton mit dem Sonnenschirm. Großbritannische Gemütsergetzungen, (Karlsruhe 1969).

ZT
Zettels Traum. Studienausgabe in 8 Heften, (Frankfurt/M 1973).

2) Taschenbuchausgaben mit abweichenden Titeln und Textzusammenstellungen

ALEX
Alexander oder Was ist Wahrheit. 3 Erzählungen, (FTB 1550).

BRAND
Brand's Haide, (FTB 1420).

FAUN
Aus dem Leben eines Fauns. Kurzroman, (FTB 1366).

JUL
Aus Julianischen Tagen, (FTB 1926).

LORD
Nachrichten aus dem Leben eines Lords, (FTB 1622).

LV-SPIEGEL
Leviathan und Schwarze Spiegel, (FTB 1476).

NACHRICHTEN 1
Nachrichten von Büchern und Menschen Bd. 1. Zur Literatur des 18. Jahrhunderts, (FTB 1164).

NACHRICHTEN 2
Nachrichten von Büchern und Menschen Bd. 2. Zur Literatur des 19. Jahrhunderts, (FTB 1217).

ORP
Orpheus. Fünf Erzählungen, (FTB 1133).

POC
Seelandschaft mit Pocahontas. Erzählungen, (FTB 719).

SOMMER
Sommermeteor. 23 Kurzgeschichten, (FTB 1046).

TINA
Tina / oder über die Unsterblichkeit. Tina / Dya Na Sore / Müller / Massenbach, (FTB 755).

3) Weitere Texte Arno Schmidts

[ohne Titel], in: Heinz Friedrich [Hrsg.], Schwierigkeiten heute die Wahrheit zu schreiben. Eine Frage und einundzwanzig Antworten, (München 1964), S. 142–153.

[ohne Titel], in: Goethepreis 1973. Arno Schmidt, Frankfurt (1973), S. 11–13.

Atheist? : Allerdings!, in: Karlheinz Deschner [Hrsg.], Was halten Sie vom Christentum? 18 Antworten auf eine Umfrage, München (1957), S. 64–75.

4) Weitere Quellen

[Jean le Rond] d'Alembert, Discours préliminaire de l'Encyclopédie (1751). Einleitung in die Enzyklopädie von 1751, hg. u. eingel. v. Erich Köhler, Hamburg 1955.

Hermann Bahr, Zur Überwindung des Naturalismus. Theoretische Schriften 1887–1904, ausgewählt, eingel. u. erläutert v. Gotthart Wunberg, Stuttgart u. a. (1968), (Sprache und Literatur 46).

Friedrich von Blanckenburg, Versuch über den Roman. Faksimiledruck der Originalausgabe von 1774, mit einem Nachwort v. Eberhard Lämmert, Stuttgart 1965, (Slg. Metzler M 39).

Wolfgang Borchert, Draußen vor der Tür, in: W. B., Das Gesamtwerk, mit einem biographischen Nachwort v. Bernhard Meyer-Marwitz, Hamburg (1949), S. 117–185.

Robert Browning, Caliban upon Setebos, or Natural Theology in the Island, in: The Works of R. B., with Introductions by F. G. Kenyon, Vol. IV, London 1912, S. 292–301.

Alfred Döblin, Hamlet oder Die lange Nacht nimmt ein Ende, Olten/Freiburg (1966), (Ausgewählte Werke in Einzelbänden in Verbindung mit den Söhnen des Dichters hg. v. Walter Muschg).

Theodor Fontane, Literarische Essays und Studien, 2. Teil, München (1974).

Friedrich de la Motte Fouqué, Romantische Erzählungen, hg. v. Gerhard Schulz, (München 1977).

Sigmund Freud, Studienausgabe, hg. v. Alexander Mitscherlich, Angela Richards, James Strachey, 10 Bde. und 1 Ergänzungsband, (Frankfurt/M 1969–1975), (Conditio Humana).

Sigmund Freud, »Selbstdarstellung«. Schriften zur Geschichte der Psychoanalyse, hg. u. eingeleitet v. Ilse Grubrich-Simitis, (Frankfurt/M 1971), (FTB 6096).

Sigmund Freud, Zur Psychopathologie des Alltagslebens. Über Vergessen, Versprechen, Vergreifen, Aberglauben und Irrtum, mit einem Vorwort v. Alexander Mitscherlich, (Frankfurt/M 1975), (FTB 6079).

Johann Wolfgang von Goethe, Werke Bd. 12, hg. v. Herbert von Einem und Joachim Schrimpf, Hamburg (1953).

Gottfried von Straßburg, Tristan und Isold, hg. v. Friedrich Ranke, (14. unv. Aufl., Dublin/Zürich 1969).

Karl Gutzkow, Die Ritter vom Geiste. Roman in neun Büchern, in 3 Teilen hg. u. mit Einleitung und Nachwort versehen v. Reinhold Gensel, Berlin u.a. (o. J.).

Thomas Hobbes, Leviathan. 1. u. 2. Teil, übersetzt u. hg. v. J. P. Mayer, Nachwort v. Malte Diesselhart, Stuttgart (1976), (RUB 8348 4).

E. T. A. Hoffmann, Der goldene Topf, in: E. T. A. H., Fantasie- und Nachtstücke. Fantasiestücke in Callots Manier. Nachtstücke. Seltsame Leiden eines Theater-Direktors, hg, und mit einem Nachwort versehen v. Walter Müller-Seidel, München (1960), S. 179–255.

E. T. A. Hoffmann, Prinzessin Brambilla, in: E. T. A. H., Späte Werke, hg. und mit einem Nachwort versehen v. Walter Müller-Seidel, München (1965), S. 209–326.

Ludwig Holberg, Niels Klims unterirdische Reise, Hamburg 1970.

Karl Jaspers, Die Schuldfrage, Heidelberg 1946.

Immanuel Kant, Kritik der reinen Vernunft, (Wiesbaden 1956), (Werke in 6 Bdn., hg. v. Wilhelm Weischedel, Bd. 2).

Eduard von Keyserling, Beate und Mareile. Eine Schloßgeschichte, in: E. v. K., Werke, hg. v. Rainer Gruenter, (Frankfurt/M 1973), S. 255–349.

Karl Kraus, Pro domo et mundo, München 1912.

Ernst Mach, Die Analyse der Empfindungen und das Verhältnis des Psychischen zum Physischen, Jena 1885.

Thomas Mann, Doktor Faustus. Das Leben des deutschen Tonsetzers Adrian Leverkühn erzählt von einem Freunde, (Frankfurt/M 1960), (Ges. Werke in 12 Bdn., Bd. 6).

Thomas Mann, Reden und Aufsätze, Bd. 3, (Frankfurt/M 1960), (Ges. Werke in 12 Bdn., Bd. 11).

De la Mettrie, Der Mensch eine Maschine, übersetzt, mit einer Vorrede und mit Anmerkungen versehen v. Max Brahn, Leipzig 1908, (Philosophische Bibliothek 68).

Karl Philipp Moritz, Anton Reiser. Ein psychologischer Roman, hg. v. K. P. M., hg. und mit einem Nachwort versehen von Klaus-Detlef Müller, München (1971), (Die Fundgrube 52).

Karl Philipp Moritz, Schriften zur Ästhetik und Poetik. Kritische Ausgabe, hg. v. Hans Joachim Schrimpf, Tübingen 1962.

Friedrich Nietzsche, Die Geburt der Tragödie. Der griechische Staat, mit einem Nachwort v. Alfred Baeumler, Stuttgart (1964), (KTA 70).

Friedrich Nietzsche, Jenseits von Gut und Böse. Zur Genealogie der Moral, mit einem Nachwort v. Alfred Baeumler, Stuttgart (1964), (KTA 76).

Friedrich Nietzsche, Der Wille zur Macht. Versuch einer Umwertung aller Werte, ausgewählt und geordnet v. Peter Gast unter Mitwirkung v. Elisabeth Förster-Nietzsche, mit einem Nachwort v. Alfred Baeumler, Stuttgart (1964), (KTA 78).

Andreas Okopenko, Lexikon einer sentimentalen Reise zum Exporteurstreffen in Druden, Salzburg 1970.

Rainer Maria Rilke, Gesammelte Gedichte, (Frankfurt/M) 1962.

Alfred Rosenberg, Der Mythus des 20. Jahrhunderts. Eine Wertung der seelisch-geistigen Gestaltenkämpfe unserer Zeit, 59–60. Aufl., München 1935.

Johann Gottfried Schnabel, Wunderliche Fata einiger Seefahrer absonderlich Alberti Julii, 4 Bde., Hildesheim/New York 1973.

Arthur Schnitzler, Aphorismen und Betrachtungen, hg. v. Robert O. Weiss, (Frankfurt/M 1967).

Arthur Schnitzler, Die erzählenden Schriften, 2 Bde., (Frankfurt/M 1961).

Arthur Schopenhauer, Sämtliche Werke. Nach der ersten v. Julius Frauenstädt besorgten Gesamtausgabe neu bearbeitet u. hg. v. Arthur Hübscher, 7 Bde., 2. Aufl., Wiesbaden 1948 ff.

Adalbert Stifter, Bunte Steine. Späte Erzählungen, hg. v. Max Stefl, Augsburg 1960.

Voltaire, Candide, neu übertragen v. Hans Studniczka, mit einem Essay »Zum Verständnis des Werkes« und einer Bibliographie v. Hugo Friedrich, Hamburg (1957), (Rowohlts Klassiker der Literatur und der Wissenschaft 8).

Johann Carl Wezel, Belphegor oder die wahrscheinlichste Geschichte unter der Sonne, hg. v. Hubert Gersch (Frankfurt/M 1965).

C[hristoph] M[artin] Wieland, Geschichte des Agathon. Unveränderter Abdruck der Editio princeps (1767), bearbeitet v. Klaus Schaefer, Berlin 1961.

II. Literatur zum Thema

Theodor W. Adorno, Standort des Erzählers im zeitgenössischen Roman, in: Th. W. A., Noten zur Literatur I, (Frankfurt/M, 34.–36. T., 1975), (Bibl. Suhrkamp 47), S. 61–72.

Alfred Andersch, Düsterhenns Dunkelstunde oder Ein längeres Gedankenspiel. Arno Schmidt, »Caliban über Setebos«, in: A. A., Norden Süden rechts und links. Von Reisen und Büchern 1951–1971, (Zürich 1972), S. 340–357.

Heinz Ludwig Arnold, Anmerkungen zur literarischen Entwicklung in der Bundesrepublik, in: H. L. A., Theo Buck [Hrsg.], Positionen im deutschen Roman der sechziger Jahre, (München 1974), S. 9–38.

Heinz Ludwig Arnold, Theo Buck [Hrsg.], Positionen im deutschen Roman der sechziger Jahre, (München 1974).

Reinhard Baumgart, Aussichten des Romans oder Hat Literatur Zukunft? Frankfurter Vorlesungen, (Neuwied und Berlin 1968).

Hans Blumenberg, Wirklichkeitsbegriff und Möglichkeit des Romans, in: H[ans] R[obert] Jauß [Hrsg.], Nachahmung und Illusion. Kolloquium Gießen Juni 1963. Vorlagen und Verhandlungen, 2. durchges. Aufl., München 1969, (Poetik und Hermeneutik 1), S. 9–27.

bert blumenthal, brotarbeiten eines buchfeinschmeckers. eine übersicht und analyse von arno schmidts zeitungsartikeln, in: Jörg Drews, Hans-Michael Bock [Hrsg.], Der Solipsist in der Heide. Materialien zum Werk Arno Schmidts, (München 1974), S. 111–119.

Hans-Michael Bock, Bibliografie Arno Schmidt 1949–1978, 2. verbesserte und ergänzte Aufl., (München 1979).

Hans-Michael Bock, Potz Geck und kein Ende! Die Presse und »Zettels Traum«, in: Jörg Drews, Hans-Michael Bock [Hrsg.], Der Solipsist in der Heide. Materialien zum Werk Arno Schmidts, (München 1974), S. 130–162.

Paul Böckmann, Formgeschichte der deutschen Dichtung, 1. Bd. Von der Sinnsprache zur Ausdruckssprache, Hamburg (1949).

Heinrich Böll, Das weiche Herz des Arno Schmidt, in: Jörg Drews, Hans-Michael Bock [Hrsg.], Der Solipsist in der Heide. Materialien zum Werk Arno Schmidts, (München 1974), S. 43–46.

Otfried Boenicke, Mythos und Psychoanalyse in »Abend mit Goldrand«, (München 1980), (Sonderlieferung Bargfelder Bote).

Marie Bonaparte, Der Doppelmord in der Rue Morgue, in: Reinhold Wolff [Hrsg.], Psychoanalytische Literaturkritik, München (1975), (Kritische Information 27), S. 69–86.

Manfred Brauneck [Hrsg.], Der deutsche Roman im 20. Jahrhundert. Analysen und Meinungen zur Theorie und Soziologie des Romans, hg. v. M. B., 2 Bde., Hamburg 1976.

Wilfried von Bredow, Der militante Eremit oder: Vom Schicksal eines westdeutschen Jakobiners, in: Kürbiskern, Nr. 4, 1970, S. 598–610.

Karl Brinkmann, Die Rechts- und Staatslehre Arthur Schopenhauers. Zur Verwandtschaft zwischen Schopenhauer und Thomas Hobbes, Bonn 1958.

Richard Brinkmann, Wirklichkeit und Illusion. Studien über Gehalt und Grenzen des Begriffs Realismus für die erzählende Dichtung des 19. Jahrhunderts, 2. Aufl., Tübingen 1966.

Hermann Broch, James Joyce und die Gegenwart, in: H. B., Dichten und Erkennen, Essays Bd. 1, hg. u. eingeleitet v. Hannah Arendt, Zürich (1960), S. 183–210.

Fritz Brüggemann, Utopie und Robinsonade. Untersuchungen zu Schnabels Insel Felsenburg (1731–1743), Weimar 1914.

Wolfram Buddecke, C. M. Wielands Entwicklungsbegriff und die Geschichte des Agathon, Göttingen 1966, (Palaestra 235).

Reimer Bull, Bauformen des Erzählens bei Arno Schmidt. Ein Beitrag zur Poetik der Erzählkunst, phil. Diss., Kiel 1969.

Jürgen Busche, Eidyllion – das heißt Kleines Bildchen. Über Arno Schmidt und Heimito von Doderer, in: Jörg Drews, Hans-Michael Bock [Hrsg.], Der Solipsist in der Heide. Materialien zum Werk Arno Schmidts, (München 1974), S. 90–110.

Thomas Carlyle, Die französische Revolution, Leipzig 1908.

Rudolf Carnap, Einführung in die Philosophie der Naturwissenschaft, hg. v. Martin Gardner, aus dem Amerikanischen v. Walter Hoering, (München 1969), (slg. dialog).

Ernst Cassirer, Die Philosophie der Aufklärung, 3. Aufl., unveränderter Nachdruck der 2. Aufl., Tübingen 1973.

Karlheinz Deschner, Arno Schmidt, in: Lexikon der Weltliteratur im 20. Jahrhundert, 2. Bd., Freiburg u. a. (1961), S. 882–883.

Manfred Diersch, Empiriokritizismus und Impressionismus. Über Beziehungen zwischen Philosophie, Ästhetik und Literatur um 1900 in Wien, 2. Aufl., Berlin 1977, (Neue Beiträge zur Literaturwissenschaft 36).

Wilhelm Dilthey, Der Aufbau der geschichtlichen Welt in den Geisteswissenschaften. Einleitung von Manfred Riedel, (Frankfurt/M 1970), (Theorie Suhrkamp).

Jörg Drews, Arno Schmidt und August Stramm. Beobachtungen zu den expressionistischen Stilelementen in den frühen Romanen, in: Arno Schmidt, Text + Kritik 20/20a, 3. Aufl., 1977, S. 82–88.

Jörg Drews, Arno Schmidt vor »Zettels Traum«, in: Jörg Drews, Hans-Michael Bock [Hrsg.], Der Solipsist in der Heide. Materialien zum Werk Arno Schmidts, (München 1974), S. 163–182.

Jörg Drews, Arno Schmidt: »Zettels Traum« Seite 1. (ZT 4). Ein Kommentar, Bielefeld: Universität – Fakultät für Linguistik und Literaturwissenschaft 1975, (Bielefelder Papiere zur Linguistik und Literaturwissenschaft 4–75).

Jörg Drews, Es lebe Jean Paul (Marat & Richter)! Thesen und Notizen zu »Kaff«, in: Arno Schmidt, Text + Kritik 20/20a, 3. Aufl., 1977, S. 27–32.

Jörg Drews, Phänomenologie der Gehirntiere. Zu Arno Schmidts Funkfeatures, in: Arno Schmidt, Text + Kritik 20/20a, 3. Aufl., 1977, S. 63–73.

[Jörg Drews], Vita Arno Schmidt, in: Arno Schmidt, Text + Kritik 20/20a, 3. Aufl., 1977, S. 89–91.

Manfred Durzak, Der deutsche Roman der Gegenwart, 2. erw. Aufl., Stuttgart u. a. (1973), (Sprache und Literatur 70).

Werner Eggers, Arno Schmidt, in: Dietrich Weber [Hrsg.], Deutsche Literatur seit 1945 in Einzeldarstellungen, 2. überarbeitete Aufl., Stuttgart (1970), (KTA 382), S. 155–180.

Werner Eggers, Sprachtheorie und Sprachwandel, in: Thomas Koebner [Hrsg.], Tendenzen der deutschen Literatur seit 1945, Stuttgart (1971), (KTA 405), S. 117–138.

Henry F. Ellenberger, Die Entdeckung des Unbewußten, deutsch v. Gudrun Theusner-Stampa, 2 Bde., Bern u. a. (1973).

Reinhard Finke, »KUNDISCHES GESCHIRR« – Kein Begriff? Ein Beitrag zur Verwendung mythischer Muster bei Arno Schmidt, in: Arno Schmidt, Text + Kritik 20/20a, 3. Aufl. 1977, S. 33–47.

Kuno Fischer, Schopenhauers Leben, Werke und Lehre, Heidelberg 1898.

Hugo Friedrich, Zum Verständnis des Werkes, in: Voltaire, Candide, neu übertragen v. Hans Studniczka, mit einem Essay »Zum Verständnis des Werkes« und einer Bibliographie v. H. F., Hamburg (1957), (Rowohlts Klassiker der Literatur und der Wissenschaft 8).

Hans-Georg Gadamer, Wahrheit und Methode. Grundzüge einer philosophischen Hermeneutik, 3. erweiterte Aufl., Tübingen 1972.

Günter Grass, Kleine Rede für Arno Schmidt, in G. G., Über meinen Lehrer Döblin und andere Vorträge, Berlin 1968, (LCB – Editionen 1), S. 73–77.

Friedrich Gundolf, Goethe, 4. unveränderte Aufl., Berlin 1918.

Jürgen Habermas, Strukturwandel der Öffentlichkeit. Untersuchungen zu einer Kategorie der bürgerlichen Gesellschaft, (6. Aufl., Neuwied, Berlin 1974), (Slg. Luchterhand 25).

Günter Häntzschel, Arno Schmidt, ein verkannter Idylliker. Schwierigkeiten beim Bewerten eines unbequemen Autors, in: GRM, N. F. 26, 1976, S. 307–321.

Gerd Haffmanns, Von A. Sch. zu A. Sch. Prolegomena zur Chronik einer Schopenhauer'schen Linken, in Jörg Drews, Hans-Michael Bock [Hrsg.], Der Solipsist in der Heide. Materialien zum Werk Arno Schmidts, (München 1974), S. 120–129.

Werner Hahl, Reflexion und Erzählung. Ein Problem der Romantheorie von der Spätaufklärung bis zum programmatischen Realismus, Stuttgart u. a. (1971), (Studien zur Poetik und Geschichte der Literatur 18).

Richard Hamann, Jost Hermand, Expressionismus, (München 1976), (Epochen deutscher Kultur von 1870 bis zur Gegenwart 5).

Helmut Heißenbüttel, Annäherung an Arno Schmidt, in: Merkur 17, Heft 3, 1963, S. 289–300.

Helmut Heißenbüttel, Der Solipsist in der Heide, in: Jörg Drews, Hans-Michael Bock [Hrsg.], Der Solipsist in der Heide. Materialien zum Werk Arno Schmidts, (München 1974), S. 47–51.

Hans Peter Herrmann, Naturnachahmung und Einbildungskraft. Zur Entwicklung der deutschen Poetik von 1670 bis 1740, Bad Homburg v. d. H., u. a. (1970), (Ars poetica. Text und Beiträge zur Dichtungslehre und Dichtkunst. Studien 8).

Reinhart Herzog, Glaucus adest. Antike-Identifizierungen im Werk Arno Schmidts, in: Bargfelder Bote, Lfg. 14, 1975, (unpaginiert).

Hermann Hesse, Arno Schmidts »Leviathan«. Ein Brief an Freunde, in: Jörg Drews, Hans-Michael Bock [Hrsg.], Der Solipsist in der Heide. Materialien zum Werk Arno Schmidts, (München 1974), S. 7–8.

Hans Egon Holthusen, Der unbehauste Mensch. Motive und Probleme der modernen Literatur. Neuausgabe, (München 1964), (dtv 215).

Max Horkheimer, Schopenhauer und die Gesellschaft, in: M. H., Sozialphilosophische Studien. Aufsätze, Reden und Vorträge 1930–1972. Mit einem Anhang über Universität und Studium, hg. v. Werner Brede, (Frankfurt/M 1972), (Athenäum Fischer Tb. Sozialwissenschaften), S. 68–77.

K. A. Horst, Die deutsche Literatur der Gegenwart (München 1957).

Ricarda Huch, Die Romantik, 2 Bde., 12. Aufl., Leipzig 1922.

Kurt Hübner, Ist das Universum nur eine Idee? Eine Analyse der Relativistischen Kosmologie, in: Allgemeine Zeitschrift für Philosophie, Heft 2, 1977, S. 1–20.

Arthur Hübscher, Schopenhauer. Biographie eines Weltbildes, Stuttgart (1952), (RUB 7716/17).

Josef Huerkamp, Hoho, wer erràt's? Bemerkungen zum Titelfundus Arno Schmidts, in: Bargfelder Bote, Lfg. 31, 1978, S. 3–21.

Josef Huerkamp, Nr. 8. Materialien und Kommentar zu Arno Schmidts Roman: »Das steinerne Herz«, (München 1979), (Sonderlieferung Bargfelder Bote).

Josef Huerkamp, »Trommler beim Zaren«. Eine Interpretation, in: Bargfelder Bote, Lfg. 32–33, 1978, S. 3–39.

Ernest Jones, Sigmund Freud. Life and Works, 3 Vols., London 1956–1958.

Erich von Kahler, Untergang und Übergang der epischen Kunstform, in: E. v. K., Untergang und Übergang. Essays, (München 1970), (dtv 638), S. 7–51.

Erich von Kahler, Die Verinnerung des Erzählens, in: E. v. K., Untergang und Übergang. Essays, (München 1970), (dtv 638), S. 52–197.

Joachim Kaiser, Des Sengers Phall. Assoziation, Dissoziation, Wortspiel, Spannung und Tendenz in Arno Schmidts Orpheus-Erzählung »Caliban über Setebos«. Eine Nachprüfung, in: Bargfelder Bote, Lfg. 5–6, 1973, (unpaginiert).

Wolfgang Kehn, Von Dante zu Hölderlin. Traditionswandel und Engagement im Werk von Peter Weiss, Köln, Wien 1975, (böhlau forum litterarum 1).

Uwe-K. Ketelsen, Die Naturpoesie der norddeutschen Frühaufklärung. Poesie als Sprache der Versöhnung: alter Universalismus und neues Weltbild, Stuttgart 1974, (Germanistische Abhandlungen 45).

Klaus Kilian, Die Komödien Arthur Schnitzlers. Sozialer Rollenzwang und kritische Ethik, Düsseldorf 1972, (Literatur in der Gesellschaft 7).

Stephan Kohl, Realismus. Theorie und Geschichte, München (1977), (UTB 643).

H[ermann] A[ugust] Korff, Geist der Goethezeit. Versuch einer ideellen Entwicklung der klassisch-romantischen Literaturgeschichte, I. Teil, Sturm und Drang, Leipzig 1923.

Wolfgang Kort, Alfred Döblin. Das Bild des Menschen in seinen Romanen, Bonn 1970, (Studien zur Germanistik, Anglistik und Komparatistik 8).

Reinhart Koselleck, Kritik und Krise. Eine Studie zur Pathogenese der bürgerlichen Welt, (Frankfurt/M 1973), (stw 36).

Ingrid Krauss, Studien über Schopenhauer und den Pessimismus in der deutschen Literatur des 19. Jahrhunderts, Bonn 1931, (Sprache und Dichtung 47).

Peter Kropotkin, Die französische Revolution 1789–1793. Einzige berechtigte deut. Ausg. v. Gustav Landauer, 2 Bde., Leipzig (1909).

Julius Kühn, Die Kunst Adalbert Stifters, Berlin 1940, (Neue dt. Forschungen, Abt. Neuere dt. Literaturgeschichte 28).

Dieter Kuhn, Einige Anmerkungen zu Arno Schmidts Funkarbeiten über Schefer und Wieland, in: Bargfelder Bote, Lfg. 28–30, 1978, S. 3–34.

Dieter Kuhn, [Leviathan (I)], in: Bargfelder Bote, Lfg. 16, 1976, S. 3–23.

Dieter Kuhn, NDK 31: » – mm: haben Sie sich mal mit Filosofie beschäftigt? = Kant. Schopenhauer.« (munter): »und so weiter?«, in: Bargfelder Bote, Lfg. 45, 1980.

Eberhard Lämmert, Bauformen des Erzählens, 2. durchgesehene Aufl. Stuttgart 1967.

[Alphonse de] Lamartine, Girondisten und Jakobiner. In achtunddreißig Portraits, hg. und übertragen v. Alfred Neumann, München (o. J.).

Kurt Lenk, Problemgeschichtliche Einleitung, in: K. L., [Hrsg.], Ideologie, Ideologiekritik und Wissenssoziologie, (6. Aufl., Darmstadt, Neuwied 1972), S. 15–59.

Georg Lukács, Die Zerstörung der Vernunft, (Neuwied, Berlin 1962), (Werke 8).

Eberhard Mannack, Zwei deutsche Literaturen? Zu G. Grass, U. Johnson, H. Kant, U. Plenzdorf und C. Wolf. Mit einer Bibliographie der Schönen Literatur in der DDR (1968–1974), (Kronsberg/Ts) 1977, (Athenäum Taschenbuch Literaturwissenschaft).

Jürgen Manthey, Arno Schmidt und seine Kritiker. Bemerkungen zur Artistik in der Zeit, in: Frankfurter Hefte. Zeitschrift für Kultur und Politik, 17, 1962, S. 408–415.

Odo Marquard, Schwierigkeiten mit der Geschichtsphilosophie, (Frankfurt/M 1973), (Theorie Suhrkamp).

Wolfgang Martens, Nachwort, in: Karl Philipp Moritz, Anton Reiser. Ein psychologischer Roman, mit Textvarianten, Erläuterungen und einem Nachwort hg. v. W. M., Stuttgart (1972), (RUB 4813 [6]), S. 543–565.

Otto J. Most, Zeitliches und Ewiges in der Philosophie Nietzsches und Schopenhauers, hg. v. Hannes Böhringer, Frankfurt/M (1977), (Studien zur Philosophie und Literatur des 19. Jahrhunderts 33).

Jan Dirk Müller, Wielands späte Romane, (München) 1971.

Klaus-Detlef Müller, Autobiographie und Roman. Studien zur literarischen Autobiographie der Goethezeit, Tübingen 1976, (Studien zur deutschen Literatur 46).

Klaus-Detlef Müller, Nachwort. Der psychologische Roman als Zeitroman, in: Karl Philipp Moritz, Anton Reiser. Ein psychologischer Roman, hg. v. K. P. M., hg. und mit einem Nachwort versehen v. K.-D. M., München (1971), (Die Fundgrube 52), S. 359–382.

Volker Ulrich Müller, Aufklärung als »traurige Wissenschaft«. Johann Carl Wezels »Belphegor oder die wahrscheinlichste Geschichte unter der Sonne«, in: Hans Joachim Piechotta [Hrsg.], Reise und Utopie. Zur Literatur der Spätaufklärung, (Frankfurt/M 1976), (edition suhrkamp 766), S. 170–221.

Walter Müller-Seidel, Theodor Fontane. Soziale Romankunst in Deutschland, Stuttgart (1975).

Walter Müller-Seidel, Nachwort, in: E. T. A. Hoffmann, Fantasie- und Nachtstücke. Fantasiestücke in Callots Manier. Nachtstücke. Seltsame Leiden eines Theater-Direktors, hg. u. mit einem Nachwort versehen v. W. M.-S., München (1960), S. 749–770.

Ernst Nolte, Der Faschismus in seiner Epoche. Die Action française. Der italienische Faschismus. Der Nationalsozialismus, München (1963).

Tony Phelan, Rationalist Narritive in some Works of Arno Schmidt, (Coventry): University of Warwick (1972), (Occasional Papers in German Studies 2).

Klaus Podak, Weltanschauung und Sprache, in: Arno Schmidt, Text + Kritik 20, 1968, S. 20–25.

Heiko Postma. Aufarbeitung und Vermittlung literarischer Traditionen. Arno Schmidt und seine Arbeiten zur Literatur, phil. Diss., Hannover 1975.

Wolfgang Preisendanz, Zur Poetik der deutschen Romantik I. Die Abkehr vom Grundsatz der Naturnachahmung, in: Hans Steffen [Hrsg.], Die deutsche Romantik. Poetik, Formen und Motive, Göttingen (1967), (Kl. Vandenhoeck-Reihe 250 S), S. 54–74.

Wolfgang Preisendanz, Voraussetzungen des poetischen Realismus in der deutschen Erzählkunst des 19. Jahrhunderts, in: Hans Steffen [Hrsg.], Formkräfte der deutschen Dichtung vom Barock bis zur Gegenwart, (2. durchgesehene Aufl., Göttingen 1967), (Kl. Vandenhoeck-Reihe 169 S), S. 187–210.

Roland Rall, Historischer Sinn. Nachforschungen zu Arno Schmidts Roman »Das steinerne Herz« (1956), in: Arno Schmidt, Text + Kritik 20/20a, 3. Aufl., 1977, S. 15–26.

Wolfdietrich Rasch, Aspekte der deutschen Literatur um 1900, in: W. R., Zur deutschen Literatur seit der Jahrhundertwende. Gesammelte Aufsätze, Stuttgart 1968, S. 1–48, S. 294–299.

Marcel Reich-Ranicki, Arno Schmidts Werk oder Eine Selfmadeworld in Halbtrauer, in: M. R.-R., Literatur der kleinen Schritte. Deutsche Schriftsteller heute, München (1967), S. 285–311, S. 334.

Karl Richter, Literatur und Naturwissenschaft. Eine Studie zur Lyrik der Aufklärung, München (1972), (Theorie und Geschichte der Literatur und der schönen Künste 19).

Werner Riegel, Arno Schmidt. Portrait eines Dichters, in: Jörg Drews, Hans-Michael Bock [Hrsg.], Der Solipsist in der Heide. Materialien zum Werk Arno Schmidts, (München 1974), S. 22–27.

Hubert Rohracher, Einführung in die Psychologie, 10. umgearbeitete u. erweiterte Aufl., Wien u. a. 1971.

Leibl Rosenberg, Das Hausgespenst. Ein begleitendes Handbuch zu Arno Schmidts »Die Schule der Atheisten«, 2 Bde., (München 1977–1979), (Sonderlieferung Bargfelder Bote).

Hugo Rozbroj, Jean Paul Marat (1743–93). Ein Naturforscher und Revolutionär, sein Zusammentreffen in der Geisteswelt mit Goethe, Lamarck, Rousseau u. a., Berlin 1937, (Historische Studien 315).

Hans-Jürgen Schings, Melancholie und Aufklärung. Melancholiker und ihre Kritiker in Erfahrungsseelenkunde und Literatur im 18. Jahrhundert, Stuttgart 1977.

Gerhard Schmidt-Henkel, Arno Schmidt, in: Benno von Wiese [Hrsg.], Deutsche Dichter der Gegenwart. Ihr Leben und Werk, (Berlin 1973), S. 261–276.

Gerhard Schmidt-Henkel, Arno Schmidt und seine »Gelehrtenrepublik«, in: ZfdPh., 87, 1968, S. 563–591.

Jörg Schönert, Fragen ohne Antwort. Zur Krise der literarischen Aufklärung im Roman des späten 18. Jahrhunderts: Wezels »Belphegor«, Klingers »Faust« und die »Nachtwachen von Bonaventura«, in: Jahrbuch der dt. Schillerges., 14, 1970, S. 183–229.

Jörg Schönert, Roman und Satire im 18. Jahrhundert. Ein Beitrag zur Poetik, phil. Diss., München 1969.

J. Schreiner, Leviathan, in: Lexikon für Theologie und Kirche, Bd. 6, Sp. 995.

Wolfram Schütte, Bargfelder Ich. Das Spätwerk und sein Vorgelände, in: Jörg Drews, Hans-Michael Bock [Hrsg.], Der Solipsist in der Heide. Materialien zum Werk Arno Schmidts, (München 1974), S. 69–89.

Wolfram Schütte, Robinsonaden und Bibliomania oder: Kopf-Welten. Notizen zu den Anfängen Arno Schmidts, in: Literaturmagazin 7, Nachkriegsliteratur, 1977, S. 296–302.

Wolfram Schütte, SpätwerkGesp$\frac{i}{e}$nst. Novellen – Comödie und Märchenposse, in: Arno Schmidt, Text + Kritik, 20/20a, 3. Aufl., 1977, S. 74–81.

Gerhard Schulz, Nachwort. Fouqué als Erzähler, in: Friedrich de la Motte Fouqué, Romantische Erzählungen, (München 1977), S. 493–515.

Karl Schumann, Dichtung oder Bluff. Arno Schmidt in der deutschen Gegenwartsliteratur, in: Jörg Drews, Hans-Michael Bock [Hrsg.], Der Solipsist in der Heide. Materialien zum Werk Arno Schmidts, (München 1974), S. 28–42.

Werner Schwarze, Ägyptologie in »Caliban über Setebos«. Ein Deutungsversuch, (München 1980), (Sonderlieferung Bargfelder Bote).

Friedrich Sengle, Wieland, Stuttgart 1949.

Berhard Sorg, Zur literarischen Schopenhauerrezeption im 19. Jahrhundert, Heidelberg 1975, (Beiträge zur neueren Literaturgeschichte, 3. Folge, Bd. 21).

Franz K. Stanzel, Typische Formen des Romans, Göttingen (1964), (Kl. Vandenhoeck-Reihe 187).

Dieter Stündel, Register zu Zettels Traum. Eine Annäherung, (München 1974), [mit Erweiterungen von 1980].

Hartwig Franz Heinrich Suhrbier, Zur Prosatheorie von Arno Schmidt, Hamburg 1973, (ASDS). Jetzt auch München 1980 (Sonderlieferung Bargfelder Bote).

Hippolyte Taine, Die Entstehung des modernen Frankreich, Berlin, Frankfurt/M 1954.

Horst Thomé, Menschliche Natur und Allegorie sozialer Verhältnisse. Zur politischen Funktion philosophischer Konzeptionen in Wielands »Geschichte des Agathon« (1766/67), in: Jahrbuch der dt. Schillerges., 22, 1978, S. 205–234.

Horst Thomé, Roman und Naturwissenschaft. Eine Studie zur Vorgeschichte der deutschen Klassik, Frankfurt/M u. a., 1978, (Regensburger Beiträge zur deutschen Sprach- und Literaturwissenschaft B 15).

Hans Peter Thurn, Der Roman der unaufgeklärten Gesellschaft. Untersuchungen zum Prosawerk Johann Karl Wezels, Stuttgart u. a. (1973), (Studien zur Poetik und Geschichte der Literatur 30).

Frank Trommler, Der zögernde Nachwuchs. Entwicklungsprobleme der Nachkriegsliteratur in West und Ost, in: Thomas Koebner [Hrsg.], Tendenzen der deutschen Literatur seit 1945, Stuttgart (1971), (KTA 405), S. 1–116.

Frank Trommler, Realismus in der Prosa, in: Thomas Koebner [Hrsg.], Tendenzen der deutschen Literatur seit 1945, Stuttgart (1971), (KTA 405), S. 179–245.

Rudolf Unger, Hamann und die deutsche Aufklärung. Studien zur Vorgeschichte des romantischen Geistes im 18. Jahrhundert, 2 Bde., Jena 1911.

Rudolf Vierhaus, Deutschland im 18. Jahrhundert: soziales Gefüge, politische Verfassung, geistige Bewegung, in: Lessing und die Zeit der Aufklärung, Göttingen 1968, S. 12–29.

Heinrich Vormweg, Deutsche Literatur 1945–1960: Keine Stunde Null, in: Manfred Durzak [Hrsg.], Die deutsche Literatur der Gegenwart. Aspekte und Tendenzen, 3. erweiterte Aufl., Stuttgart (1976), S. 13–30.

Jürgen Walter, Zur Problematik und Methodologie einer soziologischen Literaturbetrachtung: Arno Schmidts Arbeiten zur Literatur, in: DU, 23, 1971, Heft 2, S. 103–119.

Werner Welzig, Der deutsche Roman im 20. Jahrhundert, 2. erweiterte Aufl., Stuttgart (1970), (KTA 367).

Bernd Weyergraf, Der skeptische Bürger. Wielands Schriften zur Französischen Revolution, Stuttgart (1972).

Hermann Weyl, Raum, Zeit, Materie. Vorlesungen über allgemeine Relativitätstheorie, 6. unv. Aufl., Darmstadt 1961.

Oswald Wiener, Wir möchten auch vom Arno-Schmidt-Jahr profitieren, München (1979).

Benno von Wiese, Eduard von Keyserling. Am Südhang, in: B. v. W., Die deutsche Novelle von Goethe bis Kafka II. Interpretationen, Düsseldorf (1962), S. 280–298.

Wolfgang Wippermann, Faschismustheorien. Zum Stand der gegenwärtigen Diskussion, 2. verbesserte Aufl., Darmstadt 1975, (Erträge der Forschung 17).

Robert Wohlleben, Götter und Helden in Niedersachsen. Über das mythologische Substrat des Personals in »Caliban über Setebos«, in: Bargfelder Bote, Lfg. 3, 1973, (unpaginiert).

Robert Wohlleben, Übersicht: Rilke »Sonette an Orpheus« im Zitat bei Arno Schmidt; Personal in »Caliban über Setebos«; Erläuterung einzelner Stellen, in: Bargfelder Bote, Lfg. 5–6, 1973, (unpaginiert).

Reinhold Wolff, Versuch einer Systematik, in: R. W. [Hrsg.], Psychoanalytische Literaturkritik, München (1975), (Kritische Information 27), S. 414–452.

Hans Wollschläger, Eines deutschen Dichters Halbjahrhundert. Zum 50. Geburtstag Arno Schmidts, in: Jörg Drews, Hans-Michael Bock [Hrsg.], Der Solipsist in der Heide. Materialien zum Werk Arno Schmidts, (München 1974), S. 52–56.

Gotthart Wunberg, Der frühe Hofmannsthal. Schizophrenie als dichterische Struktur, Stuttgart u. a. (1965), (Sprache und Literatur 25).

Nachbemerkung:
Das Manuskript der vorliegenden Arbeit wurde im Oktober 1980 abgeschlossen. Die Untersuchung von Wolfgang Proß, Arno Schmidt, München 1980, (Autorenbücher 15), konnte deshalb nicht mehr berücksichtigt werden.

Personenregister

Das Personenregister erfaßt alle Eigennamen, soweit sie nicht fiktiv oder sekundär genannt sind. Ist die Seitenzahl eingeklammert, so findet sich der Name nur in der Anmerkung. Der Name »Arno Schmidt« und die Namen des Literaturverzeichnisses wurden nicht aufgenommen. Für die Anfertigung des Registers und für Hilfe bei den Korrekturen bin ich Simone Wiencke sehr zu Dank verpflichtet.

Adorno, Theodor W. (13), (100), 115, (116)
D'Alembert, Jean le Rond (45), (59)
Andersch, Alfred 10, (11), (202), (208), 217
Aristoteles (38)
Arndt, Rudi (9)
Arnold, Heinz Ludwig (5 f.), (8), (12)

Babeuf, François Noël 65
Bacon, Francis (169)
Bahr, Hermann (14), 106–109, (111)
Basedow, Johann Bernhard 47, (48)
Baumgart, Reinhart 13
Benjamin, Walter 10
Benn, Gottfried (103)
Blanckenburg, Friedrich v. 93–96, 100, (103), (164)
Blumenberg, Hans (88), (113)
Blumenthal, Bert (63), (70)
Bock, Hans-Michael (5–7), (185)
Böckmann, Paul (182)
Boenicke, Otfried (141), (146), (185), (206 f.)
Böhme, Jacob (26)
Böll, Heinrich (18), (153)
Bonaparte, Marie 187, (196)
Borchert, Wolfgang 36 f.
Bosch, Hieronymus (146)
Brauneck, Manfred (5), (12)
Brecht, Bertolt 39, (87)
Bredow, Wilfried v. 8, 10 f., (64), (115), 136
Breitenbauch, Elisabeth v. (166)
Brentano, Clemens 132
Brinkmann, Karl (30)
Brinkmann, Richard 106, 112 f.
Broch, Hermann (104)
Brockes, Barthold Hinrich 91, 127
Brontë, Geschwister 127
Browning, Robert 217
Brucker, Johann Jakob (28)
Brüggemann, Fritz 138
Buck, Theo (5)
Buddecke, Wolfram (53)
Bull, Reimer (5), (13), 72, (79), (81), (85), (94), (105), (110 f.), (127), 136 f., 139, (140), 147, (181)
Bulwer-Lytton, Edward G. (83), (115), (129), (170), (186), (196)
Busche, Jürgen 10, (70), (129)

Carlyle, Thomas (64)
Carnap, Rudolf 23 f.
Carroll, Lewis 188, 192
Cassirer, Ernst (63), (105), (218)
Clausen, Lars (9)
Cook, James 168
Cooper, James F. 41, 82, 127, (140), 142, (171), 183

Dante, Alighieri 21
Defoe, Daniel 83, (127), 142
Deschner, Karlheinz (5)
Dickens, Charles 41, (196)
Diersch, Manfred (25), (101)
Dilthey, Wilhelm 98, 110
Döblin, Alfred 36–38, (103), (120)

Drews, Jörg (7), 9 f., (12), (29), (39–41), (47), (54), (64), (66), (71), (79), (87–89), (97), (111 f.), 115, (126), 132, (179), (185)
Durzak, Manfred (5)

Eckermann, Johann Peter (99)
Eggers, Werner 14, (70), 74, (75), (81), (89), (126), 137
Einstein, Albert 24
Ellenberger, Henry F. (108)
Ellis, Henry Havelock (185)
Ernst, Paul (82)

Finke, Reinhard (141), (146)
Fischer, Kuno (120)
Fontane, Theodor (93), 94
Fouqué, Friedrich de la Motte (40), 41, 47, 88, (118), 125, 127, 132, 139, 142–148, 150, 152–156, 159, 161, 165 f., (167), 168, 170, 172–174, 189
Franklin, Benjamin 168
Frenssen, Gustav 6, (133)
Freud, Sigmund 38, (97 f.), 108, (111), (127), 185 f., (187), (189 f.), 191, 195, 197 f., 202, (203–205), 207, 209 f., (211 f.), 214 f.
Freytag, Gustav 103, (176)
Fricke, Wilhelm H. A. (143)
Friedrich, Hugo (58)

Gadamer, Hans-Georg 19, (128)
George, Stefan 130
Goethe, Johann Wolfgang (33), 52, (83), 98 f., (100), (129), 130, 133, 158, 203
Gottfried von Straßburg 201
Grass, Günter (9), (202)
Gundolf, Friedrich (45)
Gutzkow, Karl (71), 96, (101), 108 f., 135

Habermas, Jürgen (9), (45), (51), (66), (74), 86
Haeckel, Ernst (25)
Haffmanns, Gerd (9), 10, (11), (20), 29
Hahl, Werner (50)
Hamann, Richard (132)
Handke, Peter (13)
Häntzschel, Günter (134), (137), (181 f.)
Hebbel, Friedrich 135
Hegel, Georg W. F. 30, (43), 174
Heißenbüttel, Helmut 5, 15, 36, (67), (70), (85), 116 f., (147), (193)
Helvétius, Claude Adrien 29 f., 60
Herder, Johann Gottfried (29)
Hermand, Jost (132)
Herodot (40)
Herrmann, Hans Peter (93)
Herzog, Reinhart (41), (176)
Hesse, Hermann 27
Hirschfeld, Magnus (185)
Hitler, Adolf 43, (44), 45
Hobbes, Thomas 30, 44, (82), 83
Hoffmann, Ernst T. A. (26), 132, 153 f.
Hofmannsthal, Hugo v. 24, 101 f.
Holbach, Paul H. D. Baron de 159
Holberg, Ludvig 181 f.
Hölderlin, Friedrich 203
Holthusen, Hans Egon (5), 8
Horaz, Quintus Flaccus 49
Horkheimer, Max (30), 43 f., (57), (75)
Horst, Karl Albert 14
Hübner, Kurt (23 f.)
Hübscher, Arthur (22 f.)
Huch, Ricarda 154
Huerkamp, Josef (17), (66), (69 f.), (73), (89 f.), (170)
Hume, David 29 f.

James, Henry 109
Jaspers, Karl (37)
Jauß, Hans Robert (128)
Jean Paul 123, (127)

Johnson, Uwe (14)
Jones, Ernst (191)
Joyce, James (7), 17, 204
Jung, Carl Gustav (141)

Kafka, Franz 13
Kahler, Erich v. (95), (102), 110, (118)
Kaiser, Joachim 10, 161, 184, (193), (196), (200 f.), 204–206, (210), 217
Kant, Immanuel 22 f., 27, 170
Kehn, Wolfgang (17), (67)
Ketelsen, Uwe-K. (28), (91)
Keyserling, Eduard v. 106, 113
Kierkegaard, Sören 38
Kilian, Klaus (111)
Klopstock, Friedrich Gottlieb (100)
Kohl, Stephan (93)
Korff, Hermann August (45)
Kort, Wolfgang (37)
Koselleck, Reinhart 18, (30), (45), (51)
Krafft-Ebing, Richard v. (185)
Kraus, Karl 10, 130, (131), 184
Krauss, Ingrid (20)
Kropotkin, Peter (64 f.)
Kuhn, Dieter (6 f.), (20), (26), (28)
Kühn, Julius (7)

Lamartine, Alphonse de (64)
Lämmert, Eberhard (5), (88)
Laplace, Pierre Simon de 170
Léhar, Franz 208
Leibniz, Gottfried Wilhelm 29
Lenk, Kurt (31), (60)
Lessing, Gotthold Ephraim 168, 182
Locke, John 29 f.
Lukács, Georg (9), 42

Mach, Ernst 25, 101, 104, 109, (111)
Mann, Thomas (37), (89), (202)
Mannack, Eberhard (12–15), (17)
Manthey, Jürgen (103)
Marat, Jean Paul 44, (48), (51), 64–66, (95)
Marquard Odo 18, 45, (58), 212, 216
Martens, Wolfgang (48 f.)
Massenbach, Christian v. (8)
May, Karl 41, (127), (133), (167), 174, 186, (187), (189), 191, 195, 208
La Mettrie, Julien Offray de (32)
Meyern, Friedrich Wilhelm v. (8), 128
Molière, Jean Baptiste 166
Moritz, Karl Philipp 47–54, (70), 90, 118, 126
Most, Otto J. (22), (25), (120 f.)
Müller, Jan-Dirk (53), (86)
Müller, Johannes v. 127
Müller, Klaus-Detlef (48), 50, (52), (56), 116
Müller, Volker Ulrich (58), (60), 61
Müller-Seidel, Walter (154), (176)
Musil, Robert 99 f.

Napoleon 58, (64), 69
Newton, Isaac 163 f.
Nietzsche, Friedrich 20, (38), 40, (81), (93), 122 f., (138), 157
Nolte, Ernst (42), 43, (44), 45
Novalis 133, 153

Okopenko, Andreas (204)
Oppermann, Heinrich Albert 41, 54, (71), 175
Phelan, Tony (17), (206), (217), 218
Platon 128
Podak, Klaus (10), (18), (20), 25, (96)
Poe, Edgar Allan (7), (127), (143), 166, (186), 187, (190), (207), 214
Poincaré, Henri 24
Postma, Heiko (5), 11, (47), (49), (54 f.), (87), 96, (100), (126), (128), (130), 143, (155)
Preisendanz, Wolfgang (94), (153)

Rall, Roland (8), (11), 65, (69), (173), 175, (176 f.)
Rasch, Wolfdietrich (157)
Reichenbach, Hans (23)
Reich-Ranicki, Marcel 5, (6), 15 f., (25), 78, (81), (87), (89), (103), (115), (173)
Reinmar von Hagenau 201
Richter, Karl (28), 159
Riegel, Werner (5), (18), (94)
Rilke, Rainer Maria 207
Rohracher, Hubert (97)
Rosenberg, Alfred (41), 42–45, 57
Rosenberg, Leibl (7)
Rousseau, Jean-Jacques (48), 81
Roux, Jacques 65
Rozbroj, Hugo (64), 65, (66)

Sade, Donatien A. F. Marquis de (62)
Schelling, Friedrich W. J. (26)
Schings, Hans-Jürgen (50)
Schlegel, Gebrüder 133, 153, 161
Schlick, Moritz (23)
Schmidt-Henkel, Gerhard (5), (203), (217)
Schmidt von Werneuchen, Wilhelm A. (127)
Schnabel, Johann Gottfried 17, (33), 41, 54, (70), 83, (84), 126, 138–142, 144, 172
Schnitzler, Arthur 109–112
Schönert, Jörg (59), 60 f., (84), (87), (181)
Schopenhauer, Arthur 18, 20–23, 25–35, (38), 41–45, 56–58, 63, (75), (79), 105, 120–126, 128, (129), 131, 133, 140 f., 152 f., (157), 166, 174, (192), 199, 209, 214, 216 f.
Schreiner. J. (30)
Schuhmann, Karl (79)
Schulz, Gerhard (143), (147)
Schütte, Wolfram (40), (155), (193)
Schwarze, Werner (193)
Sengle, Friedrich 165, 174
Shaftesbury, Anthony Earl of 218
Shakespeare, William 217
Sorg, Bernhard (20)
Spengler, Oswald (57)
Spinoza, Benedictus de (74)
Stanzel, Franz K. (110)
Stekel, Wilhelm 191
Stifter, Adalbert (7), 40, (95), (100), 127, 135, 137
Sterne, Lawrence (123)
Stramm, August 131
Stündel, Dieter (106), (185)
Suhrbier, Hartwig (94 f.), (103), (105), (115), (126), (135)
Swift, Jonathan (62)

Taine, Hippolyte (64)
Thomé, Horst (59), (62), (106)
Thurn, Hans Peter (58)
Tieck, Ludwig (18), 132, 154, 161
Trommler, Frank (12 f.), (36 f.)

Unger, Rudolf (45)

Vergilius, Publius Maro (127), 183
Verne, Jules (8), 41, 142
Vierhaus, Rudolf (51)
Voltaire, 29 f., (58), 65
Voss, Johann Heinrich (48)

Wagner, Richard 201
Walter, Jürgen (128)
Weiss, Peter (17), (67)
Welzig, Werner (5)
Weyergraf, Bernd (66)
Weyl, Hermann (32), 163
Wezel, Johann K. (48), 58–63, 78, 126
Wieland, Christoph Martin (33), (41), 53 f., 59 f., 62, 66, 86, (87), (100), (129), 131, 165, (176)
Wiener, Oswald (102), (185)

Wiese, Benno v. 112
Wippermann, Wolfgang (36), (41), (76)
Wittgenstein, Ludwig (13)
Wohlleben, Robert (146), (193), 194 f., (207)
Wolff, Reinhold (186), (188), (213)
Wollschläger, Hans (5)
Wunberg, Gotthard (20), (25), 101

Zwerenz, Gerhard (9)

Titelregister

Das Register der Titel Arno Schmidts soll dem Leser die Möglichkeit geben, die über die thematisch angeordneten Kapitel der vorliegenden Untersuchung verstreuten Interpretationsskizzen zu den einzelnen Texten im Zusammenhang zu verfolgen. Es sind demnach auch indirekte Erwähnungen aufgenommen, während reine Parallelstellenzitate, illustrative Hinweise usw. übergangen sind. Ist der Text nur in den Anmerkungen besprochen, so ist die Seitenzahl eingeklammert.

Abend mit Goldrand 55, (98), (146), (192), 193
Atheist? Allerdings! (29)
Aus dem Leben eines Fauns 14 f., 70–87, 90 f., 94–96, 99 f., (110), 111 f., 121 f., 137–141, 158, 172–174, 183 f.
Barthold Heinrich Brockes, oder Nichts ist mir zu klein 134 f.
Belphegor, oder Wie ich euch hasse 58–63, 78 f., 158–160
Berechnungen I und II 14–16, 24 f., 94, 96–111, 113–120, 122, 124, 127 f., 131–133, 135, 157 f., 164, 188 f.
Brand's Haide 87 f., 122, 124 f., 142–152, 154 f., 156, 158–161, 169 f., 173, 183
Caliban über Setebos 193–218
Das steinerne Herz 65–67, 69, 173–181, 183, 193 f.
Die Gelehrtenrepublik 142
Die Schreckensmänner. Karl Philipp Moritz zum 200. Geburtstag 47–56, 90, 92, 118
Ein unerledigter Fall. Zum 100. Geburtstag von Gustav Frenssen (113)
Fouqué und einige seiner Zeitgenossen 143 f., 165–169, 189
»Funfzehn«. Vom Wunderkind der Sinnlosigkeit 18, 153 f.
Herrn Schnabels Spur. Vom Gesetz der Tristaniten 54
Hundert Jahre. Einem Manne zum Gedenken 54, 175
Leviathan *oder* Die beste der Welten 20–39, 43–46, 56 f., 84 f., 112, 158, 161
Massenbach. Historische Revue (41), 57 f., 63 f., 68 f.
Schwarze Spiegel 82–84, 142
Seelandschaft mit Pocahontas 161 f., 169
Sitara und der Weg dorthin 186–190, 193, 195
Sylvie & Bruno. Dem Vater der modernen Literatur ein Gruß 188 f., 192 f.
Trommler beim Zaren (70), (73), 136 f.
Wieland, oder die Prosaformen 53 f.
Zettels Traum 88 f., 206 f.

Zu Arno Schmidt:

Hans-Michael Bock
Bibliografie Arno Schmidt
1949–1978
Zweite, erweiterte Auflage
273 Seiten, DM 34,–
ISBN 3-88377-020-5

Otfried Boenicke
Mythos und Psychoanalyse in
„Abend mit Goldrand"
39 Seiten, DM 6,–
(für Bezieher des BB DM 4,80)
ISBN 3-88377-041-8

Jörg Drews,
Hans-Michael Bock
Der Solipsist in der Heide
200 Seiten, DM 22,–
ISBN 3-88377-008-6

Günther Flemming
Register zu den Lieferungen
1–50 des Bargfelder Boten
116 Seiten, DM 23,–
Abo-Preis DM 18,50
ISBN 3-88377-083-3

Josef Huerkamp
Erläuterungen, Materialien & Register
zu Arno Schmidts „Sitara und der Weg dorthin"
71 Seiten, DM 12,50
(für Bezieher des BB DM 9,20)
ISBN 3-88377-032-9

Josef Huerkamp
„Gekettet an Daten & Namen"
Drei Studien zum ‚authentischen' Erzählen in der
Prosa Arno Schmidts
432 Seiten, DM 68,–
(für Bezieher des BB DM 56,–)
(ISBN 3-88377-082-5)

Josef Huerkamp
Nr. 8
Materialien und Kommentar zu Arno Schmidts
„Das steinerne Herz“
245 Seiten, DM 41,–
(für Bezieher des BB DM 34,–)
ISBN 3-88377-033-7

Barbara Malchow
„Schärfste Wortkonzentrate“
Untersuchungen zum Sprachstil Arno Schmidts
288 Seiten, DM 46,–
(für Bezieher des BB DM 37,–)
ISBN 3-88377-059-0

Leibl Rosenberg
Das Hausgespenst
Ein begleitendes Handbuch zu Arno Schmidts
„Die Schule der Atheisten“

Band 1, 440 Seiten, DM 48,–
(für Bezieher des BB DM 38,–)
ISBN 3-921402-43-3

Band 2, 317 Seiten, DM 38,–
(für Bezieher des BB DM 32,–)
ISBN 3-88377-021-3

Werner Schwarze
Ägyptologie in „Caliban über Setebos“
Ein Deutungsversuch
65 Seiten, DM 14,–
(für Bezieher des BB DM 10,50)
ISBN 3-88377-060-4

Klaus Seehafer
Samuel Christian Pape, Werke
56 Seiten, DM 12,–
(für Bezieher des BB DM 10,50)
ISBN 3-921402-07-7

Dieter Stündel
Register zu Zettels Traum
Loseblattwerk mit Plastikordner
einschließlich 1. Nachlieferung
596 Seiten, DM 82,50
ISBN 3-921402-38-7

Hartwig Suhrbier
Zur Prosatheorie von Arno Schmidt
59 Seiten, DM 9,50
(für Bezieher des BB DM 7,–)
ISBN 3-88377-032-9

Reihe TEXT + KRITIK Heft 20/20a
Arno Schmidt
Dritte, veränderte Auflage
102 Seiten, DM 12,–
ISBN 3-921402-48-4

Verlag
edition text und kritik GmbH
Levelingstr. 6a
8000 München 80